中國近代期刊彙刊·第二輯

新民叢報

二（柒—拾貳號）

中華書局

光緒二十八年四月一日
明治三十五年五月八日

◎本號要目

西鄉隆盛遺像
福澤諭吉遺像
論自由（新民說七）
生計學（即平準學）學說沿革小史
公民自治篇（完結）
噶蘇士傳（完結）
戰國學派與希臘學派比較（中國學術思想論第三章第四節）
軍國民篇（續第三號）
法律平談（續第四號）
捫蝨談虎錄
史界兎塵錄
詩界潮音集
嚴又陵論譯事書

每月二回朔望發行

新會梁任父先生著

飲冰室文集

香山何天柱編

飲冰室主人爲我國文界革命軍之健將其文章之價值世間既有定評無待喋喋此編乃由其高足弟子何君所編凡**著者數年來之文字搜集無遺**編年分纂凡爲八集曰丙申集丁酉集戊戌集己亥集庚子集辛丑集壬寅集而以**韻文集**附於末焉其中文字爲**各報所未載者**亦復不少煌煌數百萬言無一字非有用之文雖謂中國集部空前之作殆無不可卷首復冠以著者所作**三十自述**一篇及**照像三幅**一爲時字報時代造像二爲淸議報時代造像三爲新民叢報時代務像海內外君子有表同情於飲冰室主人者乎得此亦足代嚶鳴求友之樂也**現已付印**不日出書

發行所 上海英界南京路同樂里 **廣智書局**

新民叢報第七號目錄

光緒二十八年四月一日

售報價目表 二

全年廿四冊	半年十二冊	每冊
五元	二元六毫	二毫五仙
美洲澳洲南洋海參威各埠全年六元半年三元二毫零售每冊三毫正郵稅每冊壹仙外埠六仙		

改正廣告價目表 論前加倍

一頁	半頁	一行 四號十七字起碼
十元	六元	二毫八仙
凡欲惠登告白者須于本報定期發刊之前五日交到價須先惠欲登長年半年者價當面議從減		

編輯兼發行者 馮紫珊
印刷者 西脇末吉
發行所 橫濱山下町百五十二番館 新民叢報社 信箱二百五十五番
印刷所 橫濱山下町百五十二番館 新民叢報社活版部

出版圖書廣告

東亞各港志	全一冊 定價三角
明治政黨小史	全一冊 定價一角
外國地理問答	全一冊 定價二角
國憲汎論	近刊
英國憲法史	近刊
英國憲法論	近刊
羣學	近刊
萬國官制志	近刊
萬國選舉志	近刊
萬國商務志	近刊
歷史哲學	近刊
新編中學教科書第一種 倫理教科書	近刊
新編中學教科書第二種 泰西史教科書	近刊

暗射世界大地圖	定價五圓
中國暗射地圖	定價五圓
中國十八省地圖	定價一圓二角
中外方輿全圖	定價四圓
實測精密 東亞新地圖	定價一圓
戰地必携 極東地圖	定價一圓六角
教科適用 東亞三國地圖	定價一圓五角
最新滿洲圖 附圖說一本	定價一圓
學校要品 徑尺地球儀	定價八元五角
五彩 坤輿全圖	定價一元二角五
新譯 英和辭典	定價二圓

飲冰室主人著

李鴻章

洋裝百八十葉　定價六毫

郵費三仙　外埠六仙

▲目次▼

發行所　新民叢報社

上海發行所　廣智書局

再版

小學新讀本

全六冊　定價一元

再版

幼稚新讀本

全六冊　定價一元

●郵費每冊六仙●十部以上者九折

此兩書爲橫濱大同學校新輯之教科書係既經驗而有成效者前既印刷多本立即消盡後各處復紛紛索購憾無以應故同人今玆乃謀補印俾便于訓蒙者之一助復經通人精心商榷删其繁蕪增其要領務適合于幼童之腦力日力誠近來幼學教科書中之鴻寶也現已成書託本社代售欲購者請先將欵寄下自然代爲轉購寄上無悞

發行所　新民叢報社

日本維新二偉人
（其二）

福澤諭吉

日本維新二偉人
（其一）

西鄉隆盛

雪梨市會廳

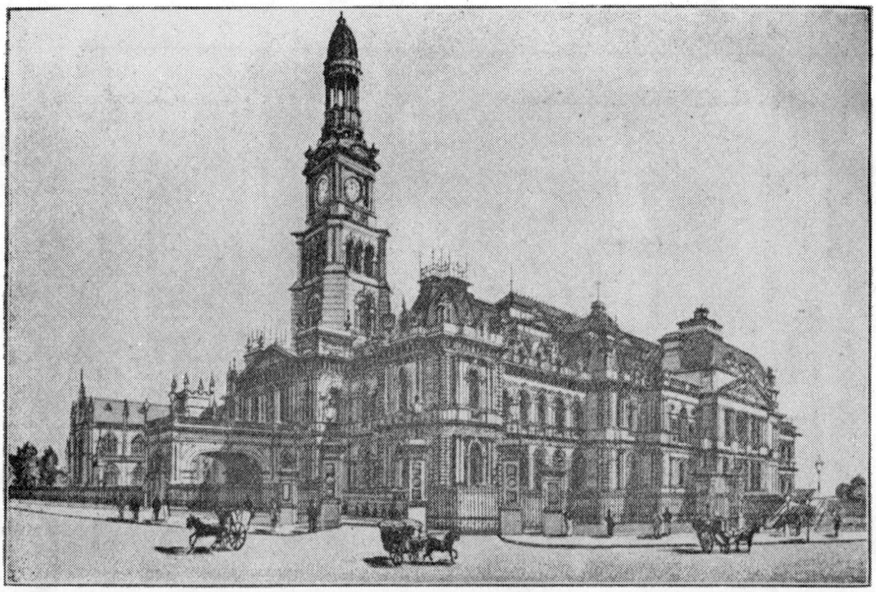

Town Hall.

雪梨郵政局

General Post Office.

雪梨大街市

Queen Victoria Market.

雪梨佐治大街

George Street.

論說

新民說七

中國之新民

第九節　論自由

「不自由毋寧死」斯語也實十八九兩世紀中歐美諸國民所以立國之本原也。

自由之義適用於今日之中國乎曰自由者天下之公理人生之要具無往而不適用者也雖然有眞自由有僞自由有全自由有偏自由有文明之自由有野蠻之自由今日自由云自由云之語已漸成靑年輩之口頭禪矣新民子曰我國民如欲永享完全文明眞自由之福也不可不先知自由之爲物果何如矣請論自由

自由者奴隸之對待也綜觀歐美自由發達史其所爭者不出四端一曰政治上之自由二曰宗教上之自由三曰民族上之自由四曰生計上之自由（即日本所謂經濟上自由）政治上之自由者人民對於政府而保其自由也宗教上之自由者教徒對於教會而保其自由也民族上之自由者本國對於外國而保其自由也生計上之自由者資本家與勞力

者相互而保其自由也而政治上之自由復分為三一曰平民對於貴族而保其自由二曰國民全體對於政府而保其自由三曰殖民地對於母國而保其自由是也自由之徵諸實行者不外是矣

以此精神其所造出之結果厥有六端(一)四民平等問題凡一國之中無論何人不許有特權(特別之權利與齊民異者)是平民對於貴族所爭得之自由也(二)參政權問題凡生息於一國中者苟及歲而即有公民之資格可以參與一國政事是國民全體對於政府所爭得之自由也(三)屬地自治問題凡人民自殖於他土者得任意自建政府與其在本國時所享之權利相等是殖民地對於母國所爭得之自由也(四)信仰問題人民欲信何教悉由自擇政府不得以國教束縛干涉之是教徒對於教會所爭得之自由也(五)民族建國問題一國之人聚族而居自立自治不許他國若他族握其主權並不許干涉其毫末之內治侵奪其尺寸之土地是本國人對於外國所爭得之自由也(六)工羣問題(日本謂之勞働問題或社會問題)凡勞力者自食其力地主與資本家不得以奴隸畜之是貧民對於素封者所爭得之自由也試通覽近世三四百年之史記其智者歛口舌於廟堂其勇者

塗肝腦於原野前者仆後者興屢敗而不悔弗獲而不措者其所爭豈不以此數端耶其所得豈不在此數端耶試一述其崖略

昔在希臘羅馬之初政凡百設施謀及庶人共和自治之制發達甚古然希臘純然貴族政體所謂公民者不過國民中一小部分而其餘農工商及奴隸非能一視也羅馬所謂公民不過其都會中之拉丁民族而其攻取所得之屬地非能一視也故政治上之自由雖遠濫觴於希羅然貴族之對平民也母國之對屬地也本國人之對外國也地主之對勞力者也其種種侵奪自由之弊亦自古然矣及耶穌教與羅馬帝國立而宗教專制政治專制乃大起中世之始蠻族猖披文化蹂躪不待言矣及其末也則羅馬皇帝與羅馬教皇分司全歐人民之軀殼靈魂兩界生息於肘下而不能自拔故中世史者實泰西之黑暗時代也及十四五世紀以來馬丁路得興一抉舊教藩籬思想自由之門開而新天地始出現矣爾後二三百年中列國或內爭或外伐原野厭肉谿谷塡血天日慘淡神鬼蒼黃皆爲此一事而已此爲爭宗教自由時代及十七世紀格林威爾起於英十八世紀華盛頓興於美未幾而法國大革命起狂風怒潮震撼全歐

列國繼之。雲滃水湧。遂使地中海以西。亘於太平洋東岸。無一不爲立憲之國。加拿大澳洲諸殖民地。無一不爲自治之政。直至今日而其機未止。此爲爭政治自由時代。自十六世紀荷蘭人求脫西班牙之軛。奮戰四十餘年。其後諸國踵興。至十九世紀而民族主義磅礡於大地。伊大利匈加利之於奧大利。愛爾蘭之於英倫。波蘭之於俄普奧三國。巴幹半島諸國之於土耳其。以至現今波亞之於英。非律賓之於美。所以死亡相踵而不悔者。皆曰非我種族。不得有我主權。而已雖其所向之目的。或達或不達。而其精神一也。此爲爭民族自由時代（民族自由與否大半原於政治故此二者其界限常相混）前世紀（十九）以來。美國布禁奴之令。俄國廢農傭之制。生計界大受影響。而廿卅年來。同盟罷工之事。所在紛起。工廠條例。陸續發布。自今以往。此問題遂將爲全地球第一大案。此爲爭生計自由時代。凡此諸端。皆泰西四百年來改革進步之大端。而其所欲以去者。亦十之八九矣。噫嘻。是遵何道哉。皆「不自由毋寧死」之一語。聳動之。鼓舞之。出諸壞而升諸霄。生其死而肉其骨也。於戲。璀璨哉自由之花。於戲。莊嚴哉自由之神。

今將近世史中爭自由之大事。列一年表如下。

一五三二年　舊教徒與新教徒締條約許信教自由……宗教上之自由
一五二四年　瑞士信新教諸市府始聯合行共和政……同
一五三六年　丁抹國會始定新教爲國教……同
一五七〇年　法國內訌舊憾新教徒始自由……同
一五九八年　法國許新教徒以參政權……同
一六四八年　荷蘭國與西班牙積四十年苦戰始得自立……民族上之自由亦因宗教
一六一八至一六四八年　西班牙佛蘭西瑞典日耳曼丁抹等國連兵不止卒定新舊教同享平等權利……宗教上之自由
一六四九年　英民弑其王查理士第一行共和政……政治上之自由
一七七六年　北美合衆國布告獨立……同（殖民地之關繫）
一七八九年　法國大革命起……同（貴族平民之關繫）
一八二二年　墨西哥獨立……政治上之自由（殖民地之關繫）
一八一九至一八三一年　南美洲諸國獨立……同
一八三二年　英國改正選舉法……同
一八三三年　英國布禁奴令于殖民地……生計上之自由
一八四八年　法國第二次革命……政治上之自由
同年　奧國維也納革命起……同
同年　匈加利始立新政府次年與匈開戰……民族上之自由
同年　意大利革命起……同
同年　日耳曼謀統一不成……同
同年　意大利瑞士丁抹荷蘭發布憲法……政治上之自由
一八六一年　俄國解放隸農……生計上之自由
一八六三年　希臘脫土耳其自立……民族上之自由
同年　波蘭人拒俄亂起……同
同年　美國因禁奴事南北相爭……同

一八六七年 北德意志聯邦成……民族上與政治上之自由
一八七〇年 法國第三次革命……政治上之自由
一八七一年 意大利統一功成……民族上與政治上之自由
一八七五至一八七八年 （土耳其所屬門的內哥塞爾維亞赫斯戈偉訥等國皆起倡獨立）……民族上與宗教上之自由
一八八一年 俄皇亞歷山大第二將布憲法旋爲虛無黨所弑……政治上之自由
一八八二年 美國大同盟罷工起此後各國有之歲歲不絕……生計上之自由
一八八九年 巴西獨立行共和政……政治上之自由（殖民地之關係）
一八九三年 英國布愛爾蘭自治案……民族上之自由
一八九九年 非立賓與美國戰……同
同年 波亞與英國戰……同
一九〇一年 澳洲自治聯邦成……政治上之自由

由此觀之數百年來世界之大事何一非以自由二字爲之原動力者耶彼民之求此自由也其時不同其國不同其所需之種類不同故其所求者亦往往不同要其用諸實事而非虛談施諸公敵而非私利一也試以前所列之六大問題覆按諸中國其第一條四民平等問題中國無有也以吾自戰國以來即廢世卿之制而階級陋習早已消滅也其第三條屬地自治問題中國無有也以其無殖民地於境外也其第四條信仰問題中國更無有也以吾國非宗教國數千年無教爭也其第六條工羣問題他日或有之而今則尚無有也以其生計界尚沈滯而競爭不劇烈也然則今日吾中國所

最急者惟第二之參政問題與第四之民族建國問題而已此二者事本同源苟得其乙則甲不求而自來苟得其甲則乙雖弗獲猶無害也若是夫吾儕之所謂自由與其所以求自由之道可以見矣。

自由之界說曰。人人自由而以不侵人之自由爲界夫既不許侵人自由則其不自由亦甚矣而顧謂此爲自由之極則者何也自由云者團體之自由非個人之自由也野蠻時代個人之自由勝而團體之自由亡文明時代團體之自由強而個人之自由滅斯二者蓋有一定之比例。而分毫不容忒者焉。使其以個人之自由爲自由也則天下享自由之福者宜莫今日之中國人若也紳士武斷於鄉曲受魚肉者莫能抗也駔商逋債而不償受欺騙者莫能責也夫人人皆可以爲紳士人人皆可以爲駔商則人人之自由亦甚矣不甯惟是首善之區而男婦以官道爲圊牏何其自由也市邑之間而老稚以鴉片爲菽粟何其自由也若在文明國輕則罰鍰重則輸城旦矣諸類此者若悉數之。則更十僕而不能盡。由是言之中國人自由乎他國人自由乎顧識者揭櫫自由之國不於此而於彼者何也野蠻自由正文明自由之蟊賊也文明自由者自由於法律之下其一舉一動如機器之節腠其一進一退如軍隊之步武自野蠻人視之則以爲天下之不自由莫此甚也夫其所以必若是者何也天下未有內不自整而能與外爲競者外界之競爭無已時則內界之所以團其競爭之具者亦無已時使濫用其自由而侵他人之自由焉而侵團體之自由焉則其羣固已不克自立而將爲他羣之奴隸夫復何自由之能幾也故眞自由者必能服從服從者何服法律也法律者我所制定之以保護我自由而亦以箝束我自由者也彼英人是已天下民族中最富於服從性質者莫如英人其最享自由幸福者亦莫如英人夫安知乎服從之卽爲自由母也嗟夫今世少年莫不囂囂言自由矣其言之者固自謂有文明思想矣曾不審夫泰西之所謂自由者在前此之諸大問題無一役非爲團體公益計而決非一私人之放恣桀驁者所可託以藏身也今不用之向上以求憲法不用之排外以伸國權而徒耳食一二學說之半面取便私圖破壞公德自返於野蠻之野蠻有規語之者猶敢覥然抗說曰「吾自由吾自由」吾甚懼乎自由二字不徒爲專制黨之口實而實爲中國前途之公敵也

（此節未完）

學說

生計學（即平準學）學說沿革小史

中國之新民

例言七則

一茲學爲今世最盛之學。其流別最繁。其變遷最多。其學科之範圍最廣。其研究之方法最殽。非專門名家。莫能測其涯涘。淺學如余。安足語此。嘗讀侯官嚴先生論次其大略以詔後學。先生方從事他業。未能及也。而方今新學將興。茲科理想。尤爲我邦人所不可不講。是用不揣梼昧。敍其梗概。聊當嘗鼎椎輪云爾。

一茲學學史。東西作者數十家。其卷帙繁者。動至千數百葉。並附庸而蔚爲大國矣。今欲以簡短之文。撮其綱要。談何容易。稍繁則二三十號不能盡。太簡則讀者又不解其理論所由來。本論於上古中古務求極簡。自斯密亞丹以後。又不敢避煩。求適我國今日學界之用而已。體例之駁。所不辭也。

一茲學譯出之書。今只有原富一種。（其在前一二無可觀）理深文奧。讀者不易。先讀本論。可爲擁彗之資。但此編簡略已甚。於學科原理。無餘地可以發明。而所用名詞。又多爲尋常書籍所罕見。學者苟不讀原富。又恐並此而多不瑩也。

一本論乃輯譯英人英格廉、Ingram意人科莎、Cossa日人井上辰九郎、三氏所著之生計學史。而删繁就簡。時參考他書以補綴之。惟著者於外國文學。方始問津。本科奥義。未窺崖略。謬誤之處。知所不免。惟海內君子教之。

一茲學之名。今尚未定。本編向用平準二字。似未安。而嚴氏定爲計學。又嫌其於複用名詞。頗有不

一

便。或有謂當用生計二字者。今始用之以俟後人。草創之初。正名最難。望大雅君子。悉心商榷。匃哂其舉棊不定也。

一論首爲發端一篇。本與學說沿革無關。但我國人今尙不知此學之重且要也。故發明其與國種存滅之關係。冀啓誘學者研究之熱心云爾。

一篇中人名及學理之名詞。依嚴書者十之八九。閒有異同者。偶失檢耳。

發端

英國鴻哲斯賓塞曰。「凡人羣不外兩種。一曰尙武之羣。二曰殖產之羣。此兩者皆所以爲羣之具。無論何羣中皆同時並存。不可偏廢者也。雖然其力有消長焉。其在前古蠻野時代。以戰爭爲常。以平和爲偶。其生產機關。不過爲武備機關而設。（古者之農工商。皆所以給兵士之糧。發武門之欲而已。讀希臘史。可見其概。）故可命爲尙武之羣。其在輓近開明時代。以平和爲常。以戰爭爲偶。其武備機關。不過爲生產機關而設。（今世之養兵。皆以保衞農工商而已。）故可命爲殖產之羣。」今日則全世界趨於開明之時也。故凡立國於天地者。無不以增殖國富爲第一要務。而日演無形之競爭。以鬥於市場。豈好事哉。勢使然矣。論語曰。百姓足。君孰與不足。百姓不足。君孰與足。大學曰。有人此有土。有土此有財。有財此有用。我中國土非不廣。人非不衆。而百姓愁苦。財用不興。彼蚩蚩者習而安之。莫知其所由然。或以爲是天運循環。莫之爲而爲莫之致而至。任其自然。而剝極將有必復之時也。及一讀生計學之書。循其公例而對照於世界之大勢。有使人瞿然失驚汗流浹背者。吾欲詳言之則累十數萬言不能盡也。今姑語其犖犖大者。夫國之所恃以爲富者不出三物。一曰土地二曰人力三曰資財。合三成物。而析其所得曰租曰庸曰贏。土地所獲曰租。人力所獲曰庸。資財所獲曰贏。三者之盈朒消長各有正反比例。而常爲一國之榮瘁所關。斯密亞丹云『一羣之盛與進爲期。既止斯憂。退則爲病。而驗羣治之進退。莫著於庸率之高下。治日退則母財即資本少而不足以養力役。於是傭工所養之受廩者歲希。上工失業降爲中工。中工失業降爲下工。下工之爲生既蹙矣。而上中者又降而奪其業。則競于得業。減庸爲售。其奪勢之流不成至吝極薄之庸不止。如是而猶不可得。則弱者行匄。強者爲盜。閭閻行旅始騷然矣。飢寒之所夭。刑罰之所加。暴君豪子之所侵奪。死喪疾疫之所耘鋤。始之下民。馳及中戶。草薙禽獮。轉徙流離。馴至孑遺之民與孑遺之財相給。今印度各部其明驗矣。彼皆沃壤。其地著戶口亦前耗而非甚稠。夫以少民而居腴土。然而餓莩之數歲告數十萬人者。則母財之日絀不足以振窮黎贍功役使然也』嚴譯原富部甲上釋庸篇。今中國之斂雖或未至

三

此極乎。然進也若登。退也若崩。不進必退。事之常也。中國羣治不進千餘年矣。斯密書中又云。當元代時有意大利人瑪可波羅。游支那。歸而著書。述其國情。以較今人游記。殆無少異。昔猶無外來者以攙奪之故。雖日涸於內。尚可以彌縫持續而不遽暴露。今則全地球生計競爭之風潮皆集中於此一隅。而推其始因。亦此生計學公例迫之使不得不然也。生計學公例。庸厚則贏薄。庸薄則贏厚。故擁資本者。常以懋遷於庸薄之地爲利。西人之務開殖民地。皆以其本國地力已盡。庸厚病贏。故也。嚴譯原富部甲案語云。以一國之計論之。過庶固患。而過富亦憂。今日西國之患。恒坐過富。母財歲進。而業場不增。故其謀國者。以推廣業場爲第一要義。德意志幷力於山左。法蘭西注意於南陲。而吳楚之間。則爲英人之禁臠。凡皆爲之一事而已。此其所以爲爭之情。與戰國諸雄與前代苦中國之戎虜有異。處今之日。謀人家國者。所以不可不知計學也。夫吾之不進而其自退固已不能免矣。況吾日退而有他人之進焉者。抵其隙而入之。而彼之相進相迫者。又出於其自保之勢所不得不然。進也無窮。迫也無窮。則其過此以往。日蹙之率。又豈待巧算而決耶。夫蹙之云者。不徒在生計而已。所以資生者日蹙。則其生自不得不蹙。斯密亞丹又云。「功力之食報日優。斯小民孳生之界域日擴。蓋庸厚而家計充。所以撫育男女者周。而夭殤之數寡也。貧乏之生。雖無害於孕毓。然最不利於長成。人種初生。至爲柔脆。譬諸弱草柔萌。茁於氣寒壤瘠之區。其萎黃可立待也。蘇格蘭山部婦人。飢羸困苦。併日而食。連生二十餘乳爲常。而二十餘乳中。望存活者。不過兩雛。未至十四五殤過半矣。或不及四週而殞。或七齡而殞。而過十齡者則尤少也。可見貧民胖合其孳乳雖較富者爲易。而多而茁壯長成則較富者遠不逮」（嚴氏原富釋庸篇）由此觀之。人種之蘩。又豈可恃耶。哥侖布之初到美洲也。其地紅夷林林總總。今則僅爲博物院之陳設品而已。（美國某報嘗論嘗設法保存紅夷。勿使絕種。留以嘗博物院考證之用。）吾嘗至夏威夷島（即檀香山）稽其戶籍。當英人仮頓廓初航彼地時。（千七百七十八年）土人二十餘萬。至一千九百年僅餘二萬而已。百年之間。存者僅十分之一。恐自今以往不數十年。種全絕矣。此全地球中野蠻民族之現象。莫不皆然者也。夫豈有人焉日操刃以屠之刈之也。而優勝劣敗之機。自趨於此。我中國人傳種之術。最稱發達。嘉慶末年統計。號三萬萬人有奇。據西哲考定生理公例。每二十五年進率當倍。自道光迄今。凡七十餘年。用遞乘級數推算法。當得戶口二千餘兆。而今乃不過以四百兆聞。視前數僅增三之一。而以公例之正率求之。所損者一千六百餘兆矣。率此以往。更越百年。其退率與夏威夷土蠻成比例。又豈奇也。夫京師所稱首善之區也。試行郭中。道殣之數。日必過十。一冬之葬雪中。一春之死硫毒者。（北方乞丐冬間寒不能忍。輒市硫黃啖之。以耐一時。春暖則發毒死者。相望于道。）動以萬計。嫁娶無節。而好孕惡育。例不舉兒。都會棄孩每夕多有或以溺殺如豚犬然其蚤殤或弱冠而夭者又十而九也豈有他哉憔悴於生計則然耳然則居今日而論國危夫豈待艨艟之迫於海疆版圖之改隸他族然後謂之亡然後謂之滅即此一事而天下至危極險之現象豈復有過是者乎儒者動曰何必曰利亦有仁義而已矣又曰正其誼不謀其利明其道不計其功庸詎知義之與利道之與功本一物而二名去其甲而乙亦無所附耶庸詎知一人之不利馴至爲一國之不利一種之不利並四萬萬人而將索諸枯魚之肆耶抑吾中國人以嗜利聞天下心計之工自營之巧若此初未嘗以正誼明道之敎而易其俗也宜其富力甲天下財雄雄五洲而其結果乃若此毋亦由不明學理不知利字之界說其所謂利者非利而常爲害之尤見頃刻錙銖之小利乃不惜捐棄此後應享無窮之大利以易之一人如是人人如是嗚呼中國國力之銷沈皆坐是而已搢紳之子弟侘其冠种襗其辭既諱利而不敢道而惟以孔言跖行率天下其明目張胆以從事於利者則固已見擯於九流之外久矣以如此國以如此民而渾渾焉當物競天擇優勝劣敗之衝吾又安知其所終極也西國之興不過近數百年其所以興者種因雖多而生計學理之發明亦其最

要之一端也。自今以往。茲學左右世界之力。將日益大。國之興亡。種之存滅。胥視此焉。嗚呼。是豈畸儒巖穴高語仁義之迂儒所能識也。茲學始盛於歐洲。僅一百五十年以來。今則磅礴煒爍。如日中天。支流縱橫。若水演派。而我中國人非惟不知研此學理。且並不知有此學科。則其丁茲奇險而漠然安之也。又何怪焉。故今略述梗概。著爲是篇。學者就其學說之進步。與國計之進步。比較而參觀焉。則夫吾中國今後所以自處者。其可不悚耶。其可不勗耶。噫。愼勿以孳孳爲利之言目之也。

第一章　本論之界說及其敘目

生計學史與生計史有別。（其界說一如政治學史之與政治史）生計史者。敘述歷代各國國民生計之實況及其制度也。生計學史者。專言學說之沿革。而非言制度之沿革。學說與制度。釐然二物也。雖然。其關係固甚切密。學說每資現行之制度以爲講求。制度亦每承新闢之學說而生變動。二者互相爲因。互相爲果。故本論之範圍。雖在學說。而往往牽及制度。勢使然也。

論生計學之起原者有二說。甲說曰。此學之誕生。實在千七百七十六年。（乾隆四十年）蓋以斯密亞丹之原富。以是歲顯於世也。前乎此者。雖有重商重農諸派。不過爲斯密之驅除。後乎此者。雖有主史主羣諸家。不過爲斯密之苗裔。然則斯密以前。決不得謂有生計學史。即有之。亦不過謬誤之歷史而已。乙說曰。天下無論有形無形之事物。皆未有突然而生者也。故生計學之濫觴。實自人類之初爲羣。既已爲羣。則生計之問題自不得不起。有分業則有交易。有交易則有貨幣。此後種種現象。遂漸發生。日講日明。遂爲今治。故敍生計學史。非起筆于古代。不爲功也。二說正相反對。而各有所偏。今折其衷。則此學萌芽已久。而使之釐然成一學科者。則自斯密亞丹以來也。故本論以斯密亞丹爲中心點。而上下千古以論次之。

全論概分二部。部復分章。章或分節。以圖示其目如下。

- (甲部)斯密以前
  - 第一期
    - (一)上古生計學(希臘 羅馬)
    - (二)中古生計學
  - 第二期
    - (一)十六世紀生計學
    - (二)重商主義
    - (三)十七世紀生計學

（四）十八世紀上半期生計學
（五）重農主義

學史—（部丙）斯密以後
- （甲）斯密派
  - （一）斯密亞丹學說
  - （二）斯密派中之厭世主義
  - （三）斯密派中之樂天主義
  - （四）門治斯達派
  - （五）約翰穆勒及其前後之學說
- （乙）非斯密派
- （丙）新學派
  - （一）歷史派
  - （二）國羣主義派

諸家學史。多分為三時期。第一期。則上古及中古也。第二期。則自十六世紀至十八世紀之上半也。第三期。則自重農派以後也。又其敘斯密後之學派。率以國為區別。此表分類。由著者參酌羣書。雜以臆見。其當否不敢自信也。

第二章　上古生計學　部甲第一期之一

生計學為獨立之學科。不過百餘年。雖然。上古中古時代。亦非無一二學說可採者。不過散見于哲學政治法律宗教諸書中。吉光片羽。不成體段而已。請先論上古。

凡百學問。莫不發源於上古。而或則逐漸發達。或則停滯不前。彼停滯焉者。必有爲之阻力者也。生計學在古代。其不能如他學之進步何也。推其原因。厥有五端。

第一　古代各國皆行奴隸制度。生產之業。視爲賤工故。

第二　習於尚武。戰征頻仍。人民不能享太平以興產勸事故。

第三　古代人民以政府爲全能。以爲國民生計。皆當爲政府所左右。而國內小團體之勢力。皆被壓制故。

第四　國民惟以參與國政爲自由之獨一目的。而生計之事。莫或措意故。

第五　學者皆騖於哲學。以心理倫理爲獨一之問題。而殖產之業。視爲害德故。

以此諸因。故生計學之昌明。獨劣於他學也。今搜希臘羅馬羣書。略論次之。

一　希臘之生計學說

古代希臘列國。形勢最優。富有海利。兵强國富。商業亦盛。學者推其所自。以爲必於生計學上大有發明。實乃不然。希人之視此學。不過政治學、家政學之附庸耳。其學說散見於史學道學諸書中。如獵業礦業農業及貨幣奴隸各種問題。多所論戰。最著者爲史家希羅多德Herodotus 條斯大德。Thucydides （德儒羅士查始言條氏有大功于生計學） 哲學家梭格拉底。Socrates 但其說皆細碎殘缺。無足論。次其稍完整者則柏拉圖、芝諾芬尼、亞里士多德、三賢也。

柏拉圖 Plato 429—348 B. C. 嘗著一書。名曰「共和國」Republic 爲揭一大同理想之國家。以爲大同之世。人不得有私財。一國所有。當爲一國人之公產。其奴隸及外國人則使爲國服役。貨財所出。分少許以給之。此實後世共產主義 Communist 之權與也。其尤可驚者。柏氏不徒倡共產而已。乃欲並妻子而共之。謂人不獨妻其妻。不獨子其子。貨不藏己。力不爲己。則姦淫不興。盜竊不作。而世乃大平。英格廉評之曰。「柏氏此等主義。實當時通行之理想。蓋以爲一私人皆當服從於國家權力之下也。」如柏氏言。必當建其國于絕海一孤島。與他邦閉關不通。而後可。蓋通商互市。實破壞此種制度之利器也。」可謂知言。雖然。柏氏亦知此說之難實行。故其後所著論法律 Laws 書中。稍趨切實。然猶倡限民名田。禁民早婚。及政府監督農工商業諸議。蓋雖許有私財而猶欲限制干涉之以求平等也（按柏氏之說。與禮運大同說及功巴達來格瓦士所立法。皆有相類者。）雖然其論貨幣爲懋遷之易中。（易中者。交易之媒介也。見原富部甲上第七葉。）分業爲生財之大道頗有獨見者。

芝諾芬尼Xenophon 444—354 B. C.與柏氏同出於梭格拉底之門。然其持論視柏爲平實。其釋富也。謂所有貨物供己之需而有餘者則謂之富。有土地耕之而折閱者非富也。有貨幣藏之而不用者亦非富也。又其論生產之要具分爲天然與人力兩大宗。亦又論分功之效。說同柏氏。其論地味氣候之情狀及耕作之法頗悉。近儒理嘉圖Ricardo所發明田租升降例。芝氏似略已見及矣。芝氏雖注重農業。而亦言工商之不可輕。奴隸之宜寬待。（僅言寬待。而不知奴制之當廢。蓋猶爲當時習俗所囿也。）互市之有利益。蓋其識加柏氏一等焉。至其論貨幣論物價。誤謬頗多。

亞里士多德 Aristotle 384—322 B. C. 柏拉圖之弟子也。而持論異於其師。嘗著論駁柏氏之共產說曰。「凡人類皆有利己之性。爲萬行宰。財產歸公則減殺其自利心。而人道將有所大害。故無論爲一人計。爲一國計。皆當以保護私有權爲重。況共產主義難行。而紛爭之跡。亦終不可絕也云云。」此論既出。或詰之曰。子不愛子之師乎。亞氏

十二

八一八

答曰「吾愛吾師吾尤愛眞理」至今傳爲名言。亞氏之論富論貨幣論價格皆能發前人所未發爲後學之指針論者或推爲生計學之鼻祖其果足當之無愧否雖未敢遽斷要之Economics（生計學）之名由彼所命其有功於此學亦可概見矣其釋富也謂凡物之得以貨幣而衡其價格者皆謂之富富有二種一曰以贍己用者二曰以爲交易者又區別初民時代之生計與用幣時代之生計以爲是文野所由分而分功繁衍治化發源之表徵也其論貨幣也所見尤卓謂貨幣有二德曰量物値之程準曰爲貿買之易中是也又言貨幣與富非同一物貨幣者飢不可食寒不可衣苟非有所易則雖懷盈金亦不免于餓殍此諸義者皆今世學者所無以易也雖然其論母財子息之義殊多謬誤彼以爲貨幣不能孳生貨幣故斥母取息者等於掠奪此論眩惑後學之腦識者千數百年沿至中古猶襲其謬又分人民爲四級謂農工商等爲食人者治於人者不能與第一級之治人者食於人者同享自由權利其論與中國古義絕相類又其論奴隸也不特不以此制爲當廢而已且爲之訟直謂必不可廢其言曰「奴制之所由起非由戰爭非由法律非由約束而全由於天然天之生人本分兩種其一體軀頑健宜於勞力者生而賦之以奴隸之良能其一儀容端嚴宜於勞心者生而賦之以自由民之良能故用奴者順天立制羣治所必需也云云」自今視之雖五尺童子能言其非矣亞氏又不喜商業以爲廢居鬻財者皆損他而自利者也故宜節制之勿使發達過度蓋所懷謬想與十七世紀之重商主義 Wercantile System 者流謂我國之利即鄰國之害同一迷妄凡此諸端皆亞氏之缺點也雖然彼皆應於時勢補偏救弊之言論世知人固未可以厚非也

亞氏實千古之大儒也凡名學數學倫理學心理學物理學天文學政治學等無一不仰爲開山之祖師而生計學亦其一端也亞氏實總古代玆學之智識而集其大成以貽來哲者也治茲學者烏可不薰沐而崇拜之

二　羅馬之生計學說

羅馬人重實際貴實利宜其於生計學發達極盛而實有不然者德儒伊耶陵曰「羅馬人三度征服天下一以兵力二以宗教三以法律」雖然羅馬之哲學遠遜希臘故其生計學說亦無能自樹壁壘以鳴于時者羅馬之諺曰「能揮鐵者能攫金」蓋彼以

戰爭爲取利之不二法門併力從事以此致富强亦以此招衰弱羅馬人殆不識生計之人種也玆學之不發達亦奚足怪玆學其鐵中錚錚者一二有如西士羅 Cicero 之重農說史尼卡 Seneca 普里尼 Pling 之非奴制說稍稍可觀普氏又倡大農說以爲大耕作者其生產力當大增又於物價之原因有所發明云

此外有所謂農業纂者及一二哲學家法律家於其著述中間發明生計學理然斷片零紈於玆學關係甚小也

第三章　中古生計學　部甲第一期之二

自西羅馬之亡所謂歷史上黑暗時代 Dark ege 也古代文明爲蠻風所掃蕩羣雄割據海宇如麻交通道絕民不聊生農工商業之衰頹達於極點當此時存一綫之光明者則耶穌敎也耶穌敎稱道人類同胞四民平等主義以非難奴隸農傭之制以改良人羣減家長專制之權力高婦女之地位而使之自重以改良家族倡立慈善制度敎富者以布施爲義務敎貧者以感謝服勞爲義務以改良風俗人心諡耶穌敎於貨財之生產及分配視前此稍進步焉然與當時之法律習俗不相容未能大奏其效也其

後、十字軍東征、開歐亞兩陸交通之路。而南歐諸市府、憔悴虐政之既甚。乃創自治之制、防禦暴君。於是意大利共和市先興、佛蘭達諸市繼之。遂有日耳曼「亨啚地同盟」Hanseatic 之事。此實生計界轉捩之一樞機也。

斯時工業商業。皆盛於意大利。而威尼士Venice毡挪亞Yenoa佛羅林Frolence諸共和國。（實市府也）實爲互市之中心點。自十一世紀以來。種種之工商制度蹶起。至今尙爲識者所贊歎。就中採集商家習慣公認之成例。編爲商法銀行法海上法。其後十七八世紀。全歐諸國。遂資之以制定法律焉。加以亞里士多德之倫理學政治學等。漸爲世所重。其遺著之關於財富者。亦競相研究。於是久衰之學。漸將蘇生。要之其時之學者皆教會耆宿。而具有生計上法律上之知識者也。故其論率祖述亞氏。而以宗教律比附之。如私財制度之當立。貸金取息之不義等。其所常稱道也。今試舉其著名者二三輩。

麥奴士 Albertus Wagnus 1193—1274

士哥他 Duns Scotus 1245—1308

湼奇拿士 St. Thomas Aqurnas 1226—1274

至十四世紀。而教士之中。頗有傑出者。法國之阿里士迷 Oresme 最爲名家。其所著貨幣論。實可稱斯密以前第一大著。德國近儒羅士查大表彰之。推爲中古第一家云。當時歐洲諸國。圜法棼亂。贋錢公行。民不堪命。故當世學者。著書論其事者不少。阿氏之作。其最完備者耳。

此中世生計學之大概也。其關學說。雖非無一二可表見。然當時、宗教之氣、燄極盛、生計制度。一切皆受其影響。其僻論之妨進步者亦不少。試舉其一二。彼其時雖以農工之通功易事爲當得之利益。至於懋遷服賈。則以詐僞之業而賤蔑之（漢時禁賈人乘馬衣繡。即是此意）故常論售主持貨入市所定價格。只許從眞値。不許從市價。無論供求消長之率如何不可稍以爲漲落（按此與許行所謂市價不貳國中無僞者。同一謬見。漢書食貨志。載王莽令諸司市。爲物上中下之價。各自爲其市平。亦此類也。讀嚴譯原富部甲上論物有眞値與市價異、論經價時價之不同、等語。便知其謬。）又其論貰貸息償之事。謬誤尤甚。國家始設制息之令。思以禁兼幷者之朘利。此實原於宗教道德上之精神。其用意不可謂不善。而於生計所蠶滋多矣。何也。生產既增。則興業自盛。興業既盛。則需傭自繁。作業養傭。必賴母財。貰貸之行勢所不得已也。今從而限之。民奉令耶。則瞻顧忌憚而業不進。民國交病矣。民不奉令

十八

耶則虛懸此律何為者且是導民以觸法作偽也（參觀原富部甲上釋麤部乙論貸息償）此制之無益斯密氏能言之至其有害則近儒所疏通證明也。

雖然耶穌教之有功於生計界固不可掩其最鉅者。則力役自由一事也自中世之始奴隸制度一變為隸農制度其後南歐市府遂並隸農而廢之於是興業家與勞力者始有平等之交涉此實生計史上一新紀元也斯密亞丹之論此事也以為全出於利己心蓋(一)由為地主者知雇役逮功計功給廩則工傭樂於適事而成貨易多也(二)由當時帝王妬羣侯之勢力故結託農民以蠶食其權也二者雖為此事之一原因然其受宗教感化之力者又烏可誣也。

（未完）

政　治

公民自治篇（續第六號）

明　夷

且夫自治之制。天理也。自然之勢也。無論如何專制之國。不能鉗絕廢止之也。凡民一家之中。聽其父兄自治之。故古經名曰家君。而今律名曰家長。國法雖極密。亦萬無代治及其家者。君權雖極專。亦未嘗慮家權之分之者。蓋國者大團體也。家者小團體也。凡一大團體。必積無數小團體而後能成。此物之公理也。故人積無數血點然後成身。天積無數星球而後成天。國積無數之家鄉土司縣邑州廳府省之小團而後成國之大團。故大團之國權患其不集。而小團之民權患其不分。故兵事與外交集權之益最大。民治與競爭集權之害最大。今夫人之爲身也。固患腦魂不強大。心血不豐足。而若無萬千微細腦氣筋。九十餘里之微絲小血管。以徧周而營衛之。則手足指爪眼舌。亦何能開合屈伸便捷機警。以爲言語食飲動作行持之用乎。舌之腦氣筋不能自主開合。則一日而飲食絕。人死矣。其他目筋不能自主則盲。耳筋不能自主則聾。手足指爪筋不能自主。則不能持行而百事廢。有此者號之曰廢疾。命之曰廢人。故國之無地方自治者。其國臃腫頹敗不生活。雖龐然大物。亦號之曰廢國。有廢疾者小兒得而欺弄之。爲廢國者小國得而割滅之。蓋體不備者謂之不成人。機不備者謂之不成器。法不備者謂之不成國。不成國者大何恃乎。

且今大地民立鐵道。民立汽船。民立礦山。民立學校。民立保險。民立會社。民立工商農業各種公司。皆聽其自爲立法。自爲行政。其大公司用人十數萬。上下百司。同于小國。等于古之封建矣。英以一商業公司而闢萬里之印度。及南洋各島。若德之克魯伯砲廠之宏大。工人數萬。綿地數十里。是皆中國人所耳熟而艷稱之者。而皆由民權自治法得之。即中國工商百業譬堂皆有行有公所有總理值理之人。如今上海之廣幫浙幫蘇幫徽幫閩幫。則以地聚衆而自治。錢業絲業及廣東之七十二行。則以業聚衆而自治之。皆在國家法律之下。而國家聽其自立。未嘗分毫擾之。此工商業所以盛也。故凡集國之大權者。惟恐其不一。而民之分小權者。惟恐其不多。分之愈多。愈細則愈靈活。否則臃腫蹣跚而不能行。故集權與分權相反而相成者也。古者以封建而治民。可以纖悉。

後世不能行封建。故遂疏濶不修。唐行口分世業之田。其制至善。由無封建之故。故旋踵不能行。然儒生開口言三代。即及封建井田學校。夫地方自治。即古者之封建也。但古者亂世。封建其一人。則有世及自私爭戰之患。此所以不可行也。今者升平。封建其衆人。聽民自治。聽衆公議。人人自謀其公益。則地利大闢。人工大進。風俗美而才智出。若美國之州郡。並聽自治。此則古公侯大國之封建。與德國聯邦同矣。法英德日本之例。但聽鄉邑自治。此則子男小國附庸之制矣。德之鑰斯烏衣孖路人二十九萬。稅乃八千萬。呼路咩悟自立市方里九十九。不過中國三十里。當附庸之地耳。人口十四萬。而男子八萬。然立外務文部司法大藏警察醫務衛生陸軍商船港津鐵道土木殖產救恤十六部。凡十六長官。其議員用大學卒業者十四人。商四十二人。工二十二人。上判院一。下判院二。歲入至二千三十三萬二千二百八十馬克。呂伯雷地積政體略同。人僅六萬。乃有高等學生五百人。工學一。商學一。女高等學一。中學一。高等小學一。小學十八。學生六千七百人。報舘三。警察費至十六萬。其繁盛如此。此深得古封建之意故也。今吾粵九江沙頭龍山外海容奇桂州各鄉皆二三十萬口。比之古者大國廿四萬日已過之。則即今之俗。其地方自治。已合古者封建大國附庸之制而兼衆有之。但國家不爲定律。而鄉官不入典章。無以增其榮而予其權。故治效不著。且無公民以擔國事。則民自安于愚賤。而不與君國分其憂。共其任。此所以頹敗而失其本也。德國自治之法行之。則一鄉而可稅數千萬。立多官。羣學矣。今若此小團者數十百萬。鼓其志而發其識。大地何有焉。故通地方自治之制。知古人之所以勝于今者。在有合乎封建之意。歐美之所以勝于中國者。在以民自治而不代治之也。

美國州縣之自治。今不能行于中國。可無論矣。法德英日地方自治之法。有都市鎭之治。有鄉村之治。其制畧同。但繁簡少異耳。日本純採法國之制者也。由公民中擧議員。議員中擧鄉市長。有正有副。有參事會員。有議會名譽員。有收稅役。有醫長。有常委員。有特委員數千之口。官多若此。德國自治制尤密矣。凡人口五百至三百。力能任公事具費用者。可爲一區。其力弱者合五村爲一區。五鄉長有參事會。會計院議員治焉。凡人口一萬以上之都邑堡。皆設都府。凡二千五百爲市。凡千六百口以上之區。設警察。由大地主擧之。立判審官。警察官。設戶籍局判審官警察官。小者英德美皆由民擧。大鄉鎮由官命。法則悉由官命。今亦多民舉矣。然警官純乎官體。法鄉會員十人至三十人。可議鄉稅。筦財產。可建議于政府。法除鄉外皆官掌之。德則官民劃然。即大區亦民贊之。法則鄉之團體可直通于州郡。德則鄉上于縣邑。由縣邑乃上于州郡。村長之上有邑長。而德制以大團包小團。而小團之中皆有獨立之權。生活之體尤得古者封建之意。而助民人發揚之力也于中國俗爲近法則國稅鄉稅同收。令鄉必需之款。先輸其地之物。名曰間稅。不足則國補助之分兩度徵稅得手工數兩次爲益。德英則國與鄉分收。鄉稅有普通。有特別。聽其自定。然亦兩法並行。英限鄉稅不得過國稅十之五。日本限鄉稅亦不得過五之二。德則有入稅獨立稅犬稅賃屋稅收入稅舞蹈稅。其手工數則自賣買免許。死生婚姻產業獵照墓地照學校照道路照度量權衡撫賞照。許惟鄉治舉。乃能纖悉若是。德制凡由公民舉議員及鄉長官廿歲以上。居一年。貧民受恤。未嘗一年不納稅、未嘗犯罪者。有產業若干。土地若干者。得被舉焉。美國收租五百以上。乃得爲判官。其破產受人救助傷損公權者。皆不得舉。舉人有明有暗。而論者以暗爲是。凡四百口者可舉一人。以次類推。其被舉之人。第一須有學識。曾經閱歷實事者。分擔事務。第二須有德行高志。以求公益。第三凡生計饒裕者。即盡力助公。此鄉官之選格也。其都會之制。自府長以下。皆同鄉制。惟分百數十區。巴黎日本分二十區。倫敦伯林皆分二三百區。各設區長焉。區長位議員下。從其命令。凡都市鄉官皆以榮譽勤職。都人士以有職爲榮。除長及建築技師法律士有俸外。餘皆無之。德之伯林從事者二萬人。皆以榮名效職而無俸者也。其年限六年。留三之二。或九年十二年不等。都市舉議員。凡三千五百人舉十二人。萬至二萬舉三十人。十萬下則舉六十人。各國雖有不同。略皆相近也。

今中國欲行地方自治。因鄉邑之舊俗。而採英德法日之制。可立推行矣。請略以萬人以上地方十里者爲一局。或名曰邑。不得過多濶矣。每局立局長一人。總任局事。兼理學校。設判官一人。審訟獄。用古名曰士。曰嗇夫。皆可。或名曰鄉平。警察官一人。巡捕奸宄盜賊非常。稅官一人。收賦稅。竟戶籍。郵官一人。主通信。兼印花。郵官或專或兼攝。皆由議員中公舉。設議事會。五官共之。而長官爲議長。決焉。其長官之下。設文案雜役數人。酌其地之大小立焉。下爲議例會。衆議員聚議。決一鄉之政制賦稅大事。上以應國事。下以增公益爲義務。其議員視其地之大小。民之衆寡。以三四百人擧一人。由公民公擧之。凡公民中有學識及能捐助貧民。有行未嘗犯罪爲鄕里不齒者。曾辦過鄕團之事。實有閱歷及身家富厚者。皆得充焉。其有犯不孝不弟不睦不恤及有不齒之事者擯不得擧。如此則淸議所在。汝南月旦之評。九品中正之制。而風俗知耻矣。其有職官紳士擧貢諸生向有位于鄕者。除其行不齒于衆外。皆許預議。名之曰紳議員。如各國上議院之制。日本所謂名譽員也。則紳士不失其榮矣。而議之決否。以議員人數多少爲定。如是則劣紳不能武斷矣。其職事惟五官支薪水。餘皆不支。大都市宜皆以榮譽體面爲勸。如魯堂然。則諸官不支俸可也。每都市邑局之中。分各村各約。以千數百人爲度。立正副二人。董任其事。其大鄕則增設警官判官分治焉。地方大者。其判官或多設數人同審判焉。乃言鄕官之職。

第一職立警察。備禁盜賊奸宄。有風火大災。皆當救之。以保衞閭里。

第二職修戶籍。凡生死婚姻葬埋及禮樂吉凶歌舞之事。

第三職修道路。分國道縣道鄕道。分別數設石路。俾遠近易通。其有水利開濬。設橋梁築堤堰坂塘。其有民所走集。設市場築廣場。以合民衆。其有可爲鐵道馬車道者。皆議開通焉。以及種殖樹木之事。

第四職凡人民通信及電報電話之事。

第五職收賦稅。凡土地舟車烟酒出產製造營業買賣。因其舊俗地宜。隨時公議。

第六職學校。凡男女中小學塾及工藝院之事。開增長鼓勵。令凡民七歲皆入學。否則罪其父母。

第七職勸農業。凡耕地種植山林原野。酌土宜。覓新種。開農會以勸墾闢。

第八職助工商。開勸工塲技藝院。以鼓勵百工。振興商務。而設法資金以補助之。其有民間乞丐。驅入技藝院敎之。俾其餬口。不聽者判官禁之圜土。其窮老者付之恤貧院。

第九職講衛生。潔淨室屋道路。俾免癘疫。疾病則設公醫院醫之。

第十職開善堂。舉恤貧養病癲狂之會。開院養之。拓增經費。收禁乞流。無使有乞丐顚連者。並開講堂以誘導愚蒙。今江粵已大行。每鄉局推廣之。

法以三萬人以上者爲都會。然舉國亦不過四十七耳。德以五萬人者爲都會。法有邑二萬六千百四十。然過萬人者不過二百三十二。故法之邑眞吾粵鄉局之比也。若數萬人之都會。則吾國不可以數算。其都會若順天廣東則百餘萬人。此外各省會及上海天津漢口甯波廈門重慶潮洲九江凡諸通商之口及諸府城大縣城及大市如佛山景德及大鄉數十萬者。尙不勝數。皆宜以地方自治行之。採用倫敦伯林巴黎橫濱之法。酌其地之大小。分爲各段。每段皆用鄉官之制。而立總局以總之。省府縣城名某城總局。市鎭曰某市鎭總局。每局設總辦會辦幫辦。凡賦稅工程郵政印花監獄學校慈善。皆當每事設司令。纖悉皆至。德伯林執事者至二萬人。其繁密可知也。立議事局以會辦幫辦及諸長官爲之。而總辦爲之長而決焉。由各段舉公民爲議員。三萬人以下。凡五百人舉一人。十萬人以上千人舉一人。三十萬人以上者。二千人舉一人。五十萬人以上者。三千人舉一人。其貴官紳士皆爲上議員。別自公舉。皆以人數多寡決從違。其職事皆如鄉制。而增加繁密。以適事宜。皆如善堂之制。不設薪水。其長及五官有俸。其長皆由議員公舉。告諸官。其諸官皆由其長與衆議各舉半數。其長及諸職無官銜者皆給職銜。萬人以下者長給正九品鄉正下士銜諸職。給從九品從下士銜。萬人以上者給正從八品鄉中士職銜。三萬人以上者給鄉上士職銜。五萬以上者給六品鄉大夫職銜。十萬人以上者給五品公大夫職銜。日本東京之制。可採用之也。其市長之下。有助役四人。收入役一人。長技師長一人。即副長也。有名譽參事會十二人。內局有事務員十人。分四部。曰總務部。曰土木部。曰水道部。曰會計部。各有部長一人。事務員百數十人。土木水道部則有技手數十人。總務部則有掃除巡督長一人。監督十人。巡視數千人。分十五區。每區有長一人。書記數十人。有養育院病院醫院醫員數人。其警察裁判皆隸于官焉。可全用日制而行之。其長有遺愛者以半俸終其身。

其縣皆開議會。令一縣之公民舉議員。凡公民住居一年。年二十五以上。大農大工大商家產萬金。或曾遊歷外國。或在大學卒業諸生士人有學者。能創學校工藝院醫院善堂者。一市一鄉選一人。大者或二三人。每七十萬人議員三十人。過百萬者每五萬人加一人。其紳士自知縣舉人以上許大縣別為選舉。皆以人數之多寡決從違。其縣官之議事局得用議員二人。餘悉同鄉制。其道或府皆開議會。以大農大工大商業家產十萬或曾遊歷外國及大學卒業者。士人之著書有學名者。暨能創學堂工院醫院善堂者。一縣一人。大縣或二三人。每百萬人議員二十人。過百萬者每十萬人加一人。紳士自道府郎曹進士以上。許爲紳議員。其道府官之議事局得用二人。其各直省皆開議會。以大農大工大商家產百萬或曾遊歷遊學外國若大學卒業及名士學問有名著書傳世者。及獨力捐資成一學堂醫院工院善堂者。一縣一人。大縣或二三人。每十萬人選一人。其省官之議事局用議員二人。餘皆用鄉制。議員皆以三年爲限。一年去二留四。以資諳練。凡一縣一道府一省之政。例在國律範圍之中。凡賦稅公積警察戶籍學校農工商道路橋梁市港山林川河醫病衛生慈善教化。皆由議會議定。地方長官許可。則施行之。其大事則許省道府縣之議會公評政府。

夫舉民有鄉舉里選之遺。集議得公是公非之見。地不闊則直接而易得其情。生其地則熟習而周知其故。國當其衝。而鄉行其密。人人有言事執政之權。人人有愛國愛家之意。誘其同心。長其神氣。開其知識。發其志意。聯官民之交。而審其結合。無有阻礙。謀公益之事。則自爲受用。爭自激勵。官僅爲之監督。律粗爲之範圍。而一切聽之。輸賦籌餉起債爲百事之原。則出自公議。必度民力所能。民心所樂者乃爲之。皆有決算出入表。以告于衆。各議員自議之而告于所舉之人。人人知自爲自益也。知身家營業之增長也。知官未肯取之也。知强紳不得獨佔强奪之也。人人自鼓舞。雖有大舉而事無不成。觀于各學堂之大舉而可見矣。故欲養警察之卒而卒可養。欲修道路橋梁埠所則工可立修。欲經營學校醫院貧院狂院則事可立集。欲勸工闢地植農惠商則策可立舉。人蒸作鄉官議員。皆知自愛。重犯法。守于恤民。奮于愛國。務于公益。則仁惠之風行。廉恥之俗成。風俗美而大進矣。學校多而才智出。農工商盛而財用足。國乃于是取其材。用其氣。收其財用。所謂百姓足君孰與不足也。以四五萬萬人之衆。成城斷金。誰能禦之。必若此而後富强之基可立。故行地方自治之制。而民不富樂。士不智勇。而中國尚弱者。未之有也。

（完）

傳記

匈加利愛國者噶蘇士傳

中國之新民

第九節 匈奧開戰及匈加利獨立

匈加利文明先導之沙志埃伯。既就任爲工部大臣。未幾諸路警報續到。新政府之前途。日以岌岌。痛心之極。遂至發狂。溫和黨乃擧狄遲爲首領。老成彫謝。又弱一个。至是而匈加利之運命。全在噶蘇士之仔肩矣。

奧王所派總督的士英。觀衆怒之難犯。而懼大禍之及其身也。蒼黃遁歸維也納。又自慚憤。乃更走德國。奧王乃別派伯爵廉白爲匈加利軍務總督。不特都督兵馬而已。且爲王之代表。而使專制以箝束全匈政務。以九月廿五日就任於彼斯得。匈加利國會聞之。以其授任之違法也。決議不納。傳檄四方。募義勇兵。擧國莫不憤懣裂眥以睨維也納者。廉白以二十八日騶從抵彼斯得附近之長橋。小民激昂之餘。遂擁車而撲殺之。匈奧決裂之實象更著矣。

首相巴站。謹厚君子也。倘欲表調和之意。乃上表引咎。以慘殺總督之案。政府負其責任。請總辭職。而別設護國委員。噶蘇士被選爲委員長。噶氏責任益重大矣。格羅士亞之叛將埃拉志聞巴站政府之解散也。以爲機會可乘。乃於九月二十九日。率格羅兵四萬。以臨布打城。屯距城廿五英里之地。噶蘇士遣匈加利將軍摩加將兵五千拒之。兩軍逆戰於梭洛省之威耶。馬哥耶兵無不一以當十。以五千怒卒。敗四萬之格羅人。埃拉志幾被擒。遽僞請和。乞休戰三日。以緩攻勢。遂乘隙遁歸維也納。奧王聞報。赫然震怒。遂以十月四日下令。日噶蘇士等爲叛徒。其第一條云。朕能行主權。以解散匈加利國會。現雖在開會中。宜即閉之。第二條云。法令不經朕裁可者。雖由國會決議。一切不許行用。第三條云。今命埃拉志爲都督。匈加利元帥。匈國中一切常備兵義勇兵。皆歸節制。第四條云。匈加利內亂未定以前。以軍令統治其國。一切由埃拉志便宜行事。此文名爲詔勅。實與匈加利下宣戰書也。噶蘇士旣以身繫國安危。內難未平。復遇大敵。危乎悲哉。護國委員長何以待之。棱棱勁草。寧所怯於疾風。莽莽神鷹。豈損威於凡鳥。願與讀者。企踵拭目。觀愛國偉人之經略何如矣。

噶蘇士見奧政府之宣戰也。不動聲色。以爲待敵之來。毋甯先發制人。乃決議進攻維也納。傳檄四方。廣募義勇。悉心訓練。夜以繼日。注其熱誠。鼓其雄辯。以振作士氣。彼常演說於軍中曰。

嗚呼軍士。今日有兩途於此。惟汝等自擇之。其一則從容安逸。歸家以對妻孥。其二則危險苦辛。獻身以蹈湯火是也。蹈湯火之道。死道也。汝等知之。吾亦知之。雖然、是我等對於國家之義務也。何去何從。是在汝等。吾無强焉。吾進矣。吾進矣。嗚呼、我馬哥耶人。擁自由二字。以立於四面腥風血雨之中。有願與國同生死者。請從我來。

兵士聽此演說。齊呼不自由毋甯死。無不慨然爭赴前敵。著方出彼斯得至哲黎士堡。有兵一萬二千。有大砲三十門。以十月廿四日進次巴梭。得各地赴義來集之兵。驟至三萬。廿七日。以國會之議決。命將軍古魯加率摩加舊部二萬五千。與噶軍合。越境伐奧。奧王使其子榮沼格辣。與埃拉志共率奧兵七萬。迎戰。二十八日。薄暮。匈兵渡非西亞河。接綏大小十數戰。互有勝敗。十二月。奧王以倦勤故。讓位於其姪新王。年僅十八耳。匈加利議會。直決議不認之。

十二月十五日。奧軍以如海如潮之勢。壓匈加利。其大將王子榮沼格辣。善用兵。匈將古魯家屢敗北。奧軍遂迫布拉彼斯得城。擾擾風雲。歲云暮矣。千八百四十九年一月一日。護國委員開會議於彼斯得。衆謂存亡危急。不可不暫避敵鋒。乃決議遷都於的布黎省。古魯家先誘敵於北方。率兵二萬出彼斯得北郊。榮沼格辣急尾追之。古魯家且戰且走。於是噶蘇士及新政府文武百官。遂出的奴河。二月六日。達於的布黎爾後交戰數回。互有勝敗。

三月四日。奧王以憎噶蘇士黨之故。遂下令廢金牛憲章。而通款俄羅斯。借俄兵一萬五千以爲應援。自和拉的亞方面來襲。噶蘇士聞報。遣將軍俾讀以兵一萬防之。激戰數次。所向有功。三月十六日。捷書達的布黎省。讙呼之聲。震山岳。於是議乘勢恢復舊都。使格拉布加、達米亞匿、和列諸將。以四月一日進軍。出台比岳河畔。破格羅士亞之叛將埃拉志。六日。與榮沼格辣軍合戰。大破之。榮沼遁入布打城。古魯家率兵出維普。敵兵望風爭逃。遂獲捕虜八百。大砲七門。噶蘇士得各地之捷報。與古魯家將軍相抱而視之。洒淚於軍前曰。是皆將軍之賜也。古魯家亦感泣曰。某何足以當此。皆護國委員長之力也。噶蘇士乘此風潮，直以匈加利獨立布告天下。千八百四十九年四月十四日。全國之代議士集於的砦黎省之耶蘇教會堂。依最莊嚴之禮。舉行茲典。噶蘇士以護國委員長之資格。爲獨立之宣言曰。

以法律組織成之匈加利國會。今者以我匈加利國獨立權利之事。敢告於天下。

我匈加利以千年文明之國。立於天地。憲法早布。爲萬邦冠。文物彬彬。有光歷史。乃三百年前以國難之故。爲奧大利所盜竊。我等所敬愛之祖先。雖靡一日而忘祖國。而事機不就。未如所懷。奧之前王。亦憚於輿論。時加煦煦之術。我同胞重和平。懼破壞。不深與爲難也。比年以來。奧政府濫用强權。蹂躪我憲法。朘削我膏血。虔劉我工業。奴視我人民。我是以有新政府之立。奧王形見勢屈。僞爲應命。實乃包藏禍心。煽動我都鄙。陷溺我人民。率我蟊賊。以謀動搖我國家。我以三百餘年關係之深切。靡有貳心。以內亂之不易。民命之多艱。解散政府。以自謝於奧國。我之於奧。蔑以加矣。奧猶不悛。廢我國憲。夷我民兵。埃拉志者。我之仇讎。而奧之間諜也。使爲總督。入我堂闥。而擇噬我國民。我匈加利人。達公理。重和平。非好爲犯上作亂。塗炭生靈也。以三百年來呻吟於異種羈軛之下。憔悴於民賊虐政之中。曰忍也。夫既忍之。曰待也。夫既待之。今則忍無可忍。待無可待。萬不得已。至爲此獨立之宣言。上有皇天。下有百靈。內有同胞。外有萬國。實共鑒之。　謹布讀決議四條如下。

第一　匈利加國自今以往。爲自由獨立之國。

第二　奧國朝廷對於匈加利。罪不容數。自今以往。排而斥之。永絕關係。

第三　匈加利國與歐洲諸鄰國。講信修睦。一循公法。

第四　獨立以後。組織新政府。其方案一切由國會決議委任。

此報告既發布。傳播國中。讙呼萬歲之聲。洋溢盈耳。而第四條所定新政府之事。即由國會委任。選噶蘇士爲匈加利大統領。

第十節　布打城之克復及兩雄衝突

奧國政府接此敗報。且羞且憤。一面派大軍於匈加利。一面重賂俄廷。乞師助勦。俄皇因以爲利。發兵十三萬。與三十萬之奧兵聯合。爲蹂躪匈加利之計。噶蘇士外當此大敵。內察已力。則惟有未經訓練之義勇十三萬五千人。大砲小鎗。合計不過四百。雖然。

彼會不屈撓。日激厲諸將以死報國。而古魯家之軍。竟以五月二十日克復布打城。噶蘇士喜可知矣。乃以國會之決議。發一國民公電於軍中。以表感謝。士氣驟增百倍。噶蘇士與諸將協議兵機。其決定之件如下。

一使丹邊士奇將軍。赴上部匈加利。以防俄軍。　一使威達將軍。屯達紐夫河畔之巴士卡地方。為南方之雄鎮。　一使比謨將軍自杜蘭斯哇省。提一旅以鎮勳和拉志亞之叛徒。　一更為豫備兵屯防查阿諾地方。　一使格拉布加將軍。率兵二萬五千。屯營哥摩侖地方。

格拉布加。當時任陸軍大臣者也。彼捨此重職。願為前敵之一將。愛國之誠。可概見矣。未幾而比謨及丹邊士奇諸軍。捷報絡繹。噶蘇士乃決意還都布打。而以古魯家繼格拉布加為陸軍大臣兼軍務總督。時六月七日也。

當是時也。匈加利之榮光名譽。洋溢於五洲。而獨立滅亡爭機於一髮。彼古魯家者。一世之名將也。而噶蘇士曠代之英雄也。此二人者。如車之兩輪。鳥之雙翼。匈加利千餘萬之生靈。所齊託命也。使其終始一心。互相提攜。則國之前途。泱泱哉未艾也。何圖是天不弔。兩雄相軛。當此暴風橫雨交集之日。忽爲龍跳虎門內潰之形。讀史至此。誰能不頓足痛哭。爲匈加利國民飲千秋之遺恨也。

布打城之旣克復也。與俄之軍奮戰益力。衆寡懸絕。旣已太甚。此匈加利千鈞一髮之時也。噶蘇士與古魯家議戰守機宜。其意見每不相合。前陸軍大臣格拉布加及諸將校。多祖噶蘇士之策。雖然。古魯家自負勞苦功高。驕盈殊甚。輒冷笑揚言曰。外交政略。演說辯才。吾不如噶蘇士。若夫疆場之事。則乃公方寸自有成算。非他人所能容喙也。噶氏等無如之何。乃此後屢有交綏。輒見挫敗。古魯家所自負者。竟不能踐其言。於是噶蘇士以軍國大計。非可一誤再誤。欲用其統領之權。以實行所懷抱之軍略。急傳命古魯家。調北部軍隊。集於的彝士河畔。將以直擣維也納都城。易守勢爲攻勢。使其策果行。乘奧國之空虛。首尾不相應。一擊而破之。則匈加利今早爲一雄强之獨立國。以屹峙于世界矣。乃古魯家陽諾之而腹誹之。竟不從也。噶蘇士乃憤然下令。免古魯家所秉任之軍務總督。而以美士稜羅將軍代之。時古魯家在哥摩侖地方。與奧俄兵戰。適負微傷。療養於軍中。得此電報。其部下軍隊。激昂殊甚。囂囂然曰。噶蘇士何人哉。彼安居於太平之彼斯得府。乃敢貶我臨疆場賭生命之將軍耶。吾等寧死。不願受他將之指揮云云。情勢洶洶。幾欲舍俄奧之大敵。而倒戈以向於政府。嗚呼。自此以往。而匈加利之前途不可問矣。

時格拉布加。方鎮哥摩侖。見此情形。憂懼失色。乃竭全力以調和兩雄。卒使噶蘇士收回成命。僅免古魯家陸軍大臣職。而任軍務總督如故。雖然自是以後。軍中劃然分古噶兩派。常若氷炭。奧俄軍乘之。著著制勝。至七月十一日。而布打城復委於敵矣。

第十一節　噶蘇士辭職及匈加利滅亡

力拔山兮氣蓋世。時不利兮騅不逝。騅不逝兮可奈何。虞兮虞兮奈若何。天下傷心短氣之事。孰有過於英雄末路者耶。噶蘇士既憤古魯家之不用吾言。以致挫敗也。又念號令不出於一。而軍氣將更沮喪也。乃與古魯家謀。自退其職。而以軍國大事一委於彼。以圖補救。乃以八月十一日布告辭職文於國民之前。其略曰。

奧俄大軍。併力壓境。某也不才。忝荷重任。師徒撓敗。以至於今。溺職誤國。罪何敢辭。

今者國勢岌岌。不可終日。存亡絕續。悉懸於軍務總督之手。事已至此。政府之立。非徒、無益、且恐爲國民害也。某今瀝愛國之血誠。策此後之大計。敢率政府諸員。向國民乞骸骨。自今以往。一切軍國重事。全託命於古魯家將軍一人之手。將軍對于上天。對于國民。對於本國之歷史。而慨然荷此重任。其必盡其力之所及。爲此可悲可憐之國。爭命脉於一線也。將軍之聰明才力。過某十倍。某敢信之。某敢保之。某德薄能淺。力竭聲嘶。淚盡血枯。審顧躊躇。計不得不出於此。嗚呼、某也七尺之軀。久非我有。苟犧割我。蒞臨我。而有利於此國者。我甘之如飴。弗敢辭也。嗚呼、彼蒼者天。父兮母兮。其庶幾眷高下。顧以拯此哀窮無告之匈加利國民哉。嗚呼。　千八百四十九年八月十一日。　路易噶蘇士。

古魯家之懷貳心久矣。故當噶蘇士之交代。亦受之而不辭。爲靦顏向國民演述忠憤之詞。以欺飾耳目。實乃私通款於奥俄軍中。賣國以圖自免。嗚呼、百數十仁人志士。竭百數十年之力。經營慘淡。而不足者。一賤丈夫一朝斷送之而有餘。此東西古今之歷史所以以奴隸國猥爲充塞。而自由清淑之氣。經數千載而不能還也。

●古魯家與奥俄軍約。凡前此匈軍中將校士卒。悉貸其罪。遂豎降旛於軍門。格拉布加。

獨力不支。尋亦屈節。於是匈加利遂亡矣。與俄軍旋食其言。藉戰勝之威。大肆屠殺。自前首相巴站以下。凡匈加利政府重要人物。處斬處絞者。不下數百。民間以嫌疑被逮夷僇者。殆十餘萬。骨委爲邱。血流成河。專制之政。視前此又加數倍。重以俄人豺狼之欲。水草之性。悉索縱橫。殆無天日。嗚呼嗚呼。哀哀匈民。一蹂躪於蒙古。再蹂躪於突厥。三夷僇於俄羅斯。民也何辜。受茲痛毒。至是而格羅人塞爾維亞人杜蘭斯哇人撒遜人等。亦隨其所敵視之馬哥耶族。同成灰燼。瘠牛羸豚。坐待刲割。性命儕螻蟻。權利同弁髦。今乃始知中民賊之毒謀。爲公敵之功狗。噫嘻悔之晚矣。昔賢云滅六國者六國也。非秦也。族秦者秦也。非天下也。君子讀史至此。未嘗不廢書而長慟也。

第十二節　噶蘇士之末路及匈加利之前途

噶蘇士既解印綬。旋察古魯家之異志。知事不可爲。乃避難於突厥。當其將發途也。當政府戶部大臣某。撿點庫儲。尚有二百五十萬金。語噶氏曰。足下今亡命他鄉。所最需者阿堵物也。此金棄置此土。徒飽與俄虎狼軍之谿壑。子盍挾以行矣。噶蘇士正色曰。此匈加利政府之物也。非余私財。余豈肯非其有而取之耶。遂以八月十八日揮淚出國門。仰天歎曰「噫乎、非天不相我國民今何爲至於此」匈加利志士從噶氏而去者。五千餘人。妖氛黯天白日無色、嗚呼噶蘇士逝矣嗚呼匈加利亡矣自噶蘇士出獄後始入國會實千八百四十七年十一月十二日至翌四十八年三月十六日匈加利新政府成不數月內亂蠭起。遂有匈奧之衝突。翌四十九年一月一日。遷都于的布黎省。五月廿一日。克復布打城七月十一日再被陷。八月十一日。噶蘇士辭職。十月匈加利亡。此一興一亡之大活劇不過匆匆兩年間事耳而以此至短之日月。起至大之波瀾。聳動全歐。永爲歷史上一大紀念。噫、可不謂人傑哉噶蘇士於此二年中。席不暇煖食不暇咽。極人生至繁至劇之境自茲以往送亡命之生涯者四十餘年。

噶蘇士既去國。遁於突厥之維毯行省。之大吏。奉突皇命款待之。如上賓禮。奧俄兩國遣刺客無數入其地突人保護甚力莫能損其一指趾也。奧俄以强國之餘威屢脅突廷。或啖以重利使交出噶蘇士突廷結英國以堅拒之。自是爲寓公於突者凡數年。美國、政府、慕噶蘇士之高風也。哀其爲國民而忍苦節也。思所以慰藉之乃於千八百五十一年。遣軍艦於突厥迎噶蘇士。突厥亦以一軍艦護送之。既至。各地歡迎者爭先恐後。至是而彼於獄中三年所學之英文英語大得其用。所至演說。聽者以爲自由神之降世也。其後復游于英。其受歡迎一如美國云。雖然。彼當宴會紛紜名譽洋溢之際。每一念故鄉之天地。未嘗不吞聲飲淚。若萬箭之攢其心也。

自噶蘇士去國後。匈加利憔悴於奧俄之虐政者凡十年。此十年間。愛國之士或殺或亡。或以病死。舉國空無人焉。其碩果僅存者。則前司法大臣狄渥氏一人而已。千八百五十九年。奧與法開戰失利。遂失意大利屬地。奧王迫於外患。又不得不求助於匈民。乃一變前策。以六十年五月。命匈加利選議員若干人以入奧國議會。於是狄渥氏被選爲彼斯得省之代表。爲匈加利提出三事。以要求於奧政府。一曰恢復金牛憲章。一切國務依此憲章以行。二曰置匈加利政府於彼斯得省。如四十八年故事。三曰革命時代流竄異國之志士。悉招歸國。反其田里。奧王固非樂許之也。然迫於時勢。不能不從。卒以千八百六十七年七月七日。親臨彼斯得。誓守金牛憲章。兼王匈國。是即今日奧匈雙立君主國所由成立也。

古譽家自恥其無面目以見匈人也。乃退匿於與國之一田舍。與廷給以歲俸六萬。終其殘年。所至受村落之侮蔑。鬱瘵以死。噶蘇士在天涯漂泊之中。猶日日著書作報演說。謀所以開導匈加利人而恢復其將來之利益。此後狄渥之再造茲國。實一遵噶蘇士之遺教也。六十七年權利恢復以來。匈加利之進步一日千里。噶蘇士大慰藉。乃卜居於意大利山水明媚之地。研究格致之學。以終其天年。千八百九十四年三月廿一日去此世以入天國。享年九十二。

新史氏曰。匈加利之僅有今日。匈加利人之不幸也。匈加利之僅有今日。又匈加利人之幸也。夫以今日民族主義之磅礴大壤。彼匈加利者。又豈以僅有今日而自足耶。然其能使之有今日。且使之將更有優於今日之將來。誰實爲之。吾敢斷言而不疑曰。噶蘇士之賜也。嗚呼。今天下之國。其窮蹙如前此之匈加利者何限。而噶蘇士何曠世而不一遇也。海山蒼蒼。海雲茫茫。其人若存。吾願爲之執鞭而忻慕者也。（完）

學術

論中國學術思想變遷之大勢

中國之新民

第三章　全盛時代

第三節　論諸家學說之根據及其長短得失〔闕〕

此節原爲本論最要之點。但著者學殖淺薄。綜合而論斷之。自媿未能。尚須假以時日。悉心研究。非可以半月一期報章之文。率爾操觚也。又其言太長。登諸報中。動綿數月。恐聽者惟恐臥矣。以此二障。故從闕如。若夫就正有道。當俟全書殺靑時矣。

著者附識

第四節　先秦學派與希臘印度學派比較

嗚呼、世運之說。豈不信哉。當春秋戰國之交。豈特中國民智爲全盛時代而已。蓋徵諸全球莫不爾焉。自孔子老子以迄韓非李斯。凡三百餘年。九流百家皆起於是。前空往劫。後絕來塵。尙矣。試徵諸印度。萬教之獅子吼。惟佛。佛之生。在孔子前四百十七年。在耶穌前九百六十八年。（此候官嚴氏所考據也。見天演論下第三章案語。今從之。）凡住世者七十九歲。佛滅度後六百年而馬鳴論師興。七百年而龍樹菩薩現。馬鳴龍樹殆與孟子荀卿同時也。八百餘年而無著世親陳那護法諸大德起。大乘宏旨顯揚殆罄。時則秦漢之交也。而波儞尼之聲論哲學。爲婆羅門教中興鉅子。亦起於馬鳴前百餘年。（波儞尼之學。以言語爲道本。頗似五明中之聲明。又與柏拉圖之觀念說相類。其時代傳說不同。大率先波膽闍梨二百年。）此印度之全盛時期也。更徵諸希臘。七賢之中。德黎 Thales 稱首。生魯僖二十四年。亞諾芝曼德 Anaximandros 倡無極說者也。生魯文十七年。畢達哥拉 Pythagoras 天算鼻祖。以律呂言天運者也。生魯宣間。芝諾芬尼 Xenophanes 創名學者也。生魯文七年。巴彌匿智 Parmenides 倡有宗者也。生魯昭六年。額拉吉來圖 Herakleitos 首言物性。而天演學之遠祖也。生魯定十三年。安那薩哥拉 Anaxagoras 討論原質之學者也。（額安二哲皆安息人）生魯定十年。德謨頡利圖 Demokritos 倡阿屯論（即莫破質點之說也）者也。生周定王九年。梭格拉底 Sokrates 言性理道德。西方之仲尼也。生周元王八年。柏拉圖 Plato 倫理政術之淵源也。生周考王十四年。亞里士多德 Aristoteles 古代學派之集大成也。生周安王十八年。此外則安得臣 Antisthenes 什匿派之大宗。倡克己絕欲之教者也。生周元間之諸。Zenor 斯多噶派之初祖。而泰西倫理風俗所由出也。生周顯三年。伊壁鳩魯 Epikuros 幸福主義之祖師也。生周顯廿七年至阿克西拉 Arkesilaos 倡懷疑學派。實惟希臘思想一結束。阿氏生周赧初年卒始皇六年。是時正值中國焚坑之禍將起。而希學支流亦自茲稍涸矣。由是觀之。此前後一千年間實爲全地球有生以來空前絕後之盛運。茲三土者地理之相去如此其遼遠。人種之差別如此其縣殊。而其菁英之磅礴發洩。如銅山崩而洛鐘應。伶倫吹而鳳皇鳴。於戲其偶然耶。其有主之者耶。姑勿具論。要之此諸哲者同時以其精神相接搆相補助相戰駁於一世界遙遙爲里之間。既壯既劇既熱歟切我輩生其後。受其教而食其賜者。烏可以不歆饗之。烏可以不媒介之。

以地理論則中國印度同爲東洋學派。而希臘爲西洋學派。以人種論則印度希臘同爲阿利揚族學派。而中國爲黃族學派。以性質論則中國希臘同爲世間學派。而印度爲出世間學派。（希臘之斯多噶派。伊壁鳩魯派。懷疑派。雖亦講求解脫主義。然猶世間法之解脫也。中國之老莊亦然。）故三者互有其相同之點相異之點。今請校其長短而僭論之。

(甲)與希臘學派比較

(一)先秦學派之所長

凡一國思想之發達。恆與其地理之位置歷史之遺傳有關係。中國者大國也。其人偉大之國民也。故其學界全盛之時。特優於他邦者自不少。今請舉其五事。

曰國家思想之發達也。希臘有市府而無國家。如雅典斯巴達諸邦。雖大名於歷史者。實不過一都會而已。雖其自治之制。整然。然終不能組織一國。如羅馬及近世歐洲列邦。卒至外敵一來而文明之跡。隨羣市府以同成灰燼者。蓋國家思想缺乏使然也。柏拉圖亞里士多德。皆有功於政治學。而皆不適於造完全之國家。中國則自管子首以國家主義倡於北東其繼起者率以建國問題爲第一目的。羣哲所爭辯之點。大抵皆在此。雖孔老有自由干涉之分。商墨有博愛苛刻之異。然皆自以所信爲立國之大原一也。中國民族所以能立國數千年。保持固有之文明而不失墜者。諸賢與有勞焉矣。此其一。

曰生計 Economy 問題之昌明也。希臘人重兵事。貴文學。而於生計最不屑屑焉。故當時哲學技術皆臻極盛。爲萬世師。獨於茲科。講論殊少。惟芝諾芬尼亞里士多德。嘗著論之而已。而中國則當先秦時此學之昌。殆與歐洲十六七世紀相頡頏。若管子輕重乘馬之篇。孟子井田徹助之制。墨翟務本節用之訓。荀卿養欲給求之論。李悝盡地力之業。白圭觀時變之言。商鞅開墾之令。許行並耕之說。或闡原理。或述作用。或主農殖或貴懋遷。或倡自由政策。Free Trade（孟子關市譏而不征。則天下之民。皆悅而願藏諸其市矣。）或言干涉主義。濟濟彬彬。各明一義。蓋全地球生計學（即前論所屢稱之平準學）發達之早。未有吾中國若者也。（余擬著一中國生計學史。集前哲所論。以與泰西學說相比較。若能成之。亦一壯觀也。）此其二

曰世界主義之光大也。希臘人為民也。其虛想雖能窮宇宙之本原。其實想不能脫市府之根性。故於人類全體團結之業。統治之法。幸福之原。未有留意者。中國則於修身齊家治國之外。又以平天下為一大問題。如孔學之大同太平。墨學之禁攻寢兵。老學之抱一為式。鄒衍之終始五德。大抵向此問題而試研究也。雖其所謂天下者。非眞天下。而其理想固以全世界為鵠也。斯亦中國之所以為大也。此其三

大抵中國之所長者在實際問題。在人事問題。就一二特點論之。則先秦時代之中國。頗類歐西今日。希臘時代之歐西。反類中國宋明間也。（此不過言其有相類者耳。非舉其全體也。讀者勿泥視。）王說公

綜上論之則亦有見優者。

曰家數之繁多也希臘諸哲之名家者凡十餘人其所論問題不出四五大抵甲倡一說而乙則引伸之或反駁之故其學界為螺線形雖千變萬化殆皆一線所引也中國則地大物博交通未盛學者每閉門造車出門應轍常非有所承而後起者也故其學界為無數平行線形六家九流之門戶前既言之矣而其支與流裔何啻百數故每一問題、臚其異說輙纍纍若貫珠然而問題之多亦冠他界此其四

曰影響之廣遠也自馬基頓兼并以後至西羅馬滅亡以前凡千餘年間希臘學術之影響於歐洲社會者甚微詎由學理深遠不甚切於人事也（斯多噶派雖與羅馬風俗有影響然不多也）先秦學者生當亂世目擊民艱其立論大率以救時厲俗為主與羣治之關係甚切密故能以學說左右世界以亘於今雖其為益為損未易斷言要其勢力之偉大殆非他方學界所能及也此其五

（二）先秦學派之所短

不知己之所長則無以增長光大之不知己之所短則無以採擇補正之語其長則既

國之言也。語其短。則救時之言也。今請舉中國之缺點。

一曰論理 Logic 思想之缺乏也。凡在學界。有學必有問。有思必有辯。論理者。講學家之劍冑也。故印度有因明之教。因明學者。印度五明之一也。其法為因、宗、喻、三段。一如希臘之三句法。而希臘自芝諾芬尼梭格拉底屢用辯證法。至阿里士多德而論理學蔚為一科矣。以此之故。其持論常圓滿周到。首尾相赴。而眞理愈析而愈明。中國雖有鄧析惠施公孫龍等名家之言。然不過播弄詭辯。非能持之有故。言之成理。而其後亦無繼者。當時堅白馬等名學之詞句。諸子所通稱道也。如墨子大取小取等篇最著矣。即孟荀莊韓書中。亦往往援為論柄。但其學終不成一科耳。以故當時學者。著想非不邃奧。論事非不宏廓。但其周到精微。則遠不逮希印二士。試舉一二為例。孟子云。楊氏為我。是無君也。墨氏兼愛。是無父也。夫為我何故與無君同物。兼愛何故與無父同物。一以論理法反詰之。必立窮矣。孟子言性善。謂辭讓之心。人皆有之。荀子言性惡。謂人之性好利。順是則爭奪生而辭讓亡。其論法同一。而根據與結斷皆相反。終相持而不能決。皆由無論理以範圍之。不能於對待求眞理也。墨子天志篇云。然則天亦何欲何惡。天欲義而惡不義（中略）然則何以知欲義而惡不義。曰天下有義則生。無義則死。（中略）然則天欲其生而惡其死。（中略）此我所以知天欲義而惡不義也云云。語中疊用數「然則」字。望之儼似循環論法。然究其極際。則天何以欲其生而惡其死之理據。墨子不能言也。是其前論之基礎。皆不立矣。中國古書之說理。類此者什九。不能徧舉也。大抵西人之著述。必先就其主題。立一界說。下一定義。然後循定義以縱說橫說之。中國則不然。如孔子之言仁言孝。其義亦寥廓而不定。他無論矣。坐此之故。譬之雖有良將健卒。而無戈矛甲冑以為之藉。欲以攻不克以守不牢。道之不能大光。實由於是。推其所以缺乏之由。殆緣當時學者務以實際應用爲歸而理論之是非不暇措意一也。又中國語言文字分離向無文典語典 Language Yrammar 之教因此措辭設句之法不能分明二也。又中國學者常以教人爲任有傳授而無駁詰非如泰西之公其說以待人之贊成與否故不必定求持論之圓到三也。此事雖似細故然實關於學術盛衰之大原。試觀泰西古代思想集成於阿里士多德近世文明濫觴於倍根彼二人皆以論理學鳴者也。後有作者可以知所務矣。

二曰物理實學之缺乏也。凡學術思想之發達恒與格致科學相乘。遠而希臘近而當代有明徵矣。希臘學派之中堅爲梭格拉底柏拉圖阿里士多德師弟。梭派之學殫精於人道治理之中。將物理之繁賾高遠而置之其門庭頗與儒法諸家相類。但自德黎以來。茲學固已大昌。而額拉吉來圖德謨頡利圖諸大師。固已潭思入微。爲數千年格致先聲。故希臘學界於天道物理人治三者調和均平其獨步古今良有由也。中國大學雖著格物一目。然有錄無書。百家之言雖繁。而及此者蓋寡。其間惟墨子剖析頗精。但當時傳者既微。秦漢以後益復中絕。惟有陰陽五行之僻論跋扈於學界語及物性。

則緣附以爲辭怪誕支離不可窮詰馴至堪輿日者諸左道迄今猶銘刻於全國人腦識之中此亦數千年學徒墮落之一原因也。

三曰無抗論別擇之風也希臘哲學之所以極盛皆由彼此抗辯折衷進而愈深引而愈長譬有甲說之起必有非甲說隨起而與之抗甲與非甲辯爭不已時則有調和二者之乙說出焉乙說既起旋有非乙乙非乙爭又有調和丙說斯立此論理學中所謂三斷式也今示其圖如下。

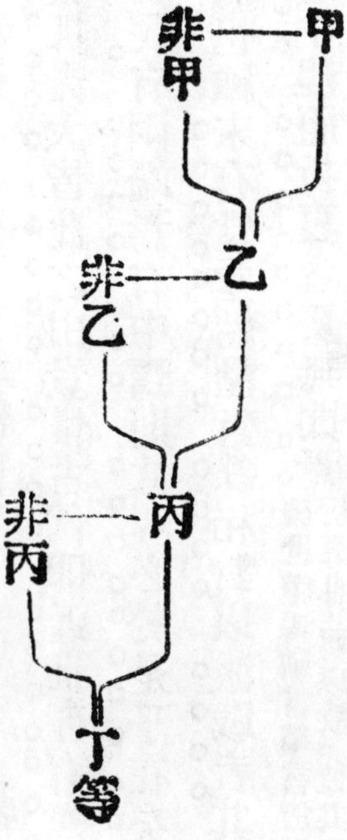

希臘學界之進步。全依此式。故自德黎開宗以後。有芝諾芬尼派之甲說即有額拉吉來圖之非甲說與之抗。對抗不已。而有調和派三家之丙說出焉。既有丙說旋有懷疑派之非丙說踵起而梭格拉底之丁說出以集其成梭聖門下有什匿克派之戊說旋有奇黎尼派之非戊說而柏拉圖之己說出以執其中己說既行又有德謨吉來圖之非己說而亞里士多德之庚說更承其後如是展轉相襲亘數百年青青於藍冰寒於水發揮光大皆此之由豈惟古代即近世亦有然矣記稱舜之大智曰執其兩端用其中於民有兩端焉有中焉則眞理必於是乎在矣乃先秦學派非不盛也百家異論非不殺也顧未有堂堂結壘針鋒相對以激戰者其異同皆無意識之異同也於羣言殽亂之中起而折衷者更無聞焉後世儒者動言羣言殽亂衷諸聖。此譌言也，此乃主奴之見。非所謂折衷也。何以故。彼其所謂聖者。孔子也。如老墨等羣言。則孔子之論敵也。孔子立於甲位。群言立於非甲位。然則其能折衷之者必乙也。今乃曰折衷諸甲。有是理耶。若墨子之於孔子可謂下宣戰書者矣然其論鋒殊未正對也墨之與楊蓋立於兩極端矣維時調和之者則有執中之子莫子莫誠能知學界之情狀者哉惜其論不傳然以優勝劣敗之理推之其不傳也必其說之無足觀也苟有精義。他書必當引及。何以於孟子之外，並名氏亦無睹也。凡爲折衷之丙說者必其見地有以過於甲非甲兩家然後可以立於丙之地位而中國殊不然此學之所以不進也今勿徵諸遠而徵諸近歐洲當近世之初倍根笛卡兒兩派對折者數百年日耳曼之康德起而折衷之而斯學益盛康德固有以優於倍節二賢者也中國自宋明以來程朱陸王兩派對抗者亦數百年本朝湯斌等起而折衷之而斯道轉熄湯斌固劣於晦庵陽明遠甚也此亦古今得失之林矣推其所由大率論理思想之缺乏實尸其咎吾故曰後有作者不可不此之爲務也。

四曰門戶主奴之見太深也凡依論理持公心以相辨難者則辨難愈多眞理愈明而意見亦必不生何也所爭者在理之是非所敵者在說之異同非與其人爲爭爲敵也不依論理不持公心以相辨難則非惟眞理不出而筆舌將爲寃讐之府矣先秦諸子之論戰實不及希哲之劇烈而嫉妒褊狹之情有大爲吾歷史汚點者以孔子之大聖。甫得政而戮少正卯。問其罪名則行僞而堅言僞而辯學非而博順非而澤也夫僞與眞至難定形也是與非至難定位也藉令果僞矣果非矣亦不過出其所見行其所信糾而正之斯亦可耳而何至於殺其毋乃以三盈三虛之故變公敵而爲私仇其毋乃濫用强權而爲思想自由言論自由之蟊賊耶梭格拉底被僇于雅典僇之者蚩盲也今少正卯之學術不知視梭氏何如而以此見僇於聖人吾實爲我學界恥之此後如墨子之非儒。則摭其陳蔡享豚等陰私小節。孟子之距楊墨。則毫無論據。而漫加以無父無君之惡名。荀子之非十二子。動斥人爲賤儒。指其無廉恥而嗜飲食。凡此之類。皆絕似村嫗嫚罵口吻。毫無士君子從容論道之風。豈徒非所以待人。抑亦太不自重矣。無他。不能以理相勝。以論相折。而惟務以氣相競。以權相淩。然則焚阬之禍。豈待秦皇。彀中之入。豈待唐太吾屬稿至此。而不能不有慙於西方諸賢也。未識後之君子能剷此孽苗否也。

五曰崇古保守之念太重也。希臘諸哲之創一論也。皆自思索之。自組織之。自發布之。自承認之。初未嘗依傍古人以爲重也。皆務發前人所未發。而思以之易天下。未嘗敎人反古以爲美也。中國則孔子大聖。祖述堯舜。憲章文武。述而不作。信而好古。非先王法言不敢道。非先王法行不敢行。其學派之立脚點。近於保守。無論矣。若夫老莊。以破壞爲敎者矣。乃孔子所崇者。不過今之古。而老子所崇者。乃在古之古。此殆中國人之根性使然哉。夫先秦諸子。其思想本强半自創者也。既自創之。則自認之。是非功過。悉任其實。斯豈非光明磊落者耶。今乃不然。必託諸古。孔子託諸堯舜。墨翟託諸大禹。老子託諸黃帝、許行託諸神農、自餘百家、莫不如是。試一讀漢書藝文志、其號稱黃帝容成岐伯風后力牧伊尹孔甲太公所著書者、不下百數十種、皆戰國時人所依託也。噫、何苦乃爾。是必其重視古人太過、而甘為之奴隸也。否則其持論不敢自信、而欲嫁功過於他人也。否則欲狐假虎威、以欺飾庸耳俗目也。吾百思不得其解。焉文其言曰崇古保守之念重而已。吾不敢妄謗前輩。然吾視我國今後之學界、永絕此等腹蠻自蝕之遺習也。

六曰師法家數之界太嚴也。柏拉圖梭氏弟子也、而其學常與梭異同。亞里士多德柏氏弟子也、而其說常與柏反對。故夫師也者、師其合於理也、時或深惡其人、而理之所在、斯不得不師之矣。敵也者、敵其戾于理也、時或深敬其人、而理之所非、斯亦不得不敵之矣。敬愛莫深于父母、而幹父之蠱、大易稱之、斯豈非人道之極則耶。梭、柏、亞三哲之為師、弟、其愛情之篤、聞於古今、而其於學也若此。其所以衣鉢相傳、為希學之正統者、蓋有由也。苟不爾、則非梭之所以望於柏、柏之所以望于亞矣。中國不然、守一先生之說、則兢兢焉不敢出入、不敢增損、稍有異議、近焉者則曰背師、遠焉者則曰非聖行將不容於天下矣以故孔子之後儒分爲八墨離爲三而未聞有一焉能青於藍而寒於水者譬諸家人積聚之業父有千金產以遺諸子子如克家資毋取贏而萬焉而巨萬焉斯乃父之志也今日吾保守之而已則羣兒分領千金其數已微不再傳而爲窶人矣吾中國號稱守師說者既不過得其師之一體而又不敢有所異同增損更傳於其弟子所遺者又不過一體之一體夫其學安得不澌滅也試觀二千年來孔教傳授之歷史其所以陵夷衰微日甚一日者非坐此耶夫一派之衰微猶小焉耳舉國學者如是則一國之學術思想界奄奄無復生氣可不懼耶可不懼耶

（乙）與印度學派比較 闕

欲比較印度學派。不可不先別著論略述印度學術思想之變遷。今茲未能。願以異日故此段暫付闕如。 著者附識

兵事

軍國民篇（續第三號）

奮翮生

八原因於國勢者

天下一家則安逸而絕爭競當四分五裂之局則人人有自危之念故爭競心重而團結以拒外之心生焉自立以侵人之念生焉當是之時團体以內之人民不得不勇悍輕死不得不耐勞茹痛不得不研究爭競以求自存之道故風浪疾則「同船共性命」之念切矣蒙古韃靼諸人種之所以慓悍勇敢橫行大地者以其國無定土逐水草而居遊牧所至不得不與土人劇戰以驅逐之勝則可席捲其地之子女玉帛以行一時之樂敗則走而之他故永久無安逸之期苟一經奪據一衣食充盈之地而得久享其溫飽則其昔日剛强不屈之氣必將潛銷默隱該人種所有之特質皆絕滅于無影無形之中元人之領有華夏本朝之入關定鼎豈不然哉豈不然哉

中國戰爭最劇時代莫逾于春秋故民氣之强盛四千年歷史中實以斯時爲最語有

云楚雖三戶亡秦必楚楚僻處蠻方文明程度遠遜中原尚終古不欲屈于秦人朔北之地開化最先且氣候寒烈民風之剛勁高出南方之上其決不欲爲強秦所奴隸魚肉可知矣自秦一統以後車書混同而國家之觀念潛銷已自唐以後乃專用募兵民兵之制既廢而國民之義務愈薄已民惟納租稅以供朝廷之誅求朝廷惟工聚歛以肆一家族之揮霍其他則非所問嗚呼此外寇之侵來所以簞食壺漿高舉順民旗以屈膝馬前耳

雖然無敵國外患者國恆亡中國近二千年來其所謂敵國外患不過區區野蠻種族沓然侵入未幾皆爲天演力所敗蝕以致日就消亡名則曰臣奴億兆席捲中夏實則往川流於海洋適容增其汪洋之浩大而已職是之故而國民之憂患心與爭競心遂益不振矣吾聞物理學者曰凡物之無自動性者始則難使其動既動則難禦其靜中國國情始類乎玆自斯以往其或感歐風美雨之震盪知生存之惟艱乃發畏懼心捍衞心團結心與一切勇猛精進心則中國之前途庶有望乎

軍國民之乏于中國也原因萬端不克悉舉其原因中之原因則不外以上八端然而

足使舉國若癡若醉伈伈俔俔朝爲秦奴暮爲楚妾恬不爲怪者抑職此八端之故而已。

近世列國之軍備

自瀛機興而交通盛已交通盛而競爭烈已各國有自危之心于是互相媲精殫神爭求所以相攻相守之道而「鐵血主義」遂成立國之大本世界列強無不奉爲神訓一若背之即足以亡國者然此軍國民主義之所以逐日以達咸弘光大之域也今概舉列強陸軍現役兵與全國人口比較表於下。

國名	全國人口數	現役陸軍員	戰時員
德	四六、八四四、九二六人	四八三、〇〇〇人	三、〇〇〇、〇〇〇人
法	三八、一三八、五四五	五五〇、〇〇〇	四、三五〇、〇〇〇
俄	一〇三、九一二、六四〇	八九二、〇〇〇	三、五〇〇、〇〇〇
意	二九、六九九、七八五	二八〇、〇〇〇	……
奧	三七、八六九、〇〇〇	三〇二、〇〇〇	一、七五〇、〇〇〇
			三

日本	四二、〇八九、九四〇	一五〇、〇〇〇	四五〇〇、〇〇〇
美	六二、六〇〇、〇〇〇	……	八、五〇〇、〇〇〇

由是觀之。以中國人口之數而計。則現役陸軍員應得四百萬衆。戰時人員應在二千萬以上。苟如斯。則雖傾歐美日本全國之師以加吾。自足以從容排禦而有餘裕。即使排闥外向。步成吉思之舊軌。橫衝直闖。以與他族爲難。恐亘獅爪牙之下。必無完軀者矣。

更將列強之陸海軍費與人口比例表。揭之於左。

	陸軍費（圓）	海軍費（圓）	人口（合殖民地）
英	一〇九、二二五、五四〇	九七、九一一、二五〇	三一八、七九六、〇〇〇
法	一三七、六六三、一〇一	四九、四三三、二七六	三八、一三八、五四五
德	一三五、五二八、七六六	一六、三四五、〇二七	四六、八四四、九二六
意	七一、一三四、四九〇	二八、〇〇〇、〇〇〇	二九、六九九、七八五
俄	一五〇、八九八、六五七	二五、五九九、〇三三	一三三、九一二、六四〇
奧	六三、五九三、七七七	七、〇七三、八九一	三七、八六九、〇〇〇
日	一二、八一〇、六六四	五、六三九、九八九	四一、〇八九、九四〇
美	……	……	六二、六〇〇、〇〇〇

執上表以觀之。則國民各人之負擔軍費。在英六角五分。在法四元八角有奇。在德三元一角有奇。在意爲二元四角。在俄爲一元四角有奇。在奧爲一元八角有奇。在日爲四角四八。然則以負擔最微之日本揆之吾國。每歲軍費當在一百七十兆圓以上。而今日政府歲入之數。尙不出一百兆。以言整頓軍備。不亦艱哉。

班固漢志。殷周以兵定天下。天下既定。戢藏干戈。敎以文德。而猶司馬之官。設六軍之衆。因井田而制軍賦。地方一里爲井。井十爲通。通十爲成。成方十里。成十爲終。終十爲同。同方百里。同十爲封。封十爲畿。畿方千里。有稅有賦。稅足以食。賦足以兵。故四井爲邑。四邑爲邱。邱十六井也。有戎馬一匹。牛三頭。四邱爲甸。甸六十四井也。有戎馬四匹。兵車一乘。牛十二頭。甲士三人。卒七十二人。干戈具備。是爲乘馬之法。是以除老弱不任事之外。人人皆兵。故雖至小之國。勝兵數萬。可指顧而集。與今日歐美諸强國。殆無以異。三千年以前之制度。尙復若是之精密。余于是不得不深感吾人之祖先矣。漢代調兵之制。民年二十三歲爲正。一歲爲衛士。二歲爲村官騎士。習御射騎馳戰陣。至六十五乃得庶民歸田。北齊軍制。別爲內外二曹。外步兵曹。內騎兵曹。十八受田。二十充兵六十免役與斯巴達之國制頗相彷彿唐宋以降始專用募兵而國民皆兵之制掃地矣民既不負扞衛國家之義務於是外虜內寇而中夏爲墟數千年神器遂屢爲異族所據久假不歸烏知非有瞻望中原不禁爲愴然傷心者矣

自南非之戰起英人乃始知募兵之不足恃于是改革軍制之議騷動全國而英軍不足畏之名亦致暴露于天下美國常備兵員爲數雖寡而當與西班牙搆釁之際英年子弟爭附軍籍以臨陣者不可勝計募兵與民兵之優劣不待智者而知之也

近半世紀以來世界列强擴張軍備之期有二一日普法戰爭一日中日戰爭普法戰爭以後法國復仇之念迫切乃銳意擴大軍備思以一擊而直搗柏靈德亦憚其再起也亦遂爲防禦之策以應之英俄奧亦以禍生不虞爲憂于是相競注意武力軍備愈擴大而愈自形其不足矣既而俄法同盟三國同盟（德意奥）前後締作而歐洲均勢之局以成洎夫中日開釁以後世界各國莫不駢目東注始而驚愕繼而豔羨繼而染指彊者縱横排闔任所欲爲弱者瞠乎其後覩既熟之熊蹯而無下箸之力于是自增威力之念熾焉甲求所以勝乙乙求所以勝甲既勝恐其復敗既敗求其轉勝此弭兵之會所以徒虛設耳

（未完）

法　律

法律平談（續第四號）

馮邦幹

第二談　論研究法律之法

余於先回既言學法律之要。然則學之當從何下手。夫行遠者必自邇。登高者必自卑。此爲學必然之理。無煩多贅。然而法律一學。又不僅唯知其理而已。其類甚繁。其途甚雜。初學者一入其間。輙靑黃亂目。莫知所辨。朝讀一書。暮覩一說。出此入彼。倀倀歧道。久之則神昏目迷。不知所以自主矣。夫吾等今當發程斯道之始。必須先分別其學派。辨其門徑。如漫遊者之持地圖。航海者之整磁石。雖入深山蹈重海。設使道路縱橫亙濤山擁。而中心有所信恃。即至烈風雷雨而不迷。

余言至此。或且以爲法律之多歧如此。而法海之浩瀚又如此。不幾使人望而生畏乎。曰、否否。法海雖浩瀚。一望無際。然其途非各歧也。法學之眞理本一。無論地之東西。時之今古。決無相異。從來實驗研究之一派。不信法理有一定之原則。若曰、奴隸之制。於古代則理。而於今則非也。蓄妾之制。於東方則理。于西方則非也。非因時與地而異之一證乎。且昔日之所謂是。於今日每覺其非。庸知今日之所謂是。而他日不悞其爲非乎云云。此說實甚謬。夫法學之至今日。彼此各持一說。互相駁難而無已者。非法理之多歧。實吾人今日見理之智力猶幼穉。未能達于發達完全之點耳。孟德斯鳩不云乎。「半徑之相同。非自既畫圓後而始然。」蓋不易之法則。非自人知之之後而始生。於人未知之之前已自存之。故不知之而決言其無。猶瞽者不見光線而謂天下無光輝者不聞聲浪而謂天下無聲也。

法理既一而無二。何故研究法學之手段有如是殊異。蓋研究法理之目的雖一。然達之之方法。可不必彼此一致。譬如登山。其凌絕頂之志雖同。而取路以登之之法可各異。又譬之由中國而往英京。一由支那海泛舟出太平洋經印度洋亞剌比亞海紅海蘇彝士河至地中海大西洋而達英京。一由西比利亞鐵道乘滊車如俄京。再由芬蘭灣泛舟出波羅的海達北海而至英京。其程雖不同。而其歸則一也。研究法律亦如是。或分析之以發見其潛伏之微妙眞理。或對照各種法律而比較之。或調查法律之發達衰微等之沿革。以討究其原理原則。其欲極法理之終極目的雖無異。但至其欲達其目的之方法手段則不同。今舉研究法律之方法。大約有四種。

第一　分析的研究法。

第二　沿革的研究法。

第三　比較的研究法。

第四　哲學的研究法。

以上四種。稱爲法學之四門。第一種又名解釋的研究法。第二種又名歷史的研究法。

今請畧就右舉之四門少言明之。

第一分析的研究法　此法分析解剖法理之諸件。以明其本分並其組織。譬如契約一事。用此法分之。則知是由法鎖與合意而成。又將合意二字解剖之。則可更分爲告知及承諾之二件。此研究法在英國甚行之。此法自古用之者亦不少。至十九世紀英國之法學大家約翰、豪斯丁(Ihon Austin)即以斯法研究法學也。後人推此人爲法理學之鼻祖。

第二沿革的研究法　此法又名歷史的研究法。是以歷史之事實明法理也。譬如太古之法律認財產爲村落之公有。中古則許一家有獨立之財產。至近世則許一個人亦有財產。因時地而法律之發達不同。此以歷史之事歷明法理者所以名之爲沿革的研究法也。德國之沙比尼。(Savigny)英國之顯利美因。(Sir Henry main)實爲此派之鼻祖。

第三比較的研究法　此法是集諸國之法律而對照比較之。因知其性質之異而發見其伏匿之眞理。譬如婚姻之法律。各國不同。或以一夫一婦爲正或以一夫數婦爲正。亦或有操一婦數夫之制者。其制度之不同果因何故。又印度之法律。恰如金石絕不發達。歐美諸國之法律。一如旭日踔騮駸駸進步。此兩者之間。有如此差異因何以至是。此法即就此研究以明法理之所在。意大利之喬查斯。(Cujas)法蘭西之孟德斯鳩。(Montesquieu)乃此派之首唱者。

第四哲理的研究法　此法是依以上之三法。而更照之以哲學上之原理以論究之。就中如德國之負大名之康德(Kant)乃此派之鼻祖。

研究法律之途。雖有如此數種。至其所以達到之極點。則同歸一致。其餘更有諸種分類法。今畧述其一二以資參考。

英國碩儒邊沁、於其所著「道德及立法之原理」(The Principle of morals and Legislation)區別法學爲左二種。

一　解釋法學 (Expostory jurisprudence)

二　批評法學 (Censorial jurisdrudence)

解釋法學。是說明既制定之法律。批評法學。是論將來應制定之法律。此二者質言之。前者是研究法律是如何。後者是論定法律應如何也。

邊沁又更分解釋法學爲左二種。

解釋法學
- 甲　有權解釋法學 (Authoritative expositoy jurisprudence)
- 乙　無權解釋法學 (Unauthoritative expository jurisprudence)

有權解釋法學。是立法權所釋定之法理。無權解釋法學。是一般學者討論法理之著述也。前者直接影響于法律。後者間接影響于法律。

邊沁又分研究法學之法爲二。

第一　地方法學（Local jurisprudence）

第二　萬國法學（Universal jurisprudece）

地方法學。是研究一國之法律。萬國法學。則不限于一國法律。而汎研究天下之法律也。

德國碩儒乃普涅。其所著「法律學教授新法」內論研究法律之方法。區別法學爲左四類。

一　教授法學（Jurisprudentia diductica）

二　歷史法學（Jurisprudentia pistorica）

三　解釋法學（Jurisprudentia exegetica）

四　辯論法學（Jurisprudentia polemica）

教授法學。是指示法語之定義及法律之大原則。從來學者之類別法學。盡是依附堯斯底利安（Justinian）帝之教科書（Institute）爲準。乃普涅乃獨出手眼。自定類別。且批駁從來學者之謬。

歷史法學。其大意如吾於前文所舉四門內之歷史的研究法相同。但乃氏於此又分爲內紀外紀之別。內紀是叙各國法律之所經由。外紀是述法律之所由起。

解釋法學又分爲二。(一) 成文解釋法。(二) 論理解釋法。成文解釋法者。依成文之順序而逐一解釋之。論理解釋法者。正與前法相反。不拘成文之順序如何。唯本於原理以解釋法律。

辯論法學。是就法律之原理及應用而論世間未決之問題。法律之成文若無明記規則。則本于自然法 (Jus naturale) 以決之。法律之成文若有規則在。則以比類推考之論法而定之。

日本京都大學教授岡村司、其所著「法學通論」之第一篇第一章。言研究法律之法。大別之爲如左二類。

第一　法文解釋法

第二　法理研究法

法文解釋法。是解釋法律之條文而講究其意義。故其主眼以法律之條文爲基礎。解剖其文字。推尋其理由。以確定其意義。

岡村氏更區別法文解釋法爲二。

甲 學理的講究法及應用的講究法

乙 逐條解釋法及理論解釋法

學理的講究法。是由學理之點以講究成法。應用的講究法。是由應用之點以講究成法。前者英美之學者多用之。後者歐洲大陸及日本之學者多用之。

逐條解釋法及理論解釋法。即與前所言乃氏之解釋法學相同。

法理研究法。是研究成法根本的原理之法。從來學者于法理二字慣用作二意。一是指立法者所認之法理。雖不記之明文。然推尋法文之意義。自能發見之。如所謂日本憲法之法理。法國民法之法理之類。此以解釋法文爲主。一是指成法根本之原理。即判斷成法之是非善惡之標準。而指導立法者之羅盤針也。立法者若依此理而立法。則其法爲善法。苟不依之則爲惡法。岡村氏之所言者是指此第二之意。

岡村氏又區別法理研究法爲二。

甲 實驗的研究法

乙 推論的研究法

實驗的研究法。是以過去及現在之事實爲基礎。由是歸納之以發見法律之原理。此法在希臘亞里士多德已採用之。

推論的研究法。是以人類之理想爲基礎。由是繹繹之以確定法律之基礎。此法在希臘柏拉圖已採用之。

此實驗與推論二法。各有利弊。必相須相因方得其正。苟偏于實驗。則卑隘偏小。法學不能達于完全之域。偏于推論。則失于過汎。終日如瓢之泛于大海。靡所歸止。現時此二學派。在歐洲大陸之法理學者。旗鼓相對。彼此各有得失。終不相下。

各學者雖紛紛其說。大抵總是大同小異。如邊沁及乃氏之所謂解釋法學。與岡村氏之所謂法文解釋法。其大旨與前所揭第一門之分析的研究法相同。乃氏之歷史法學。岡村氏之實驗研究法。與前所揭第二門之沿革的研究法相同。邊沁之所謂萬國法學。與前所揭第三門之比較研究法相同。邊沁之批評法學。乃氏之敎授法學。及辭論法學。及岡村氏之推論的研究法。與前所揭第四門之哲學的研究法相同。

吾人又可以過去現在未來之法。以歸納前所揭之四門。用圖以解之如左。

法律學
- 關于過去之法律—沿革法學
- 關于現在之法律
  - 分析法學
  - 比較法學
- 關于未來之法律—哲理法學

名家談叢

捫蝨談虎錄

憂患餘生生

排下狹

莊子曰。人心排下而進上。中國自數千年來。無不用排之之法。專制君主者。務排抑人之權利而操其生命。專制聖人者。務排抑人之思想而制其靈台。君主以術愚天下。聖人以道愚天下。於是人人遂目君主如帝天。視聖人如日月。一舉一動。一笑一嚬。一若舍君主無所託。舍聖人無所從。以一人之勢力。括盡天下之勢力。以一人之聰明。括盡天下之聰明。專制君主者。不容他人稍分其權利。而使其權盡歸於己。專制聖人者。不容他人攙雜其言論。而使其論盡從於已。（雖魏晉六朝參雜佛老大率孔子自孔子佛老自佛老各有所宗尙而已未有眞能出斯見與之相角者即如王陽明倡明心學最爲極軌亦不能出大學中庸範圍然其後學如李卓吾者以聖人是非爲不足信黃梨洲以君主爲不獨尊亦未始非發軔於陽明也）君主者以刑賞迫之。令人有所畏懼。惴惴然以保生命爲重。無暇他求。聖人者以毀譽劇之。令人有所勸沮。兢兢然以不出其位自程。入其樊籠。而君主者復以安分戒。聖人者復以安命訓之。遂使人不

復知我身居於何等心目中別懸一君主聖人以爲怪物不敢求與平等身分日失愈流卑下安得奮發自上者乎莊子之言至今日不誠驗哉

儒者之帝王思想

宋儒中有帝王思想并有帝王才略者有二人焉其一曰邵康節其詩曰捲舒一代興亡手出入千重雲水身日月星辰齊照耀皇王帝霸大鋪舒程子云康節亂世之奸雄也謝上蔡云堯夫才豪在風塵時節有偏霸手段朱子曰康節爲人須極會處置事又曰康節本是要出來有爲底人其二曰陳龍川其論治以義利雙行王霸並用要歸于適用爲主其所謂攪金銀銅鐵鎔作一器也嘗曰研窮義理精微辨析古今同異則于諸儒有愧焉至于風雨雷電交發而並至龍蛇虎豹變見而出沒推倒一世之智勇開拓萬古之心胸自謂差得其長詣闕上書不用復上書言三事欲官之先生曰吾欲爲社稷開數百年之基寧用以博一官乎亟渡江而歸日落魄醉酒醉時戲爲大言一士欲中之以其事首刑部遂誣服爲不軌嗚呼以陳同甫之才而鬱不得逞故當醉時遂有流露于不覺者無足怪也如同甫可謂不能自制矣而堯夫與之異者以其能自制

也英雄若非遇其時非得其勢烏能馳騁中原遂其志願哉

哀哉亡國之俠夫

燕丹善養士志在報强嬴招集百夫長歲暮得荆卿(中略)登車何時顧飛蓋入秦庭淩厲越萬里逶迤過千城圖窮事自至豪主正怔營惜哉劍術疎奇功遂不成其人雖巳沒千載有餘情此陶淵明詠荆軻詩也子房未虎嘯破産不爲家滄海得壯士椎秦博浪沙報韓雖不成天下皆震動潛匿游下邳豈曰非智勇(下略)此陳子昂詠張良詩也秦皇鍊并天下九州之內悉主悉臣就後世史家論之豈非一統共主神聖不可侵犯者耶荆軻張良乃圖不軌欲與膺天受命之聖人爲仇非徒螳臂當車不知自量毋亦跖犬吠堯大逆不道耶而後世詩人顧歌舞之崇拜之若此何也無乃專制之大義未完敎忠之正學未昌故彼獷言破道者反以報國仇犯眞主爲名譽耶若近世則此學進化矣我　大清龍興異域入主中夏天與人歸乃　聖祖仁皇帝西巡竟有故明亡國之莽傚夫犯　乘輿而狙擊之不中被僇至今二百餘年無一人昔稱道之以爲美談者並其名亦湮沒不彰焉甚矣人心之醇正過古人遠矣

三

盧梭狗

禮曰。男女飲食人之大欲存焉。死亡苦貧人之大惡存焉。當法國路易十四之後。盧梭生于其時。目擊生人疾苦。發于不忍。其愛自由比食色更重。其憎壓制比死苦更深。其精氣鬱勃。固有解之無可解。抑之無可抑者。方其幼穉時。嘗游行道路。見小犬爲大犬所淩噬。不堪其虐。猝然發怒。驅逐大犬。犬遂涉川逃去。不能自已。自投水追之。嗚呼、其所謂使萬人享有平等之自由。非發于天性使然與。故其結果也。卒推倒壓制。建樹自由。而其精神所凝注。遂欲使人身聲價。比于泰山。自由伸張。達于極軌。豈獨使法國爲然哉。蓋今日文明諸國制度。謂其不出于民約論之精神也可乎。嗚呼、若盧梭者。可謂聖人矣。吾將天之地之。父之母之。師之。之也。豈暇訐摘長短。隨聲附和。以爲口實哉。人云強健者。事業之母也。吾云精神者。勢力之母也。

秦孝公與彼得

秦孝公變法。其太子犯法。衛鞅曰。法之不行。自上犯之。遂刑其師傅。彼得變法。守舊黨惡之。遂聯結黨羽。以圖作亂。以太子亞歷其西斯爲首領。彼得將其黨羽及太子悉誅之。

嗚呼、至親者父子也而兩太子敢於犯法而二君敢於行法孝公彼得眞奇已哉可知變法者非可語于父子也假令孝公有父犯法孝公必不宥之以其亂法也彼得有母犯法彼得亦必不宥之以其亂法也表彰公義豈區區於私情哉

馬存謂與趙復

馬存謂東晉人嘗曰「以父母之邦委於羣胡殘暴戮辱百餘年間無有奮發以生中國之氣又安得有奇士」又謂「北魏據中國以禮義文采之腹而飼禽獸之飢此之謂不幸」趙復德安人元師伐宋屠德安時挾之以歸至燕以所學教授學者稱爲江漢先生元世祖嘗召見曰我欲取宋卿可導之乎對曰「宋父母國也未有引他人之兵以屠父母者」嗚呼、二先生之於祖國何其愛深思遠耶

誤天下者識亂天下者

山濤見王衍曰誤天下蒼生者必此人也石勒年十六倚嘯東門王衍聞之曰此人必亂天下使人追之勒已去以二事言之山濤識王衍易王衍識石勒難以誤天下者識亂天下者其神識必有過人者矣

重賦與輕賦

葉水心云。「儒者爭言古稅法。必出于十一。又有貢助徹之異。而其實不過十一。夫以司徒教養其民。起居飲食待官而具。吉凶生死無不與偕。則取之雖或不止于十一。固非爲過也。後世芻狗百姓。不敎不養。貧富憂樂。茫然不知。直因其自有而取之。則就止于十一。而已不勝其過矣。亦豈得爲中正哉。況合天下以奉一君。地大稅廣。則雖二十而一可也。三十而一可也。豈得以孟子貉道之言爲斷耶。」西儒孟德斯鳩云。「立憲國政治寬和。人民易得殷富。故雖增加租稅。獻納于其國君。作爲敬重其法律之報。專制政者。以人民爲奴隸。卑屈達于極點。斷無由增加租稅之理。」又云。「專制之稅斂極應輕少。否則卒至于人民不事耕種。加之政府只有收取而無一還。人民有何力能堪於納重稅乎。」由二氏所言觀之。葉氏以爲國家收納賦稅。倘用于敎養。雖多取不爲苛。孟氏以爲國家收納賦稅。苟民得自由。雖多出亦固其宜。一則言以百姓爲芻狗。一則言以人民爲奴隸。其言可謂深惡痛絕矣。當道者盍一讀其言而猛省乎。

六

雜俎

史界兎塵錄

◎英女皇額里查白終身不嫁。羣臣或勸之嫁。答曰。吾已嫁得一夫名曰英吉利。意相嘉富兒終身不娶。意皇嘗勸之娶。對曰。臣已娶得一婦名曰意大利。善哉愛國之言。

◎嘉富兒之不娶。眞不娶也。額里查白不嫁則不嫁而嫁過畢矣。相傳大儒倍根實額里查白之子也。額后愛之甚。常欲以爲嗣。爲憲法所限。不能遂也。故倍根常宿衞宮中。

◎奈端者英國大儒。發明重學之理者也。其數學之精深。可謂古今無匹矣。但有一軼事甚可笑者。奈端嘗畜大小貍奴各一。愛之甚。昔昔與同臥起。而又以貓之夜出不自由也。乃命木匠開兩穴於其寢門。大小各稱兩貓之軀。匠曰。一穴已足。奈曰兩貓豈能一穴。匠曰。爲穴能容大貓。則小貓亦由之矣。奈堅持不可。匠反覆曉譬之。終不解。

◎胎孕十九世紀者有二豪傑。曰盧梭。曰拿破侖。人人知之。二傑皆美男子也。西俗宴會。必士女雜坐。芳澤交錯。每盧拿在坐。則羣姝之視線皆集於一身矣。盧梭終身潦倒。

所至動受辯逐。惟生平所享豔福最多。謗之者常點綴其詞以爲詬厲云。

◎格蘭斯頓生平一無嗜好。惟最嗜伐木。每日下午。輒屏從者。獨尉後園。丁丁之聲作矣。其私邸附近之樹被伐以盡云。

◎俾斯麥少年最無賴。嘗賃居某豪家宅中之一樓。一日告屋主使設一呼鈴（叫人鐘）以通於從僕之室。屋主傲然曰。初租時未訂及此。君如欲設可自出資設之。俾斯麥默然。居數日。忽然大聲震屋壁。主人驚起。聽之則砲聲連發於樓上。大駭。急走視之。則俾斯麥坐于纍纍亂書堆中。口銜雪茄烟。從容倨坐。手銃在案。硝烟猶未息。主人倉皇問何故。俾曰。甚麼事都沒有你不必驚慌我不過放空鎗叫跟人耳往後日日都是如此你聽慣就不怕了。主人無奈。乃爲設呼鈴。

◎俾斯麥最拙於演說。每臨議會。輒吶吶不出於口。當其登演壇也。人見其容貌之魁梧。蠡特以爲必吐音如雷。不知其聲纖弱如婦人。每到愈緊要之處。則其音愈低下。乃至不可聽聞。其身與手千變萬化。瑟縮若無所容。初時猶以低聲少頃則陸續咳嗽。每演一句。輒咳嗽一聲云。

文　苑

詩界潮音集

遊印度舍衛城訪佛迹

明　夷

十一月廿日于舍衛城外三十八里得佛舊祇林須耆提布金地遺址殿基猶存三角樓尚完遺柱三百有四其西南則半圮矣環廊尚有三面皆純石半完半坍西門五石龕最完好其西南一堂崇牆三重巋然餘皆爲回教所毀登塔四望羣岡自鷲嶺走來數重環裹其氣象爲印度所無宜佛產其間也頹垣斷礎無佛無僧大教如斯浩刧難免其他國土一切可推携次女同璧來遊感愴無垠車中得九詩紀之支那人之來此者自法顯三藏而後千年而至吾矣

印度萬里無一山。舍衛大城鷲嶺環。粗石怒奔走平阜。抱廻佛窟營中間。印度自須彌山以南萬里平原無一山惟舍衛城中鷲嶺獨起雖高數十丈而石氣莽蒼爲印度所無餘山皆土平亦異境也宜佛產于是矣實爲印度之中故一成佛土四營帝都人居百里氣象萬千過于金陵及燕京焉

未登闕里撫遺檜。先來祇樹訪布金。地上三千年教主。頽垣壞殿愴余心。

一

二

堂構經營須長者鐵表摩挱阿育王殿廊遺柱三百四此是瞿曇說法堂殿中有鐵柱高二丈餘大合抱是阿育大王所立刻梵字

布金舊址周七里結石精廬餘五間想見當年妙嚴相回環舍衛六重山

法顯最先記佛國玄奘以後無西遊支那次我第四客白馬馱登一石樓金殿皆壞惟二角石樓尚完登臨憫然吾東用白馬想見秦景馱經今象教東行而西方反寂滅我來爲支那第四人矣

可憐蒙古第一帝長瘞原陵依講堂可蘭文字徧壞壁七百年來同蕪荒蒙古第一帝心棒頓巴盧打馬士營葬佛殿旁崇門屹然皆刻可蘭經文今亦同廢第一帝疑燕帖木兒之子也

高塔摩霄三百級俛看舍衛四遷城霸圖佛跡俱零落指點山河落日明千七百年爲印度大王他話丫(泥癡)巴盧建都及蒙古第二帝都加盧勒河再遷呵馬有河三遷厄忌巴路遷丫忌噺即古之摩竭提也沙之汗四遷于今城此塔亦心捽帝所建今亦七百年矣

世界本來有成壞化城無礙現華嚴天龍神鬼圍千億似有雷音震塔尖

夕陽驪馬重徘徊再上臺階認刼灰迦葉曼殊瞻拜處更無香火首頻回

游春雜感

任公

故鄉春色今若何佳人天末怨微波洛橋灞橋楊柳死江戶長條空復多

繁櫻壓城鶯亂飛妬風剗地雪霏霏東園一夜顏色盡無復倭孃鬥舞衣
出郭淩雨馬無力睹墅看花人未歸一春流潦苦妨轂自由車含秋扇悲（自由車俗名脚踏車本約二三子鬥車爲覓日游屢次阻雨行不得也哥哥）
雨餘滕滕薺麥滋上有三五黃栗離飛飛慎勿啄金屋吾與爾曹俱苦飢

秋感八首

美權

黃沙烈烈吹南風燕啄皇孫將毋同洛陽門前銅駝泣會見汝在荊棘中
新亭名士泣露衣風景不殊江河非金狄已去冬青死猶有寒蝶東園飛
河南河北桃李花飛來飛去落誰家六宮粉黛一夕老樂遊原上空寒鴉
颯颯西風吹繐幃石馬嘶烟金鸞飛宮中柳樹已能老塞上王孫猶未歸
樂星閃閃芒角青黃蘆白草天四沉骷髏深夜作人語恨血入土飛碧燐
羊燈無焰冷玉缸酸風微撲青瑣窗棠梨花開芙蓉死三十六宮秋月黃
去年太液采蘭苕今年零落生蘆蒿靈和殿前千絲柳更無宮人鬭舞腰
宜春苑中飛螢過建章宮裏張雀羅美人衣薄秋露冷驚沙塞嗥吹女蘿

春日感懷　荷菴

四

五載風霜飄泊身。飽經苦樂未尤人。春光浩蕩三山國。奇氣消磨十丈塵。儘有干戈悲弟妹。難將愁思付江濱。當街柳色新如許。惆悵無端悟後因。

和有情子感事詩次章步韵　同

黃塵澒洞悲無着。萬慮飛揚恨未空。撇眼看雲終是夢。苦心憂國計難工。銅駝那識荆榛慘。麥秀誰憐烈士忠。橫搠問天應厭亂。奇才何事不重逢。

問答

(四)問、見前。(東京愛讀生)

(四)續答、民人二字本無甚分別。而用民字不如人字何也。中人多以民字對於君字解之。一言民權則淺見者且疑爲無君派。而疑惑滋矣。若用人字。既袪其疑。於眞理亦得。何以言之。君亦人之一分子。及爲人之代表。乃名爲君。實亦一人也。民字可以人字代之。更無論矣。天賦之權。包括甚大。君亦不能於此權外有所增。民亦不能有所損。總而言之。皆在此權字之中。各行其自由。不礙他人之自由是也。雖所職有不同。而賦於天者則一也。用人括之可耳。用民字則啓人畛域之見。卓識以爲何如。(京都知新書塾河北立太郎)

(六)問、貴報中有要素二字。不得其解。譯書彙編中亦恒用之。本當向彼處請質。今即向尊處請質。若以瑣屑不答亦無妨。(蘇州華之範)

(六)答、要素二字。本物理學化學上用語。素猶質也。中國人譯化學書。所用原質二字。曰人譯為原素。其移用於他種科學所含意義亦同。如云、土地人民為立國之要素。猶云輕氣養氣為成水之原質也。要字與原字有別。望文自明。（本社記者）

二、

中國近事

◎彈參紀聞　聞京中某御史近上書彈參王中堂模稜兩可。辦事糊塗。并參某侍郎苛稅斂民。怨聲載道。摺內又有牽涉肅親王之語。謂其所爲不當。難任輔弼云云。摺上留中不發。而京中大僚一時之肅然。

◎擬設軍政司　直隸總督袁世凱。將設軍政司文學司。自爲督辦。司之下設三處。以道員爲總辦。處之下設六股。其總辦擇材器使。不拘官之階級。處與股名目尚未定。辦法則中西互參。必期精實而後已。一俟應躁旋保。即行舉辦云。

◎北京開市　北京開市通商之議。已漸有眉目。各國人皆愿另闢租界。間有力持內地雜居之說者。聞政府諸公多以另闢租界爲是。

◎議改官制　政務處近與慶邸王相兩全權大臣籌議。以滿洲東三省各處擬仿照內地各省簡派文武各官。文如督撫藩臬道府廳州縣等。武職除照章簡用外。再練新兵三軍。以備東三省之用。聞慶王頗韙其議。惟王相不以爲然。但滿洲若改官制。總難期久遠也。

◎議請退兵　聞俄約簽押後。兩全權所辦之事。即請退上海駐軍及天津地面鐵路之事。此事本早可成議。因有一二條袁世凱不以爲然。故尙須磋磨也。

◎練兵述聞　直督袁世凱之所以欲裁軍者。欲從新招練也。近曾密商政府上之朝廷。除北洋添練精兵四十營外。擬于山東另募二十營。山西二十營。陝西二十營。共成五萬人。以備緩急之用。其訓練一如新建軍規律。期于三年成軍。聞朝廷頗然其言。屬意世凱一手經理。俾成勁旅而一事權。至有無的款可籌。則尙無所聞。又聞世凱擬先招十營。名爲新練北洋左右兩軍。即以麾下王紹臣王品淸兩人統帶。其訓練章程。一依新建陸軍法律。刻已招足五營。並另招巡警兵兩營。計一千二百人。擬俟天津交還後。爲巡緝地方之用云。

◎尙書被劾　大學堂章程。經張尙書百熙再三整頓。頗臻妥善。近聞有國子監司業管廷鶚上摺奏參。略謂如此辦法。恐終無成效。不如請仍舊貫。以存其本云云。朝旨即將原摺交張妥議具覆。張閱之不禁慨然。太后閱此摺亦甚不懌。待張覆奏後尙有後命也。

◎宮保被劾　聞某御史參劾袁宮保世凱忝竊高位。居心叵測。因拳匪之召亂。而挾外人以自重。知國庫之不充而請增兵以自衛。朝廷宜預裁抑之。恐威權太盛。非袁之福。亦非國家之福云云。太后以示榮祿。榮力保其無他。遂留中不發。

◎擬行印花　聞總稅務司赫德近與軍機處會議印花稅一事。赫德之意。擬先在直省試行。然後推行各省。而軍機處則擬先在各通商口岸試行云。

◎召對良久　榮祿此次銷假後。與王文韶鹿傳霖同召對良久。太后曰。汝等無甚說的。且退去。榮首先起。因腿疾未痊。將作跌勢。太后命瞿鴻禨曰。榮祿新瘉。汝宜助力。瞿起力扶之。榮始起。王鹿二人見榮起。然後起。聞鹿時欲乞歸休。又不審上意若何。遂以密稿示榮祿。榮曰。公勿爾。國家多事之秋。公宜降心相助爲理。若再易一班少年喜事人。不特國家愈不可爲。而我先無術以應之也。遂止。或云王文韶昔在西安時。亦屢爲榮祿乞休。榮亦以此言挽留云。

◎力勸變法　袁世凱前入都時。力勸榮祿維新。必放大胆。重振起手段。不可畏首畏尾等語榮云。各國及南方人議論太多。袁告各國與南人之議論。最持平。若能振刷精神。凡有關國計民生者。以死生去就爭之。中堂孑然一身。何所顧忌。庚子之變。若能力爭。安有今日。中堂肯擔此重任。各國與南方人且贊歎不已。當時榮頗有勸意。及袁回保定。後則寂然無聞矣。

◎滿洲善後策　近聞北京政府各王大臣會議俄兵撤退後滿洲善後之策。所擬諸議各有異同。大約分爲三說。第一說建自榮祿崑岡二人。擬仍照事變前辦法。毋庸變更張。第二說建自慶王。擬仿照內地各省。毋庸因滿漢而異其制。第三說建自袁世凱。而劉張陶三督贊成之。擬大開市埠。力圖進步。任便日美英德諸國在內地通商貿易。三說各執一見。無可折衷。已奏請兩宮斟酌施行矣。

◎俄約密欵　當滿洲條欵未簽押以前。兩全權大臣頻向俄國公使申訴自己苦衷。且謂以條約外之利益。以酬貴國厚誼。是敝政府中人人僉同之主張也云云。俄公使請將所許之利益附入條欵。嗣即在王相邸祕密會議。特其會議如何。外間無從探悉。然依前後之情形觀之。必將于條約之外。另予俄國以特別之利益。故日來盛傳俄約

四

有公條有私條。公條四款係與五洲之人以共見者。其爲人所不及見私之又私尚有十六條之多云云。此說或非無因歟。

◎撤簾述要　皇太后鑑于拳匪之變。以爲挽回國勢之第一要義。在于變法自強苟銳意力圖變法。必先將阻撓變法之弊一律删除。嘗謂妃嬪等曰。吾老矣。竊期倦勤俟由南苑還宮後。行將俟機撤簾。吾且退老頤和園。娛我桑榆之晚景也。左右有勸止者。太后曰。吾意已决。非他人之言所能入也云云。

◎擬復海軍　袁世凱嚮志復興北洋海軍。每年已籌定經費一百十萬兩。惟無完全之根據地。頗費躊躇。水師提督葉祖珪建議。聘請英水師官訓練。即援英國租借威海時之舊約。借用威海衛一部。爲海軍屯駐之所。袁韙之。已與英國守備隊長商。隊長謂權借固無不可。惟中國停泊該處之軍艦。不得過五艘以上。聞袁尚擬與英公使當面細商云。

◎粵西亂耗　得粵函稱。近日廣西亂黨。仿彿當年髮匪。月前該黨攻陷平南城時。城中文武各官悉遭屠戮。官署府庫盡被刼掠。獄囚全行釋放。翌日出示安民。署謂志在革命求新。華官賣國。亟宜驅逐淨盡。以挽危局云云。蘇元春所統之軍屢遭挫敗。因該黨所用鎗械。皆係新式。目下該黨日聚日衆。據稱刻下已有城邑三十餘處。或反叛從匪。或已經匪陷。聞官軍多有降匪者。又云。近者匪勢日益猖獗。總兵馬維祺現退紮廣東東部高州一帶。藉口葯彈不足。請粤督速行接濟。其實已爲賊擊退。特捏詞報未曾接戰。且三面飛請援師。爲他日彌縫之計也。蘇元春現在廣西西南境龍州後路爲賊遮斷。軍火糧食無從仰給。甚爲危急。廣東東部欽州秦觀察迺招虜山作自保計。不敢前往救援。廣西巡撫丁振鐸雖派新兵八千。聲言進發梧州。援蘇元春之後隊。而至今亦毫無消息。法國某艦長則請派兵助勦。丁仍却之云。又聞法國天主敎徒多助亂黨以軍火。粤督已將其情形電告政府。袁世凱擬派新式練軍六營前往助勦云。

◎鉅鹿亂耗　正定附近之鉅鹿縣。有暴徒蜂起。約萬餘人。其匪首自稱元帥。勢頗猖獗。已殺官吏五十餘名。法國有一宣敎師亦被害。已有上諭懸賞着拿獲兇手。并懲罰該地之文武官。袁世凱派所新募之兵往勦。途次爲該匪黨要擊。致殺斃將校數名。兵卒約五十名云。

海外彙報

半月大事記西曆四月下半月

▲十六日路透電。美國內閣各大臣。現在訊問非律賓美官濫用酷刑一節。美國輿情大懷憤恨。均謂必須澈底根究云。

同日電。俄國管理內部大臣。近在彼得堡皇宮之外。被人以鎗擊斃。兇手業已就擒。

同日電。本年英皇萬壽慶典。英國定于五月三十號慶賀。其他各藩屬則定于十一月九號慶賀云。

同日電。英國戶部大臣議將五穀加稅一事。茲悉各項米麥豆粉均在增稅之列。

同日電。英政府日來並未得有斐托里亞之信。杜政府各大臣連日仍在商議和局。

▲十七日路透電。沙侯因公同內閣各大臣會議之後。即于本日入覲英皇面奏一切。

▲十八日路透電。一千九百一年。俄國稅賦進款。增多一千零二十五萬磅。

同日電。美國禁止華工。刻已經議院核准。惟船上所用之水手及升火人等。不在禁例。又美國禁止華工。不獨專指美境。凡係美屬各島。亦當一體照辦。惟官員並教習學生以及商旅各項人等。不拘何處。均不阻碍也。

同日電。英政府籌借民債三十二兆磅。刻下應募者約有逾原額三四十倍之多。

同日電。英理藩院大臣張伯倫近在下議院覆告某議員曰。英杜兩國和局現在南非洲究竟所議如何。本大臣固無從懸揣也。

▲十九日路透電。英某大臣在下議院宣言曰。基將軍近日已與杜國所派之議和各委員會晤兩次。基帥並不允杜人停戰之請。然宜假以時日。使各杜將得以集議其事。刻下杜委員等已從斐托里亞啓行。諒俟三禮拜之後。當有消息續聞。想此次所議。可望有成也。

同日電。杜國議和委員。昨已由斐托里亞前往某處。以便與該地土民商議和約事。

同日電。聞杜國議和各委員。或當于本禮拜一日重至斐托里亞。與英官會晤。

▲二十一日路透電。英杜兩國在斐托里亞所議條約。英京官場中祕而不宜。于是倫敦謠言百出。究其實在情形。無從查悉。惟聞杜人不願任咎。而阿連扶力斯透軌監

各大臣亦均固執不移。

同日電。據斯丹達報派駐斐托里亞訪事人電稱。和約條欵。近日諒已議定。並已令各酋長于某日齊集會議其事。是日彼此停戰一日。業經兩軍互允矣。

▲二十二日路透電。荷蘭女皇病勢如前。無甚增減。全國臣民。爲之隱憂不釋。

同日電。據南非洲基將軍禀報英兵部云。前禮拜內英兵共殺斃杜兵十八人。俘虜三百四十四人。另有自行投誠者十人。

▲二十三日路透電。法外部大臣戴洛開斯追論中國往事。謂當中國禍亂之際。法政府毅然首向各國請其協辦中國之事。而各國意見。不謀而合。均允照辦。以故始終得與中國會議和局。而我國在東方之商利。因而得獲保全。邇者俄政府又與我國聯盟。自茲以往。則凡有關于俄法兩國之利益者。必無不可如願以得也。

同日電。英戶部大臣擬增民間利息稅一議。茲已經下議院核准施行矣。

同日電。錫蘭島英巡撫近已奉簡爲東方各藩屬並西太平洋各島嶼之代表。以備慶賀英皇加冕之禮。

同日電。英京雜貨業各商力抗政府增加米石藕粉沙穀各稅。惟云匯票加抽兩辦士。或尚可行。

同日電。五穀增稅一議。茲經下議院核准施行矣。

同日電。暹羅國太子近在英京入覲英皇。蒙英皇贈送寶星。

▲二十四日路透電。俄國莫斯科各屬工匠因請增加工食並減工作時刻。相率罷工作亂。政府派兵彈壓。各工人與之抗拒。因是彼此互有損傷。俄官因見他國工業中人多有滋事之舉。深防聖彼得堡工人亦從而效法也。

同日電。據南非洲英軍將領稟報英兵部云。本月廿號英杜兩軍在阿連治左近之非克斯勃地方之戰。英軍官弁陣亡二人。受傷三人。兵丁陣亡三人。受傷十九人。

▲二十六日路透電。美國各銅鐵廠主現已籌借金洋五十兆元。以爲購買新式煉鋼機器之用。蓋以此舉一可節省經費。二可出鋼較多也。

同日伯林電。德國議院近派專使數人。以德相褒洛爭爲首。前往德意志聯邦國喀羅希魯慶祝其國主斐利德立克登位五十年之期。並經褒君向言德意志各聯邦之所以能聯絡者。皆大王之功。某等未敢或忘云。

同日電。英德美三國大西洋輪船公司。此次雖聯絡一氣。訂明英國商船歸美國輪船公司節制。然德國公司則並不歸其節制。船隻之如何調度。其權仍操諸己也。

▲二十七日路透電。據台利克老孚報言。英德美三國大西洋輪船公司雖云聯絡一氣。然英公司之輪船。仍由英國總辦管理。將來英德美三國無論何國與他國設有戰事。則此舉即行停止。

同日電。英兵部大臣近日宣稱英杜此次議和。雖有可成之望。然英國現仍以軍火等物運往南非洲。以備足爲一二年之用也。

同日電。俄國工人及鄉民滋事日甚。破爾太地方已被毁壞房產四十處。在克考甫地方滋鬧亦甚。所有各房主及各管事。俱已遠避。即什物亦不及携帶。地方官辦理寛嚴。俱不得法。亂民已聲言將攻克考甫省城云。

▲二十八日倫敦電。美國官員已將無線電信之法試驗。甚爲有效。

同日電。英德美三國大西洋公司聯絡。以二十年爲期。至各公司聯絡宗旨。係爲免去彼此擾奪起見。

▲二十九日路透電。杜將波打及杜國各首領。在幽屈拉克及弗賴海地方。與杜兵聚會商議和事。該兵等悉願言和。當杜人聚會之時。英兵任其自由。不加禁止。聞英杜兩軍彼此會議暫時停戰。至五月八號止。

同日電。無線電信現已試驗。以一兵船離岸五十英里。即用其法以通消息。

同日倫敦電。杜將底拉利部下之兵。已于本月二十二號聚會商議杜國與英議和是否可允。底拉利已于禮拜四帶同兵官數名前往克拉司托城。

同日電。杜將巒爾帶同部下兵官二名。於本月二十五號前往巴爾馬爾城。復由該處搭坐火車前往密特爾及巴爾花士城。與城中人民聚會商議和事。

同日巴黎電。法國此次公舉議員。國民中著名之人被選者四名。民主黨中被舉者二名。均貧富黨中被舉者三名。

▲三十日路透電。英上議院新黨各議員。現已選舉士奔沙爾君爲上議院新黨首領。

餘錄

與新民叢報論所譯原富書壬寅三月

新民執事。承贈寄所刊叢報三期。首尾循誦。風生潮長。爲亞洲二十世紀文明運會之先聲。而辭意懇惻。於祖國若孝子事親。不忘幾諫。尤徵游學以來。進德之猛。曙曦東望。延跂何窮。三編所載。皆極有關係文字。而鄙誠所尤愛者。則第一期之新史學。第二期之論保敎。第三期之論中國學術變遷。凡此皆非囿習拘虛者所能道其單詞片義者也。大報嘗謂學理邃賾。宜以流暢銳達之筆行之。誠哉其爲流暢銳達也。編中屢舉嚮昔鄙言。又紹介新著。於拙譯原富之前二編。許其精善。凡此已悉出於非望矣。至乃謂於中學西學皆第一流人物。則不徒增受者之慙顏。亦將羞神州當世賢豪。而大爲執事知言之詬。僕於西學。特爲於衆人不爲之時。而以是竊一日之長耳。屬者 聖上廣厲學官。欲采中西之學術。於一鑪而冶之。則十年以往。才賢蜚出。而僕不佞於前魚之列可知也。抑且無俟遠跂。即執事同社諸賢。親朋揮手以來。其藝能之愈富者何限。

據現在以逆將來。是議譏者之不足以云。又可決也。若夫僕中學之淺深。尤爲朋友所共見。非爲謙也。道不兩隆。有所棄者而後有取。加以晚學無師。於聖經賢傳所謂宮室之富。百官之美。皆未得其門而入之。其所勞苦而僅得者。徒文辭耳。而又不知所以變化。此所以聞執事結習之譏訶。不徒不以爲忤。而轉以之欣欣也。竊以謂文辭者。載理想之羽翼。而以達情感之音聲也。是故理之精者不能載以粗獷之詞。而情之正者不可達以鄙倍之氣。中國文之美者。莫若司馬遷韓愈。而遷之言曰。其志潔者其稱物芳。愈之言曰。文無難易。惟其是。僕之於文。非務淵雅也。務其是耳。且執事既知文體變化與時代之文明程度爲比例矣。而其論中國學術也。又謂戰國隋唐爲達於全盛而放大光明之世矣。則宜用之文體。舍二代其又誰屬焉。且文界復何革命之與有。持歐洲輓近世之文章。以與其古者較。其所進者在理想耳。在學術耳。其情感之高妙。且不能比肩乎古人。至於律令體制。直謂之無幾微之異可也。若夫翻譯之文體。其在中國則誠有異於古所云者矣。佛氏之書是已。然必先爲之律令名義。而後可以喻人。設今之譯人。未爲律令名義。闇然循西文之法而爲之。讀其書者乃悉解乎。殆不然矣。若徒爲近俗之辭。以取便市井鄉僻之不學。此於文界。乃所謂陵遲。非革命也。且不佞之所從事者。學理邃賾之書也。非以餉學僮而望其受益也。吾譯正以待多讀中國古書之人。使其目未覩中國之古書。而欲稗販吾譯者。此其過在讀者。而譯者不任受責也。夫著譯之業。何一非以播文明思想於國民。第其爲之也。功候有深淺。境地有等差。不可混而一之也。慕藏山不朽之名譽。所不必也。苟然爲之。言厖意纖。使其文之行於時。若蜉蝣旦暮之已化。此報館之文章。亦大雅之所諱也。故曰聲之眇者不可同於衆人之耳。形之美者不可混於世俗之目。辭之衍者不可同於庸夫之聽。非不欲其喻諸人人也。勢不可耳。台教所見要之兩事。其本書對照表。友人嘉興張氏既任其勞。若敘述派別源流。此在本學又爲專科。功鉅緒紛。非別爲一書不能晰也。今之所爲。僅及斯密氏之本傳。又爲譯例言數十條。發其旨趣。是編卒業及一歲矣。所以遲遲未出者。緣譯稿散在友人。遭亂紙滯。而既集校勘。又需時日。幸今以次就緒。四五月間。當以問世。其自任更譯最後一書。此誠欽欽刻未去抱。第先爲友人約譯穆勒名學。勢當先了此書。乃克徐及。不佞生於震旦。當十九二十世紀之交會。目擊同種阽危。剝新換故。若巨蛇之蛻蚹。（生物家言蛇蜕最苦）而末由一藉手。其所以報答四恩。對敭三世。以自了國民之天責者。區區在此。密勿勤劬。死而後已。惟愛我者靜以俟之可耳。旅居珍重。惟照察不宣。嚴復頓首。

再者計學之名。乃從 Economics 字祖義著想。猶名學之名。從 Logos 字祖義著想。此科最新之作。多稱 Economics 而刪 Political 一字。而又見中國古有計相計偕。以及通行之國計家計生計諸名詞。竊以謂欲立一名。其深濶與原名相副者。舍計莫從。正名定義之事。非親治其學通澈首尾者。其甘苦必末由共知。乍見其名。未有不指爲不通者也。計學之理。如日用飲食。不可暫離。而其成專科之學。則當二百年而已。故其理雖中國所舊有。而其學則中國所本無。無庸諱也。若謂中國開化數千年。於人生必需之學。古籍當有專名。則吾恐無專名者不止計學。名理最重最常用之字。若因果若體用若能所權實。皆自佛敎東漸而後拈出。而至今政治家最要之字。如 Rights 如 Obligation。問古籍中何字足與脗合乎。學者試執筆譯數十卷書。而後識正名定義。慳心貴當之不易也。即如執事今易平準之名。然平準決不足以當此學。蓋平準者。乃西京一令。因以名官職。斂賤糶貴。猶均輸常平諸政制。計學之書。所論者果在此乎。殆不然矣。故吾重思之。以爲此學名義。苟欲適俗。則莫若徑用理財。若患義界不清。必求雅馴。而用之處處無扞格者。則僕計學之名。似尚有一日之長。要之後來人當自知所去取耳。

刑部主事吳保初呈政務處代奏籲請歸政摺

爲籲請歸政以安人心而延國命敬懇代　奏仰祈　聖鑒事。竊維庚子之亂。爲我中國四千年未有之奇禍。賠款至四百五十兆兩。九廟震驚。生靈塗炭。乘輿播越。宗社幾危。當　皇太后　皇上倉猝西幸之時。又安知復有今日也。創鉅痛深。國勢岌岌。已早在我　皇太后　皇上聖明洞鑒之中。然小臣猶有不能已於言者。敬爲我皇太后　皇上披瀝陳之。溯自戊戌　訓政以來。母慈　子孝。天下共知。然當時外間猶有幽禁廢立之謠。邇來事勢益急。列強眈眈。不可終日。臣亦知今後　朝廷愼固邦交。斷不致再有庚子之事。然而民智未開。教養未得其道。　朝廷雖　明諭疊頒。力行新政。竊窺諸臣所爲。除搜括外無新猷。是上以誠求。而下以僞應。又豈朝廷所及料耶。況今大難初平。元氣凋喪。西北之族。既飽於虎狼。東南之民。又淪於魚餒。若再任聽諸臣恣情蔽擁。誠恐一旦內訌遽作。外患乘之。消息甚微。所關極大。皇太后不爲天下萬世計。獨不爲　宗社及一身計乎。小臣追維前歲之亂。痛定思痛。猶賴我　皇太后從善如流。誅竄禍首。宸衷獨斷。反危爲安耳。夫當禍亂交作之時。外人猶未遽分我土地。國內人心猶未遽離者。以有我　皇上在也。我　皇上仁孝英明。中外愛戴。歷有年所。徒以　聖躬不豫。皇太后出而訓政。於是謬妄之徒。意存覬測。奸宗則覬覦神器。憸人則遷怒鄰交。釁起忽微。禍延全國。在　皇太后初意本欲調護　聖躬。不意遽致此變。此皆日月之過。傳曰君子之過。如日月之蝕。過也人皆見之。及其改也人皆仰之。不其然乎。我　皇上罪已之詔屢下。善則歸　親。過則歸已。天下讀之。莫不感動涕泣。皇太后今日亦可以默亮我　皇上至孝至順之心矣。又伏讀累次　慈諭。既曰　母　子一心。足見　宮廷之間。毫無隔閡。自宜及時歸政。以安天下之人心。回列强之觀聽。況我　皇上春秋鼎盛。聖躬久報大安。皇太后時値倦勤。萬機親理。宵衣旰食。舍逸就勞。推　皇上孝養之心。必不能安。猶記同治初年。華洋俶擾。禍及京津。宗祀之危。有如累卵。賴　皇太后知人善任。克集大勳。中興之隆。振古無比。及 穆宗毅皇帝既離保傅。撤簾歸政。成功不居。我 皇上沖齡踐祚。 皇太后保護提撕。已非一日。今者事勢雖殊。而憂勞猶昔。豈宜復殫睿慮。腒腊自安。加之 鑾馭初廻。長途況瘁。亦宜安居深宮。藉資頤養。 萬壽山之風景依然。 頤和園之花鳥無恙。湖山鐘鼓。暮景堪娛。如此播之九州。傳諸史册。孰不引爲美談。 皇太后試一詢之廷臣。若猶以此事爲可緩者。必其私心未化。自便已圖。非我 列聖之臣子也。臣愚以爲今當 廻鑾伊始。重奠邦基。亟宜先舉 歸政大典。然後敷設新政。中興之功。庶幾可待。我 皇上柔順文明。必能先意承志。曲體 親心。斷不致有負 慈恩。致爲盛德之累。竊願 皇太后宸衷獨斷。毅然行之。臣竊思庚子之變。 皇上盛德。實爲薄海內外人心所歸嚮。故大學士李鴻章奉 命議和。得以和平了結。今者疆臣既喪。專對無人。南省諸藩。自顧不給。萬一再有變端。孰能收拾。平陽之痛。五國之悲。恐必有劇於前日者。夫 歸政則福祚如此。不 歸政則危禍如彼。臣雖至愚。亦知我 皇太后必不舍安樂而就危辱。總之 親政鉅典。一日不行。則外間浮言一日難靖。即邦本一日不安。而昧於時勢妄事揣測之臣工。猶有以廣立儲爲請者。莠言熒惑。臣竊憂之。方今聖明在上。左右維賢臣直輔翼之大計。豈必待疏逖卑賤之小臣。惟大臣隱忍而不言。斯小臣不得不冒死以抗　奏。抑臣聞之天下興亡匹夫有責。又聞狂夫之言。　聖人擇焉。況臣世受　國恩。臣之休戚。實與我　國家安危共之者乎。但使臣言有萬一之可行。雖死之日。猶生之年。臣不勝激切之情。謹恭摺以　聞。伏乞　皇太后　皇上

聖鑒。謹請代　奏。

女士張竹君傳

佛蘭西人之嘗言曰。Le mensonge est un tres vilrin difaut 任公曰。凡欲贊一人。不可着過度語。若鋪揚太過。則人將并其眞者而亦不信也。予爲此傳。乃記張竹君屢次演說之辭。予所親聞者。及竹君親知之所爲予稱述者。無一句虛飾語。竹君者。誠中國之女豪傑。不可不記錄其言論行事。以喚起中國二萬萬睡死腐敗婦女之柔魂也。壬寅二月八日馬貴公記于橫濱

張竹君者。中國廣東廣州府番禺縣人。故爲世家。竹君生數歲而患腦筋病。半身覺痲木不仁。其家則送之於其城之博濟醫院。囑美利堅醫士嘉約翰醫之。漸愈。時竹君年

雖幼穉。已能覺西醫之精妙。絕勝中國疲癃老腐之所謂醫生者。乃發願留博濟醫局學醫。既十三年。而盡通西國內外科之學。得執照焉。竹君既學醫成。則自籌資建南福醫院於廣州之河南。施醫藥。救貧窮。收女弟子十餘人。自敎之醫學外幷及普通格致學。每講學時。未嘗不痛惜撫膺。指論時事。慷慨國艱也。自耶穌敎入中國以來。無中國婦人登講臺講福音者。有之自竹君始。予以辛丑秋。羈廣州。聞竹君賢。往見之。竹君輙縱言中國男女隔絕之害。及自己辦事之方針及歷途。予大奇之。乃遍述之於同志。自時厥後。每禮拜竹君講演之期。聽者嘗增數十人矣。竹君雖信耶穌。然絕不談創世記默示錄諸等荒誕無據之語。其所提倡者天父一尊。衆生平等。愛敵如友。君爲民役。諸最精之論而已。耶穌書之尤悖實理者。竹君輙駁正之。其言曰。保羅謂女子不當施敎。此謬論。男女平權。豈有女子不可施敎之理。耶穌謂人不當謀衣食。如雀鳥然。彼未嘗求食。而上帝自有以養之。此亦不然。今日列强膨脹。學戰極烈。稍自懈怠。卽難自存。固當谷求實學。立已立人。豈有人不謀食之理。國者人所合成。故人人當自盡其箇人之義務。若如是言。乃敎人惰也。人豈雀鳥之比乎。且今日在中國之所謂牧師者。皆猶中國之八股脚色也。絕罕提倡泰西格致政法之學。以益中國者。吾輩處此爭競極烈之世。非皆有專門實學。以擔任社會公衆之義務。而徒日日爲靈魂永生之說。將何益哉。竹君又曰。在今日主張革命者。誠豪傑。然世間上事事物物。聲聲色色。動起往復。皆有其原因焉。無原因則無效驗。今世之主張革命者。徒求效驗而已。無造原因者。皆求爲華盛頓拿破侖。無甘爲福祿特爾盧梭者。此所以無功也。吾儕今日之責任。在輸入泰西政法格致等等美新之學術。殆旣審我漢種之文明。果高勝於他族。然後自立之論可起也。旣審我漢種之文明。果幷駕於歐西。而後排外之論可起也。竹君又曰。歐西之論自由者。曰、箇人之自由。以他人之自由爲界。吾謂自由可以行星之運行比之。其運行。自由也。其運行而遵其一定之軌道。此其界也。竹君議論之精新。每類此。吾竊不解二十三歲之弱女子。何以文明程度高起如此。吁。黃種可畏也。竹君與史堅如之妹。最莫逆。而持論行事多不同。竹君不但能爲議論而已。又極勇於辦事。竹君去歲季冬。集衆演說。謂本年南福醫院共費四千金。已行醫所得及捐欵共三千餘金。又借貸數百金以足之也。今年壬寅。竹君改南福醫院爲小女學堂。教習二人。其一則吾母也。竹君開辦時招集廣東紳宦之眷屬。及其所知之志士。集名園大演說。發明男女所以當平等之理。以爲女人不可徒待男子讓權。須自爭之。爭權之術。不外求學。又不當爲中國舊日詩詞小技之學。而各勉力研究今日泰西所發明極新之學。竹君今欲立一廣東女學會。經營尚未成也。竹君之說耶穌教。恒出範圍。故牧師等皆目之爲狂。謀有所以馴伏之。然凡廣東稍有知識之人。無不敬愛竹君者。竹君自謂待人行已皆法耶穌。法其師嘉約翰。故其待南福醫院之病人。備極慈愛。有就醫者之老嫗嘆曰。南福醫院者。人間之天堂也。五姑（竹君行五）者。人間之神仙也。我生年六十餘矣。欲呼五姑爲母。五姑年輕。恐太不似。欲呼五姑爲女。我又何敢耶。其實我之生女三人。其待我有誰能及五姑一小部耶。嗚呼、竹君眞能法耶穌者。眞能法嘉約翰者。竹君持不嫁主義。以爲當捨此身以擔今日國家之義務。若旣嫁人。則子女牽纏。必不能如今日一切自由也。嗚呼、嶺雲萬重。將爲一弱女子開撥之。鬚眉男兒。據中國三千年來特尊重之體格。占今日中國特高尙之地位者。可不奮起哉。可不奮起哉。

附贈竹君詩二首

十二

淪胥種國悲貞德。破碎河山識令南。莫怪初逢便傾倒。英雄巾幗古來難。

推闡耶仁療孔疾。嫂婷亞魄寄歐魂。女權波浪兼天湧。獨立神州樹一軍。

本報各代派處

如有欲閱本報者請向下開各處所定購或逕寄函本社購取亦得但必須將報費郵資先行付下本社自然按寄無悞

上海總代發行所廣智書局
又四馬路同文滬報館
又四馬路惠福里選報館
又四馬路惠福里采風報館
又四馬路廣學會邱禮清先生
又四馬路望平街中外日報館
又五馬路寶善街普通學報館
又大東門內育材書塾王培孫先生
又樊王渡約翰書院晋侗先生
東京譯書彙編社
又神田東京堂
長崎新地宏昌號
朝鮮仁川怡泰號
天津日日新聞社
又大公報館
烟台順泰號
北京琉璃廠日日新聞分社
又琉璃廠西門內有正書局
南京花牌樓中西書局
又燈市口廣學會
又夫子廟前明達書莊
又三牌樓西明達別墅
又鐵湯池益智書局
安慶拐角頭院省藏書樓
蘇州蕭家巷姚公館方康安先生

又同里鎮任閣學第陳佩忍先生
吳中圖書會社
無錫北門內道長巷梁溪務實學堂
常州城內青雲里楊第
又打索巷許芝年先生
杭州浙西書林
又東文學社
又梅花碑方言學社
又白話報館韓靜涵先生
又回回堂史學齋
又三趾橋總派報處董青心先生
揚州新勝街東文學社
又政法學會
紹興東湖通藝學堂孫翼中先生
南昌百花洲廣智書莊
又馬王廟背賦梅山房
又馬王廟背陶君節先生
如皋東門朱獻侯先生
漢口黄陂街江左漢記
成都學道街算學書局
温州正和信局
福州南臺閩報館
汕頭今學書局
又育善街嶺東日報館
又振邦街上海莊黃敬堂先生

香港上環海傍和昌隆
又荷李活道聚文閣
又中環水車館後街錦福書坊
廣東省城雙門底開明書局
又聖教書樓
又黄文裕公祠內萃盧
又大馬站口林裕和堂
又十八甫華洋書局
海防同昇昌陳堯龔先生
石叻大爲街謙和號
巴城大港居聯興號
庇能檳城新報館
吉隆王澤民先生
暹羅陳斗南先生
檀香山新中國報館
域多利埠廣萬豐號
域多利二埠英泰號
温哥華埠永生號
砵侖李美近先生
舊金山文興報館
又中西報館
個郎羅藻雲先生
雪梨方澤生先生
美利畔黃世彥先生
紐西侖呂傑先生

日本專門學校教授松平康國著
新會梁啓勳譯述
飲冰室主人案語

世界近世史

（近刊）

史也者敘述羣治之原因結果也因果不一而最繁賾者莫如近世史**近世史者十九世紀史之母也**此編起十五世紀末迄十八世紀其中如學問之復興宗教之革命君權之變遷諸大業皆孕育百年來之文化者也故**欲知最近世史之果不可不求其因於近世史**此篇爲專門學校講義**煌煌巨帙**東國史籍中**第一善本**也譯者夙有家學文辭斐然復經飲冰室主人校閱**加案語百餘條**將書中要點逐一剔出以**卓特之學識雄奇之文筆**論斷之而一**以資鑑於我祖國**學者苟讀一過則於史學之常識思過半矣現已付印

浮田著西洋上古史現已開譯過半敬告海內諸君勿複譯爲幸　梁啓勳謹白

發行所　上海英界同樂里　**廣智書局**

第三種郵便物認可
新民叢報第七號
明治三十五年五月八日發行

P.O. Box 255
YOKOHAMA
JAPAN
新民叢報
第捌號
光緒二十八年四月十五日
明治三十五年五月廿二日
◉本號要目
古魯家像　阿圭拿度像
檀香山燒埠慘狀圖
續論自由（新民說八）
新派生物學家小史
中國專制政治進化史
張博望班定遠合傳
中國地理大勢論（續）
教育政策私議
國聞短評
捫蝨談虎錄
小慧解頤錄
十五小豪傑
詩界潮音集
每月二回朔望發行

新會梁任父先生著

飲冰室文集

香山何天柱編

飲冰室主人爲我國文界革命軍之健將其文章之價值世間既有定評無待喋喋此編乃由其高足弟子何君所編凡**著者數年來之文字搜集無遺**編年分纂凡爲八集曰丙申集丁酉集戊戌集己亥集庚子集辛丑集壬寅集而以**韻文集**附於末焉其中文字爲**各報所未載者**亦復不少煌煌數百萬言無一字非有用之文雖謂中國集部空前之作殆無不可卷首復冠以著者所作**三十自述**一篇及**照像三幅**一爲時務報時代造像二爲清議報時代造像三爲新民叢報時代造像海內外君子有表同情於飲冰室主人者乎得此亦足代嚶鳴求友之樂也**現已付印**不日出書

發行所 上海英界南京路同樂里 **廣智書局**

新民叢報第八號目錄

光緒二十八年四月十五日

售報價目表

全年廿四冊	半年十二冊	每冊
五元	二元六毫	二毫五仙
美洲澳洲南洋各埠全年六元半年三元二毫零售每冊三毫正郵費每冊壹仙外埠六仙		

廣告價目表 論前加倍

一頁	半頁	一行四號十七字起碼
十元	六元	二毫八仙
凡欲惠登告白者須十本報定期發刊之前五日交到價須先惠若欲登長年半年者價當面議從減		

編輯兼發行者 馮紫珊
印刷者 西脇末吉
發行所 橫濱山下町百五十二番館 新民叢報社
印刷所 橫濱山下町百五十二番館 信箱二百五十五番 新民叢報社活版部
東京發賣所 東京神田區表神保町三番地 東京堂

太平洋客著

新廣東

一名（廣東人之廣東）

全一冊　定價二角五分　外埠郵費在內

其名曰新廣東則雖未開卷而其卷中之大略宗旨可以想見矣著者前在上海時務報横濱清議報主筆今在美國某報主筆文名夙著之人也不欲顯言撰人名氏讀者亦不必深求撰人名氏但讀之而覺其咄咄逼人若有電氣焉刺其腦而起一種異想者則此書之性質也卷首冠以廣東圖一幅精美鮮彩尤足爲全書生色

發行所　横濱市山下町百五十二番　新民叢報社

出版圖書廣告

東亞各港志	全一冊 定價三角
明治政黨小史	全一冊 定價一角
外國地理問答	全一冊 定價二角
國憲汎論	近刊
英國憲法史	近刊
英國憲法論	近刊
羣學	近刊
萬國官制志	近刊
萬國選舉志	近刊
萬國商務志	近刊
歷史哲學	近刊
新編中學教科書第一種 倫理教科書	近刊
新編中學教科書第二種 泰西史教科書	近刊

暗射世界大地圖	定價五圓
中國暗射地圖	定價五圓
中國十八省地圖	定價一圓二角
中外方輿全圖	定價四圓
實測精密 東亞新地圖	定價一圓
戰地必攜 極東地圖	定價一圓六角
教科適用 東亞三國地圖	定價一圓五角
最新滿洲圖 附圖說一本	定價一圓
學校要品 徑尺地球儀	定價八元五角
五彩坤輿全圖	定價二元三角五
新譯 英和辭典	定價二圓

飲冰室主人著

李鴻章

洋裝百八十葉　定價六毫
郵費三仙　外埠六仙

▲目次▼

▲第一章緒論▲第二章李鴻章之位置▲第三章李鴻章未達以前其時中國之形勢▲第四章兵家之李鴻章上▲第五章兵家之李鴻章下▲第六章洋務時代之李鴻章▲第七章中日戰爭時代之李鴻章▲第八章外交家之李鴻章上▲第九章外交家之李鴻章下▲第十章投閑時代之李鴻章▲第十一章李鴻章之末路▲第十二章結論

發行所　新民叢報社
上海發行所　廣智書局

再版

小學新讀本

全六冊　定價一元

再版

幼稚新讀本

全六冊　定價一元

●郵費每冊六仙●十部以上者九折

此兩書爲橫濱大同學校新輯之教科書係既經驗而有成效者前既印刷多本立即消盡後各處復紛紛索購愧無以應故同人今茲乃謀補印俾便于訓蒙者之一助復經通人精心商榷刪其繁蕪增其要領務適合于幼童之腦力日力誠近來幼學教科書中之鴻寶也現已成書託本社代售欲購者請先將欵寄下自然代爲轉購寄上無悞

發行所　新民叢報社

當世二偉人

（其一）

杜蘭斯哇大統領古魯家

Kruger

大統領古魯家以千八百二十五年生於英屬之好望角三十六年波亞人不堪英虐大去而棲於杜蘭斯哇古氏隨其族行時年十一其後入軍隊屢著戰功復三度奉使英國結條約爭回本國獨立自治之權千八百八十三年始受舉爲杜國大統領此後連選四任凡居職十八年杜國之成一完全共和國皆古氏之賜也及與英國啓釁時已七十五歲雖老益壯犧牲其身以當國難以蕞爾之杜國而能使炙手可熱之英吉利竭其國力爲開闢以來未有之劇戰至今猶未能得志噫可謂人傑矣兵敗後今遯跡歐洲所至皆受歡迎杜人用其政策繼其志氣迄今不衰

當世二偉人

（其二）

非律賓國大統領阿圭掌度

Aguinaldo

大總領阿圭拿度以千八百六十九年生於菲律賓其家豪富頗有勢力于本島稍長卒業于馬尼拉大學通數國語言文字抱自由文明思想菲島久受軛於西班牙阿氏幼懷大志思革僞命自距今十五年前即連結志士奔走國事千八百九十六年遂舉義旗全島響應班國知其勢未易平乃求和阿氏亦以力未足暫許之而避地于香港千八百九十八年美班戰起美人欲結菲律賓爲援乃與阿君謀濟以軍械於是阿君遂返國數月之間遂驅西班牙人於境外自立爲民主國美人背盟凌弱復以全力撲菲軍血戰數年至今未定阿君因力屈爲美軍所俘今居于馬尼拉

檀香山焚燒華人市場慘狀圖
（其一）

庚子檀香山政府借防疫爲名焚燒華人市場損沒華商財產美金三百餘萬至今未有賠償此圖即其焚燒時情景也華人老弱婦稚扶抱啼泣被迫逐如羣羊見者下淚聞者髮指矣

檀香山焚燒華人市場慘狀圖
(其二)

市場店屋焚燒既盡即自將華人押往一禮拜堂中以偪仄一屋驅數千
餘人困於此焉摩肩藉足而立此即其圖也其後復將全市之華人遷於
海濱之矮木屋其慘尤甚如是者三月有餘

論說

新民說八

中國之新民

第九節之續　論自由

「愛」主義者天下之良主義也有人於此汲汲務愛己而曰我實行愛主義可乎「利」主義者天下之良主義也有人於此孳孳務利己而曰我實行利主義可乎「樂」主義者亦天下之良主義也有人於此媞媞務樂己而曰我實行樂主義可乎故凡古賢今哲之標一宗旨以易天下者皆非爲一私人計也身與羣校羣大身小詘身伸羣人治之大經也當其二者不兼之際往往不愛己不利己不樂己以達其愛羣利羣樂羣之實者有焉矣佛言我不入地獄誰入地獄佛之說法豈非欲使衆生脫離地獄者耶而其下手必自親入地獄始若是乎有志之士其必悴其形焉困衡其心焉終身自棲息於不自由之天地然後能舉其所愛之羣與國而自由之也明矣今世之言自由者不務所以進其羣其國於自由之道而惟於薄物細故日用飲食斷斷然主張一已之自

由是何異簞豆見色而曰我通功利派之哲學。飲博無賴而曰我循快樂派之倫理也。戰國策言有學儒三年歸而名其母者。吾見夫誤解自由之義者。有類於是焉矣。

然則自由之義。竟不可行於箇人乎。曰惡。是何言。團體自由者。箇人自由之積也。人不能離團體而自生存。團體不保其自由。則將有他團焉。自外而侵之壓之奪之。則箇人之自由更何有也。譬之一身。任口之自由也。不擇物而食焉。大病浸起。而口所固有之自由亦失矣。任手之自由也。持梃而殺人焉。大罰浸至。而手所固有之自由亦失矣。故夫一飲一食一舉一動。而皆有節制之師者。正百體所以各保其自由之道也。此猶其與他人他體相交涉者。吾請更言一身自由之事。

一身自由云者。我之自由也。雖然。人莫不有兩我焉。其一。與衆生對待之我。昂昂七尺立於人間者是也。其二。則與七尺對待之我。瑩瑩一點存於靈臺者是也。（孟子曰。物交物則引之而已矣。物者我之對待也。上物指衆生。下物指七尺。（即耳目之官）要之皆物而非我也。我者何。心之官是已。先立乎其大者。則其小者不能奪也。惟我為大。而兩界之物皆小也。小不奪大。則自由之極軌焉矣。）是故人之奴隸我。不足畏也。而莫痛於自奴隸於人。自奴隸於人。猶不足畏也。而莫慘於我奴隸於我。莊子曰。哀莫大於心死。而身死次之。吾亦曰。辱莫大於心奴。而身奴斯爲末矣夫人強迫我以爲奴隸者吾不樂焉可以一旦起而脫其絆也十九世紀各國之民變是也以身奴隸於人者他人或觸於慈祥焉或迫於正義焉猶可以出我水火而蘇之也美國之放黑奴是也獨至心中之奴隸其成立也非由他力之所得加其解脫也亦非由他力之所得助如蠶在繭著著自縛如膏在釜日日自煎若有欲求眞自由者乎其必自除心中之奴隸始

吾請言心奴隸之種類而次論所以除之之道。

一曰勿爲古人之奴隸也古聖賢也古豪傑也皆嘗有大功德於一羣我輩愛而敬之宜也雖然古人自古人我自我彼古人之所以能爲聖賢爲豪傑者豈不以其能自有我乎哉使不爾者則有先聖無後聖有一傑無再傑矣譬諸孔子誦法堯舜我輩誦法孔子曾亦思孔子所以能爲孔子彼蓋有立於堯舜之外者也使孔子而爲堯舜之奴隸則百世後必無復有孔子者存也聞者駭吾言乎盍思乎世運者進而愈上人智者濬而愈瑩雖有大哲亦不過說法以匡一時之弊規當世之利而決不足以範圍千百萬年以後之人也泰西之有景教也其在中古曷嘗不爲一世文明之中心點逮夫末

流束縛馳驟不勝其斂矣非有路得倍根笛卡兒康德達爾文彌勒赫胥黎諸賢起而附益之匡救之夫彼中安得有今日也中國不然於古人之言論行事非惟辨難之辭不敢出於口抑且懷疑之念不敢萌於心夫心固我有也聽一言受一義而曰我思之我思之若者我信之若者我疑之夫豈有刑戮之在其後也然而舉世之人莫敢出此吾無以譬之譬之義和團義和團法師之被髮仗劍踽步念念有詞也聽者苟一用其思索焉則其中自必有可疑者存而信之者竟徧數省是必其有所懾焉而不敢涉他想者矣否則有所假爲自欺欺人以逞其狐威者矣要之皆奴隸於義和團一也吾爲此譬非敢以古人比義和團也要之四書六經之義理其非一一可以適於今日之用則雖臨我以刀鋸鼎鑊吾猶敢斷言而不憚也而世之委身以嫁古人爲之薦枕席而奉箕帚者吾不知其與彼義和團之信徒果何擇也我有耳目我物我格我有心思我理我窮高高山頂立深深海底行其於古人也吾時而師之時而友之時而敵之無容心焉以公理爲衡而已自由何如也

二曰勿爲世俗之奴隸也甚矣人性之弱也城中好高髻四方高一尺城中好廣袖四

方全幅帛古人夫既詣之矣然曰鄉愚無知猶可言也至所謂士君子者殆又甚焉當晚明時舉國言心學全學界皆野狐矣當乾嘉間舉國言考證全學界皆蠹魚矣然曰歲月漸遷猶可言也至如近數年來丁戊之間舉國慕西學若羶已庚之間舉國避西學若厲今則厲又爲羶矣夫同一人也同一學也而數年間可以變異若此無他俯仰隨人不自由耳吾見有爲猴戲者跳焉則羣猴跳擲焉則羣猴擲舞焉則羣猴舞笑焉則羣猴笑鬨焉則羣猴鬨怒焉則羣猴罵諺曰一犬吠影百犬吠聲悲哉人秉天地清淑之氣以生所以異於羣動者安在乎胡自汚衊以與猴犬爲倫也夫能鑄造新時代者上也即不能而不爲舊時代所吞噬所汩沈抑其次也狂瀾滔滔一柱屹立醉鄉皆夢靈臺昭然丈夫之事也自由何如也

三曰勿爲境遇之奴隸也人以一身立於物競界凡境遇之圍繞吾旁者皆日夜與吾相爲鬥而未嘗息者也故戰境遇而勝之者則立不戰而爲境遇所壓者則亡若是者亦名曰天行之奴隸天行之虐逞於一羣者有然逞於一人者亦有然謀國者而安於境遇也則美利堅可無獨立之戰匈加利可無自治之師日耳曼意大利可以長此爲

離破碎爲虎狼奧之附庸也使謀身者而安於境遇也則賤族之的士禮立（英前宰相。與格蘭斯頓齊名者。本猶太人。猶太人在英視爲最賤之族。）何敢望拌俄之偉勳張兒之林肯（前美國大統領。漁人子也。少極貧。）何敢企放奴之大業而西鄉隆盛當以患難易節瑪志尼當以竄謫灰心也吾見今日所謂識時之彥者開口輒曰陽九之厄刼灰之運天亡中國無可如何其所以自處者非貧賤而移則富貴而淫其最上者遇威武而亦屈也一事之拌跌一時之潦倒而前此權奇磊落不可一世之概銷磨盡矣咄此區區者果何物而顧使之操縱我心如轉蓬哉善夫墨子非命之言也曰「執有命者是覆天下之義而說百姓之誶也」天下善言命者莫中國人若而一國之人奄奄待死矣有力不肯而惟命是從然則人也者亦天行之芻狗而已自動之機器而已曾無一毫自主之權可以達已之所志則人之生也奚爲哉奚樂哉英儒赫胥黎曰「今者欲治道之有功非與天爭勝焉不可也固將沈毅用壯見大丈夫之鋒穎强立不反可爭可取而不可降所遇善固將寶而維之所遇不善亦無憚焉」陸象山曰「利害毀譽稱譏苦樂名曰八風八風不動入三摩地」邵堯夫之詩曰「卷舒一代興亡手出入千重雲水身」眇茲境遇曾不足以損豪傑之一脚指而豈將

入其笠也自由何如也

四曰勿爲情慾之奴隸也人之喪其心也豈由他人哉孟子曰「嚮爲身死而不受今爲宮室之美妻妾之奉所識窮乏者得我而爲之是亦不可以已乎」夫誠可以已而能已之者百無一焉甚矣情慾之毒人深也古人有言心爲形役形而爲役猶可瘉也心而爲役將奈之何心役於他猶可拔也心役於形將奈之何形無一日而不與心爲緣則將終其生趦趄瑟縮於六根六塵之下而自由權之萌蘖俱斷矣吾常見有少年嶽嶽犖犖之士志願才氣皆可以開拓千古推倒一時乃閱數年而餒焉更閱數年而苶餒焉無他凡有過人之才者必有過人之欲有過人之才有過人之欲而無過人之道德心以自主之則其才正爲其欲之奴隸曾幾何時而銷磨蠹矣故夫泰西近數百年其演出驚天動地之大事業者往往在有宗教思想之人夫迷信於宗教而爲之奴隸固非足貴然其藉此以克制情慾使吾心不爲頑軀濁殼之所困然後有以獨往獨來其得力固不可誣也日本維新之役其倡之成之者非有得於王學即有得於禪宗其在中國近世勳名赫赫在人耳目者莫如曾文正試一讀其全集觀其困知勉行厲

志克己之功何如天下固未有無所養而能定大難成大業者不然日日恣言曰吾自由吾自由而實爲五賊（佛典亦以五賊名五官）所驅遣勞苦奔走以藉之兵而齎其糧耳吾不知所謂自由者何在也孔子曰克己復禮爲仁己者對於衆生稱爲己亦即對於本心而稱爲物者也所克者己而克之者又一己以己克己謂之自勝自勝之謂强自勝爲强焉其自由何如也

吁自由之義泰西古今哲人著書數十萬言剖析之猶不能盡也淺學如余而欲以區區片言單語發明之烏知其可雖然精義大理當世學者旣略有述焉吾故就團體自由箇人自由兩義刺取其淺近直捷者演之以獻於我學界世有愛自由者乎其愼勿毒自由以毒天下也

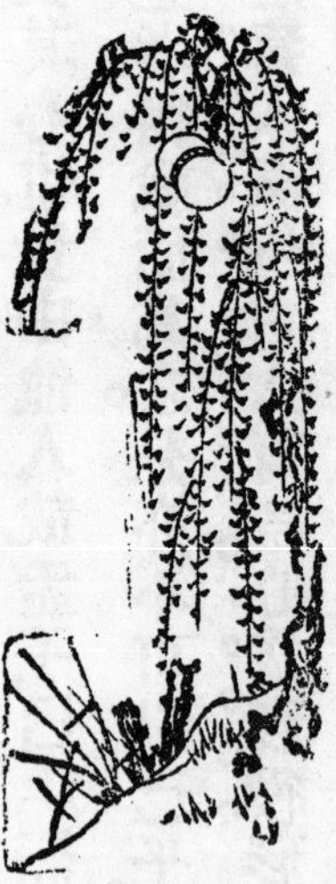

學說

新派生物學(即天演學)家小史

馬君武

言生物學者至十九世紀而經一大革命。暢發其理者爲達爾文。Darwin然達爾文之前時及其同時。與達氏同調者蓋共有三十四人焉。皆信生物之遞變或亦固執上帝造人之說者。蓋數人爲其著有生物史及地學史等書者二十七人。茲從達氏所著之種源論中一章之所記。譯錄如下。

由上古以至今日。治生物學家多矣。皆以爲物種不變。而其有種類之始。皆一一由上帝創造而來者也。故縱觀上古至今日之生物學書。無一能解明物類生殖之理者。至近代始有人疑上帝造人之說不實。以爲今世之生物。皆由古時實有之物質歷刼變遷而來也。茲記其人如下。

始初著書能以眞理推究生物者。曰把俸。Buffon然把氏曾躊躇多時。然終不敢定斷物類之眞由變遷以至生成。故於此不詳書。

生物學第一革命之人不能不推拉馬克Lamarck法國人拉氏於一千八百〇一年始刻印行其所著「動物學」Philosophie Zoologique 至一千八百〇九年又將其書大有加增至一千八百十五年拉氏又著一書名「無脊骨之動物學史」Hist Nat des Animaux Sans Vertebres 於是書解明一切物類及人皆爲別種物之苗裔又經屢次考驗以爲有生機之物類皆由無生機之物類徐徐變來於此得一公例焉曰物類日益發達以趨於美善然物類之展變其微至不可覺察而由一定之羣類以遞進焉其變也一循自然以日進於美善萬類之形色皆由變化以成其自然之宜如非洲之芝獵狐Giraffe特戴一長頸者所以便其食高樹之葉也其理無他解焉曰自然而已

聖以內爾 Gesffry Saint-Hilaire 法國人 以爲凡物類皆不與其初始之形質相同而一切"Monde Ambiant" 環世界之物物皆日趨於變但聖氏不信一切物類雖在今日猶變而不已也聖氏之說在一千七百九十五年口演之迨後一千八百二十八年其子始著爲書

一千八百十三年威爾 Dr W. C. Wells 演說於王家社會 Royal Society 其題曰白種

婦人之皮相。似乎非洲之黑人。但未著於書。至一千八百十八年。始載之於所著之「露及單視之二論文」。Two Essays upon Dew and Single Vision 詳論天擇 Natural Selection 之理。但所論者專屬人類及人類一種專性情而已。大旨謂非洲黑人及白黑雜種人雜居以後。便能免受熱帶之病。此何以故。蓋人類能自變以協宜於所居之國也。且證之於禽獸。(一)人能明見禽獸有數級之變化(二)農家能以善法改選其家畜之種。居亞非利加中部之人。能變以協其土宜者。則能免其慣病而較安於他族。於是此種族後益繁衍。而他族日減少。此不但因彼族之不能受疾病之侵害而已。亦因其不能與其鄰族之強者爭存而敗也。宜於此地之強族。即黑色之族人。故居於此而能屢變以常存者。必其色因時漸變爲黑。而黑之甚者。即最宜於其地之風土者也。閱日既久。則全非洲人皆色黑矣。其洲民之始。初必不止於一族也。

達爾文曰。吾甚感路累 Rowley 氏。蓋吾立志之礎。乃因路累氏及白累司 Brace 氏。而得讀威爾之書也。

門雀司特 Manchester 之大學校書記官赫伯 Hon. and Rev. W. Herbert. 一千八百二

十二年著「種園成蹟報」日 Horticultural Transactions. 第四書。又「石蒜科」Amaryllidaceae. 一千八百三十七年出版（一十九頁及三百三十九頁）宣言曰。經種園之許多歷驗而得一不可駁之理。即植物之種類永遠變化而不止是也。赫氏以爲凡一切種類皆本於一始。經許多之過渡及變化而成今日生成種種之物類。

一千八百二十六年教習格倫特 Grant 其所著有名之壹丁不夫哲學雜誌第十四卷二百八十三頁關於綠色海綿之一段 Edinburgh Philosophical Journal, on The Spongilla. 論曰。予之所信。凡任一物類。皆源出於他物類。而由變化以進於良者也。一千八百三十四年。在 Lancet 著一書曰教授之五十五回講義 55th Lecture. 亦解說此同理。

一千八百三十一年馬太 Matthew 著一書名「艦材及樹藝術」。Naval Timber and Arboriculture 其中所說物種原始之理。與達爾文及阿累司 Wallace 所著之里雲雜誌 Linnean Journal 所論同一見解。（後達氏著物種原始即增廣此雜誌之義而成）。但是時馬氏所作不過言其大略。散見於所著書之後幅而已。迨後至一千八百六十年四月七號。馬氏著「種園者之歷譜」一書。Gardeners Chronicle 詳言天擇之理與達氏意大

同以爲至現今之世界舊時代之種族日益彫替而今時代之種族固已大異舊時代之形式矣

有名之地學及生物學家馮把區 Von Buch 一千八百三十六年著有名之「加拿里島之地質記載」（加拿里爲大西洋中島名屬西班牙）Dexription Phgsique des Isles Canaries. 第一百四十七頁論曰物種者能徐徐展變以至於無窮期者也

拉芬累司克 Rafinesque 之「北美洲之新植物」New Flora of North America 著於一千八百三十六年其第六頁論曰凡物類皆有變化經永久之變化及另有一種專性質於是成一新物種焉

自一千八百四十三年至千八百四十四年教習海爾得門者 Haldeman 於「波斯頓之生物學史雜誌」Boston Journal of Not. Hist. U. Sstatestes. 第四卷第四百六十八頁著論駁生物學之古說而主張物種之日新能自趨於發達及改變

一千八百四十四年一無名氏著一書名曰受造物之踪跡 Vestiges of Creation 於一千八百五十三年更加以許多證據其第一百五十五頁曰物種歷多數級之次序由

舊日之最單簡形式以成今日最高等之形式其變化之故蓋由二種之衝激焉曰在內之衝激曰在外之衝激在內之衝激賦於有生之初進而愈進歷時已久而成雙子葉生之植物及有脊之動物其緣因最難覺察不過於有機物性質之閒隙驗之而已在外之衝激者緣物類競存之力乃變其生機之造作以合於外遇之境地如食物習俗天氣等之激力是也其說雖亦不免有上帝之見存然能信生物遞進之理而力駮種類不變之說

一千八百四十六年。老地學家杜馬歷打累。M. J. d'omalius d'Halloy（比利時人）以其精思想著一短篇曰「布呂碎路（比利時之京城）王家大書院之報告」Bulletins d'acad. Roy Bruxelles（英文爲Brussels）第十三冊第五百八十一頁曰新物類由展變而成非由創造而來杜氏在一千八百三十一年。已宣布其意。

一千八百四十九年教習名歐溫者。Owen 著「肢之性質」Notire of Limbs. 於第八十六頁內詳論動植物變化之理。以其肌肉之變化證之。其大英學會之演說曰Address ti the British Association 俗論於世間萬物咸歸功於造物主之權能。謂一切物類。皆經造物者之手一一造之也。何以無翅鳥Apteryx獨造之紐西倫(澳洲地)紅松鷄Red Grouse獨造之於英倫。生物學家不能言其故也。創造之說既不可通。可釋之曰。無翅鳥與紐西倫最宜。紅松鷄與英倫最宜。故各有其獨產之處焉。此之謂天擇。凡新種之變成。皆可以天擇之理解之。歐氏發明天擇之理。實先於達爾文。然威爾及馬太二人者。又歐氏之導先路者也。

一千八百五十一年。聖以累爾(法人。與前之聖以內爾分兩人)著「動物學雜誌」Revue et Mag. deZoolog有一段曰。物種雖各各定類乎。實乃常變。其形式漸至不同。最易見者。禽獸之變。而未過其類界者是也。嘗有數種野獸。經馴養而變為家畜。而家畜又可使之復變為野獸。此最易見者也。更有可據者。無論何種生物。可令其經人為之治理。而變為貴重者。是也。又於所著之「生物史之大概」Hist. Nat. General. 更擴充上意而詳論之。

一千八百五十一年。醫生佛里克Freke著之「達不林醫學報」第三百二十二頁。論有機物皆出自一單簡之原本。但其主意與達爾文全不同。然佛氏又於一千八百六十一年著一書曰。「主有機物親屬派之物種原始」。其說理多有與達氏書為難者。

斯賓塞者一千八百五十二年及一千八百五十八年所著文集。反對創造之說。及謂生機物之發達。原於一種奇異能力之說。而據家養畜產類推。以爲物種之變。始於未成胎以前。其變迨微。至不可分別。其理以遞級而漸進。一千八百五十五年。斯氏著靈魂學（舊譯心靈心安有靈耶）Psychology 以爲靈魂之機及能。亦各按等級而遞進者也。

一千八百五十二年。大植物學家羅丁 Naudin 論物種原始之理。於所著之園藝雜誌第一百〇二頁。Revue Hoorticole 及博物塲考古之新報第二卷第一百七十七頁。Nouvellesarchives de Museum 以爲物類之原。其形本相似。後乃經種植之不同。而漸展變。其進良也。乃服於人之選擇權。但伊仍未論及天擇之理。其所見又與赫伯氏同。謂物種初始之時。較今日更柔軟也。

一千八百五十三年。著名地學家伯爵季色林。Keyserling 在地學會廣告 Bulletin de la Soe Giolog. 第十冊第三百五十七頁著論曰。若有一種新疾。發自瘴癘之惡氣。而此疾流行遍於地球。則地球上之人。必可被四周之纖塵所製鍊。而另有一種特質。必將成一新式樣。而與今不同焉。

同年德國醫生沙夫哈生Schaaffhausen著書名「普國美國地方博物學會之論究」Verh and. der Natuhist. Vereinsder Preuss. Rheinlands. 謂凡地球有生機之物類似歷多時而不變其變爲異種者乃其種中之一少分也沙氏以兩種相似者證其說。又謂新種雖生舊種不滅而新種嘗爲舊種之子孫焉。

法蘭西大著名之植物學家勒口M. Lecoq. 者一千八百五十四年著「植物之地學研究」Etudes Sur Geograph. Bot 第一卷第二百五十頁論曰。苟有人問我以物類變不變之說者。吾可斷以聖以累爾及荀特二人之說焉。二人皆主物類展變之說者也。然勒氏所著書。於物類展變之說。無所推廣襲舊而已。

鮑威爾者 Rev. Baden Powell. 著 Essayson the unite of World「關於世界統一之論」其論「創造之哲學」一段。Philosothy of Creation 曰風俗者能造成特別新物種之器具也。

阿累司Wallace與達爾文於一千八百五十八年著里靈雜誌見前宣告天擇之理。阿累司之論。最明白而有力。

德人卑爾 Von Bear 者。動物學家之魁傑也。於一千八百六十一年。著動物學人類學之探究。(Zoologisch–anthropologische Vndersuchungen) 卑氏立地理分派之例。謂現今世界之物類。由一簡單之初祖而來。

一千八百五十九年大教習赫胥黎 Huxley 有一論布於皇家書院。題曰。禽獸生命之定式。論世間最難知之理。即所謂動植物之生存於地球者。皆以間時受創造於全能上帝是也。此誠俗傳之謬說。而與天然之理不合。以眞理解之。今日世間一切種物。皆由先前之種漸變而成。或病此說之無據者。於地質學可考其遞級展變之迹也。

一千八百五十九年十二月。虎克 Hooker 著澳洲植物譜。實證物類之由遞變而出。以多種見聞解之。

按以上諸氏。皆斷自達氏出書第一版之期以前。迨達氏書遍傳歐洲。接踵而起者衆矣。茲不具載。　君武誌

政治

中國專制政治進化史

中國之新民

緒論

進化者。向一目的而上進之謂也。日邁月征。進進不已。必達於其極點。凡天地古今之事物。未有能逃進化之公例者也。

中國者。世界中濡滯不進之國也。今日之思想。猶數千年前之思想。今日之風俗。猶數千年前之風俗。今日之文字。猶數千年前之文字。今日之器物。猶數千年前之器物。然則進化之跡。其殆絕於中國乎。雖然、有一焉。專制政治之進化。其精巧完滿。舉天下萬國。未有吾中國若者也。萬事不進。而惟於專制政治進焉。國民之程度可想矣。雖然、不謂之進化焉不得也。知其進而考其所以獨進之由。而求使他途與之競進之道。斯亦史氏之責任也。作中國專制政治進化史。

第一章　論政體之種類及各國政體變遷之大勢

中國自古及今。惟有一政體。故政體分類之說。中國人腦識中所未嘗有也。今請先述泰西分類之說。及其變遷發達之形。以資比較焉。

（第一）理論上之分類

以理論分別政體種類者。起於希臘大哲亞里士多德。因主權者之人數而區爲三種。每種復爲正變二體。今以表示之如左。

政體
- 君主政體 Monarchy
  - 正體
  - 變體（暴君政體）Tyranny
- 貴族政體 Aristocracy
  - 正體
  - 變體（寡人政體）Origarchy
- 民主政體 Democracy
  - 正體
  - 變體（暴民政體）Demogogy or Othlocracy

於此正變各三體之外。復有一焉。號曰混合政體。Mixed State 即和合君主貴族民主三者而爲一者也。此論傳數千年。至今學者諷法之。雖小有損益。然大端無以易也。十八世紀。法國大哲孟德斯鳩之分類如左。

一、主權者以名譽爲主義。謂之君主政體。

二、主權者以道德爲主義。謂之民主政體。

三、主權者以溫和爲主義。謂之貴族政體。

四、主權者以脅嚇爲主義。謂之專制政體。

此分類法。後人多有駁之者。其實第一類與第二類。蓋同物而二名耳。近儒墺斯陳之分類如下。

- 政體
  - 一人政體（主權在一人者）（甲）
  - 數人政體（主權在二人以上者）
    - 少數政體
      - 同質（寡人政體）（乙）
      - 異質（少數共和政體）（丙）
    - 多數政體
      - 同質（民主政體）（丁）
      - 異質（君民共主政體）（戊）

日本博士一木喜德郎。復爲如左之分類。

- 政體
  - 獨任政體
    - 獨任君主政體
      - 專制獨任君主政體（中國、俄國）(一)
      - 立憲獨任君主政體（英國、日本、普國）(二)
    - 獨任共和政體（法國、美國）(三)
  - 合議政體
    - 合議君主政體
      - 專制合議君主政體（無）(四)
      - 立憲合議君主政體（德意志帝國）(五)
    - 合議共和政體（瑞士、德意志聯邦內之三共和國）(六)

此分類者。蓋就近世之國家言之。故貴族政體不另為一種云。

（第二）　歷史上之分類

法國博士喇京所著政治學。就歷史上區別政體如左。

- 古代政體
  - 族制政體　(一)
  - 神權政體　(二)
  - 市府政體　(三)
  - 封建政體　(四)

政體
- 近世政體
  - 近世專制君主政體（五）
  - 立憲君主政體（六）
  - 代議共和政體（七）
- 聯邦政體（八）

綜以上五表論之。則我中國所曾有者。第一表之第一（君主正體變體）第二（貴族正體變體）兩種也。第二表之第一（君主）第三（貴族）第四（專制）三種也。第三表之第一（一人政體）第二（寡人政體）兩種也。第四表之第一種（專制獨任君主政體）也。第五表之第一（族制政）第二（神權政）第四（封建政）第五（近世專制君主政）四種也。

以羣學公例考之。凡人羣必起於家族。中國之宗法。實政治之最初級。而各國所皆曾經者也。故政治學者常言國家者家族二字之大書也。是族制政體。實萬國政治之起原。吾命爲政治進化之第一級。家族者。各自發生而日寖滙大者也。此族與彼族相遇。則不能無爭。爭則一族之中。必須有人焉起而統率之。於是臨時酋長之制起。斯賓塞羣學云。『譬有一未成規律之羣族於此。一旦或因國遷。或因國危。湧出一公共之問題。則其商量處置之情形如何。必集民衆於一大會場。而會場之中。自然分爲二派。其甲派則老成者。有膂力者。閱歷深而有智謀者。爲一領袖團體。以任調查事實討議問題之役。其乙派則年少者。老羸者。智勇平凡者。爲一隨屬團體。占全種族之大部分。其權利義務。不過傍聽甲派之議論。爲隨聲附和之可否而已。又於領袖團體之中。必有一二人有超羣拔萃之威德。如老成之狩獵家。或狡獪之妖術家。專在會場決策而任行之。即被舉爲臨事之首領云云。」是臨時酋長政體之所由起也。吾命爲政治進化之第二級。於斯時也。一羣之中。自劃然分爲三種人物。其一、即最多數之隨屬團體。即將來變成人民之胚胎也。其二、則少數之領袖團體。即將來變成貴族之胚胎也。其三、則最少數之事務委員。即將來變成君主之胚胎也。當其初也。人人在本羣。爲自由之競爭。非遇外敵。則領袖團體。殆爲無用。其後因外敵數見。於是臨時首領。漸變爲常任首領。常任首領之有大功於本羣者。威德巍巍。慴服羣類。及其死也。以爲神而祀之。而其子孫又利用野蠻時代之宗教迷信也。以爲吾之祖若父。實天鬼之所命。而非他人所能及者也。於是一變爲神權政體。吾命爲政治進化之第三級。臨時酋長者。不過領

六

袖團體中之最優者耳外敵既數見則領袖團體全部之勢力必與之俱進又非臨時酋長所能專也於是乎此團體之魁桀者或在中央政府而司選舉君主之權則貴族政體所由起也或分於部屬諸落而爲諸侯割據之勢則封建政體所由立也吾命爲政治進化之第四級自茲以往有英明雄鷙之君主出。繼藉固有之權力。孶孶務擴充之殺貴族之權削封建之制務統一之於中央政府或一蹴而幾焉或六七作而後幾焉其積之也或以數十年或以數百年千年及其成也則能役屬羣族以一人而指揮全國然後君主專制之政體乃成吾命爲政治進化之第五級凡地球上君主專制之國未有不經由此諸級來者也及專制權力之既鞏固也則以國土爲私產以國民爲家奴虐政憔悴民不堪命而世運日進民智日闢彼林林總總者終不能自爲芻狗以受踐棄自爲犬馬以服驅役自爲牛羊以待豢養也於是乎自由自治之議紛起君主之智焉者則順其勢而予之此立憲君主政體所由生也其愚者則逆其勢而抗之此革命民主政體所由成也吾命爲政治進化之第六級以上六級歐洲數千年來政治消長之林。略具於是矣。

七

吾中國政治之發達與歐西異。一曰歐洲六級已備中國則有前五級而無第六級也。二曰歐洲諸級之運長短不甚相遠中國則第五級之成立最早而其運獨長也。三曰歐洲於第四級最占權力當百年前餘燄未衰中國則二千年前已剗除殆盡也。四曰第一級之族制歐人早已不存中國則數千年與第五級並行也。其間證據碎繁原因深遠。今請得上下千古而綜論之。

第二章　堯舜以前之政治

凡各國所經第一第二級之時代。大率在有史以前時代也。故其事多不可考見。中國亦然。太史公作史記。託始黃帝。黃帝實神權時代之君主也。古代帝王。必兼祭司長之職。埃及有然。猶太有然。波斯有然。希臘有然。中國亦何莫不然。黃帝以來。皆以天事屬人事。以祭天為帝者專有之義務。此其俗至今猶存焉。不過後世虛有其形式。而古代實行其精神耳。黃帝以不世之英主。東征西討。披山通道。未嘗寧居。其有功德於本群也最大。故及其既殂。而威德蔭於厥胤。自顓頊以至秦嬴。凡二千年。有天下者皆黃帝子孫也。雖然。其在堯舜以前。則一尊未定。而所謂帝王者。常由有力之諸侯及豪族所選立委以政權已亦從而參與之也但其所選者必在黃帝血族而已故自黃帝至堯舜實爲第二級與第三級遞嬗之時代黃帝崩元妃之子玄囂昌意皆不得立而次妃子少昊代焉少昊不得傳位其子而昌意之子顓頊代焉顓頊亦不得傳位其子而玄囂之孫帝嚳代焉其選舉之者皆在豪族也帝嚳之長子帝摯既立僅九年而諸侯廢之以立帝堯此等事後世視爲大奇而不知貴族政治所習見不鮮者也其後帝舜以黃帝八代孫起自民間而代堯大禹亦以黃帝數代孫底成大功而代舜讓之者雖在堯舜而主之者實在諸侯也觀於孟子言天下諸侯朝覲訟獄謳歌之所集即爲帝位之所歸其明證矣由是言之則中國政體自黃帝以前君主無世襲權自大禹以後君主有世襲權而黃帝至大禹之間則世襲權定而不定之過渡時代也（參觀清議報第一百冊余所著堯舜爲中國君權濫觴考）近世喜持新論者每以堯舜禪讓附會諸現代共和民主政體殊不知共和民主者必由人民選舉而來人民無選舉權則其去共和也遠矣堯舜者實貴族君主混合之政治有欲專制而不能專者也今撮其時政體之大略如下

一、君位傳繼　以禪讓爲名實由貴族擇賢而立

二、豪族權限　與君主相去不遠。君主稱元后。諸豪族稱羣后。

三、任用官吏　以羣后之薦而用之。

四、執行政治　諮詢羣議而後行。

又案當時所謂中國者。其區域甚小。而中國之中既有列侯。中國之外。復有羣族。君權之微弱甚矣。至於禹而專制政治一進化。

傳記

張博望班定遠合傳

中國之新民

第一節　世界史上之人物

歐美日本人常言支那歷史不名譽之歷史也。何以故。以其與異種人相遇輒敗北故。嗚呼、吾恥其言。雖然吾歷史其果如是而已乎。其亦有一二非常之人非常之事。可以雪此言者乎。高山仰止。景行行止。讀張博望班定遠之軼事。吾歷史亦足以豪矣。

古今人物之與世界文明最有關係者何等乎。曰闢新地之豪傑是已。哥侖布士之開亞美利加也。伋頓曲之開澳大利亞也。立溫斯敦之開阿非利加也。皆近世歐洲人種所以漲進之第一原因也。夫以文明國而統治野蠻國之土地。此天演上應享之權利也。以文明國而開通野蠻國之人民。又倫理上應盡之責任也。中國以文明鼻祖聞於天下。而數千年來懷抱此思想者。僅有一二人。是中國之辱也。雖然猶有一二人焉。斯亦中國之光也。

凡世界之進步必自諸地之文明相交互相接觸而生矣彼歐洲所以有今日實自上古時代安息文明埃及文明希臘文明所接搆所和合而成也而支那印度兩文明直至近三四百年而始與歐西相遇殆東方諸國所以發達停滯之總因哉雖然當二千年前而我中國豪傑有櫛風沐雨欲溝而通之者矣惜乎繼其志者之無人耳苟其有之則黃白兩貴種之揖讓於一堂又豈俟今日也

地勢之於人事也海所以爲通山所以爲阻上世埃及希臘安息之發達全藉地中海爲之媒介近世五洲比鄰其造此大業者亦自航海來也而吾中國古代豪傑之通絕域也乃不於海而於陸是哥侖布伋頓曲諸賢猶爲其易而博望定遠實爲其難也泰東發達之緩實地理缺憾使然而顧能以人事與天然爭以造震古鑠今之大業夫安得不使百世之下聞其風而下拜也嗟我愛國之同胞乎盍載舞載蹈以覲我先民之遠志大略何如矣

第二節　西漢時代黃族之實力及匈奴之强盛

我黃族自四千年前孳殖於黃河揚子江兩流域各自發達以趨於統一至春秋戰國

間。而羣力漸充實矣。交通頻數。斯有衝突。衝突劇烈。斯有調和。至秦而大一統之形以成。漢承其業。復休息而生息之者數十載。以至孝武之世。實上古時代一大結束也。而當其時也。穹北之野。有並轡而興者一蠻族焉。曰匈奴。匈奴之起。殆與我唐虞同時。山戎獫狁玁鬻。其與黃族小小衝突者。固已千餘年來。屢見不一見矣。戰國以還。我族日雄。彼亦日茁。衝突益劇。史記所謂冠帶戰國七。而三國邊於匈奴。於是秦燕皆築長城以距胡。趙武靈王變俗胡服。習騎射。高闕爲塞。凡以爲匈奴備也。時則有兩豪傑焉。曰趙將李牧。曰秦將蒙恬。終李牧之世。匈奴不敢入趙邊。蒙恬卻胡七百餘里。單于頭曼北徙者十有餘年。泱泱哉。中國之威。書契以來。未曾有也。及秦之亡。海宇鼎沸。而匈奴亦一大豪傑起。曰冒頓。東滅東胡。虜其民。西擊走月氏。南幷樓煩白羊。悉復蒙恬所奪故地。遂侵燕代。而南與諸夏爲敵國。黃族全體對外之敵國。自茲始矣。

漢興。以高帝之雄才大略。能指揮羣豪。削平海內。而不能逞志於一冒頓。三十萬衆困於平城白登之圍。七日不食。卒行曖昧反間之計。僅乃得免。及呂后時。乃至遺書嫚辱。謂兩主不樂。無以自娛。願以所有。易其所無。呂后以一國之代表。遜詞卑禮以自解免。

爲中國羞甚矣。至孝文時，匈奴侵暴北邊，候騎至雍甘泉，京師大駭，發三將軍屯細柳棘門霸上以爲備，連歲不能罷，事以金帛綵絮百物，屈節和親，乃稍蘇息，此實愛國之士所茹痛積憤疾首而拊心者也。孝武不忍華胄之淩夷與祖宗之積恥，毅然欲一舉而雪之，於是通西域制匈奴之議起。亞洲各民族之相接觸，其機起於中國與匈奴，而實由我黃族自强排外之一雄心來也。揚雄疏云「夫前世豈樂傾無量之費，役無罪之人，快心於狼望之北哉？以爲不壹勞者不久佚，不暫費者不永寧，是以忍百萬之師以摧餓虎之喙，運府庫之財塡盧山之壑而不悔也。」偉哉此言！此實民族主義之精神，而國家所恃以立於物競天擇之域者，而豈後世迂儒退守畏葸疲輭苟且懷撫「一無動爲大」之劣根性者所能夢也！知此大義，審此時勢，則張博望班定遠之人物與其在數千年歷史上之價値，可以識矣。

西漢之所謂西域者，當今世伊犂新疆青海西藏之地，直至葱嶺以西，越帕米爾高原，包土耳其斯坦、阿富汗斯坦、俾路芝斯坦、波斯、小亞細亞，迄地中海東岸古羅馬屬地之總名也。秦皇雖攘郤戎狄，築長城，界中國，而西不過臨洮。冒頓時代，匈奴大强，西域諸國。皆被服屬。憑藉深厚。爲中國憂。故當時欲弱匈奴。不可不有事西域。而發此議而實行之者。自張博望始。

第三節　張博望之略傳

張博望。名騫。漢中人也。建元中爲郎。時匈奴降者言匈奴破月氏王。以其頭爲飲器。月氏遁而怨匈奴。無與共擊之。漢方欲事滅胡。聞此言。欲通使道。然必經匈奴地。乃能達。於是募能使者。騫以郎應募。使月氏。與堂邑氏之奴名甘父者俱出隴西。經匈奴。匈奴得之。傳詣單于。單于曰。月氏在吾北。漢何以得往使。吾欲使越。漢肯聽我乎。留騫十餘年。予妻有子。然騫持漢節不失也。既而與其屬亡向月氏。西走數十日。至大宛。大宛聞漢之饒財。欲通不得。見騫喜。問欲何之。騫曰。爲漢使月氏。而爲匈奴所閉道。今亡。惟王使人道送我。誠得至。反漢。漢之賂遺王財物不可勝言。大宛以爲然。遣騫爲發譯道。抵康居。傳致大月氏。大月氏王已爲胡所殺。立其夫人爲王。既臣大夏而君之。地肥饒。少寇。志安樂。又自以遠遠漢。殊無報胡心。騫從月氏至大夏。竟不能得月氏要領。留歲餘。還。並南山。欲從羌中歸。復爲匈奴所得。留歲餘。單于死。國內亂。騫與胡妻及堂邑父俱亡歸漢。拜騫太中大夫。堂邑父爲奉使君。自騫之出也。前後凡十三年。跋涉于氷天雪磧之中。困頓於酪食毳衣之俗。往往數日十數日不得食。惟射禽獸以自給。初行時與偕者百餘人。及歸惟餘二人耳。雖其所歷艱險困苦之境。史不詳言。要之覘立溫斯敦之開非洲。殆有過之無不及焉矣。史稱騫爲人彊力。寛大信人。蠻夷愛之。嗟夫。非堅忍磊落不屈不撓之奇男子。其孰能排萬難犯萬險以卒達其所志者耶。

第四節　當時西域之形勢

當戰國之末。（西歷紀元前三百三十六年頃）馬基頓名王亞歷山大起。入亞細亞。滅波斯。征印度。建空前絕後一大帝國。未幾死于巴比倫。其部將士流喀立爲西里亞王。凡亞歷山大所征服亞洲之地。悉歸統轄。所謂條支國者是也。其後國威漸衰。其屬地北特利亞復自立爲一國。占阿謨河兩岸之地。中國稱爲大夏國。實在秦始皇統一天下之前四年。而帕德利亞亦背條支自立。中國稱爲安息。及漢初而安息破大夏。國勢大張。未幾大月氏東來。遂征大夏而王其地。

大月氏蓋圖伯特族。當秦漢之際。奄有河西地。其勢强大。陵轢匈奴。及冒頓單于起。屢敗之。於是月氏餘衆西走。占伊犂之大半。南攘塞種而據其地。當月氏之盛於河西也。其鄰國烏孫。屢爲所苦。至是烏孫王昆莫。藉匈奴力破月氏。復建烏孫國。月氏遂南移於嬀水之旁。臣服大夏。建大月氏國。時漢武元朔元年也。月氏既見逐於烏孫。塞種復見逐于月氏。遂遠徙于南。以略罽賓之地。罽賓即北印度之迦西米兒也。

要之當時葱嶺之西。大國凡四。條支在最西。其東爲安息。更東爲大月氏。大月氏之東南爲罽賓。大月氏之北爲大宛。當今費爾干地。更北爲康居。即今之西比利亞頡里頡思之荒原也。康居之東南。大宛之東。即烏孫國。爲今伊犂。烏孫之東南。當匈奴之西邊。小國棊布。凡三十餘。其較大者爲疏勒（喀什噶爾附近）于窴（和闐）溫宿（阿克蘇）龜茲（庫車附近）焉耆（喀喇沙爾附近）姑師（吐魯番附近）樓蘭（羅卜淖爾附近）諸國。自張博望以前。皆服屬于匈奴。匈奴置僮僕都尉以統監之。

第五節　張博望所通西域諸國

時中國人未知有印度也。博望既親至大宛大月氏大夏康居。而傳聞其旁大國五六。具考其地形勢及所有產物。歸而報告之。且曰。臣在大夏時。見邛竹杖蜀布。問安得此。大夏國人曰。吾賈人往市之身毒國。身毒國在大夏東南。可數千里。其俗土著。與大夏同。而卑溼暑熱。其民乘象以戰。其國臨大水焉。以騫度之。大夏去漢萬二千里。居西南。今身毒又居大夏東南數千里。有蜀物。此其去蜀不遠矣。天子既聞大宛及大夏安息之屬。皆大國。多奇物。土著。頗與中國同俗。而兵弱。貴漢財物。其北則大月氏康居之屬。兵強。可以賂遺設利朝也。誠得而以義屬之。則廣地萬里。重九譯。致殊俗。威德徧四海。天子欣欣。以騫言爲然。既而騫從大將軍衛青擊匈奴。以熟諳地形。知水草所在處。軍得以不乏。迺受封爲博望侯。騫乃獻結烏孫斷匈奴右臂之策。乃拜騫中郞將。使實行之。並西招大夏之屬爲外臣。乃將三百人。馬各二匹。牛羊以萬數。齎金幣帛直數千鉅萬。道可便遣之旁國。騫既至烏孫。致賜諭指。未能得其決。騫即分遣副使使大宛康居月氏大夏。烏孫發譯道送騫。與烏孫使數十人。馬數十匹。報謝。因令窺漢。知其廣大。騫還。拜爲大行。歲餘。騫卒。後歲餘。其所遣副使通大夏之屬。皆頗與其人俱來。於是西北國始通於漢矣。然騫鑿空。諸後使者。皆稱博望侯。以爲質於外國。外國由是信之。計騫所通西域諸國如下。

國名	距中國里程	今地	張博望所經營
大宛	去長安萬二千五百五十里	俄屬土耳其斯坦	博望初使大月氏道經之時察其土俗歸爲伐宛之基
康居	去長安萬二千三百里	同上	博望使大月氏時由大宛道此
月氏	去長安萬一千六百里	同上	博望爲漢使欲與連盟攻匈奴未得要領
大夏	…………	阿富汗斯坦附近	時已爲月氏所服屬博望親至其地後爲通印度之嚆矢
烏孫	去長安八千九百餘里	伊犁天山北路	博望始建議結烏孫以斷匈奴右臂後卒成功
烏弋山離	去長安萬二千二百里	阿富汗斯坦與波斯交界地	博望始知其國後遣其部使通之
安息	去長安萬一千六百里	波斯及俾路芝斯坦	同上
罽賓	去長安萬二千二百里	北印度	同上
奄蔡	…………	俄羅斯	同上
身毒	…………	印度	博望始聞其地未能通

第六節　張博望功業之關繫

博望通西域之役。其功在漢積者有三。

(一)殺匈奴猾夏之勢　自文景以來。匈奴役屬西域。結黨南羌。地廣勢强。蒸蒸南下。侯騎每至甘泉。屯防及於細柳。非有以挫之。則小之爲劉淵石勒之橫行河朔。大之爲金源蒙古之蹂躪神州。左衽之痛。豈俟數百年千年之後哉。其時漢欲制匈奴。則伐謀伐交之策。遠交近攻之形。不可不注意於西域。張博望首倡通月氏結烏孫之議。卒以斷匈奴右臂。隔絕南羌。斬其羽翼。及孝武末世。遂至匈奴遠遁。而幕南無王庭。元成以後。卒俯首帖耳。稱藩屬於我大國。此數千年歷史上最大之名譽也。而發之成之者。實自張博望。自今以往。如有能繼博望之精神以對外種者乎。則世界之歷史。安見爲阿利安種人所專有也。

(二)開亞歐交通之機　秦漢之間。東西民族。皆已成熟。漲進務伸權力於域外。羅馬帝國將興。而阿利安族文明。將馳騁於地中海之東西岸。顧不能越葱嶺以求通於我國。據近世史家所考據。西域人呼希臘人曰伊耶安Iaon即耶宛Yavan之轉音。故大宛國者。即大希臘國之一部也。蓋此地早爲帕德利亞之希臘人所蔓延。史記載其俗與泰西古代多相類。其蒲陶苜蓿等名物。即希臘語Botrus, Medikai等之譯音。蓋中國希臘兩文明種之相接實起於是是黃種人與阿利安種交通之起源也又史稱烏孫本塞地也大月氏西破走塞王塞王南越懸度大月氏居其地塞種者即今日西人所謂沁謨種Semitic　古代巴比倫人猶太人之所屬也是黃種人與沁謨人交通之起源也而溝而通之者實始博望博望實世界史開幕一大偉人也

(三)完中國一統之業　當時滇黔諸國皆未內屬漢武初雖嘗從事西南夷然以費多罷之其後感博望蜀布邛杖之言卒再興作使王然于柏始昌呂越人等十餘輩往求身毒國遂開滇池達交趾卒使數千年爲國屏藩雖其事不專成於博望而創始之功實博望尸之博望之有造於漢種者何如也

(未完)

地理

中國地理大勢論（續第六號）

中國之新民

其在文學上則千餘年南北峙立。其受地理之影響。尤有彰明較著者。試略論之。

（一）哲學　吾國學派。至春秋戰國間而極盛。孔墨之在北。老莊之在南。商韓之在西。管騶之在東。或重實行。或毗理想。或主峻刻。或崇虛無。其現象與地理一一相應。夫既言之矣。（參觀本報第三第四號學術門）逮於漢初。雖以竇后文景之篤好黃老。然北方獨盛儒學。雖以楚元王之崇飾經師。然南方猶喜道家。春秋繁露及其餘經說。北學之代表也。淮南子及其餘詞賦。南學之代表也。雖然、自漢以後。哲學衰矣。洎及宋明。茲道復振。濂溪康節。實爲先驅。雖其時學風。大略一致。然濂溪南人首倡心性以窮理氣之微康節北人好言象數且多經世之想伊川之學雖出濂溪然北人也故洛學面目亦稍變而傾於實行焉關學者北學之正宗也橫渠言理頗重考實於格致蘊奧間有發明其以禮學提倡一世猶孔荀之遺也東萊繼之以網羅文獻爲講學宗旨純然北人思想焉陸王皆起於南。爲中國千餘年學界闢一新境其直指本心知行合一踐徑自與北賢別矣凡此者。皆受地理上特別之影響雖以人事揉雜之然其結果殆有不容假借者存也。

(二)經學　兩漢以後儒學統一先秦學術之界域殆銷滅矣雖然於經學之中又自有南北之流別當六朝時北人最喜治三禮如徐遵明、劉炫、劉焯、李鉉、劉獻之、沈重、熊安生等皆以禮學名家南人最喜治易常以易老並稱如王弼、郭象、向秀之流史皆稱其邃於老易。晉書南史及世說新語等書每述時流之學輒言其深於易老北史儒林傳云「大抵南北所爲章句好尙互有不同江左周易則王輔嗣。尙書則孔安國左傳則杜元凱。河洛左傳則服子愼。尙書周易則鄭康成。詩則並主於毛公。禮則同遵於鄭氏。南人簡約得其英華北學深蕪窮其枝葉」其言可謂居要由此觀之。同一經學而南北學風自有不同皆地理之影響使然也。

(三)佛學　六朝唐間佛學掩襲一世佛學之空與儒學之實立於反對之兩極端者也。然佛學之中流派自異象敎宏興肇始姚秦。秦北地也鳩摩羅什三叉實難首事翻譯自茲以往文字盛行至南方緇徒學博不及北派而理解或過之謝靈運云。諸公生天雖在靈運先。成佛必居靈運後。蓋南人自負之言也隋唐之際。宗風極盛天台智顗章安等法相元奘窺基等華嚴杜順賢首宗密等三宗號稱教下三家皆起於北陳義閎深說法博辯而修證之法一務實踐疏釋之書動輒汗牛其學統與北朝經生頗相近似惟禪宗獨起於南號稱教外別傳達摩入中國首爲梁武所皈依黃梅禪宗五祖弘忍大鑑禪宗六祖慧能開山吳越專憑悟證不依文字義與老莊陸王頗符契焉同一佛學而宗派之差別若是亦未始非地理之影響使然也。

(四)詞章　燕趙多慷慨悲歌之士吳楚多放誕纖麗之文自古然矣自唐以前於詩於文於賦皆南北各爲家數長城飲馬河梁攜手北人之氣概也江南草長洞庭始波南人之情懷也散文之長江大河一瀉千里者北人爲優駢文之鏤雲刻月善移我情者南人爲優蓋文章根於性靈其受四圍社會之影響特甚焉自後世交通益盛文人墨客大率足跡走天下其界亦寖微矣。

(五)美術音樂　吾中國以書法爲一美術故千餘年來此學蔚爲大國焉書派之分南北尤顯北以碑著南以帖名南帖爲圓筆之祖北碑爲方筆之祖遒健雄渾峻峭方整北派之所長也龍門二十品爨龍顏碑弔比干文等爲其代表秀逸搖曳含蓄瀟灑南

派之所長也蘭庭洛神淳化閣帖等爲其代表蓋雖雕蟲小技而與其社會之人物風氣皆一一相肖有如此者不亦奇哉畫學亦然北派擅工筆南派擅寫意李將軍（思訓）之金碧山水筆格遒勁北宗之代表也王摩詰之破墨水石意象迢眞南派之代表也音樂亦然通典云「祖孝孫以梁陳舊樂雜用吳楚之音周隋舊樂多涉胡戎之技於是斟酌南北考以古音而作大唐雅樂」直至今日而西梆子腔與南崑曲一則悲壯一則靡曼猶截然分南北兩流也是觀之大而經濟心性倫理之精小而金石刻畫游戲之末幾無一不與地理有切密之關係天然力之影響於人事者不亦偉耶不亦偉耶

大抵自唐以前南北之界最甚唐後則漸微蓋「文學地理」常隨「政治地理」爲轉移自縱流之運河旣通兩流域之形勢日相接近天下益日趨於統一而唐代君臣上下復努力以聯貫之貞觀之初孔穎達顏師古等奉詔撰五經正義旣已有折衷南北之意祖孝孫之定樂亦其一端也文家之韓柳詩家之李杜皆生江河兩域之間思起八代之衰成一家之言書家如歐（歐陽詢）虞（世南）褚（遂良）李（邕）顏（眞卿）柳（公權）之徒亦皆包北碑南帖之長獨開生面蓋調和南北之功以唐爲最矣由此言之天行之力雖偉而人治恒足以

相勝今日輪船鐵路之力且將使東西五洲合一爐而共冶之矣而更何區區南北之足云也。

其在風俗上則北俊南孌北肅南舒北強南秀北僿南華其大較也龔定菴詩云「黃河女直徙南東。我說神功勝禹功。安用迂儒談故道。犂然天地劃民風。」自注云「渡河而南天異色地異氣民異情」蓋南北之差殊。稍有識者皆能見及矣。然猶不止此。

古書中以地理言風俗者。莫善于史記貨殖傳。今節錄其一二。

關中自汧雍以東至河華膏壤沃野千里。自虞夏之貢以爲上田。而公劉適邠。大王王季在岐。文王作豐。武王治鎬。故其民猶有先王之遺風。好稼穡殖五穀。地重。重爲邪。及秦文孝繆居雍隙隴蜀之貨物而多賈。獻孝公徙櫟邑。櫟邑北卻戎翟東通三晉。亦多大賈。武昭治咸陽。因以漢都。諸陵四方輻輳並至而會。地小人衆。故其民益玩巧而事末也。

夫三河在天下之中。若鼎足。王者所更居也。建國各數百千歲。土地小狹。民人衆。都國諸侯所聚會。故其俗纖儉習事。

六

種代石北也地邊胡數被寇人民矜懻忮好氣任俠爲姦不事農商其民羯羠不均自全晉之時固已患其慓悍而趙武靈王益厲之其謠俗猶有趙之風也中山地薄人衆猶有沙丘紂淫地餘民民俗懁急仰機利而食丈夫相聚游戲悲歌忼慨起則相隨推剽休則掘冢作巧姦冶

鄭衛俗與趙相類然近梁魯微重而矜節濮上之邑徙野王野王好氣任俠衛之風也

夫燕亦勃碣之間一都會也人民希數被寇大與趙代俗相類而民雕捍少慮

臨淄亦海岱之間一都會也其俗寬緩闊達而足智好議論地重難動搖怯於衆鬥勇於持刺故多劫人者大國之風也其中具五民而鄒魯濱洙泗猶有周公遺風俗好儒備於禮故其民齪齪儉嗇畏罪遠邪及其衰好賈趨利甚於周人

夫自鴻溝以東芒碭以北屬巨野此梁宋也其俗猶有先王遺風重厚多君子雖無山川之繞能惡衣食致其畜藏

以上言北方風俗

越楚則有三俗。夫自淮北沛陳汝南南郡。此西楚也。其俗剽輕易發怒。地薄寡於積聚。陳在楚夏之交。通魚鹽之貨。其民清刻矜己諾。

彭城以東東海吳廣陵。此東楚也。其俗類徐僮。朐繒以北俗則齊。浙江南則越。夫吳自闔廬春申王濞三人。招致天下之喜游子弟。亦江東一都會也。

衡山九江江南豫章長沙。是南楚也。其俗大類西楚。與閩中干越雜俗。故南楚好辭巧說少信。江南卑濕。丈夫早夭。

九疑蒼梧以南至儋耳者。與江南大同俗。而揚越多焉。番禺亦其一都會也。

潁川南陽夏人之居也。夏人政尚忠朴。猶有先王之遺風。潁川敦愿。秦末世遷不軌之民於南陽。其俗雜好事業多賈。

總之楚越之地。地廣人希。飯稻羹魚。或火耕而水耨。果隋蠃蛤。不待賈而足。地勢饒食。無饑饉之患。以故呰窳偷生。無積聚而多貧。是故江淮以南。無凍餓之人。亦無千金之家。

以上言南方風俗

此二千年前哲人所觀察之大略也。雖至今物換星移。迥非疇昔。然其以地理人事兩者合證。以推原其各種特別風俗所由成。可謂目光如炬矣。以今日論之。則大河以北自漢受匈奴降衆。居之三輔。民夷雜處。及晉而五胡亂華。繼以北魏。中原遺民。不覩漢官威儀者垂數百年。全唐盛時。一雪此恥。逮於五季。石晉以燕雲十六州賂契丹。終宋之世。遼金交擾。逾元涉清。金甌全缺。故北方之俗。漢胡雜焉。雖然、以數被邊患。故其民尚有如史記所謂矜懻忮。好氣任俠者。排外之心稍強。甘涼素蹂躪於回。其俗雜漢回。悍而急。僄而好亂。關中古帝王都也。然自隋唐之交。喋血六七。水薄其味。土變其質。近加以明季張李之踐踏。嗚呼。耗矣。故其民貧而悴。媮而不揚。山西古三晉也。夙邊胡踐掠最數。故其俗堅忍而好蓄藏。至今猶能以商豪於國中。然樸塞固陋。今猶有穴居者。直隸爲帝都者七百餘年。舉天下便辟巧媚之士。湊集焉。加以從龍入關之裔。驕侈淫泆。恣慢橫暴。雍乾以後。稍挫抑氣節。其士大夫相率以群居終日。言不及義。好行小慧。故京師之俗。雜五方而爲首惡之區。其民則土炕氊服。如獷鄉焉。雖然、燕齊之交。其慓悍之風。猶存至今。响馬標客。猶椎埋俠子之遺。河南自昔四戰之國。而今則鬱之區也其民勇不逮北智不逮南無足云者大江左右自晉南渡後中原衣冠文物萃焉故史公所言關中三河之俗自中世以來乃見之於江南中間胡元盜國百年中稍衰息矣元人詩云「玉樹後庭花不見北人租地種茴香」蓋傷之也然南俗既已脆弱而歷代都此者率皆偏安婾惰之主導以驕侈淫泆故其俗文而少氣知者多而行者寡雖然江浙固今世文明之中心點也江漢之間近世之滎陽成臯也天下有事爲必爭之區故洪楊之難武昌三陷漢陽四陷其民數更喪亂人無自安之心故俗習於巧黠好小亂而無遠志皖南江右俗在吳鄂之間可代表南人之特性焉湖南古南楚也北通江域南接猺獠故其人進取之氣頗盛而保守之習亦强近數十年自伐其功囂張大甚然其尙氣敢任有足多者四川雲貴兩廣福建自昔以來其利害與中原不甚相切蜀人饒富善保守而缺進取至今其俗與千年前不甚變異常爲他地之人入之以嬰守其土著民族有活潑氣象者鮮焉滇黔三苗南蠻之故墟也其民之稍優秀者大率流宦遷賈來自他鄉至其原民則猶有羲皇以上之遺風焉廣西瘠土也民貧不相給而與中原遠故洪楊用之以發難近數十年游勇屬集椎埋相結故其人最富

亂。觀揭竿之事爲日用飲食。廣東自秦漢以來即號稱一大都會。而其民族與他地絕異。言語異。風習異。性質異。故其人頗有獨立之想。有進取之志。兩面瀕海爲五洲交通孔道。故稍習於外事。雖然。其以私人資格與外人交涉者太多。其黠劣者或不免媚外倚賴之性。閩人蓋亦同病焉。

昔希臘之雅典。其民分三俗。以地勢爲別。一曰山谷之民。二曰平原之民。三曰海濱之民。三民之性質習尚職業各異焉。印度人亦分三俗。以河流爲別。一曰身毒河之民。二曰布拉馬河之民。三曰恒河之民。三民之性質習尚職業亦各異焉。中國則兼兩者而有之。是故以東西差別之。則有高原之民。有平原之民。有瀕海之民。以南北差別之。有白河流域之民。有黃河流域之民。有揚子江流域之民。有珠江流域之民。坐此之故。全地勢治雖歸於統一。而民間社會風俗。華離破碎。殆如異國。此亦地勢所不得不然者也。

教育

教育政策私議

中國之新民

今日爲中國前途計。莫亟於教育。即當道之言維新。草野之談時務者。亦莫不汲汲注意於教育。然而此議之興。既已兩年。而教育之實。至今不舉。殆非盡由奉行之不力。或亦由所循之政策有未當者耶。鄙人既非教育家。於此中得失之林。固不能言之曲折詳盡。但有一二見及者。不敢自默。輒書之以備任兹事者之採擇云。其言皆至粗極淺。稍游外國讀外籍者皆所共稔。不値大雅君子之覆瓿也。　著者識

教育次序議第一

頃者朝廷之所詔勅。督撫之所陳奏。莫不有州縣小學府中學省大學京師大學之議。而小學中學至今未見施設。惟以京師大學堂之成立。聞各省大學堂之計畫亦紛紛起。若循此以往。吾决其更越十年而卒無成效者也。求學譬如登樓。不經初級而欲飛昇絕頂。未有不中途挫跌者。今勿論遠者。請以日本留學生證之。吾國之游學日本者。

其始亦往往志高意急。驟入其高等學專門學大學等。講求政治法律經濟諸學。然普通學不足。諸事不能解悟。卒不得不降心以就學於其與中學相當之功課。苟其能降心焉者。即其他日能大成者也。不爾則雖有取成終亦寡也。吾見夫坐此之故而中途輟業以歸者。不知幾何人矣。夫其人當數年前乃肯輕千里越重洋負笈而東來。則必其志氣學識有以秀絕於常人矣。然其困難猶若此。況在內地濾焉集所謂翰林部曹舉貢生監者。而欲授之以大學之課程。是何異暱扶牀之孫而使與龍伯大人競走也。

當十八世紀以前。歐美各國小學之制度未整。至十九世紀以後。巨眼之政治家始確認教育之本旨在養成國民。普之皮里達埒法夏哥士等。首倡小學最急之議。自玆以往。各國從風。德將毛奇於師丹戰勝歸國之際。指小學校生徒而語曰。非吾儕之功實彼等之力。蓋至言也。今中國不欲興學則已。苟欲興學。則必自以政府干涉之力強行小學制度始。今試取日本人所論教育次第。撮爲一表以明之。

◉教育期區分表（兒童身心發達表）

	身體	知	情	意	自觀力
廿二歲至廿五歲 大學校期（成人期）	體格已定全爲大人之型	推理之力漸强能尋求眞理自構理想	情操發達	理性的意志發達	成自治之品性且能人我協成爲一羣內之我
十四歲至廿一歲 中學校期（少年期）	此期之始性欲萌芽體骼漸成大人之型音聲一變其自身體所起之欲望較前期益發達	前半期偏於想像後半期長於推理	前半期雖動於情緒後半期則情操漸發達	前半期只有悟性的意志後半期漸爲理性的意志	前半期我相之觀念益强纔知有我不知有人後半期始認他相知人我協同之爲念
六歲至十三歲 小學校期（兒童期）	此期之始腦髓稍堅能就一定之課業身體發育之盛在於此時	記憶想像之動機最强其推理也每有持一端以概全體之弊	情緒始動	前半期只有感覺的意志後半期漸入于悟性的意志	模倣長上而好自居漸欲通己意於人我相之觀念始生
五歲以下 家庭教育期 幼稚園期（幼兒期）	一歲前後乳齒生習步行學言語始與他動物全別具人類之特性有營養之求有欲望之起感覺之力漸臻敏捷	感覺知識之動機極爲銳敏	其感情皆起于感覺恐怖之情甚强	只有感覺的意志	未自知有我純然渾淪未鑿境界

●教育制度表

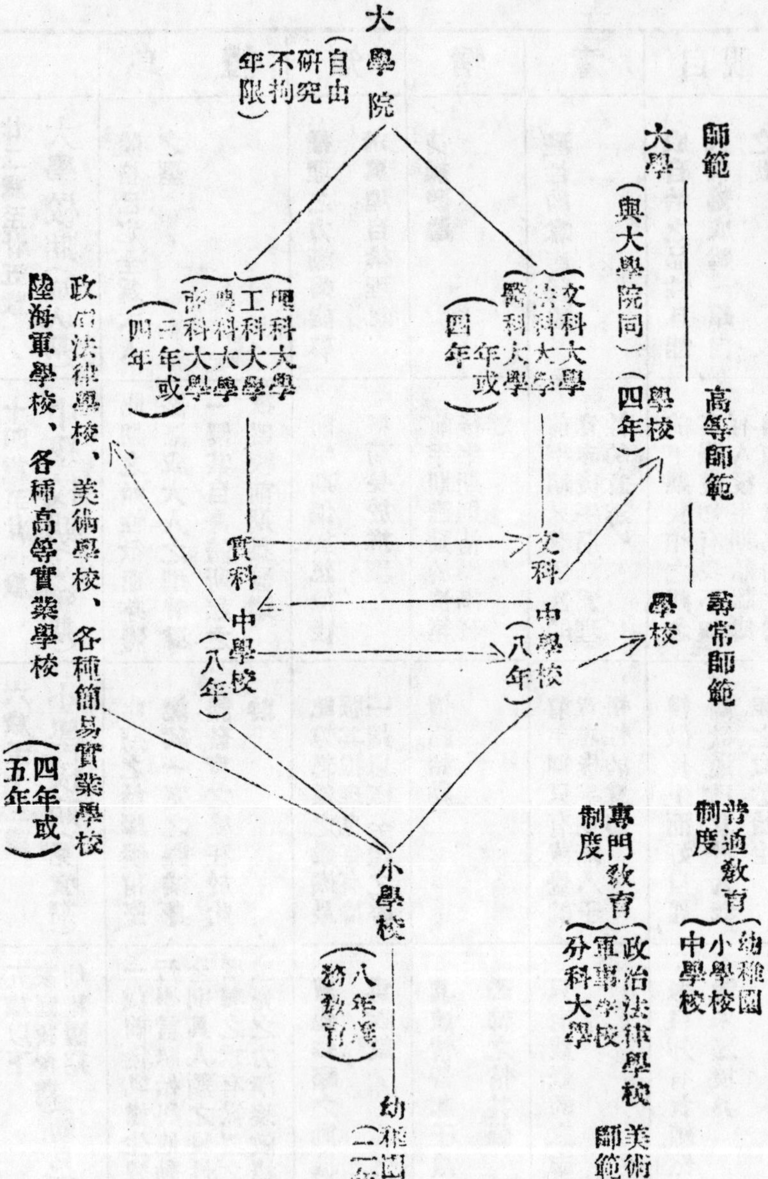
大學院（自由研究不拘年限）
文科大學
法科大學
醫科大學（四年或三年）
理科大學
工科大學
農科大學
商科大學（四年或三年）
政治法律學校、美術學校、各種簡易實業學校
陸海軍學校、各種高等實業學校（四年或五年）
實科
中學校（八年）
文科
中學校（八年）
小學校（八年義務教育）
幼稚園（二年）
師範
大學（與大學院同）
高等師範
學校（四年）
尋常師範
學校
普通教育制度（幼稚園 小學校 中學校）
專門教育制度（政治法律學校 軍事學校 分科大學）
美術學校
師範學校

由此觀之。教育之次第。其不可以躐等進也明矣。夫在教育已興之國。其就學之級。自能與其年相應。若我中國今日之學童。則當其前此及年之日。未獲受相當之教育。其知識情意之發達。自比文明國之學童低下數級。而欲驟然授之。烏見其可。然則中國最速非五年後不可開大學。雖其已及大學之年者。寧減縮中學之期限。而使之兼程以進。而決不可放棄中學之程度。而使之躐級以求也。

至於小學。今論者亦既知其急。然徧觀各國小學。皆行義務教育。義務教育者何。凡及年者皆不可逃之謂也。故各國之興小學。無不以國家之力干涉之。蓋非若此。則所謂義務者必不能普及也。而今之當事者。只欲憑口舌勸說。使民間自立之而已。非惟紊亂不整。他日不能與官立之中學高等學相接。且吾恐十年以後。而舉國之小學。猶如晨星也。

學校經費議第二

抑學校之議。所以倡之累年而至今不克實施。或僅經營一省會學堂而以自足者。殆亦有故焉。則經費無出是也。夫欲舉全國之中學小學。而悉以國帑辦之。無論財政極籍之中國所不能望也。即極富如英美。蓋亦不給焉矣。各國小學。皆行義務教育。義務云者。其一則及年之子弟皆有不得不入學之義務也。其二則團體之市民皆有不得不担任學費之義務也。日本明治二十三年所頒法律。號稱地方學事通則者。其第二條云。

凡一區或數區相合所設之小學校。其設立費及維持費。由居寓本區之人有實業(有土地家宅者)及營業(無舖店之行商不在內)者共負擔之。若其區原有公產。則先以公產之所入充之。

此制蓋斟酌各國法規所定也。

普國制度。凡小學校之設立費維持費。自昔惟以直接受其利益者負擔之。即有子弟之家長是也。近年以來。則政府設立小學校規條。頒諸各鄉市。使擔任其經費。若所收修金。不敷校用。則別徵學校稅以補之。

英國以一千八百七十年至七十三七十四等年。制定小學會。凡小學校之設立費維持費。由各市各鄉各區自負擔之。其徵稅約與恤窮稅率相等。不足則以國庫金補助之。又建築學校時。若其費不給則政府時或貸與之。法國自停收小學校修金以後。學費益增加。前所收鄉稅市稅尙不足給。於是舉土地窓戶人頭家屋營業等諸直接稅附增若干爲學校稅。不足則以一省公產補助之。再不足則以國庫金補助之。

此各國籌辦小學校經費之大略也。由是觀之。凡小學校者大率由國家監督立一定之法而徵地方稅以支辦其財政者也。今中國不欲廣開學校則已。如其欲之則必當依如左之辦法。

一下令凡有千人以上之市鎭村落。必須設小學校一所。其大鎭大鄉。則劃爲數區。每區一所。大約每二千或三千人。輒遞增一校。其小村落不足千人者。則合數村共設一校。

一學校經費皆由本校本鎭本區自籌。其有公產者。則以公產所入支辦之。其無公產或公產不足者。則徵學校稅。如田畝稅、房屋稅、營業稅、丁口稅等。或因其地所宜之特別稅法。以法律徵收之。以爲創設學校及維持學校之用。惟其稅目不得

過兩項以上。其仍有不足者。則稟請地方官酌由官費補助。其有餘者。則積爲學校公產。八

一凡每一學校之區域。（或市或鄉或大鄉鎮內所分之小區）皆設一教育會議所。由本地居民公舉若干人爲教育議員。分司功課財政庶務等。學校主權及財政出納一切歸本會議所管理。長官不干預之。

一國家須速制定小學章程。詳定其管理法及所授課目。頒之各區域。使其遵行。

一教科書無論爲官纂爲民間私纂。但能一依國家所定課目者。皆可行用。

一學校皆收修金。惟必須極廉。國家爲定一額。不得逾額收取。其有貧窶子弟。無自備修金之力。經教育會議所查驗屬實者。則豁免之。子弟及歲不遣就學。則罰其父母。

一既定徵學校稅。如有抗不肯納者。則由教育會議所稟官究取。

一每省置視學官三四員。每年分巡全省各學區。歲徧。視學官之職。當初辦時。則指授辦法。既立校後。則查察其管理法及功課。教師之良者。學生之優等者。時以官費獎賞之。其學校所有公產之數及出納表。皆呈繳視學官驗視。但劃其權限。不

許干涉校中款項。

此其大較也。至詳細規則。他日當悉心考索。爲一專書。以備當道采擇。茍依此法。其利有四。

(一)不勞公帑而能廣開學風也。今日司農仰屋之時。欲以國費興學。其事既不可望。然政府以責諸疆吏。疆吏以責諸守令。守令亦有何術能羅掘巨款以徧興其所屬之學校。故雖明詔敦迫。一日十下。亦不過爲一紙空文。終不奉行。而疆吏亦無辭以責之也。何也。其力之不逮。上下所同認也。故非用此法。則雖更歷十年二三十年。而決無全國與學之日。惟因勢利導而使之自謀。則不兩三年而教育之普徧於陬澨矣。

(二)學制整齊而可與高等學級相接也。官費既不克辦。勢不得不望民間之自開矣。人有子弟。莫不欲教之。爲將來計。加以功令所詔。利祿所趨。則雖不立定制。而民間自創者。固當所在多有。雖然。其不整齊甚矣。其校舍或此地有而彼地無。其課目或此地多而彼地減。勞而少功。雖辦之數十年。決無成效。茍用此法。則全國之分配。無或偏畸。全國之學級。無或參差。若網在綱。遞進愈上。十年以往。而普通之才。可徧天下。

（三）可以強民使就義務教育也。既以造就國民爲目的。則不可不舉全國之子弟而悉教之。故各國通制。及年不學。罪其父母。蓋子弟者一國所公有。非父母所能獨私也。然國家學制未定。使民何所適從。故必用此法。先使學校普及。然後教育可以普及。其有力者出其所入之一小部分以維持公益。其寠貧者亦可豁免學費以成就其前途。如是而猶不樂學焉。未之有也。

（四）養成地方自治之風。爲強國之起點也。今日欲立國於大地。舍公民自治。其無術矣。雖然。驟擧今日歐美日本所謂地方自治之權利義務。悉以畀之責之於我國民。無論爲政府所不欲。恐吾民亦未能受之而推行盡善也。故莫如先從教育著手。凡一區域內關涉教育之事。悉歸會議所之自治。人民借此閱歷。得以練習團體行政之法。此後漸次授以他事。使自經理。自可不迷厥途。而政府亦可以知地方自治之事。雖屬民權。而於君權國權。不特無傷。且能爲國家分任艱鉅。興擧庶務。而此後集權分權之政治。可以確立。此又不徒爲教育計。亦爲一切政體之本原計也。

或曰。今日中國租賦名目。既已繁重矣。加以賠款頻仍。軍事屢作。脧削悉索。民術俱罄。

復欲益以學校稅民其樂輸之乎曰是又不然凡取諸民而入諸官者民不知其所用之目的與其出納之會計雖極薄而猶怨焉取諸民而用諸民且明示以所用之目的使自司其出納之會計雖極重而民猶樂也中國之賦稅比較列國最稱輕減即合以汙吏之婪索中飽猶不能及歐美文明國三之一也然而民滋怨者何也謂其未嘗一用之以治民事也中國有國稅而無地方稅然試問各省之市鎮村落何一不自有其財團自徵課於其地以爲公益之用者乎其所徵時或倍蓰於國稅而莫或以爲病況以國家之監督勸導使之出其財以誨養其子弟自徵之自管之自用之自察之長吏一無所過問惟助其定章程稽功課匡所不逮耳彼任議員者功在桑梓而享榮名於鄉邑有子弟者安坐成學而獲實益於前途有不令下如流水者耶方今之世爲興學計無以易此。

一麾邯鄲亦壯哉　汐堤金縷紛龍虯
兩行旂戟森朱戶　十丈平橋夾綠槐
東閣群英鳴珂集　北庭大戰捷旗來
太平肆樂方旋設　誰遣晨雞苦喚回

國聞短評

奴隸與盜賊

自回鑾後。保護外人之懿旨。不下二三十次。視於無形。聽於無聲。誠如孝子之事父母矣。公使夫人偶遭兒童指目。輒欲拏拷治罪。一教士之受辱。輒下罪己之詔。何其恭順一至此甚也。民間如順從朝旨。則奴隸而已矣。奴隸猶可。兩重奴隸何以堪之。如稍有不屈乎。則盜賊而已矣。盜賊猶可。兩重盜賊何以堪之。今日爲中國百姓者。奴隸盜賊。二者必居一於是。嗚呼、何爲使我民至於此極也。悲夫。

西報偉論

一月前。天津有一西字報著論一篇。極言教士在內地專横之狀。且斥言中國他日亂階必起於是。其言可謂深切著明。西士如猶不悟乎。弗戢自焚。今日虞宗鉅既之事。猶其小焉者耳。

吾國公使獨非人乎

聞俄公使楊儒暴卒。世人固稍已疑之。未幾而其子復自縊。瀕死時有極痛心之言。世人益疑之。近者日本報乃詳述楊儒之死。實被俄人從樓上蹋下致命。蓋因滿洲條約爲各國所制。不能得其志。故以此洩忿云。此言確否未可知。然諒非無因矣。嗚呼德公使之死。遂至八國聯兵。蹂京陵沈。意國公使夫人途中遇拳兒譁笑。遂勞明詔。惶恐謝罪。鉅鹿之亂。法教士受傷。政府弔慰之電稍緩至。天津法領事即相責言。吾國公使獨非人乎。語曰。寧爲太平犬。莫作亂離人。吾欲易之曰。寧爲外國皂。莫作中朝官。

濟濟多士

據京鈔月來入京引見人員。不可指屈。約略算之。帶領引見者已有五六百人。其驗看者已及千人。其不及驗而待下月者。尚有千餘人。嗚呼盛矣。往聞安南將亡時。其士子應試者全國不過三千餘人。及丁酉年越之亡二十載矣。而是科鄉試乃有一萬二千餘人。然則官吏士子之多寡。殆與國之盛衰成反比例歟。桃花扇傳奇有云。「報長江鎖開。報長江鎖開。石頭將壞。高官賤賣沒人買」。今日官場股份行情。猶逐日增長。是亦國家億萬年有道之徵矣。聞之破涕爲笑。

又將防家賊耶

中國第一次官費派出留學日本諸生卒業於士官學校。以前月歸國。其中以湖北派出者最多。北洋次之。南洋又次之。北洋歸國之學生。袁制軍皆派爲參謀部。信任逾恒。惟湖北學生則僅派充敎習。張制軍待之殊冷落。其薪俸最厚者不過月數十金。其薄者僅每月十六元。飯食一切自備。又恐學生煽惑。派人監守之。出入言語。皆不得自由。來往信函皆須拆視。殆與囚虜無異云。嗚呼、既已疑之若此。嫉之若此。然則何苦復派游學哉。或曰將以媚日本人。示其有文明舉動也。是或然歟。

大學得人

回鑾後所辦新政。惟京師大學堂差强人意。自管學以下諸職司皆稱得人。聞欲設一哲學科。雖有反對者。而管學大臣之意甚決也。總敎習吳君摯甫、譯書處總辦嚴君又陵、聞皆力辭。雖然、今日足繫中外之望者只此一局。吾深望兩君之稍自貶抑。翩然出山。以副多士之望也。

粵學端倪

陶子方制軍督粵以來。銳意振興庶務。而年來設施。表見者希。粵人不勝雲霓之望。頃者廣雅書院改爲省學堂之議。經已就緒。頒出圖表六紙。其第一表爲表明設學等級及其課程。見我國所定新制頗與日本現行制度相似。附第一表爲表學級層進及比較學問。第二表爲表明現儗課程。尙合各國公定學章。並就儗定課程附表敎習人數于末。附第二表爲論普通課程及敎育之要。第三表爲表明改葺廣雅書院以爲省學各種堂舍。第四表爲表明全學人數及久暫款項綱擧目張條分縷析誠現時各省學務之冠也今擇錄其一二

第二表所儗課程及敎習人數 按此係專就備齋第一年列表即與日本中學第一年相當之學級也

定日課爲講授

定夜課爲溫習

日課講授以七小時半（一小時即俗稱之一句鐘）爲至多。合六日計之。得四十五小時。各國功課設有禁令。六日間不得過三十小時。其令必不能行於需才孔急艱難創學之時。故四十五小時者。離絕萬國之通則定之。不可再以爲功課過箇而訾之。

四十五小時之功課。按各項課程。分表如左。 儗考選學生百六十人。四十人爲一班。分爲甲乙丙丁四班。合功課時刻。應聘敎習幾人。同列表下。

共日間

- 綱常大義講義 甲二 乙二 丙二 丁二 合八小時……教習一人
- 本國文
  - 甲九小時……教習一人
  - 乙九小時……教習一人
  - 丙九小時……教習一人
  - 丁九小時……教習一人
- 英文
  - 甲九小時……教習一人
  - 乙九小時……教習一人
  - 丙九小時……教習一人
  - 丁九小時……教習一人
- 史要講義 甲三 乙三 丙三 丁三 合十二小時……教習一人
- 地理講義 甲三 乙三 丙三 丁三 合十二小時……教習一人
- 數學
  - 甲六 乙六 合十二小時……教習一人
  - 丙六 丁六 合十二小時……教習一人
- 格化博物總論 甲四 乙四 丙四 丁四 合十六小時……教習一人
- 政法講義 甲三 乙三 丙三 丁三 合十二小時……教習一人
- 圖畫
  - 甲二 乙二 合四小時……算學教習或英文教習兼
  - 丙二 丁二 合四小時……算學教習或英文教習兼

每教習講授功課皆在十小時左右然講授前繕檢講義備至少需兩倍之力講授後校核批改至少又需兩倍之力每六日當任五六十小時之勞苟欲力副委託許頗困瘁矣

樂歌　甲一 乙一 丙一 丁一　合四小時……格化教習兼

體操　甲三 乙三 丙三 丁三　同時並習……教習一人

共　甲乙丙丁各四十五小時……教習十六人

第四表學校經費逐年豫計表

壬寅第一年

支出
- 改葺舍宇及置器費八千兩
- 備齋第一年生百六十人歲費三萬兩（學生考取十五六至二十歲文理明通者）
- 校士館生及西學生歲費一萬兩（校士館生習經史讀日文至曉文法能觀書西學生留英文已能解者本年又加深其文義）

計款
- 舊有常年款約三萬兩（常年款一萬兩　現銷款八千兩）
- 新籌

適用盡

備齋

支出
- 改葺舍宇及置器費四千兩（添招學生之故）
- 備齋第二年生八百六十人歲費四萬五千兩

（計廣雅房舍足容五百人異日專辦專齋通省中學生皆當升入專齋至少有五百人之額始能相容然則本學堂必備有五百人之常年費自不待言故擬就試辦備齋正齋時逐年籌增期至專辦專齋五百人經費早經籌定可備臨時之籌撥）

癸卯第二年

- 校士館生及西學生歲費一萬兩
  - 校士館生課如第一年（十之四博觀日文教育書、十之三博觀日文政法書、十之三博觀日文實業書）……並令能任譯述即卒業
  - 西學生研究西籍期令能繹淺近西書即卒業
- 計款
  - 舊籌常年款四萬兩
  - 新籌（常年款一萬五千兩、現銷款四千兩）
  - 適用盡
- 改葺舍宇及置器費四千兩

甲辰第三年

- 支出
  - 備齋第一二年生八十八十人歲費三萬兩
  - 正齋第一年生一百六十人歲費三萬兩　合六萬兩
  - 遊學日本十六人三千兩（校士館生十人、西學生四人）……不派遊學不充譯校之人另派充數
  - 附屬譯輯局資本五千兩（局章臨時別定）（校士館生、西學生）爲譯校者　習或另選用
  - 提存遊學費二千兩　備緩急派遣之需
- 計款
  - 舊籌常年款五萬五千兩
  - 新籌（常年款一萬五千兩、現銷款四千兩）
  - 適用盡……外存譯輯局資本五千兩、遊學費二千兩

正齋乙巳第四年

- 支出
  - 改葺房舍及置器費四千兩　本年不消此數將存備專齋置重要學具之用
  - 備齋第一二年生八十八十人歲費三萬兩
  - 正齋第一二年生八十一百六十人歲費四萬五千兩　合七萬五千兩
  - 遊學日本繼續費三千兩
  - 附屬譯輯局資本五千兩
  - 提存遊學費二千兩……連前共一萬兩永遠以之周轉不再增添學堂附屬譯輯局者以可置備活版並便學堂之用不但出譯輯書以惠士林也惟附屬之局究非專局故局面不必過大

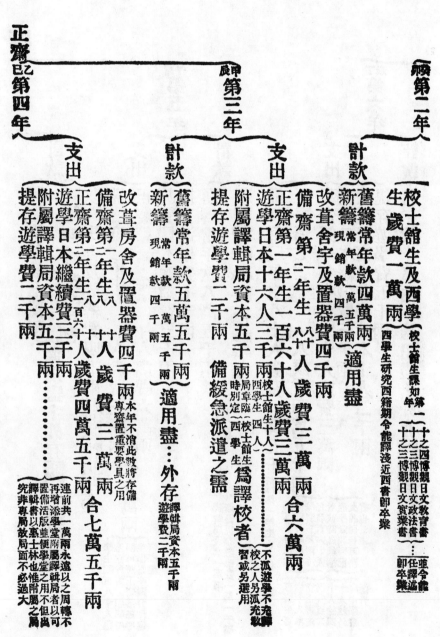

備齋附錄

計款{舊籌常年款七萬兩
新籌常年款一萬五千兩 現銷款四千兩}適用盡…外存譯輯局新舊資本一萬兩 新舊提存遊學費四千兩

改葺房舍及置器費四千兩本年愈不消此數亦存備專齋置辦學具之用

丙午第五年

支出{備齋第一二三年生八十八十八十人歲費三萬兩
正齋第一二三年生八十八十一百六十人歲費六萬兩}合九萬兩{學生四百八十人已滿立專齋之額明年即可將正齋第三年生作爲卒業升作專齋學生}
遊學日本繼續費三千兩
提存遊學費七千兩

計款{舊籌常年款八萬五千兩
新籌常年款一萬五千兩 現銷款四千兩}適用盡…外存譯輯局資本一萬兩 新舊提存遊學費一萬一千兩

丁未第六年

支出{備齋第二年生八十人歲費一萬五千兩第一年生止不招
正齋第一二三年生八十八十一百六十人歲費四萬五千兩
專齋第一年生百六十人歲費三萬兩…{辦專齋時或當添聘外國專門教習三萬兩亦足敷百六十人者彼時風氣漸通學堂開辦已久四區皆可湊省也}{專齋生百六十人本堂正齋生選升百二十人餘四十人就外府中學生選升}
遊學日本繼續費三千兩
續派正齋生遊學日本十人二千兩
提存遊學費五千兩}

計款~常年款十萬兩…適用盡…外存譯輯局資本一萬兩 新舊提存遊學費一萬六千兩

專齋（正齋 備齋 附辦）

戊申第七年

支出

正齋生二百四十人歲費四萬兩

專齋第一二年一（百二十 百六十）人歲費五萬兩

（數皆較少於原定之數一則開辦已久俱可湊省二則款有定額無可隨領鉅增本年專齋生應招百六十人今止百二十人者一則限於經費二則本年本堂應升之正齋生止有八十人恐又不能足數外府之中學生彼時必亦不多湊足百六十人本不易也俟第九年止招足百六十人則經費適敷外府學風既盛學生之願升者亦多矣）

遊學日本繼續費五千兩（校士館生十六人 正齋生十人）

續派正齋生遊學日本十人二千兩

提存遊學費三千兩

計款

常年款十萬兩……適用盡……外存（譯輯局資本一萬兩 新舊提存遊學費一萬九千兩）

己酉第八年

支出

正齋生一百六十人歲費二萬五千兩

專齋第一二三年生（百二十 百二十 百六十）人歲費六萬五千兩（第三年生本年年終卒業除送遊學外擇尤升入京師大學堂餘分別選用）

遊學日本繼續費七千兩

續派正齋生遊學日本十人二千兩

八年內共派出遊學日本生四十六人此四十六人者作爲額外遊學生皆令留學日本六年有入大學校通英法或英德兩國語文者校士館生十六人再挑四人二人派往德國二人派往法國正齋生三十人挑八人亦分往德法留學各三年每年每人計學費七百兩內外四十五人學費除本年外以後尚需五萬兩以爲提存之款及第九年以後逐漸提存之款充之適可敷用從第九年起年派專齋生五人至日本至第十四年滿三十人年款四千兩作爲額派從第十五年起挑留學日本生三人改派歐西至第十七年滿九人年款六千兩作爲額派合歐西六千兩日本四千兩適以今辦校士館歲費一萬兩抵之如其間有議挑專齋生徑派歐西遊學者其經費俟臨時另籌

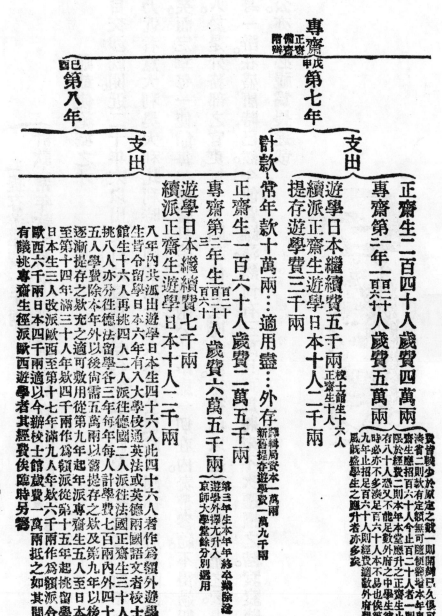

（提存遊學費一千兩

（計款）常年款十萬兩……適用盡……外存（譯輯局資本一萬兩 新舊提存遊學費二萬兩）

難哉使絕域之才

自交涉既開。近二十年來。以出使員缺最爲優差。每當瓜代時。暮夜鑽營者無所不至。乃近者意大利奧大利比利時三國。皆向外部求特派公使駐其國都。政府亦既許之矣。而定章每一使館每年經費只給三萬兩。公使俸廉一切在內。奏帶參隨。不得過四人。於是外務部之官吏。無一人願赴任者。政府大困。不得已以道員某某等充之云。告身一醉。在盛唐時已然。今使費雖薄。然尚有三萬。且可爲將來不次遷擢之階。袞袞諸公。亦何必視爲畏途哉。

名家談叢

捫蝨談虎錄

憂患餘生

明末四大儒

後世修史者。斷代爲史。當鼎革之交。輒以其死於某朝代者。斷爲其朝代之人。無理甚矣。明末有四大儒。曰黃梨洲先生宗羲。曰李二曲先生顒。曰王船山先生夫之。曰顧亭林先生炎武。四庫著錄其所著書。皆題曰國朝人。阮氏輯皇清經解。悉收其書。三百年來言學術者。亦莫不曰淸初四大儒矣。雖然、春秋之義。名從主人。本朝之君臣。苟不崇拜四先生乎。則何必引之以爲重。苟崇拜四先生乎。又豈可强其所不欲者而汚點之。

今請記四先生與本朝交涉之遺事如下。

康熙戊午。詔徵博學鴻儒。學士葉方藹擬疏薦梨洲先生。庶常陳錫嘏曰。是將使先生爲疊山九靈之殺身也。力止之。會修明史。學士徐元文謂先生非可召試者。然或可聘之修史。乃與興化李公淸同徵。詔督撫以禮敦遣。先生固辭。朝廷知不可致。特詞浙中督撫抄先生著述關史事者送京師。徐復延先生子百家任纂修。先生以書報徐。且諧之曰。昔聞首陽山二老託孤於何父。遂得三年負薇。顏色不壞。今吾遭子從公可以置我矣。庚午。尚書徐乾學侍直。 聖祖訪及遺獻。復以先生對。且言曾經臣弟元文疏薦。老不能來。 上曰。可召至京。旋不授以事。即欲歸。當遣官送之。徐對以篤老無來意。 上歎息不置。先生卒於康熙乙亥。年八十有六。初。營生壙於其父忠端公墓旁。中置石牀。無棺槨。作葬制。或問。援趙邠卿陳希夷例。戒身後無得違命。蓋自以遭國家之變。期於速朽。而不欲顯言其故也。

康熙癸丑。陝督鄂善以隱逸薦李二曲先生。先生誓死辭。詔八上。皆以病爲解。得旨俟病愈敦促入京。自是大吏歲歲來問起居。先生遂稱廢疾。長臥不起。戊午。部臣以海內眞儒薦。有旨召對。時詞科薦章徧海內。先生獨被昌明絕學之目。 中朝必欲致之。大吏趣行益急。先生固稱疾篤。舁其牀至行省。大吏親至牀前慫恿。先生絕粒六日。至欲拔佩刀自刺。於是諸官屬大駭。知其不可屈。姑置之。自是荊扉反鎖。不與人接。已而 天子西巡。將召見。命陝督傳旨。先生驚泣曰。吾其死矣。辭以廢疾不至。

御書關中大儒四字以寵之卒莫能致也。

顧亭林先生母夫人聞兩京破不食卒遺命誡先生勿事二姓先生於鼎革後凡六謁孝陵六謁思陵康熙初熊賜履任史事以書來招答曰願以一死謝公最下則逃之世外懼而止戊午鴻詞科詔下諸鉅公爭欲致之先生以死辭次年修明史又欲薦之貽書學士葉方藹誓以身殉始得免華下諸生請講學謝之曰近日二曲徒以講學故得名遂招逼迫幾凶死吾其做敢爾耶乃止

王船山先生當甲申後崎嶇嶺表欲圖恢復既知事不可爲乃退而著書竄伏銅山四十餘年一歲數徙其處故國之戚生死不忘時薙髮令下先生誓死不從異俗以故非深夜未嘗出行康熙十八年吳三桂僭號于衡偽僚有以勸進表相屬者先生曰亡國遺臣所欠一死耳今安用此不祥之人哉遂逃入深山作祓禊賦三桂平大吏聞而嘉之屬郡守餽粟帛請見先生以疾辭當是時海內儒碩推容城孫夏峯盩厔二曲餘姚梨洲崑山亭林然諸先生肥遯自甘聲望益炳雖薦辟皆以死拒而公卿交口天子動容先生乃眞能自潔者也未幾卒自題墓碣曰明遺臣王某之墓

由此觀之。四先生者。明儒耶。清儒耶。叔孫通爲漢高定朝儀。徵魯諸生。悉欣欣就道。惟二生不肯行。唐太宗定取士之制。謂天下英雄。盡入吾彀中。而豈知入彀中者必非英雄。眞英雄固未有在彀中者耶。夫前代尋常之霸者。猶無術以盡網天下士。而況於有種族之感者乎。諸先生之凜然以死自誓。又豈徒如前史獨行傳中人物。棄世以爲名高也。當天下之未定也。務網羅人才。獎厲廉恥。其所以致之者。不遺餘力。及事勢一變。高枕無患。則又爲貳臣傳以辱之矣。是何異逼弱女而淫褻之。而又復責其失節也。霸者之所以操縱天下賢豪。亦云黠矣。亦云毒矣。顧其術或售或不售。能牢籠千百中材。而不能得諸一二豪傑。斯亦霸者之恨也。吁、

吳梅村絕命詞

吳梅村祭酒偉業。貳臣傳中之錚錚者也。其將死時。填一金縷曲。蓋絕筆矣。詞云。

萬事催華髮。論龔生天年竟夭。高名難沒。吾病難將醫藥治。耿耿胸中熱血。待洒向西風殘月。剖卻心肝今置地。問華佗解我腸千結。思往恨。倍嗚咽。　故人慷慨多奇節。恨當年沈吟不斷。草間偷活。艾灸眉頭瓜噴鼻。今日須難決絕。早患苦重來千疊。

脫屣妻孥非易事。竟一錢不値何消說。人世事幾回饒。嚐、此豈人之將死。其言也善。發於羞惡之心而不能自制者耶。梨洲二曲亭林桴山。亦死。梅村亦死。死等耳。而後世視四先生與梅村何如矣。一錢不値何消說。梅村梅村，何見事之晚耶。

洪承疇壽文

洪文襄公承疇。　大清之張宏範。而貳臣傳中第一流人物也。在明官太子太保兵部尙書薊遼總督。統關內兵。以禦　文宗於松山。力竭被擒。時燕京訛傳承疇已死。賜祭十六壇。建祠都外。明莊烈帝將親臨奠。俄聞其降也。乃止。崇德七年四月。都察院承政張存仁上言。臣觀洪承疇欣欣自得。僥倖再生。宜速令薙髮。酌加任用。五月。召見。命隸鑲黃旂漢軍。順治元年。睿親王定京師。命承疇以太子太保兵部尙書原銜。入內院佐理機務。其後下江南。平唐王。搜殺故明遺族。嗣經略湖廣廣東廣西雲南貴州。鎭追桂王於緬甸。承疇功最高焉。其七十賜壽也。滿朝勳貴。以至門生故吏。爭獻媚致祝。而諛壽文中。最難措詞。蓋其在勝朝時之位望勳績。及入本朝後之位望勳績。皆赫赫。

在人耳目而此間轉捩一二語雖善於舞文者無能爲力也時則有一落魄書生爲獻一文中有數語云「公以爲殺吾君者吾仇也殺吾仇者吾君也云云」承疇大賞之不數月而此書生拔置津要云

搊蘂子曰洪承疇此際之心事其忐忑殆不讓吳梅村絕命時矣雖然此何足以爲承疇解譬有婦人厥夫被害而曰殺吾夫者吾仇也殺吾仇者吾夫也可乎此猶可言也譬爲子者厥父被害而曰殺吾父者吾仇也殺吾仇者吾父也可乎況此二語者在甲申以後歸命諸臣猶可以之自飾若承疇之降則非烈帝固在也方且欲建祠以表之親臨以奠之而承疇烏知乎此後李自成之將殺其君而烏知乎殺李自成以爲明復仇者卽爲　太宗文皇帝之裔乃於八年前而君之也噫亦適成爲貳臣傳中人物而已吾聞泰西愛國家之言曰滅吾國者吾仇也請洪承疇下一轉語來

桃花扇

前明遺老孔云亭所著桃花扇傳奇以亡國之音寫愛國之淚至今讀之猶使人歷然生感其卷末餘韻一齣寫老贊禮及蘇崑山柳敬亭三人以結束全書者內科白一節

云。……（副凈時服扮皂隸暗上）自家魏國公嫡親公子徐青君的便是。生來富貴享盡繁華。不料國破家亡。剩了區區一口。沒奈何在上元縣當了一名皂隸。將就度日。今奉本官籤票。訪舉山林隱逸。只得下鄉走走。（望介）那江岸上有幾个老兒閑坐。不免上前討火。就便訪問。正是開國元勳留狗尾。換朝逸老縮龜頭。（前行見介）老哥們有火借一個。（丑）請坐。（副凈坐介）（副末問介）看儞打扮像一位公差大哥。（副凈）便是。……中略……（副凈起身問介）三位是山林隱逸麽。（衆起拱介）不敢不敢。為何問及山林隱逸。（副凈）三位不知麽。現今禮部上本。搜尋山林隱逸。撫按大老爺。張掛告示。布政司。行文已經月餘。並不見一人報名。府縣著忙。差俺們各處訪舉。三位一定是了。快快跟我回話去。（副末）老哥差矣。山林隱逸。乃文人名士。不肯出山的。老夫原是假斯文的一個老贊禮。那裡去得。（丑凈）我兩個是說書唱曲的朋友。而今做了漁翁樵子。益發不中了。（副凈）儞們不曉得。那些文人名士。都是識時務的俊傑。從三年前俱已出山去了。目下正要訪舉儞輩哩。（取看籤票欲舉介）……下略

此雖謔而近虐之言。然比對之於黃李顧諸先生所經歷。則當時所以網羅遺佚之普

心。又可略見矣。明太祖定律。有不爲君用之罪。然則籤票訪舉。又豈爲已甚耶。聽[illegible]、

雜俎

小慧解頤錄

孔子訟冤

有懷疑子與尊聖子二人論學。懷疑子每喜摭拾孔孟之言不合公理者。以為詆諆。尊聖子一一糾正之。懷疑子卒莫能難也。大哉、孔子。

懷疑子曰。論語曰。民可使由之。不可使知之。此語與老子所謂法令者非以明民將以愚之。有何異哉。是孔子懼後世民賊之不能罔民而教猱升木也。夫文明國者。立法之權。皆在於民。日日謀政治思想。法律思想之普及。而孔子顧以窒民智為事。何也。尊聖子曰。此子誤斷句讀也。經意本云。民可使由之。不可使知之。言民之文明程度已可者。則使之自由。未可者。則先使之開其智也。夫民未知而使之自由。必不能善其後矣。使知之者。正欲其由不可而進於可也。懷疑子無以應。

懷疑子曰。論語曰。事君盡禮。人以為諂也。夫至尋常人而猶以為諂。則其諂態之不堪入目可想矣。何怪乎後世諂法孔子者只以爲干祿之具也。尊聖子曰此亦句讀之誤也。經意云事君盡禮人以爲諂也。言號稱事君盡禮之人大率以爲諂諛之具耳。懷疑子無以應。

懷疑子曰。論語曰拜下禮也。今拜乎上泰也。雖違衆吾從下。夫古者君臣坐而論道。漢制猶有天子爲丞相起。天子爲丞相下輿。蓋君不甚尊。臣不甚卑焉。何也。君之與臣。皆受民之委託而治事者耳。而僕僕亟拜胡爲也。時制拜上已嫌其過。孔子猶以爲未足。復等而下之。無乃大貶損人格耶。何怪乎人以爲諂也。尊聖子曰。下字當訓不恥下問之下。指國民也。孔子以爲崇拜國民禮也。今乃崇拜君主則驕泰矣。故孔子必從國民也。今世歐美大政治家皆拜下從下者也。故專制國媚于一人。立憲國媚於庶人。孔子示政治家以運動之方耳。懷疑子無以應。

懷疑子曰。論語曰攻乎異端斯害也已。夫言論思想之自由。此世界所以進文明之具也。泰西近世異端愈多。而學界愈放大光明。今孔子乃以治異端爲害。何其不廣乎。是所謂教主之專制也。尊聖子曰。此語本文極爲明白。孔子只教人不可攻擊異端而已而朱憙不解尋。乃强訓攻爲治。是朱學非孔學也。後儒或有訓已爲止者。言攻異端則其害止。尤爲無理。皆以小儒之識測聖人者也。懷疑子、無以應。

懷疑子曰。論語曰天下有道則見無道則隱。夫當太平時代。則雍容歌舞紆青拖紫。至亂世則避其難潔身以自藏。袖手坐視天下之陸沈而不思拯之。然則天之生聖人何爲哉。尊聖子曰。不然。天下有道則見者。謂當太平之時則彰明較著以組織政黨也。無道則隱者。謂當朝政棼亂時則當堅忍慎密組織祕密社會以圖匡救也。蓋聖人用世之心苦矣。懷疑子、無以應。

懷疑子曰。論語曰天下有道則庶人不議。夫今世所稱第一等文明之國何一不有議院。庶人之議政天下之公理也。孔子爲此言。是永陷我國於專制地獄使之千萬億刧而莫能救也。尊聖子曰。子未通古訓耳。子不讀爾雅乎。爾雅云不顯顯也。不承承也。古書多有以不字足句者。其例不可勝數。孔子此言正謂天下有道則庶人議耳。不顯不承。亦作丕顯丕承。故不議亦可作丕議。丕者大也。言天下有道則庶人大開議會耳。懷疑子、無以應。

懷疑子曰論語曰夷狄之有君不如諸夏之亡也太息於諸夏之無君曾夷狄之不若夫君主固可以立國民主亦何嘗不可以立國而孔子立言無一不惟君是賴是使民喪其獨立自治之性質也故孟子稱其三月無君則皇皇如也然則使孔子而生於今日之美國法國將終身旁皇無措矣尊聖子曰論語此文本甚明了所謂夷狄者即野蠻之別號也諸夏者即文明之別號也言野蠻專制國之有君不如文明立憲國之無君耳懷疑子無以應

小說

法國焦士威爾奴原著

少年中國之少年重譯

十五小豪傑

第五回　如真如夢無人鄉景色淒涼　忽喜忽憂探險隊精神抖擻

卻說武安憩息片時。旋起身攀岬而上。其岬乃無數巉巖大石。累積而成。緣攀艱難。概可想見。但這百折不回的武安。畢竟能登其絕頂。先把望遠鏡展望東方。只見臨灣一帶石壁。及自己現時所立之岬頭背後。其地勢皆向內地邐迤而下。內地有一幅平原。茂林蔽之。林隙破處。時有川流隱見出沒。其末流皆入於海。向東方極目十一二邁之遠。只是這樣。更轉望北方。只見七八邁之間。皆是海岸相續。海岸盡處。亦有一岬界斷之。岬下一片沙漠。沿海蜿蜒。回顧南方。只見海岸次第折入於東南岸之內。有一沼澤。以此推之。此地若係島嶼。則亦當為一大島無疑。武安更持鏡一眺西方海上。是我船所經來之路也。西傾的紅日。斜射波面。搖光眩目。只見有三箇小黑點。凸出海面。武安不覺失聲叫道。「船」！熟視之。見其不動。料必是三个小嶼。小嶼與此地相距約十五里內外。時已下午兩點鐘。武安不能久留。便將下岬。猶復取望遠鏡再眺東方。蓋以爲太陽益傾。其光線射點有變。或所見更爲明晰。果也眼界盡處。這茂林那邊有一條淺碧色。橫曳南北。遠接天際。武安大疑。自忖道這是甚麼東西呢？復諦視之。嘻、是海也。失望之餘。望遠鏡幾脫手落地。……經一刻鐘之久。他早已下岬。坐於礁上。五點鐘回到船來。這孩子們眼巴巴的望著聽好新聞。晚飯既畢。武安一一報告所見。隨後道。這西邊既是海。那東邊又是海。這樣看來。此地一定是海島非大陸了。衆人自然一齊失望落胆。獨有那杜番。往常總好反對武安。這時又望武安的話不確。還有指望。便起身道。莫不是武安的眼花看不眞嗎。等我自已前往探查一番。方知確實。那平日附和杜番的幾个孩子。都贊成他。俄敦亦以爲這是第一緊要問題。不可不遠征東方查勘果實有海與否。於是倡議派遣遠征隊。武安杜番兩箇之外。附以韋格沙毗共四人爲委員。

……翌日再雨。連天不息。這孩子們悶坐。每修補那船身的破壞之處。或雨小歇。則出而從事於漁獵。忽忽之間。三月過了。已是四月一號。再遲一个月。便交冬令。現時已覺寒風凜冽。再到嚴冬。其何能支。就使此地果屬大陸。亦須過此冬節。待回春和暖。乃圖他計。這樣看來。少不免要逗留五六个月了。惟是這胥羅船既已許多破損。日炙雨淋。罅漏日甚。到底不能彀支持五六个月。所以越發著急東征。以求一栖居之地。若尋不著。亦須趕緊設法建造新居。彼此商議已定。恰好是日晴雨表針。忽然升高。共知明日便當快晴。於是預備起程。計武安前者所望見之海色。約距此岸六七邁。照例來回一日。最多兩日足够了。但因沒有鄉導。怕碰著意外的阻滯。所以持四日糧前往。這四位委員。各帶長鎗一桿。五響小手鎗一桿。又公帶斧頭二箇。指南針一箇。望遠鏡一個。毛布數枚。火柴火鐮燧石各若干……俄敦本欲與四人同行。調和武安杜番兩者之間。又怙記著這年幼的無人照料。只得自己留守。於是悄拉武安到僻處。勸以遠征時候。勿與杜番慪氣。武安自誓以決無此事。俄敦始安心……明日朝七點鐘起程。俄敦勸他帶著那獵犬名符亨者同往。一齊進發。是日恰如我北半球十月時節。小春之好天氣。四位沿海岸北行。他們擬不攀武安所登之岬。別求低處攀緣而出其背後。一直線行去。便到武安所望海色之處。四人沿石壁行。約有一點鐘。前面沙毗與獵犬符亨。忽焉不見。三人正驚愕尋求。隨聽得沙毗叫喚聲。與符亨高吠聲相和。三人跟踪到其地。只見沙毗獵犬。共立於石壁罅裂之處。蓋由寒氣熱氣之作用。或濕氣之浸潤。因此石壁自頂達地成一縱裂之痕也。其裂痕中間寬濶可容人身。且成四十度乃至五十度之斜面。其斜面凸凹不一。恰如一危梯。四人乃緣登壁頂。杜番先取望遠鏡向東方瞭望。韋格遽問道。曾看見甚麽水色麽。杜番道。沒有。韋格旋向杜番索鏡細望良久。道。望到眼盡處。只見一面茂林。武安道。這裡比那岬頂低一百多尺。眼界更窄。那岬上望得著的。這裡如何見得。若穿過這個茂林。一直往東。便可以證明我所見的是眞是假了。杜番道。這太費事。費事猶可。但我斷其勞而無功。武安道。然則你留在此處。等我與沙毗往前探察之。何如。韋格道。我們自然也該同行。隨喚杜番道。來我們一齊前進呀。沙毗道。不錯。但是我們已餓乏了。吃點東西再行罷。於是四人各取出食物。用早飯。飯畢。再下石壁而東。……初行一邁。左右都是草陂平軟。間有小丘三五。蘚苔封積。亦有一二灌木叢。其木則柊樹及巴比櫟等。皆極寒地之植物也。既而進入茂林之中。只見偃木腐積。密草雜生。孩子們屢屢手斫榛莽。乃能進行。疲勞已甚。費數點鐘之久。僅行三四邁。至午後二時。到一條淺溪之上。孩子們藉草小憩。只見水石粼粼。直視見底。且水面無一根枯枝。一片草芥。料其發源之處。去此不遠。橫溪中央有平石數枚。位置距離。整然有法。宛如以人工砌成。作徒矼者。其溪向東北流。或即注於武安前所望見之海。亦未可知。於是孩子們決議沿溪以尋其末流之所注。先涉徒矼。到彼岸。愈到下游。其溪面愈濶。俄而溪面爲密樹所蔽。失其所在。行少頃。乃復得之。一路沿岸而下。那溪急轉慢折。不一而足。大率仍是東流。雖然、其末似尚甚遠。水流依然緩慢。溪面亦不加廣。直至五點半鐘。乃知此溪純向北流。孩子們失望。乃舍川而再取途于東方。密樹欝葱。當晝猶暗。豐草往往沒頂。彼等相喚相應。始能成行。既七點鐘。尚未能出林外。武安杜番相議。今夕暫宿此處。明晨乃行。……是時天已黑。不甚能辨物色。只見前面一團茂樹。枝幹下垂到地。儼如屋蓋。乃共入其中。鋪起所携來之毛布。取出燻牛肉餅乾等充飢。困倦之餘。不覺皆沈沈睡去。獵犬符亨守夜於樹外。一夜無話。……翌晨七點鐘。大家醒來。尚未起身。獨有沙毗先出樹外。忽然叫喊起來道。武安、杜番、韋格、快來看呀。三人驚皇走出。沙毗道。你看我們昨晚到底睡在甚麼地方呀。大家仔細一瞧。那裡是窠茂樹。却是一間小屋。用樹枝編成。有屋蓋。有屋壁。好像那黑人所居之屋。叫做阿治約巴的大約係百數十年前之物。屋蓋屋壁。僅存其形。杜番開口道。噯呀。此地非無人之鄉。哩武安道。是以前諒非無人之鄉。章格道。這樣看來。連昨日那徒矼的來歷都明白了。……雖然此地若是野蠻黑人所住。這孩子們越發危險了。大家再入小屋之中。仔細尋索。只見蔽地枯葉之底。有一个破爛的瓦器。亦是人工做的。大家離去此地。按著指南針。向東直行。到十點鐘時候。已出林外。只見一幅平地。爵香草茈莎草等叢生其上。前面半里許。一帶白沙。白沙之外。則千波萬浪。淘去淘來。噫。是即前者武安所望見之海也。此時毫無疑義。這地方確係一絕島。並非大陸了。孩子們由平地下於沙際。團坐用早飯。相對愁然。默不一語。飯畢。杜番欠身道。我們回去罷。趁早起程。或者回到船中天尚未黑。四個童子。一齊惘惘而返。復回頭一望。恨恨地着實瞧那海面幾眼。卻見獵犬符亨。突然走到海邊。在那裡飲水。杜番亦順手掬些一飲。那水却是淡的。無一點鹹味。哈哈。這橫斷東方的。非海也。湖也。……至是而此地到底係絕島。抑是大陸。這問題又不分明了。眼看這湖前面及左右。皆無涯涘。既有恁般一個大湖。或竟是大陸。

亦未可知。武安道。若係大陸。應是亞美利加洲。杜番道。何如。我早言此地是大陸。果然不錯。武安道。我所望見的水色亦不錯呀。杜番道。錯卻不錯。但不是海罷了……看官。就使此地果是大陸。孩子們要尋那有人烟處。亦須待數月後春融時節。到底少不免要在此地躭閣數月呀。那西方海邊。既已尋不著一箇樓身洞穴。然則在這湖邊找一箇暫居之處。也是目前要緊的事。棄之那徒矼。那小屋。各種古跡。皆在這邊。試更子細尋探。或別找出些前人遺物。亦未可定。況且所帶食物。尚足夠四十八點鐘之用。天氣亦無甚變動。於是四個公同商議。沿湖前進。又以向南行則離胥羅船較近。遂決意繞大湖南岸而行。正是

鑿孔豈惟張博望。　遠游今見哥侖波。

湖南地理如何。第六回再表。

文苑

詩界潮音集

天竺山居雜詩　明夷

入春忽忽已三月去國迢迢又四年花樹怯寒尙含蕾峯巒近暮總籠煙中原萬里無
消息大壑千尋獨醉眠且喜林園有餘地更饒狂放蹴秋千
雪峯天際正當門曉望崑崙山最尊孤臥柴床臨絕壑頻穿竹徑過鄰園亟籐礙帽時
低首落葉盈衣故不言避地偏宜閑靜性俛聽山市鬧聲喧

憂患　有情子

冷眼癡心兩反成千絲血縷劍無聲非經憂患安能死愧向優閒自討生鬼國飄揚風
變黑人波吹起恨難平區區小技非吾願踏碎陰山萬馬橫

國恥兩首　困齋

國恥當思三戰北人才方駕一航東孤身性命懸天外萬族瘡痍在眼中詩入滄溟墓

地險文窮山海盡天空他年興國知何恃載筆乘槎爲采風

揭來更亂三年別當日論詩百尺樓虎臥龍跳陵谷變魚沈雁斷海天秋東西文字俱千古新舊人才各一邱爲據扶桑導先路便從渤海下扁舟

晴廬雨坐聊短述　神州袖手人

昨夜千山明月寒晨起一椽過疏雨牆頭綠竹青松林獨覺風吟落蟲語鄰舍炊煙雞犬鄉鄰舍豎子鏡柄長高樓了了讀書眼死生獨坐涕淋浪

蟻鬬　忘山居士

獨立閒階觀蟻鬬忽傳雲海動旌旗九州猨虎雄風在一局樗蒲冷眼窺國勢縱橫雖豫測天心殘酷不勝悲請看用九羣龍日便是人權戰勝時

讀陸放翁集　任公

詩界千年靡靡風兵魂銷盡國魂空集中什九從軍樂亙古男兒一放翁（中國詩家無不言從軍苦者惟放翁則慕爲國殤至老不衰）

辜負胸中十萬兵百無聊賴以詩鳴誰憐愛國千行淚說到胡塵意不平（放翁集中胡塵等字凡數十見）

蓋南渡之音也

歎老嗟卑却未曾。用放翁原句轉因貧病氣崚嶒。英雄學道當如此。笑爾儒冠怨杜陵。放翁集中只有詩老頌卑未嘗一歎嗟誠不愧其言也

朝朝起作桐江釣。昔昔夢隨遼海塵。恨煞南朝道學盛。縛將奇士作詩人。宋南渡後愛國之士欲以功名心提倡一世者亦不少如陳龍川葉水心等亦其人也然道學盛行掩襲天下士皆奄奄無生氣矣一二人豈足以振之

余作新壽命說一作至長久之壽命保險家人羣也 觀雲

未暇高言出世謚爲入世諸人破生死網也篇後系詩數首

目極寥天際。千秋事若何。與君期華嶽。慰予定風波。四海神靈合。雙丸日月多。香雲花雨裏。法界幾經過。

脫却皮囊臭。神奇信有之。招魂來帝子。養氣若嬰兒。魑魅何能祟。天龍亦自隨。莊嚴諸世界。人境不須離。

相逐寥天去。而無塵世緣。大星明處處。華蓋自年年。不信顏回死。從知太白仙。男兒無別事。怎莫著先鞭。

何人不入死生海無法能離纏縛門我爲衆生新說法解人迷惑鬼煩冤
漫爲高智說眞如指點人羣足啓予我所莊嚴我所往露地猶得白牛車
髓腦肝腸爲國牲不須萬派動哀鳴崔巍銅像祇塵相芥子金身偕大橫
入世我由乘願力非關惑業墜人間光明現相尋常事祇馭天風一往還

歷史　　同

煌煌歷史間祇有成敗倫成者雖碌碌尊之若鳳麟敗者雖英雄賤之若蠅蟲最奇支那事奇士多不春影響及社會民愚斯蠢蠢俊傑遭挫傷得意類謹馴緬想哥倫波航海覘西坤設令中道阻亦爲歐俗瞋有幸有不幸天乎人乎幷吁嗟儒老墨惆悵唐漢秦教主與時君思之動疑眕奴界累千載而不敢置論偉哉成敗力若雷霆萬鈞吾儕持平等尙論抉素因一埽前民言稱心自爲衡思欲翻史案汗牛作秦焚嗚呼吾史成朝市尸其身臏臏此鴻業耿耿感于心研鍊數千年天葩紛遹芬一卷奇人傳持以福吾民

問答

(七)問、經濟學原名Political Economy直譯之爲政治節用學。迨Morsbott氏而始名爲Economics日本人譯之爲經濟學。不求其理而驟觀之。則經濟似與政治混而無別。夫經者含政治之義。濟者寓泉流之旨。其與斯學本義已極相符。日本當時之定爲此名。蓋已斟酌審愼而無遺議者矣。貴報第三號乃欲易爲平準學。夫平準者誠如嚴氏所謂西京一令以名官職。不足以副斯學。乃如嚴氏之譯爲計學。其名則誠雅馴矣。若謂用之處處而無扞格。則恐爲賢者自許之太過也。案Statistics者亦財政之中而獨立一學者。日本人則譯爲統計學。又曰計學。今中國之方與人民出產國用。皆渺無定稽。是此學爲中國所宜急講者矣。今若竟從嚴氏之名。則不知此後而欲譯Statistics。其又將以何者而易之。貴報第七號而又名之曰生計學。雖生計二字其較嚴氏爲稍善。然終嫌範圍太小。而不能以政治理財之意包括於其中。竊謂泰西近世所新發明事理。爲我中國曠古所未有者。不一而足。若必一一而冠以我中國所固有名辭。是誠許子之不憚煩矣。亦恐未必有此吻合者。且舉國草創。禮部尙乏檢定之例。文人結習。好尙新異。誤而用之。必至沿襲數十載而後始能改。與其遺誚後賢。不如其仍舊貫。以俟商榷。如其不然。則財政學日本亦有用之者。且包舉斯學之旨。而義界亦自淸也。用以質之。以爲何如。想貴撰述亦必有說者矣。

（駒場紅柳生）

(七)答、平準二字之不安。鄙人亦自知之。故旣棄去。計學與 Statistics 相混。且單一名詞。不便於用。如日本所謂經濟問題經濟世界經濟革命等語。若易以計問題計世界計革命等。便覺不詞。鄙人亦旣以此質問於侯官嚴氏。尙未得其覆答也。尊論謂近世所新發明事理。不能一一冠以我國固有名詞。此論誠偉。惟經濟二字。襲用日本。終覺不安。以此名中國太通行。易混學者之目。而謂其確切當於西文原義。鄙意究未敢附和也。故終願海內大雅。悉心商榷而重定之。至謂財政二字。可以包舉斯學之旨。而義界亦淸云云。鄙意殊不謂然。財政者不過經濟學之一部分耳。指財政爲經濟。無異指朝廷爲國家。考德國近世學者。於此學分類定名。最爲精密。其所謂

Wirtschabtslehre 者。經濟學之總名也。或稱爲 Volkswirtschattslehre 及 Nationaloekonomie。則國民經濟學之義也。又稱爲 Politische Oekonomie 則政治經濟學之義也。而又分爲家政經濟學。Domestic Economy 及營業經濟學。Industorial Economy 等門。至其專屬於行政者。則謂之 Wirtschabtspblege 而其中又分兩門。一曰 Wirtschabtspolitik 日人譯爲經濟政策學。二曰 Finanzwissenschabt 日人譯爲財政學。然則財政學不足以包舉經濟學之全部明矣。試以日本人所通定經濟學部門列表示之。

經濟學
- 純正經濟學
- 應用經濟學
  - 經濟政策學（狹義之應用經濟學）
  - 財政學

由是言之。財政學決不可用也。嚴氏又謂苟欲適俗。莫如徑用理財。是亦不可。蓋此等專用名詞。萬不可以動詞冠其上。若用理財。則其於用之於複雜名詞時。窒礙亦滋多矣。故鄙見仍欲存生計二字以待後賢也。日本所譯諸學之名。多可仍用。惟經濟學社會學二者。竊以爲必當更求新名。更望哲達有以誨之。（本社）

中國近事

◎力辯其無　某國公使聞外間風傳俄約外尚有密約。特往謁全權大臣王相。面詢是否屬實。王相謂此係外間風傳。斷無足信。某公使謂萬一日後有此等事發覺。當如之何。王相則以身任之謂日後如果有此事。即惟我是咎可也。某公使乃退。

◎撤簾有意　兩宮恭謁東陵時。有某大臣以撤簾請者。太后大怒。且曰。今日朝政紛紛。築室道謀。乃若輩竟一味責我。吾老矣。行將退老頤和園。娛我桑榆晚景。不復問天下事矣云云。又內監聞太后有意撤簾。皆十分惶恐。而李蓮英爲尤甚。誓將以死諫阻。嘗奏諸太后曰。如老佛爺必欲退老頤和園。請先斬去奴才的頭。

◎修治道路　各國公使屢與慶王言及京師宜亟修治道路。以免汙穢薰蒸。至生疫癘。慶爲外人屢次諷言。于是奏請修造馬路。已命慶王爲督辦。胡燏棻爲會辦。頃已議定。由戶部發帑銀廿萬兩。即日興工。其中所用之辦事人員。均歸提督衙門酌用。該衙門之長年經費。亦即改爲養路經費。城內外先將大路修好。一切章程。尚未議妥。命外部各司官等。各陳已見上條陳。以備採用。而胡燏棻之善後局。亦即行裁撤。

◎崇文門稅　崇文門監督屬下之人。于抽稅時專事勒索。故怨聲載道。洋人之貨進門時不過繳納正稅。華人則于繳納正稅外。仍須格外需索。有某御史奏參肅王辦理不善。肅王于是出示痛飭在事人役。謂嗣後于徵收正稅後。不准另取分文。凡商民納稅時。即向該收稅者取一憑單。載明所納之數。如有向之多取者。准持單往控。定必從嚴懲辦云云。

◎刋印政要　政務處奏請按月刋印政要一次。首列諭旨。次刋摺件。已奉旨允准。現已分咨各部院各省關將遵旨議覆。現已舉行各奏摺分別詳錄咨送。凡兵制學校賦稅度支外交各要政諭摺。槪行刋刻宣布。

◎事屬可疑　前三月廿三日外務部接到東南某總督一電。謂楊子通星使致死之由。若如傳聞。誠于國家之體面有關。父喪未治。而其子即縊死。此中情節。大有不可思議之處。如不趕速摘發其隱情。判明其所以致死之由。恐日後俄使一缺。斷無人敢往也云云。

◎俄人叵測　据中俄條約。俄兵當於年半內一律撤退。然自今日觀之。俄人不特無豫備撤兵之事。且藉口彈壓馬賊。陸續派兵前來。今日駐于滿洲東南一帶者。約有五萬餘人。加以新增之兵。不下六萬上下。前日俄國鐵道委員。特送一照會于盛京將軍。謂俄兵雖撤。而東清條約。俱在容難一律退去。蓋東清鐵道條約中。有許俄人保護鐵道之權利。故俄人藉此為永久駐兵滿洲之計也。據該照會謂俄國步騎二軍可酌量減退。而砲兵且將增加。使各停車場得保無事云云。俄人用意。概可知矣。

◎擬還天津　各國駐華公使。現當未會議交還天津之事。各國擬禁止華兵駐扎天津一節。聞華官未允。袁慰帥到京後。拜會公使數人。欲請各公使除出此層。如各國不允其請。則慰帥即擬在保定駐扎。不再至津矣。英美日三國公使。已從慰帥所請。惟西班牙及意與三國公使力拒不允。至俄德法三國公使則不置可否。聞西班牙及意與三國公使所以力拒不允。係為別國公使唆使之故。交還山海關鐵路之事。亦因此耽延。在英國之意。山海關鐵路隨時可以交還。前已定交還日期。如德日兩國公使允諾。即可定議云。

◎交路新章　中國全權大臣。與英公使議還山海關鐵路一事。已定議立約。于西四月廿九號簽字。今將其約中大意列下。一定期于西六月一號將鐵路歸還中國。惟須俟各國應允後。方可照辦。二、華德斯與英軍統領前者所定鐵路運兵章程。仍照前不改。三、派一英國武員爲正總辦。兩武員爲副總辦。德國日本各一人爲該鐵路總辦。四、于未交還鐵路以前。凡英軍統領已辦之事。如用人訂立合同等類。均須以滿期爲主。五、將來如再另建新鐵路在山海關鐵路兩旁八十英里之內者。則須由中國自辦。不得由外國公司辦理。以上爲交還鐵路約章之大意。其中第五欵之所以立。則因近曾有人向中國聲稱欲築鐵路由通州至秦皇島。又由豐台至張家口。恐中國果將此兩路讓與外人。則與山海關鐵路不免有礙。故有此約。

◎擬索租界　聞駐粤美領事曾向粤督索租廣州河南爲租界。蓋河南爲粤漢鐵路發軔之地。美領事意欲獨攬路權。故有此請。制軍始則堅拒。繼則托病不見。美領事饒舌再三。制軍飭屬告以此事須商之外部。非疆臣所能擅允。美領事電駐北京美公使。照會外部。索之頗堅。並謂制軍已經應允。外部大臣電責制軍。不應推諉。其詞甚嚴。故制軍決計引退。以避此事。

◎法葡索地　旅居澳門之法人。近擬在相隔澳門數英里地方購地一區。聞共出價洋十二萬元蓋因該處水深便于灣泊船隻。欲于此建一海軍醫院也。惟此舉不特可以扼守廣東省城及澳門來往之海口。即與香港亦甚有礙。是以港中英官聞已傳電葡京。理論此事云。又聞葡政府已命駐華葡使向中國政府要索鄰近澳門小海島兩處云云。

◎北省亂耗彙誌　廣宗一帶因地方官頻年勒派重捐。民不聊生。于是亡命之徒。聯合三百餘村。製造槍械。與官軍抗衡。起事之初。不過廣宗一縣。繼而邢台鉅鹿唐山內邱新河平鄉等縣之百姓。亦皆聞風響應。攘臂而起。蓋亦怨毒太深。民心憤極所致各州縣夙有聯莊會。槍法極準。省中所派之洋操隊。將臨廣宗縣境。即與鄉民接仗。鄉民怒極。奮不顧身。且其所用之鎗。較洋鎗遠擊三十步。洋操隊死傷頗多。因而大敗。鄉民得勝後。即沿村築壘。後路各縣之商民竭力供濟飲食。呼地方官爲狗官。呼官兵爲賊兵。大旗上特書官逼民反四字。官軍敗後。于某夜暗襲某村。村破。官軍大肆淫掠。後即縱火焚之。村民老幼千餘口。無一生逃者。並焚去教堂一座。教民若干家。匪首景廷賓係廣宗縣人。武舉出身。年約五十餘歲。起事之先。將自己親屬眷口。盡行殺害。以示必死之心。　又聞匪首景廷賓傳單勾結山東河南毗連各縣。計有二十四邑之多。號稱有六萬人。均通聲氣。且有興匪在內。威縣城邑。已爲匪徒據守。

◎西省亂耗彙誌　廣東省城官場于日前接廣西來電。言南寧已爲亂黨所困。危急異常。救兵倘不早至。勢必不支。廣東大吏。旋即再派兵兩營往援。　又電云。鬱林州因匪勢猖獗。已失陷三縣。皆與東省毗連。匪自係洪姓。托言洪秀全之裔。東西勦匪之兵。均不甚得力。　又聞該亂黨中分爲兩派。一派係頗有政治思想者。一派係散勇黨。惟事刼掠百姓。並擒拏官長勒贖。以及佔收鹽稅各事。　又雲南並東京以及廣西北境邊界各屬匪黨。結隊成羣。到處肆擾。　又聞各亂黨共有二三十萬人之多。近日已將圍困桂林省城。　又聞駐法公使裕庚。日前電達外務部。謂本日接到法外部照會。內開廣西匪亂。與東京商務大有關係。現在貴政府究竟如何措置。若至六月以後。尙不能鎭定。敝國爲自己利害起見。斷不能置之不理云。　又廣西巡撫丁振鐸同日電致外務部署。謂東京法兵官屢請援助中國勦匪。均婉言謝却。乃上月杪忽有法國馬兵一隊。炮兵多名。闖入邊疆。居民大爲震動。似此藉端干預。實難測度。懇請照會駐京法公使電飭該兵立即退回。毋得釀成邦衅。致傷睦誼云。

海外彙報

半月大事記西歷五月上半月

▲一日路透電。茲據路透探悉。英杜和議定局與否。必須再閱兩禮拜方有着實消息。同日電。路透派駐杜京訪事電稱。杜國各酋長日來循歷各城邑聚議和局。俟各處議畢。當于五月廿五號公同齊集比武里尼金地方。再行辯論其應如何降敵事宜。

▲二日路透電。杜國各酋長係定十五號公同齊集比武里尼金地方會議和局。非如昨電所云廿五號也。各該酋當先商定如何降敵。然後再往斐托里亞與英將軍定議。

同日電。英軍務處近宣示云。目下業已備兵一萬名。鄉兵亦在其列。並戰馬二千匹。定于本月內以輪船十四艘載往南非洲。

同日電。據杜將底威特明言此時若不停戰。恐亦無益。况英國所求之處。皆近乎情理云云。

同日電。德亨利親王統帶兵艦九艘至愛爾蘭北方一帶巡洋。茲已駛抵某埠。既至愛爾蘭。嘗赴菴洛孟亨謁見英太子及其元妃等。然後再赴達卜琳總督府內宴會。

同日電。英下議院嘗會議輪船合衆公司時。間有數人極言本國之快艦改懸他國旗幟。殊與國體有礙。至若虧損商利。尙其末也。某議員又謂政府于此事業已採悉各情。無如既經嚴祕不宣。此時再行辯論。直大錯矣。茲已議定。此項船隻悉歸海部管轄。政府並不遙制。一如曩昔。至若禁止英民將產業售賣與外人。實有窒礙難行之處。況此意外之爭衡。政府斷不能未經細查其實遽行爲之限制也。

▲三日路透電。司登達報派駐杜京訪事于四月三十號來電云。各酋長疊次會議和局。願和者固多。而其間不無異議之人。然英人所索各節。則皆在乎情理也。

同日電。英副將[illegible]克稟稱日前在某處陣擒杜酋一人。該酋乃杜將實蓋之姪底威特部下之驍將也。又英樂克甫副將稟稱四月廿九號英杜兩軍之戰。英軍中管令旗之某某弁兵二人均獲受傷。

▲五日路透電。英兵部大臣施樂本公爵。近在某大書院筵間宣言曰。溯自南非軍興以來。前後由各輪船載兵前往者。共計有五十餘萬人。軍需輜重約有一百廿五萬噸。糧食尙不在內。騾馬約有四十萬匹。以上各項。前後共用輪船將及六百艘。似

此獲建殊功。皆賴商輪之盛。得以源源接濟。俾臻安協云。

▲六日路透電。英維新黨中名亨利福黎者。近嘗文告武樂伯亨教各紳董。聲明羅斯伯利公爵所論南非洲軍事。及愛爾蘭省章程各節。適與鄙意相符云云。

同日電。俄國坡洛塔巴省內所屬之城邑五處。因亂黨滋事之故。業已頒行軍律。

同日電。英公爵比利斯甫近在下議院宣言曰。日前所議地中海英水師艦隊危迫情形一信。旋經刊登各報。此事係本爵一人獨行。使海部以不遵水師定章見責。本爵惟有聽其議處而已。

▲七日路透電。紐約信云。大西洋合衆輪船公司。以東方各埠商務。亦當包括在內。

同日電。葡京信稱。葡國現在情形。殊屬危迫。阿坡圖滋事。各葡官秘不宣布。究其致亂之由。則因外國各財東近已集議。欲降葡萄牙為第五等國云。

同日電。英杜和局可望有成。斐托里亞各委員已與各杜酋晤商。甚屬順手。各該酋已允降英之議。間有異議者。惟底拉利部下之人居多。

同日電。英軍近已佔斯登考地方。該處為杜國險要之所。是役也。英軍中傷亡共有十四人。而杜軍死傷之數則甚多。

▲八日路透電。英某將軍信稱日前英軍在某處消擊敵軍。陣殺杜兵十人。俘獲二百零八人。其間有屬于阿連扶里之杜民最爲頑梗不化。

同日電。英沙侯相近在某處言及英杜現在南非洲和局一事。深望彼此無泥猜嫌。和衷商議。克底于成。且政府業已示意。必當曲予成全。故今日南非洲之戰禍。諒必不至遷延。而我英亦並不願終與杜人爲敵也。

同日電。奧外部大臣茲已聲言三國聯盟之約。行將接續而下。以冀共保太平之局。

▲九日路透電。英議員愷利在下議院以日本人流寓英屬新金山一事。問諸各議員曰。政府果否與新金山首相熟商。凡日本人寄居英屬各屬。應否依照境內他國客民一體相待。至各該客民等所享各項權利。日人亦得一體均霑等語。理藩院大臣張伯倫對曰。政府並未與該國相臣籌議此事。愷利又曰。然則日人皆不能與文明國之客民一律相待乎。張大臣曰否。政府並無少懷歧視日人之意也。

同日電。法京巴黎近已創一輪船公司。專以往來東方各埠。擬集法金一千萬佛郎爲資本。內有一半當在丹麥瑞典兩國招集。

同日電。美國兵部大臣告諸議政院各員曰。斯密士統領所擬辦理非律賓軍務之處。經本大臣核准照辦。不徒仁義備至。亦且可冀有功。但斯統領響飫哇烈都司呈報兵部稟內並未提及前情也。

同日電。荷蘭女皇近日已占勿藥之喜。

同日電。英國學校經費單。茲已第二次復交下議院核議矣。

△十日路透電。法屬西印度瑪丁尼島火山轟裂。致聖彼爾全城毁沒。據駐防該處某法艦管帶官稟稱。八日早大火飛墜聖彼爾城。是以全城盡遭焚毁。城內居民二萬人。未及于難者祗三十人耳。船隻停泊港中亦均被毁。

同日電。近西印度多米尼亞及聖彬森各島。因火山轟裂爲患。居民紛紛逃徙。巴柏圖巡撫電致理藩院稱。當轟發時。仿彿如萬炮齊鳴。震聲聞于巴柏圖。移時黑不見日。益以雷雨交加。風馳電掣。飛沙走石。塵積深至數寸。

同日電。瑪丁尼火山轟發之災。百姓遭難而死者不下四萬人。茲據目擊是日災情者述稱。火山驟然轟發。頃刻間沙泥飛舞。風火畢至。上衝之石。從高而下墜者。至十五分鐘始罄。霎時間全城已在火炕中矣。

同日電。據英國來信稱。聖彬森災民遇難而死者。共計約在五百餘人以上。

▲十三日路透電。英戶部大臣所擬匯票另增印花稅一節。茲已能議。

同日電。聖彬森島北方一帶。現仍火燄迷漫。難以近逼。而瑪丁尼河道或乾涸異常。或泛濫四境。甚屬無常。

同日電。美國議院茲已議撥美金二十萬元。以爲賑濟西印度各島難民之用。

▲十四日路透電。英某大臣在下議院請某議員設法籌欵。以助西印度難民。旋据該議員稟稱。此舉雖無成案可援。政府當亦竭力以圖之也。

同日電。前禮拜間南非洲英軍共擒杜兵計八百十七人。杜將賓薩威斯魯等已從哈利斯密斯前赴比里尼金議事矣。

同日電。法國總統偕同法外部大臣已從法國起程赴俄矣。

▲十五日路透電。英某大臣因改革財政。擬將穀稅豁免一節。茲已作爲能議矣。

同日電。英基將軍茲已下諭。謂比里尼金會議之時。杜蘭斯哇並阿連治各屬酋長。均須一律齊臨。勿得參差。

同日電。各屬杜酋前往比里尼金會議者。現已先後齊至斐托里亞。本日諒可開議。

同日電。新金山英巡撫何必敦。茲已自行辭職。緣議院不允議增其薪俸故也。

餘錄

與梁卓如書丁酉正月

侯官王元章

八月間閱大箸時務報。知足下於書無不讀。讀之率能揭其要。且邃於西學。每舉西法。輙援我中國古書以證。語語沈著。皆可見諸實事。文則有意味。尤爲名宿所膾炙。文章經濟。冠絕無兩。洵當代一奇才。佩服佩服。顧章於敬慕之極。竊有所欲言。而塵足下之聽者。足下倘願聞乎。足下爲世道故。規盡天下之人。則人有以規足下者。足下當無不願也。孔子爲吾華聖人。孔子不自聖。後人聖之也。孔子誨人以五常。乃述古聖昔賢之訓。無所謂孔教。後人以爲孔子教也。微特無所謂孔教。並無所謂某聖某賢之教。何則五常之性。凡圓生人罔不具。凡圓生人之靈者。罔不以之誨人。此其道無間乎古今。無間乎中外。即極之土苗生番。其酋長亦莫能舍。是以與其類相接。特以治法有疏密。斯民俗有厚薄。故地球上分五種人。風化懸絕。至不可道里計。而五常之性不盡喪也。審此則孔子之誨人。即天下古今中外萬國有治人之責者之所以誨人。政也。非教也。即

一

以爲教。亦生民以來之公教。非孔子一人之私教。專名爲孔教可乎哉。足下以孔子爲教主。竊欲尊孔子。俾人長奉孔子於萬世乎。足下誤矣誤矣。尊孔子不啻褻孔子也。欲使萬世奉孔子。不啻使後世攻孔子也。何以言之。所謂教者。皆無權位之人。本其一豁之見以立言。無非以福善禍淫爲主。若道教若釋教若西教若回回等教。皆是。究其實不免皆愚人之術。孔子之言。爲天子言爲諸侯言爲大夫士言。所言者修齊治平。皆帝王卿相所有事。故曰政也。非教也。無論天下古今中外萬國之帝王卿相。莫不提此以範圍天下。無論天下古今中外萬國之人之衆。亦莫不胥受其範圍。則孔子爲天下古今中外萬國帝王卿相中人。不得區爲教。以與他教競勝矣。方今時局。足下亦既洞燭矣。後此世運所趨。當爲足下所逆睹。豈不知中國百年後。政治教化風俗人心。必將與泰西各國一一合轍耶。今乃尊爲教主。欲使萬世奉之。在足下意固甚善。然循此而行。詎不顯與他教爲敵。凡教之立。入主出奴之見。固執而不可化。我攻彼。彼亦攻我。彼此相攻。何所底止。是啓之也。今西士之立論者。動引吾聖人之說。以實其言。則於吾聖人之說。並未嘗少有詆譏。爲孔子者。正當審其我就相與安焉。必欲抑彼而伸我。能保必勝乎。足下固嘗言西法者。每論西法必證以經。大意在引人入勝。豈不知泰西新法有與孔子大不合者。後世舉其不合者行之而效。則是予西士以非聖之間。西士反唇相稽。攻我之教。必至之勢也。則曷若舍乎教之說。入孔子於天下古今中外萬國帝皇卿相中。爲古時善言治法之聖人。堯舜禹湯文武周公爲中國古時治世之聖人。孔子爲我中國古時善言治法之聖人。後之論者。必合孔子於堯舜禹湯文武周公中。盛稱孔子不置。則孔子之尊。不更尊於耶穌釋伽諸人萬萬乎。此不但不褻孔子。且不使他教異日敵孔子而攻孔子。孔子之爲聖。乃亘古而長稱也。否則反是必矣。有爲足下解者曰。足下心乎天下。知西法之善。欲盡言之。恐人以用彝變夏之說難。特引古語之有合者爲證。所以塞人口也。又恐世之寡識者。以爲驅人入異端。不得已而以孔子爲教主。明其不惑於西教。亦所以塞人口也。褻孔子與啓後世攻孔子又何恤焉。竊以爲足下非心乎天下則已。心乎天下。則萬萬不當出此。非心乎萬世之天下則已。心乎萬世之天下。則更萬萬不當出此。援經以證西事。乃引人入勝之道。意美而法亦良。此何待論。至奉孔子爲教王。未善也。奉孔子爲教主。顯闢西教。非但未善。且大不善也。請就所見。

爲足下言。國之治也。必治於治法之密。治法密。凡在宇下者咸得休養生息。無一夫之不獲。今之西政。其明效也。同也。夫治民之法。敎之以成其材。養之以厚其生。保護之以安其身家。輔翼之以全其德性。而又懸書讀法。示之於未然。刑誅監禁。警之於已然。敎養勸懲。百度具擧。亦云密矣。然足以範人身。仍不足以淑人心。非不足以淑人心。不能使人人之心皆向善而不思爲惡。所以然者。人之氣稟賢智少。愚不肖多。愚不肖者。知有已不知有人。擧凡損人利已而人不及知者。無所不爲。敎之不知恩。養之不知德。保護之不知感。輔翼之不知勸。懸書讀法而不知省。刑誅監禁而不知避。出治者將奈何哉。刑則刑。賞則賞。權自已出。斷不能語人曰。吾不汝刑。自有刑者。吾不汝賞。自有賞者。於是有心人而無權位者。出創爲果報輪迴天堂地獄之說。紛紛立敎。以濟國法之所不及。若是乎敎亦何負人國哉。顧或謂道釋各敎。不過空言垂訓。又不免爲愚人之術。何若孔子之敎。敎人爲忠臣。敎人爲孝子。敎人爲志士仁人。光明正大。絕無一語欺人。立以爲敎。黜他敎妄誕不經之說。豈不甚善。不知孔子之不欺人。正不若各敎之能愚人。國家懸書讀法。何嘗不勸人爲善。使人爲君子。且又刑誅監禁以懲之。而世猶有不顧聲名。思逃國法而爲非者。曾謂孔子之法語。能令愚不肖者從。而能令愚不肖者改乎。夫法語之言。聽者十從者亦十。改者十一二耳。至有所其利於已。則理不足以勝欲。能改者並無一焉。然而愚不肖之人。其於果報輪迴大堂地獄之說。則又易爲惑而信之深。一入其中。牢不可破。直若冥冥中眞有禍福我者。而因之遷善悔罪爲不少。王法所不能加。藉身後冥報以警之。則道釋耶穌等教。豈非有國者所不可少耶。顧或又謂釋道耶穌等教。均之勸人爲善。均不免於愚人。則我中國釋道已足。此外辟而闢之。亦奚不可。不知釋道已衰。無益人世。西教在西國。近亦寖微。而其國主仍力爲保護。非但不容言闢。稍示人以外之之意。鬧教之事。即緣以起。近年四川廣東溫州福州數案。我中國幸撲滅矣。而土耳其之革雷得島。至今猶岌岌然。足下心平天下。凡有關於大局者。思所以維持之。不當隱以煽之也。況耶穌之教。與釋道比。其淑人之善力量爲大。釋道二教。入者謂之出家。壹以清淨寂滅爲主。而一切邦家之榮。家庭之樂。在所不講。毫無生人之樂趣。愚賤即爲所動。大半苦其枯寂而裹足。而達官貴人無論也。故入其教者不甚衆。若耶穌之教。無分貴賤。上自王后。下至匹夫匹婦。皆得入會。命意以事天爲主。而天堂地獄之說。輔之以誘人。又七日一禮拜。聯入會者。聽講善言。時有以閑其心。使莫敢爲惡。故歐美各國入會者幾遍。其敎大約與戰國墨子相似。專言愛人。紅十字會之設。其始中人設之也。非洲黑奴之禁。其會中人禁之也。近日弭兵會之興。其會中人興之也。即吾華之知西學者。大半會中人啓之。其餘善事。不勝枚舉。無他。皆專言愛人之一道推之。遂克臻此。此實各敎中巨擘。釋道遠不逮也。又或者謂釋敎之來。民與相安。西敎非民所願奉。輙生釁。奈何不知釋敎之入中國。由漢明帝求其書倡之自上。故下化之。循至士大夫好談禪理。甚且以天子之尊。捨身古刹。可謂盛矣。卒寖衰而不復振者。即莊所謂枯寂無生人樂趣之故。今之西敎。士大夫鄙夷不屑道。甚則唾罵之。故入敎者不過細民。然非窮無復之。即細民亦孰肯於人之所唾罵者甘心爲之。則入其敎者。必有所爲而實非有所慕於彼敎可知。以故爲所化而爲善者十二。而藉其入敎之符。以橫行鄉里者十八九。當事者咎之。亦固其所。然既無術以禁之。盍因其勢以與之。是亦因勢利導之一法。設有一日如漢之求佛經倡之有人。並仿泰西各國所以待之之法。則趨之者必精心爲善之人。士夫惡得唾罵之。久之士夫並有樂其道而身入其中者。民教將由此相安。何生釁之有。章爲此言。固知與今人枘鑿。特以足下有墨子當與一語。故及之。夫墨氏之教。孟子稱爲異端者也。玩足下之言。若甚望其與者。豈不與孟子之意相刺謬耶。平心論之。孟子之誹墨子。以其兼愛。目爲無父。實深文周內。足下望其興。自是卓見。所異者足下望墨教之興。而類於墨教者獨不見容於足下。不知何解。意者徇今人之見。而爲之辭與。再者聞足下之師康君。自稱長素。取長於素王之義。弟子至有號爲超回軼賜者。然否。此在他人聞之。鮮不駭者。章則因此益敬康君慕康君。恨不得見康君。顏淵曰。舜何人也。予何人也。嘗論顏子此言實千古有志之士之祖。我不敢知。曰孔子之爲人。必如何長於康君。亦不敢知。曰康君之爲人。必如何長於孔子。竊觀其志。想見康君之爲人。光明磊落，氣蓋一世。爲千百年來所僅見者。我中國氣習。事事讓美古人。獨好與今人爲難。亦傎甚矣。與今人爲難。勢必互相攻擊。取禍之道也。讓美古人。勢必凡事守舊。不願求新。苟且偷安。其爲禍更大也。中國之衰。坐此焉耳。何如反其道而行之。既不與今人忤。復事事求過古人。而不自畫。獲益何可限量，安得將康君求勝聖人之志。爲我中國四萬萬人普告焉。以痛除其拘局不化之竅結。使我心一大快。去年强學會報康君主筆。亦援孔子爲教主。倘亦有不得已之意寓其間與不然、則亦有意闢西教矣。總之西教不可闢。闢西教無裨於人心。無補於世道。適貽不測之禍。非所以謀國也。足下業有言責。四方於以傾觀聽。所係靡淺。幸慎筆焉。章素崇有一切虛無之說。皆所弗道。何有於彼教。特以彼教之在吾華。實無害於人。無庸與敵。故不得不於足下一白焉。並以質於康君。

附來函

讀大箸新民叢報持論平允。不至使守舊者驚而却走。最足開通風氣。甚佩甚佩。所論保教一節。尤爲有見。亡友王元章於丁酉年曾有一書與足下論宗教。足下倘亦記之否耶。足下近來宗旨既與王元章相合。則王元章之言。亦足下所樂受。似不忍不爲表章。而任其湮沒無聞。且非得足下一言。亦萬萬不足表章之也。王元章書稿存在敝篋。茲特檢錄寄閱。足下倘有意爲附錄於大報乎。王元章字子杰。福建侯官人。於戊戌三月卒。卒時年五十餘。此上任公鑒。　王元章之友白　三月初六日

此函鄙人前未得見今由上海寄到浣誦一過欽佩無量因亟附報末以誌文字因緣之感　任附記

本報各代派處

如有欲閱本報者請向下開各處所定購或逕寄函本社購取亦得但必須將報費郵資先行付下本社自然按寄無悞

上海總代發行所廣智書局
又四馬路同文滬報館
又四馬路惠福里選報館
又四馬路惠福里采風報館
又四馬路廣學會邱禮清先生
又四馬路望平街中外日報館
又五馬路寶善街普通學報館
又棋盤街三茅閣橋商務日報館
又大東門內育材書塾王培孫先生
又樊王渡約翰書院晋尙先生
東京譯書彙編社
又神田東京堂
長崎新地宏昌號
朝鮮仁川怡泰號
天津日日新聞社
又大公報館
烟台順泰號
北京琉璃廠日日新聞分社
又琉璃廠西門內有正書局
南京花牌樓中西書局
又燈市口廣學會
又夫子廟前明達書莊
又三牌樓西明達別墅
又鐵湯池益智書局
安慶拐角頭皖省藏書樓

蘇州蕭家巷姚公館方康安先生
又同里鎮任閣學第陳佩忍先生
吳中圖書會社
無錫北門內道長巷梁溪務實學堂
常州城內青雲里楊第
又打索巷許芝年先生
杭州浙西書林
又東文學社
又梅花碑方言學社
又白話報館韓靜涵先生
揚州新勝街東文學社
又政法學會
紹興東湖通藝學堂孫翼中先生
南昌百花洲廣智書莊
又馬王廟背賦梅山房
又馬王廟背陶君節先生
如臯東門朱獻侯先生
漢口黃陂街江左漢記
溫州正和信局
福州南臺閩報館
汕頭今學書局
又育善街嶺東日報館
又振邦街上海莊黃敬堂先生
香港上環海傍和昌隆
又荷李活道聚文閣

又中環水車館後街錦福書坊
廣東省城雙門底開明書局
又聖教書樓
又黃文裕公祠內萃廬
又大馬站口林裕和堂
又十八甫華洋書局
海防同昇昌陳堯羹先生
石叻大葛街謙和號
巴城大港唇聯興號
庇能檳城新報館
吉隆王澤民先生
暹羅陳斗南先生
檀香山新中國報館
域多利埠廣萬豐號
域多利二埠英泰號
溫哥華埠永生號
砵侖李美近先生
舊金山文興報館
又中西報館
又翰香報館
偤郎羅藻雲先生
雪梨方澤生先生
美利畔黃世彥先生
紐西侖呂傑先生

廣智書局出書廣告

日本維新三十年史

全六冊　定價一元六角

第一編　學術思想史　第二編　政治史　第三編　軍政史
第四編　外交史　第五編　財政史　第六編　司法史
第七編　宗教史　第八編　教育史　第九編　文學史
第十編　交通史　第十一編　產業史　第十二編　風俗史

第三種郵便物認可
新民叢報第十二號　明治三十五年七月十九日發行

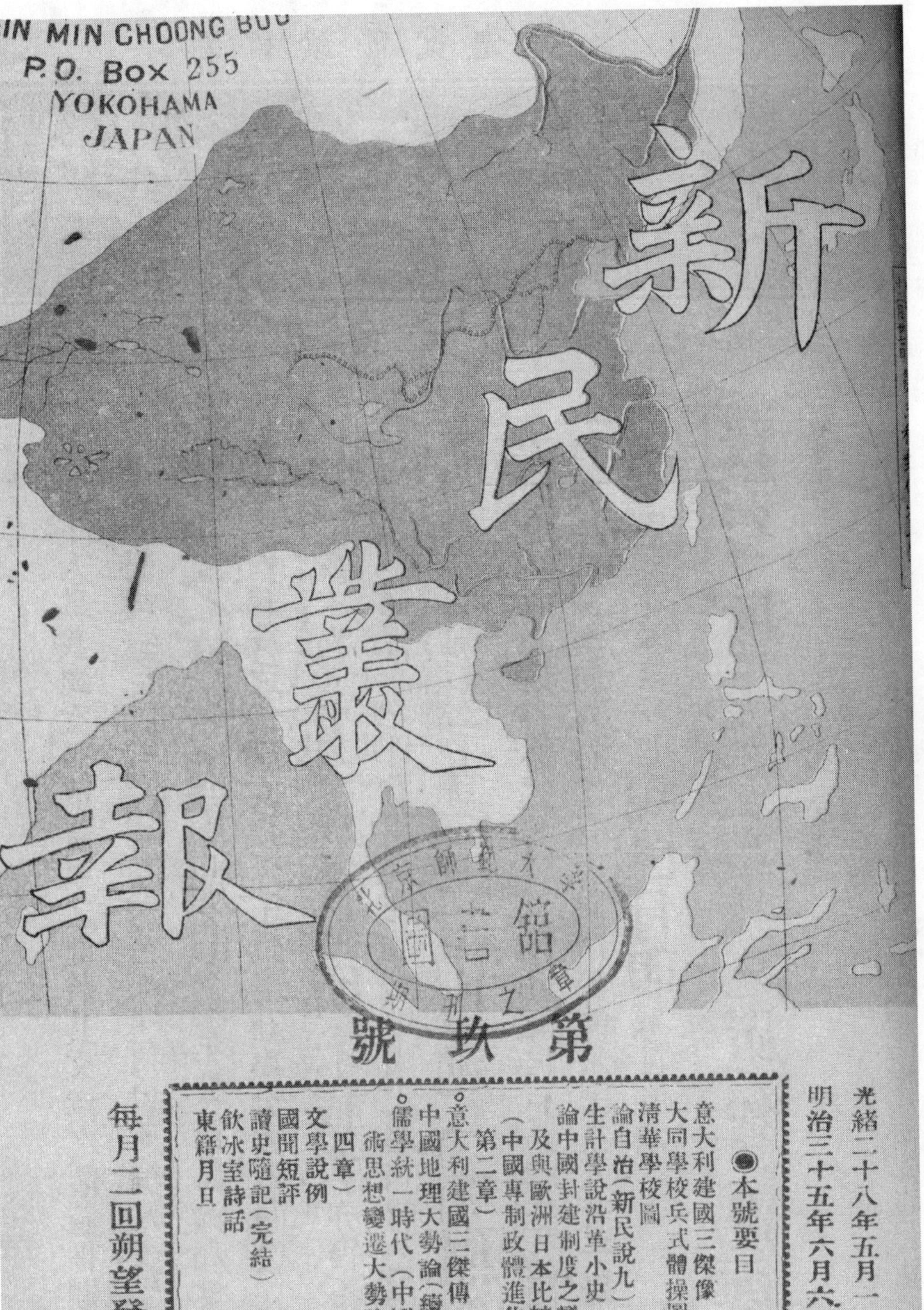
SEIN MIN CHOONG BOO
P.O. Box 255
YOKOHAMA
JAPAN

新民叢報

第玖號

光緒二十八年五月一日
明治三十五年六月六日

◉本號要目
意大利建國三傑像
大同學校兵式體操圖
清華學校圖
論自治（新民說九）
生計學說沿革小史
論中國封建制度之變遷及與歐洲日本比較
（中國專制政體進化史第二章）
。意大利建國三傑傳
中國地理大勢論（續）
。儒學統一時代（中國學術思想變遷大勢論第四章）
文學說例
國聞短評
讀史隨記（完結）
飲冰室詩話
東籍月旦

每月二回朔望發行

新會梁任父先生著

飲冰室文集

香山何天柱編

飲冰室主人爲我國文界革命軍之健將其文章之價値世間旣有定評無待喋喋此編乃由其高足弟子何君所編凡**著者數年來之文字搜集無遺**編年分纂凡爲八集曰丙申集丁酉集戊戌集己亥集庚子集辛丑集壬寅集而以**韻文集**附於末焉其中文字爲**各報所未載者**亦復不少煌煌數百萬言無一字非有用之文雖謂中國集部空前之作殆無不可卷首復冠以著者所作**三十自述**一篇及**照像三幅**一爲時務報時代造像二爲淸議報時代造像三爲新民叢報時代造像海內外君子有表同情於飲冰室主人者乎得此亦足代嚶鳴求友之樂也**現已付印**不日出書

發行所 上海英界南京路同樂里 **廣智書局**

新民叢報第九號目錄

光緒二十八年五月一日

編輯兼發行者　馮紫珊
印刷者　西脇末吉
發行所　橫濱山下町百五十二番館　新民叢報社
印刷所　橫濱山下町百五十二番館　新民叢報社活版部　信箱二百五十五番
東京發賣所　東京神田區表神保町三番地　東京堂

出版圖書廣告

東亞各港志　全一冊　定價三角

明治政黨小史　全一冊　定價一角

外國地理問答　全一冊　定價二角

國憲汎論　近刊

英國憲法史　近刊

英國憲法論　近刊

羣學　近刊

萬國官制志　近刊

萬國選舉志　近刊

萬國商務志　近刊

歷史哲學　近刊

新編中學教科書第一種　倫理教科書　近刊

新編中學教科書第二種　泰西史教科書　近刊

暗射世界大地圖　定價五圓

中國暗射地圖　定價五圓

中國十八省地圖　定價一圓二角

中外方輿全圖　定價四圓

實測精密　東亞新地圖　定價一圓

戰地必携　極東地圖　定價一圓六角

教科適用　東亞三國地圖　定價一圓五角

最新滿洲圖　附圖說一本　定價一圓

學校要品　徑尺地球儀　定價八元五角

五彩　坤輿全圖　定價二元二角五

新譯　英和辭典　定價二圓

意大利建國三傑

將軍加里波的

G. Garibaldi

民黨領袖瑪志尼

J. Mazzini

宰相加富爾伯爵

C. Cavour

中國人海外教育事業
(其一)

橫濱大同學校兵式體操圖

橫濱大同學校者旅居橫濱之華商全體所設也以光緒丁酉集中華會館紳商建議創立今已五年聘日本前文部大臣犬養毅君爲名譽校長章程功課一依日本小學校規則設修身、國文、英文、東文、數學、歷史、地理、理化、體操、唱歌、等科分尋常高等兩級各以三年卒業高等級生徒六十人尋常級生徒八十人並設附屬女學校生徒三十人此其兵式體操運動之圖也現今中國海內外小學校之嚴整完備者常推此校矣

中國人海外教育事業

(其二)

東京小石川清華學校圖

此校亦由橫濱紳商鄭、吳、曾、諸君所創立初名大同高等學校旋改爲東亞商業學校今年以蔡公使之提倡協助改爲今名純依日本中學校程度設倫理、日本語學、英文、數學、物理、化學、圖畫、體操、等科以二年卒業入高等科者加留一年現有生徒四十餘人並附屬日本生徒一部仍名東亞商業學校其監督爲太守錢恂君日本柏原文太郞君

論說

新民說九

中國之新民

第十節　論自治

治者何不亂之謂亂者何不治之謂此訓詁其誰不能解雖然吾有味乎其言吾有惕乎其言

行其庭草樹淩亂然入其室器物狼藉然若是者雖未見其鬩墻誶帚吾知其家之必不治不治斯謂亂家過其野有鬨於墟者而莫之或解適其邑有溲於途者而莫之或禁若是者雖未見其干戈疾癘吾知其國之必不治不治斯謂亂國飲食起居無定時手足眉眼無定容言語舉動無定規若是者雖未見其失德敗行吾知其人之必不治不治斯謂亂人

天下事亂固不可久也已不能治則必有他力焉起而代治之者不自治則治於人勢所不可逃也人之能治禽獸也成人之能治小兒也文明人之能治野蠻也皆其無自

治力使然也人而無自治力則禽獸也非人也藉曰人矣而小兒也非成人也藉曰成人矣野蠻之成人非文明之成人也

今天下最廣大最壯活之民族莫如盎格魯撒遜人彼嘗自誇曰使吾英國民百人與他國民百人同時徙居於一地不十年後而英國之百人粲然成一獨立國他國之百人渾然如一盤散沙受轄治於英人矣又曰彼半開（在文野之間者謂之半開）野蠻之國土雖其土著之民數百千萬吾英族但有一二人足跡蹈其地不數十年即爲英藩矣吾徵諸實事吾信其所誇之不誣不見夫北美一洲南洋羣島其始本爲西班牙荷蘭人所開闢而今之享其利者皆盎格魯撒遜族乎不見今日之印度英人居者不及萬而使二萬萬之印人戢戢如羣羊乎不見中國十八行省中英人官商教士統計來者不過四千人而偏布要隘儼若敵國乎夫其所以能如是者何也世界中最富於自治力之民族未有盎格魯撒遜人若者也

書曰節性惟日其邁荀子曰人之性惡也其善者僞也節者何制裁之義也僞者何人爲之義也（僞從人從爲揚注云矯其本性也謂凡非天性而人作爲之者也）故夫人之性質萬有不齊駁雜而無紀苟順是焉

則將橫溢亂動相觸相鬩而不可以相羣於是不可不以人爲之力設法律而制裁之然此法律者非由外鑠也非有一人首出制之以律羣生也蓋發於人人心中良知所同然以爲必如是乃適於人道乃足保我自由而亦不侵人自由故不待勸勉不待逼迫而能自置於規矩繩墨之間若是者謂之自治自治之極者其身如一機器然一生所志之事業若何而預備若何而創始若何而實行皆自定之一日之行事某時操業某時治事某時接人某時食某時息某時游皆自定之稟氣之習慣嗜欲之薰染苟覺爲害吾事業戕吾德性者克而治之不少假借一言一動一嚬一笑皆常若有金科玉律以爲之範圍一人如是人人如是於是乎成爲羣之自治羣之自治之極者舉其羣如一軍隊然進則齊進止則齊止一羣之公律罔不守一羣之公益罔不趨一羣之公責罔不盡如是之人如是之羣而不能自強立於世界者吾未之聞也不如是焉而能自強立于世界者吾未之聞也

或曰機器者無精神之物也軍隊者專制之體也子乃以比於是者爲美德何也且中國風俗他事或不如人至於規行矩步繩尺束縛正中國人受用最慣受病最深之處

數千年來霸者槊之儒者坊之人奄奄無生氣久矣而子猶欲揚其毒以毒將來不亦甚乎應之曰不然機器死物也而有主其動力者古哲曰天君泰然百體從令夫能使其一身之起居動作如機器者正其天君活潑自由之極者也軍隊之形式專制也而有其精神焉一羣如一軍隊其軍隊之將帥則羣中人人之良心所結成的法律是也故制則制矣而不可謂之專以其法律者出自衆人非出自一人是人人爲軍隊中之小卒實無異人人爲軍隊中之主帥也故夫自治云者與彼霸者之所束縛儒者之所矜持固有異焉矣何也彼則治於人而此則自治也且中國人何規矩繩尺之與有人人言奉法然國家有憲令官吏且勿守無論民氓也人人言尊教然聖賢有條訓士夫且勿遵無論雜流也堯典曰天叙有典天秩有禮秩叙者一羣所以團治之大原也今試觀我中國朝野上下其所謂秩叙者安在乎望其官府則魑魅罔兩所出沒黑闇詭僻無復人道也察其民間則盜賊之藪貪詐之府與野蠻時代未立政府者無以異也何以故以不能自治故不能自治而待治於人未能眞能治焉者也

然則吾人今日所當務者可知矣一曰求一身之自治凡古來能成大事者必其自勝

之力甚强者也泰西人不必論古人不必論請言最近者曾文正自其少年有吸菸及晏起之病後發心戒之初常倔强不能自克而文正視之如大敵必拔其根株而後已焉彼其後此能殲十餘年盤踞金陵之亘憝正與其前此能殲十餘年盤踞血氣之積習同一精神也胡文忠在軍每日必讀通鑑十葉曾文正在軍每日必塡日記數條讀書數葉圍棋一局李文忠在軍每日晨起必臨蘭亭百字終身以爲常自流俗人觀之豈不以爲區區小節無關大體乎而不知制之有節行之有恒實爲人生品格第一大事嘗觀人者每於此覘道力焉□□□論陳蕃云蕃不能掃除一室而欲廓清天下吾知其無能爲矣（此語適忘爲誰氏之言讀者諸君如能記憶望順敎我著者附識）此雖似過刻之言實則中正之論也泰西通例凡來復日必休息每日八點鐘始治事十二點而小憩一點復治事四五點而畢憩舉國上自君相官吏下至販夫屠卒莫不皆然作則舉國皆作息則舉國皆息是豈所謂如軍隊如機器者耶於文經緯整列曰理條段錯紊曰亂誠以中西人之日用起居相比較其一理一亂相去何如矣毋曰薄物細故夫豈知今日之泰西其能整然秩然舉立憲之美政者皆自此來也孟德斯鳩云「法律者無終食之間而可離者也凡人類

文野之別以其有法律無法律爲差於一國亦然於一身亦然今吾中國四萬萬人皆無法律之人也羣四萬萬無法律之人而能立國吾未之前聞然則豈待與西人相遇於硝雲彈雨之中而後知其勝敗之數也

二曰求一羣之自治國有憲法國民之自治也州郡鄉市有議會地方之自治也凡善良之政體未有不從自治來也一人之自治其身數人或十數人之自治其家數百數千人之自治其鄉其市數萬乃至數十萬數百萬數千萬數萬萬人之自治其國雖其自治之範圍廣狹不同其精神則一也一者何一於法律而已管子曰鄉與朝爭治又曰朝不合衆鄉分治也西人言政者謂莫要於國內小國國內小國者一省一府一州一縣一鄉一市一公司一學校莫不儼然具有一國之形省府州縣鄉市公司學校者不過國家之縮圖而國家者不過省府州縣鄉市公司學校之放大影片也故於其小焉者能自治則其大焉者舉而措之矣不然者則不得不仰治於人仰治於人則人之撫我也聽之人之虐我也亦聽之同族之豪強者據而專也聽之異族之橫暴者紾而奪也亦聽之如是則人之所以爲人之具其塗地矣抑彼西人之所以得此者何也曰有制裁

有秩序有法律以爲自治之精神也眞能自治者他人欲干涉焉而不可得不能自治者他人欲無干涉焉而亦不可得也此其事固有絲毫不容假借者我國民仰治於人數千年矣幾以此爲天賦之義務而莫敢萌他想曾亦思本身之樂利豈旁觀者所能代謀而當今之時局又豈散漫者可以收拾也

抑今士大夫言民權言自由言平等言立憲言議會言分治者亦漸有其人矣而吾民將來能享民權自由平等之福與否能行立憲議會分治之制與否一視其自治力之大小強弱定不定以爲差吾民乎吾民乎勿以此爲細碎勿以此爲迂腐勿徒以之責望諸團體而先以之責望諸箇人吾試先舉吾身而自治焉試合身與身爲一小羣而自治焉更合羣與羣爲一大羣而自治焉更合大羣與大羣爲一更大之羣而自治焉則一完全高尚之自由國平等國獨立國自主國出焉矣而不然者則自亂而已矣自治與自亂事不兩存勢不中立二者必居一於是惟我國民自訟之惟我國民自擇之

臥病經旬匆匆屬稿本論之意有所未盡他日更補綴發明之　著者附記

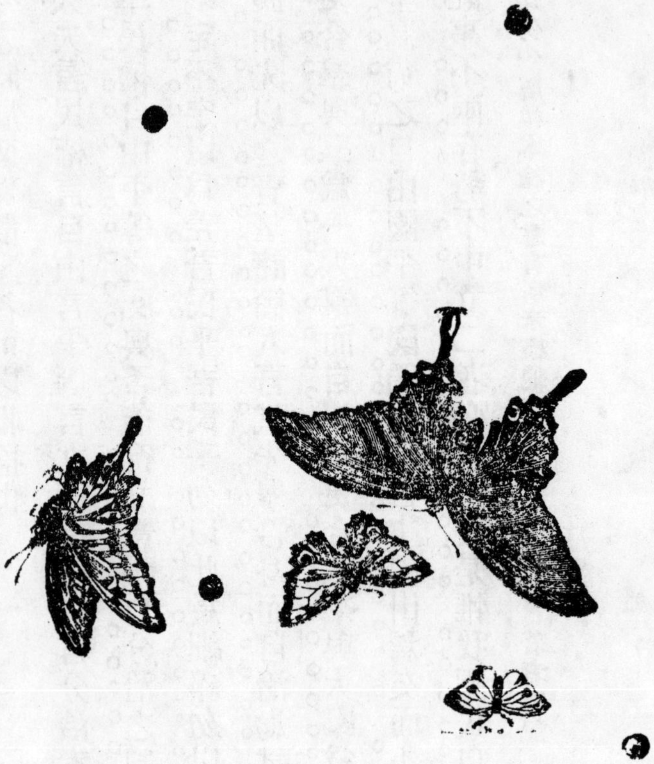

學說

生計學學說沿革小史

中國之新民

第四章　十六世紀生計學　部甲第二期之一

西歷十六世紀。世界之大事踵起。而人羣之狀態制度思想學說。皆爲之一變。語其大者。則如東羅馬帝國之滅亡也。地理上之大變動也。（謂尋出亞美利加洲）製火藥法印書法之發明也。希臘羅馬古學之復興也。宗教之改革也。似此皆驚天動地之大業。劃然爲中世史與近世史分一鴻溝者也。凡此皆關係於國政及人羣。其他大事專關於生計者亦不少。試略舉之。

（一）以亞美利加洲新得良礦。故貴金屬（指金銀）流入歐洲者日夥。於是天然生計之制度一變爲通貨生計之制度。一切交易通用金銀。與中世異也。

（二）銀行質劑之制度興起。且徧及於諸地也。

（三）奉新教諸國。舉前此教會所占領之財產。收爲公田。以故曩昔貧民受教會之周

恤者驟失所恃窘蹙殊甚遂不得不刱設慈善制度以行施濟也

(四)封建制度既廢專制王國代興養兵愈多需財愈亟政府始以政策干涉工商業以謀富強也

(五)舊世界洲指歐與新世界洲指美之通商漸盛而商務上之新制度亦因以發生也

以此諸故。故當時之學者。大率皆主於實驗。與前此之僅憑哲理者頗異其撰。其所最講求者。則貨殖之現象也。交易之情實也。十六世紀最著名政治家。爲法國之詹鉢敦 Jean Bodin 1530—1596 其所著『共和政治論』De la Republic 論以生計學理組織國家之法。以爲國家之立。不可不與其天然地勢氣候相劑。又論海關稅當立適度之制限。又論財政之事。當以課稅物產之法行之。而十五世紀之末。意大利之政治家鉢陀羅 Giovanni—Boterro 亦著書論產業之功用。及商業政策。人口殖民租稅等。此外錚錚者。爲瑪連拿 Mariana 1536—1623 及格黎哥里 Gregory 1597卒 二人。瑪氏論貨幣及物價。且言外國通商。當立定制。格氏著共利論一書。網羅當時生計學之思想。然議論之出於自創者殆稀。

以上之政治學家皆專就政治生計之情狀孳孳研究者也。其間又有一派則文士及哲學家。目覩當時戰爭之慘禍、政界之昏濁、欲衍柏拉圖之共產主義。建理想的邦國。其最著名者。爲英國之大理官德麻摩里 Sr. Thomas More 1531—1590 著一書名曰『華嚴界』Utopia 者。虛構一島。寫出一天然極樂國之情狀。其上編痛陳當時之慘狀。其下編乃描大同之樂園。蓋其所懷抱不欲昌言。而託於游戲之文以自表也。雖然、近年英國所發布之法令。其載於『華嚴界』書中者殆十而五六焉。偉人理想之左右世界者不亦鉅乎。此外如伊大利之德奈布兒那、日耳曼之佛靈等。皆大倡此說。

又其時生計學上通行之議論。大率在貸貣息債之問題。而其辯難之點常與教派相倚。蓋當中古以來。宗教法律皆禁貸金取息。然商務日盛。民間借母求羸日多。於是貸者貣者。各因自然之大勢私自交涉。造出種種約劑之法。或用契券。或用質劑。非法令所能禁也。於是乎學者不得不研究其利害之數。當時論者。率以爲借貸者本以恩信相約束。取其息者不義也。雖然、時或索其相當之報酬。亦無不可。如金錢轉輸之費用。借貸保險之要求。是亦債主應得之權利。不可與利息齊類而混視也。此等議論。於息借之事既已默許矣。當時新教派中之馬丁路得亦與舊教徒同排息借之說。而加邊黨之立論稍圓通云。

十六世紀之生計學家。其討論最多者。尤在貨幣問題。蓋由當時美國新得礦山。加以歐洲各君主濫鑄惡幣。故學者咸注意焉。如彼格致家論貴金屬之性質。常牽連道及此事。法律家討論法理。常謂貨幣之本位若變。則法律之功用亦隨而變。雖然其論尚多未瑩者。蓋由以貨幣之本性與鑄幣者之印證混同爲一故也。其純以生計學理論貨幣者。實始於著名之天文學家歌白尼 Copernicus 1473—1543 歌氏於千五百廿六年。承波蘭王之命。著貨幣論一篇。釋明貨幣之性質。詳言惡幣之有損生計。有害法律。而不可不亟拯其弊。其言曰「凡國家所以即於衰亡。其原因不一端。然余所最畏者。厥惟四事。曰內亂。曰疫癘。曰土地之磽确。曰貨幣之惡劣是也。前三事現象甚顯。人易知之。獨至貨幣。雖達觀者或忽焉。何也。彼其所以亡人家國者。非斃之於一擊之下。而徐徐來襲。銷鑠毀蝕於無形之間。而不自知也」其言可謂博深切明。然則歌白尼非徒天文學之鉅子。抑亦生計學之功臣矣。

物價騰貴之問題。亦與貨幣問題有密接之關係者也。當十六世紀之後半紀。各國流通貨幣之額。非常增加。坐是物價踊騰。不可收拾。詹鉢敦於千五百七十四年所著書有言。一切物價前後七十年間。率騰至十倍或十二倍。此等現象。實使歐洲人民且駭且怖。而聳動學者之耳目。使不得不尋其因而救治之者也。於是詹鉢敦著論二篇。推其原因。謂亞美利加出銀日多。以致貨幣增加一也。外國通商日盛。銀行兌換之率日高二也。貨幣制度變更三也。至其救治之法。則謂當抑制外國貨物。勿使其濫銷過度。使本國製造事業日益進步。以是爲不二法門。又當時英國某報館有一匿名論文題爲「論千五百八十年物價」者。論物價騰貴之原因甚詳。其救治之策。與詹氏略同。

第五章　重商主義 Mercantile System　部甲第二期之二

重商主義者。以保持金幣勿使流出外國爲安國利民之不二法門者也。此等學說自今日觀之。其謬誤固不待言。然當時治標之術。殆亦有不得不然者。故風潮所播。應者如響。斯密亞丹名之爲重商主義。亦名爲貿易差率論 Balance of Trade System 於所著原富第四編。論之甚詳。後世學者。或稱爲制限主義 Restrictive System 又稱爲哥巴主義 Colbertism 蓋以法國名相哥巴 Colbert 始實行此主義施諸國政也。

重商論者。既以保持貨幣爲國家大計。故各國互市之際。務求出口貨多入口貨少。蓋以出入相抵。所餘之額。必受之以金銀。國之得此餘額者則蒙通商之利。失焉者則蒙其害。於是學者之所討論。政治家之所經營。莫不汲汲焉求所以得此之道而已。其道何由。厥有二途。一曰獎厲之於所出。二曰阻遏之於所入。

阻遏之法若何。他國製造物品。禁之勿使入境。即不能禁。亦必課其重稅以減其數。雖然、其有原料粗品產於他國。而可以供我國製造之用者。不惟不禁其入而已。且獎厲之。蓋以購此原料之時。雖有漏卮。他日成貨而復售於外。足以償所失而有餘也。又日用飲食必需之品。亦許其自由輸入。蓋以用品價廉。則力役者之庸率可以低減。坐此製造費省。而易與外品相競也。獎勵之法若何。曰本國製造品之出口者。免其關稅。時或以國帑補助之也。曰與外國結通商條約。務求占得特別利益也。曰嚴立殖民地之制。使母國之製造家。得壟斷其利於殖民地市場。不許他國攙越。殖民地之原料粗產。亦專售之於母國也。此皆其制度之大略也。此學派之論者。其視工商業。尤重於農業。

以奬勵工藝故故外國工人來移住者最歡迎之凡有自創新法製新器者必予以專利之權又務輯和內團使勿競爭乃得專力以競於外凡此諸端皆此派中之綱領旨趣也。

同時此派中人家數非一各有畧同緩急之不同雖然其議論所同趨之點有數端。(第一)貴視貨幣太甚以多藏爲能事也(第二)視國內商務不如國際商務之爲重視生產力不如製造力之爲要也(第三)以人口稠密爲國力之要素務設法使民多於鄰國也(第四)爲欲達以上諸目的務以政府之力而助長之也蓋重商派者流雖其細綱千差萬別其大體不出於此四者至其以何因緣而生此派請略論之。

(甲)美洲既得新礦產金驟增歐洲泉幣大蒙影響前此交易(以物換物謂之交易)之制既已絕跡匯兌漸起遼遠之地交通日開於是邑業之盛過於野業流產之重埒於恒產論者乃以爲貨幣之爲物爲人生所最急需得之者無物不可致無事不可爲一人如是則衆人結集所成之國亦以此阿堵物爲最大之功用此有國者所以常斷斷也(乙)其時大國漸起各戴強有力之政府以爲重政府以養兵之故其相需最殷者則壯丁與金錢

也加以官吏日增宮中費用亦加浩大前此國帑所入勢固不給則不得不求益於租稅而當時政治家能有見於百姓不足君孰與足之理故孳孳以富民爲務而又以富民之術農不如工益製造之業一能招徠遠氓一能增輸出品故不惜竭全力以保護之而農業反緩一籌也（丙）凡得有殖民地者則商務之區域愈擴而工業之發達亦增故政治家視殖民地爲母國歲入之新財源按今則不爾。殖民地與母國。立於平等之地位矣。而當時各國民之所以自張其勢力者不徒在政治界而尤在貨殖界以爲欲優勝於彼必先求成效於此於是乎視國計如家計政府自爲家長代表之而執行之其培養工商製造之業恰如藥竈室以栽唐花者然所以謀產業之發達者無不至若何而使輸出之物質良而價廉若何而於外國市場能保持我國民之地位以此之故政府不得不視民如嬰兒視民如芻豢舉全國殖產之業或以直接或以間接而悉監督之於政府也（丁）凡入口物品課其重稅其始不過爲取充國帑計其後則變爲保護國產之目的也由是觀之則所謂重商主義者。實迫於當時之情勢所不得不然。其事甚明矣。今請更論其得失。

自斯密以後。此主義大受掊擊。幾至身無完膚。雖然、其論有過酷者。當時各國因行此主義而羣治賴以發達者不少焉。其功又烏可誣也。今請爲之訟直。

難者謂重商派拋棄農業。爲舍本而圖末。其實不然。彼其時先後緩急。固當如此也。蓋農業必依於土地。而當時之土地。尚在封建貴族之手。貴族帶保守性質。欲使之以新法從事生產。固未易驟變矣。而又不肯與力役者相戮力。故其時欲農業之進步。終非可望。雖然、邑業與野業。常相倚者也。邑業盛則野業不得不隨之而進。然則重商業者。實間接以爲農業之先驅也。且民智未開。羣力未團。有政府以干涉之驅策之。其發榮增長。事半功倍。故當時各種技術進步殊速。加以吸集外國之職工。輕減內業之負擔。皆爲一國添生產之新力。凡此諸端。雖斯密亞丹亦不謂其無成效也。試徵諸史乘。彼哥巴所立之保護制度千六百六十一年至千六百八十三年格林威爾 Cromwell 所頒航海條例等。其有利於法國英國。盡人所同認矣。

（此章未完）

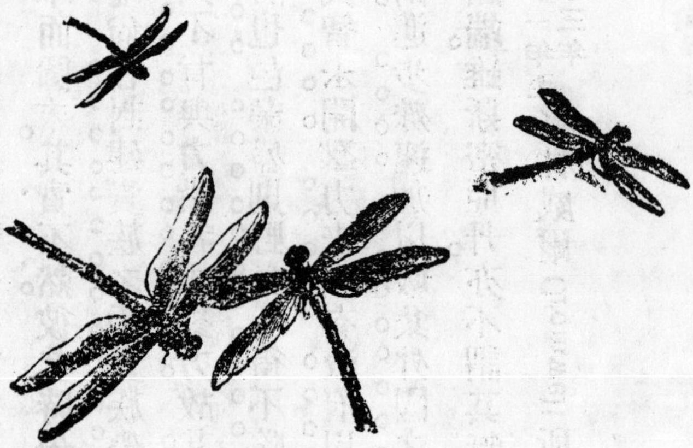

中國之新民

政治

中國專制政體進化史論

本論原擬順時代敘下嗣嫌其散漫且乾燥無味故以事爲目擇要論之易史之名爲史論前號所載第二章刪去重爲體例如下報章文字半月尅期匆卒塞責稿半未定惟讀者恕諒之　著者識

第一章　封建制度之漸革（由地方分權趨於中央集權）

人羣之治皆濫觴於部落酋長酋長之强有力者則能服屬諸酋或自封親藩以參伍舊酋仍畫土以各率其部落若是者謂之封建酋長封建皆羣治所必經之階級而天下萬國所莫能外者也顧其制之發達或遲或早其運之推移或久或暫則隨其特別之原因以爲差歐洲自羅馬解紐以後而封建之制始極盛及近世史之初年（約距今四五百年前）始漸削侯封而建王國然其餘運猶綿延數百年直至十九世紀之末意大利再造日耳曼一統然後封建之跡幾絕其運之遲生而統之久駐也如彼中國不然自秦以來天下幾一家矣以二萬餘里之大地而二千年來常統制於一王此實專制政體發達之最明著者也雖然其間逐漸變革之跡亦有非偶然者請次而論之

穹古以前不可徵矣董子稱九皇六十四民莊子所述有大庭氏柏皇氏中央氏栗陸氏驪連氏赫胥氏尊盧氏祝融氏混沌氏昊英氏有巢氏葛天氏無懷氏等老子稱鄰國相望雞犬之聲相聞其民老死不相往來蓋古者舟車未通一山之障一河之隔輒自成一部落其時酋長之多不知紀極是爲第一期

黃帝既克炎帝禽蚩尤四征八討披山通道史稱諸侯有叛者黃帝從而伐之平者去之然則以兵力交通諸部落者黃帝之功也雖然其所兼并翦滅者蓋寡黃帝以巍巍威德聲服宇內爲諸酋長之長子孫襲其餘蔭者數百年逮至堯舜號稱郅治然而天子（即酋長之長）稱元后諸侯（即諸酋長）稱羣后其勢位相去殆不甚遠元后率由羣后所選立有四岳等操廢置之柄殆如近世日耳曼之司選侯（日耳曼有司選侯司推戴共主之權古代四岳頗同此制余所著中國通史詳論之）觀帝摯之立而旋廢舜禹受禪必待諸侯朝覲謳歌訟獄之所歸然後即位其明證矣故堯舜以前仍純爲酋長政治是爲第二期

神禹既成大功聲教四訖統一之業實始於此塗山一會執玉帛者萬國酋長之盛可以概見然中央之權已進一級選侯之職不設傳子之局大定防風後至禹則戮之有

扈怠侮啓則滅之羲和弗率亂則征之元后之權力與羣后稍殊絕矣自夏迄殷凡歷千歲綜其政體大率相同大抵以朝諸侯爲有天下之證據（孟子言武丁朝諸侯有天下。然則武丁以前。諸侯不朝。即天下不爲商家所有明矣。）其間王權雖漸張而霸者亦屢起如有窮后羿昆吾氏大彭氏豕韋氏等皆嘗代夏殷而有天下之人也於斯時也酋長之數漸少而封建之制尙未興是爲第三期

封建何自起起於周封建云者以其既得之土地而分與其人之謂也故封建之行實專制政體進化之一現象也武王觀兵孟津諸侯會者八百此外未與會者猶多可知然則其時酋長尙以千數矣周初滅國五十天下既定大封親賢彼時土廣人稀其地固非必盡由侵略所得然爪牙腹心徧布宇內與向來土著之部落酋長相錯處據要害而制其命復有王室爲之應援有同封者相與聯絡於是土著部落之勢力日殺中央集權之治日鞏固矣是爲第四期

封建羣侯既占優勢則兼幷盛行而土著部落馴至不能自立故有周七百餘年間爲

四

封建政治全盛時代。孟津之會爲國八百。加以未會及新封者。數當盈千。降及春秋。而見於紀載者。僅百六十三國。其中同姓者三十八。異姓者三十六。姓具而爵不明者二十四。爵明而姓不具者者八。姓爵俱不明者二十六。戎狄諸種三十一。春秋二百四十年中。被滅之國。六十有五。曾幾何時。及戰國之末。而僅餘七雄矣。天下大勢。趨於一統。運會所迫。如湯沃雪。如風捲雲。秦漢之混一海宇。非秦漢所能爲也。其所由來漸矣。自周之既衰。已非復一王專制之政體。而實爲封建專制之政體。齊桓晉文。實朝諸侯。有天下之共主也。詩稱赫赫宗周。褒姒滅之。孟子稱三代之失天下也以不仁。徧觀先秦古書。無不以周爲亡於幽厲者。特後儒不敢昌言耳。齊桓之專地而封。晉文之致王而朝。謂非行天子之事而何哉。雖然自戰國以前。無論爲王爲霸。皆與羣后分土分民。俱據南面。有不純臣之義。其所專制者。僅及於境內。周禮之制亦僅治畿內者耳若境外屬國之治。雖時或以半外交的政策干涉之。其權限亦不過與數十年前奧大利之待日耳曼意大利諸小邦相等。非能如後世帝者之力之完備也。是爲第五期。

及秦始皇夷六國。置郡縣。而封建之跡一掃。雖然郡縣非自始皇始也。史記秦武公十年。伐邽冀戎。初縣之。十一年。初縣杜鄭。左傳楚莊王滅陳。殺夏徵舒。因縣陳。又稱晉分祁氏之田爲七縣。羊舌氏之田爲三縣。其後秦孝公用商鞅變法。集小鄉邑聚爲縣。秦惠文十年。魏納上郡。十三年秦取漢中地置漢中郡。是郡縣之興。已數百年。而常與國邑相錯處。蓋春秋戰國間實封建與郡縣過渡時代。而中國數千年來政治界變動最劇之秋也。有郡縣然後土地人民直隸於中央政府。而專制之實乃克舉。亦惟以如此廣漠遼廓之土地而悉爲郡縣以隸於中央政府。則非大行專制不能爲功。故自始皇置三十六郡。而專制政體之精神形質始具備焉矣。立乎之罘刻石之歲。追溯塗山會計之年。由萬國而八百國而百六十三國而十餘國而七國以漸歸於一。國進化程度歷歷在目。雖曰天運。豈非人事哉。是爲第六期。

經此六期。專制之局既定矣。雖然積數千年之舊習。其勢固非可以驟革。於是反動力起。餘波復沿襲若干年而始乃大定。譬猶法國大革命開十九世紀民權之幕。而忽有拿破侖崛起。繼以俄普奧三帝神聖同盟。反動力大作。幾盡復革命前之舊觀。又加甚焉。雖然回陽返照。勢不可久。經此波折。而新時代出現焉矣。秦漢之際。有類於是。始皇既殂。四海鼎沸。六國各自立後。於是有楚懷王、趙王歇、魏王咎、魏王豹、韓王成、韓王信、齊王田儋、田榮、田廣、田市等。及楚漢相持。而酈食其說漢王復立六國後。印已鑄矣。

張良一言而解豈所謂天之所廢誰能興之者耶項羽以宰割分封而亡漢高以力征混一而帝一順時勢一逆時勢而已然高帝既定天下猶且裂地以王韓彭分國以侯絳灌蓋入清習見前世故事未得而遽易也乃異姓八王不旋踵而誅亡者七夫以戰國七雄據土各數百歲猶不能自存而況於新造者乎此外尚有分封子弟諸國亦僅傳兩葉逮文景時鼂賈之徒已畏其偪卒有吳楚七國之反大難既定遂嚴諸侯王禁制至是建封之餘波乃平後此雖有爵國名存而實去矣是爲第七期

至是而上古封建之治全爲一結束雖然其暗潮波折屢起屢伏更歷千年然後銷聲匿影以至於盡也試略舉其梗概漢代封建有兩特色其一郡國雜處帝國分地與諸侯王國分地犬牙交錯以相牽制也（漢書諸侯王表序云。諸侯比境。周帀三垂。外接胡越。天子自有三河東郡潁川南陽自江陵以西至巴蜀北自雲中至隴西與京師內史凡十五郡。公主列侯。頗邑其中。而藩國大者。夸州兼郡。連城數十。宮室百官。同制京師。）其二則天子爲侯國置傅相莞其政治諸侯不得有爲於其國也（漢初。漢廷惟爲置丞相。其御史大夫以下皆自置之。百官悉如漢朝。後景帝懲之。遂令諸侯王不得治民。令內史治之。改丞相曰相。省御史大夫廷尉少府宗正博士官。凡員職皆不得自置。）凡此兩者其法度之外形皆相矛盾似封建非封建似郡縣非郡縣亦封建亦郡縣亦過渡時代不得不然也兩者交戰而興廢必有所趨其日趨於中央集權。天運然矣。漢制貴爵爲三等。曰諸侯王。（惟宗親得封）曰列侯。（或王之子。或功臣。或外戚恩澤。）曰關內侯。（有爵無國邑。）而關內侯之制直行之千餘年以至今日。（文獻通考封建考十云。秦漢以來。所謂列侯者。非但食其邑入而已。可以臣吏民。可以布政令。若關內侯則惟以虛名受廩祿而已。然西都景武以後。始令諸侯王不得治民。漢置內史治之。自是以後。雖諸侯王亦無君國子民之實。況列侯乎。然所謂侯者。尙裂土以封之也。至東都始有未與國邑先賜美名之例。如靈壽王征羌侯之類是也。此後類此者。不可勝數。則列侯有同於關內侯者矣。云云。）兩漢封建名實消長之機。於此可見。是爲第八期。

兩漢强幹弱枝之策大行。中央政府之權達於極點。皇子之國其勢不敵漢廷一官。暨及其衰世而小小反動力起焉。曰州牧。晚漢州牧實中唐藩鎭之先聲也。其土地初本受諸帝室。然非封建也。其後乃傳諸子孫。與封建無異矣。故前此諸侯王列侯無封建之實而有其名。後此州牧無封建之名而有其實。是爲第九期。

魏承漢舊。又加甚焉。袁宏謂雖有王侯之號。而乃儕於匹夫。縣隔千里之外。無朝聘之儀。鄰國無會同之制。諸侯游獵。不得過三十里。又爲設防輔監國之官以伺察之。王侯皆思爲布衣而不可得。（文獻通考引）蓋至是而封建之運幾盡矣。及晉而反動力大作。晉鑒漢魏亡於孤立。乃廣建宗藩。而八王之亂。喋血京邑。卒覆其宗。蓋自秦以來中央專制之威。積之數百年。既深既劇。其勢固不可以復散於枝葉。苟有所倚於外。則其「求心力」

仍常趨於中互擾互奪而主權如奕碁矣晉之不綱抑豈不以是耶洎及六朝南朝率循晉法北朝多倣漢制而其結果亦復相類是爲第十期

初唐之治數千年來專制君主之最良者也其封建也有親王郡王國公郡縣開國公侯伯子男等九等之號而無官土其加實封者則食其所封分食諸郡以租調給之然漢魏制凡王侯皆例須之國唐則在京師衣食租稅而已此又其勢更殺之徵也雖然中葉以後反動力又起釀成方鎭之習中央政府實權既墜於地山東河朔皆擅署吏以賦稅自私以土地傳子孫至合縱以抗天子卒百餘年與唐相終始延至五季猶諸雄角立蓋自秦以降其反動力之鉅且劇此爲最矣何也晉八王之亂其所爭者仍中央之權也唐之方鎭則務自鞏其地方之權與中央分勢者也是爲第十一期

宋制地方之權大衰而中央之權亦不見其盛蓋文弱之極與外患相終始無足云者女眞蒙古以部落獷俗之制治中國於沿革大勢所關亦寡焉至明而封建之死灰又復小燃燕王棣以之篡宸濠以之叛雖然以視漢七國晉八王蓋其微矣是爲第十二期

及至本朝。以外族入主中夏。寵異降將。尚有孔吳耿尚等四王之封。實爲中國有史以來四千年間封建制度最後之結局也。自三藩戡定後。迄今二百餘年。無封建。豈惟二百餘年。吾敢信自今以往。封建之跡。眞永絕矣。今制元功宗親。皆留京師。宗室自親王以下至奉恩將軍。列爵九等。皆撥予之以直隸及關東之田。以抵古人之湯沐邑。功臣自一等公以下至恩騎尉。列爵二十六等。皆予俸。無官受世職單俸。有官受雙俸。此漢關內侯之制也。亦英國日本等貴族華族之制也。其有封建之名而無其實者。旣如此矣。曰然則他日亦有無封建之名而有其實。如漢州牧唐方鎭者乎。曰是亦必無。雖自平髮平捻以後。督撫勢力日盛。中央之權。似有所減。如庚子一役。東南督撫。有敢抗朝旨。擅與他國立約之事。雖然。是有特別原因焉。不能認爲中央地方兩權消長之證也。後此如更有變遷乎。其必不襲漢牧唐鎭之舊也有斷然矣。是爲第十三期。

綜而論之。則十三期中。復爲四大期。自黃帝以至周初。爲封建未定期。自周以至漢初。爲封建全盛期。自漢景武以後至淸初。爲封建變相期。自康熙平三藩以後。爲封建全滅期。由酋長而成爲封建。而專制之實力一進化。由眞封建而變爲有名無實。有實無名之封建而專制實力又一進化舉名實兩埽之而專制實力又一進化進化至是蓋圓滿矣莽莽數千年相持相低昂徘徊焉翺翔焉直至最近世然後爲一大結束而勢乃全定莫或主之若或主之進化之難乃如是耶上下千古其感慨何如哉

附論中國封建之制與歐洲日本比較

封建之運東西所同也中國有之日本有之歐洲亦有之然歐洲日本封建滅而民權興中國封建滅而君權强何也曰歐洲有市府而中國無有也日本有士族而中國無有也歐洲自希臘以來即有市府之制一市一村民皆自治及中世之末封建跋扈南部伊大利諸州其民首自保衛爲獨立市府日耳曼諸州繼起遂至有八十市府聯盟之事自餘法蘭西英吉利葡萄牙西班牙諸市所在發達近世諸新造國其帝王未有不憑藉市府之力而興者也然則歐洲封建之滅非君主滅之而人民滅之也帝王既藉人民以滅諸侯義固不可不報則民有權矣民方能以自力滅諸侯則尤不容帝王之不報則民有權矣日本武門柄政凡八百年而德川氏三百年間行封建制其各藩中有所謂藩士在本藩常享特別之權利帶貴族之資格略與

希臘、共和國、所謂市公民者、相類。及明治維新。其主動者皆此等藩士也。諸藩士各挾其藩之力。合縱以革幕府（即大將軍德川氏）而奬王室。及幕府既倒。大勢既變。知不可以藩藩角立。乃胥謀而廢之。然則日本封建之滅。非君主滅之。而以自力滅之也。夫既惡幕府之專制而去之。則其不復樂專制明矣。能以自力自滅其藩。此其人亦非可以專制籠絡之明矣。以是之故。故歐洲日本皆封建滅而民權與之代興（或疑歐洲近史中專制主如路易第十四世者。指不勝屈。不可謂民權遂興。不知近數百年來。全歐皆以專制自由兩主義相戰。不過其戰勝有蚤暮耳。宗教改革諸役。皆民權之前鋒隊也。）中國不然。數千年來曾無有士民參與政治之事。豈惟無其事。乃並其思想而亦無之。與封建者君主也。廢封建者亦君主也。以封建自衛者君主也。與封建爲仇者亦君主也。封建強則所分者君主之權。封建微則所增者君主之勢。夫以數萬里之廣土衆民。同立於一政府之下。而人民復無自治力以團之。理之然則非行莫大之專制。何以立國乎。故統覽數千年歷史。其號稱小康時代者。必其在中央集權最盛大最鞏固之時代也。如周初漢初唐初清初是已。專制權稍薄弱。則有分裂。有分裂。則有力征。有力征則有兼并。兼并多一次。則專制權高一度。愈積愈進。至本朝乾隆時代而極矣。論者知

十二

民權之所以不興由於爲專制所壓抑亦知專制之所以得行由於民權之不立耶不然則歐人謂憔悴虐政之苦莫甚於封建時何以中國封建之運之衰遠在歐洲之先而專制之運之長反遠在歐洲之後也

傳記

意大利建國三傑傳

中國之新民

一　瑪志尼 Giuseppe Mazzini

二　加里波的 Giuseppe Garibaldi

三　加富爾 Camillo Benso di Cavour

發端

新民子曰天下之盛德大業孰有過於愛國者乎眞愛國者國事以外舉無足以介其心故舍國事無嗜好舍國事無希望舍國事無憂患舍國事無忿懥舍國事無爭競舍國事無歡欣眞愛國者其視國事無所謂艱無所謂險無所謂不可爲無所謂成無所謂敗無所謂已足眞愛國者其所以行其愛之術者不必同或以舌或以血或以筆或以劍或以機前唱于而後唱喁一嚮射而百決拾有時或相歧相矛盾相嫉敵而其所向之鵠卒至於相成相濟而罔不相合新民子曰今國於世界者數十其雄焉者不過

十之一彼其鼓之鑄之締造之歌舞之莊嚴之者孰有不從一二愛國者之心之力之腦之舌之血之筆之劍之機而來哉

新民子曰歐洲近數百年其建國之歷史可歌可泣可記載者不一而足其愛國之豪傑爲吾生平所思所夢所崇拜者不一而足而求其建國前之情狀與吾中國今日如一轍者莫如意大利求其愛國者之所志所事可以爲今日之中國國民法者莫如意大利之三傑之三傑者其他位各不同其懷抱各不同其才略各不同其事業各不同其結局各不同而其所以使昔日之意大利成爲今日之意大利者則無不同無三傑則無意大利三傑缺一猶無意大利三傑以意大利爲父母爲性命意大利亦以三傑爲父母爲性命吁嗟乎危哉今日之中國其爲可無如三傑其人者吁嗟乎耗哉今日之中國夫安所得有如三傑其人者吾嘻而歎之吾瘏而言之我國民其猶知愛國乎雖其地位相萬其懷抱相萬其才略相萬而萬其言而萬其塗而萬其策而萬其業其上焉者亮無不可以爲三傑之一其次焉者亮無不可以爲三傑之一之一體人人勉爲三傑之一人人勉爲三傑之一之一體則吾中國之傑出焉矣則吾中國立焉

矣。作意大利建國三傑傳。

第一節　三傑以前意大利之形勢及三傑之幼年

今之意大利古之羅馬也自般琶西莎兒以來以至阿卡士大帝之世併吞歐羅巴亞細亞阿非利加之三大陸而建一大帝國爲宇宙文明之宗主者非羅馬乎哉當此之時天下者羅馬之天下於戲何其盛也何圖一旦爲北狄所蹂躪日削月蹙再軛於回族三軛於西巴尼亞四軛於法蘭西五軛於日耳曼迎新送舊如老妓之款情郎朝三暮四如畜犬之依豢主支離憔悴年甚一年直至十九世紀之初期而山河破碎益不可紀極東縣於法西隸於奧中央夷於班意大利三字僅爲地理上之名詞而非政治上之名詞者千餘年於茲矣望加西士陷落之火燄吟法馬之悼歌薤露蒼凉刼灰零落昔人詩云卷中正有家山在一片傷心畫不成嗟乎哀莫哀於無國之民後世讀史者旁觀猶爲感慨而況於身歷之者乎

寗復知十九世紀之下半紀距今最近數十年之間儼然一新造國湧出於殘碑纍纍荒殿寂寂之裏泱泱然擁有五十餘萬之精兵二百六十餘艘之軍艦六千餘英里之

鐵路十一萬餘英方里之面積二千九百餘萬同族之人民內舉立憲之美政外揚獨立之威烈雪數十代祖宗之大恥還二千年歷史之光榮此亦革命家達士里阿所當瞑於九原而大詩人但丁所當且感且泣而始願不及者矣嗚呼誰實爲之而克有此

當十八世紀之末年拿破侖蹂躪意大利其時意大利已支離滅裂分爲十五小國拿破侖鐵鞭一擊合而爲三置之法政府督治之下雖然意大利後此之獨立實拿破侖之賜也拿破侖廢其小朝廷鋤其豪族將封建積弊一廓而掃之以法國民法之自由精神施行於其地於是意人心目中始知有所謂自由有所謂統一且對外反動而知有所謂獨立拿破侖實意大利之第一恩人也萌蘖初生而牛羊牧之蓋自拿破侖既敗各國專制君相會議於維也納絕世奸雄梅特涅敢以「意大利不過地理上之名詞」一語明目張胆以號於衆於是盡復前者王族壓制之舊全意仍爲若干小國爲外來種族波旁家哈菩士傅家等所分領其王位爲意大利人血族者惟有撒的尼亞 Serdinia 國王之一家而已而亦壓於羣雄奄奄殘喘蓋至是而意大利闇無天日矣時勢造英雄嗚呼時勢至此豈猶未極耶

天不忍神聖之羅馬茶然黯然長埋沒於腥風血雨之裏天不忍數千萬文明堅忍之意大利民族呻吟於他族異種一擠再擠之下乃於一千八百五年六月二十二日誕育一豪傑於意大利之治那阿市名曰瑪志尼實怪傑拿破侖即意大利王位於米侖之歲而法國大革命後十有三年拿破侖征服意大利後十年也猶以爲未足復於翌二年即一千八百七年七月二十二日更誕育一豪傑於意大利之尼士府名曰加里波的猶以爲未足復於其翌三年即一千八百十年更誕育一豪傑於意大利之撒爾維亞名曰加富爾自茲以往而千年冢中之意大利遂蘇

瑪志尼一士人子也年十三入於市立大學其時正去維也納會議後三年法國革命之反動力大作奧大利之壓抑愈甚而國運日以益非每讀前史塊然若有所失自茲以往惟著深墨喪制之服以終其身後有叩其故者瑪曰『吾當時亦不知其所以然惟在羣兒稠人歡笑雜遝之中自覺悲氣沈沈而來襲心使人哀使人老噫嘻吾其無國之民吾其服國喪以終吾年』掩淚歡場悲歌牖下多情多恨之英雄大率然矣年十七既悉通諸學之奧見識文章逈絕流俗日者侍母散步於治那阿之海岸忽一亘

人面目深黧。鬚髯如戟。頎長七尺。風采棱棱。飄然來前。脫帽而施禮曰。「願爲意大利之亡命人有所盡。」母則泣然探懷中出若干金錢。揾一掬之淚。納諸巨人破帽中。瑪志尼問母。彼何爲者。母曰。此愛國男兒也。彼等欲救國而事不成。離父母。割妻子。流竄以至於此。瑪志尼自聞茲言。如冷水澆背。心大感動。其犧牲一身以酬國民之志。實始於此。

加里波的。舟人子也。性慷慨義烈。感物易哀。嫉不義如讐。喜鳴不平。爲人急難。其所憤激感觸。趨義赴之。視生命鴻毛如也。日者游羅馬大都之廢墟。觀其大壁大門大伽藍。頹址半傾。丹青猥藉。低徊感慨。亡國之悲。勃鬱於胸中。而不能自禁。年未十五。已浩然有以國事爲己任之志。嘗語人曰。『余誓復我意大利。還我古羅馬。』自茲以往。吐棄一切。惟注精神於革命一事。

加富爾。撒的尼亞王族之一貴公子也。其出身既與彼二傑異。其少年之經歷。亦自不同。始蓋一自倨不遜紈袴無賴之惡少年也。年十歲。雖卒業於小學校。然更不悅學。日聚羣兒爲惡戲。既而欲爲軍人。入焦雲兵學校。自是始嚮學。研精測算。年十六。卒業。

擢爲測地官。雖然憂國之心未起也。爾後年齒漸長。諳古今之歷史。察現今之形勢。思爲國家有所盡力。而未得其下手之方法。然頗來往於治那阿諸地。與諸亡命相往來。呼吸自由之空氣。貴族之習性一變。

第二節　瑪志尼創立「少年意大利」及上書撒的尼亞王

初意大利當十八世紀以前。已有哲理家文學家但丁、麥耶俾爾、荷士哥等微言永歎。大聲疾呼。以革新匡復之義。導其國民。風流漸播。於是有「加波拿里」黨Cobonari之設。加波拿里者。燒炭之義。實祕密革命之盟社也。當千八百二十年。事機迫於一髮。乃在意大利中央之尼布士及帕特門倫巴的諸地同時爆發。時瑪志尼十五歲。加里波的十三歲。加富爾十歲。然事竟不成。首事者或死鋒鏑。或死囹圄。其餘以嫌疑流竄治那阿者。不可勝數。治那阿即瑪志尼之故鄉也。在意大利西南。爲地中海濱一絕港。政府以此竄謫志士。竄者既多。而治那阿遂成爲自由主義之中心點。瑪志尼所遇之巨人。即千八百二十年役中一無名之英雄也。

先是瑪志尼以愛國熱血之所湧。思有所憑藉。乃投入加波拿里黨。既而察其內情。以爲此黨之人。血氣有餘。而道心不足。當其瀝血淋漓。指天誓日。雖凜凜然若薄雲霄而貫金石。一遇挫折。苶然餒然。前此之壯懷盛氣。銷磨盡矣。瑪志尼以爲欲成大事者。不可不先置成敗利鈍於度外。今日不成期以明日。今年不成期以來年。如是乃至十年二十年百年數百年。所不辭也。及身不成。期之於子。子猶不成。期之於孫。如是乃至曾孫玄孫來孫。所不辭也。吾力不成。期諸吾友。吾友不成。期諸吾友之友。乃至吾黨不成。期諸他黨。所不辭也。惟求行吾志。貫徹吾主義而已。瑪志尼以爲非有此等氣魄。此等識想者。不足以言革命。不足以言天下事。而欲養成此氣魄。此識想。不可不推本於學力。不可不推本於道德。瑪志尼深察加波拿里黨之不足語於此也。於是脫離之。自組織一黨。名曰「少年意大利」Young Italy

千八百三十年。法國第二革命起。時瑪志尼二十五歲。加里波的二十三歲。加富爾二十歲也。風潮所簸。影響徧及。「加波拿里」黨復揚其餘燼。蜂起於各郡國。奧國移兵勦洗。瞬息戡定。而瑪志尼爲偵吏所賣。逮繫獄中者六月。僅減死一等。見放於意大利境外。

千八百三十一年。撒的尼亞前王死。其從弟查理士、阿爾拔 Charles Albert 嗣立。阿爾拔者、號稱近世最英仁之主。夙懷恢復意大利之志。而曾加盟於加波拿里黨之人也。時瑪志尼越在法國。聞之大喜。乃上書於阿爾拔曰。

某死罪上書於所愛之撒的尼亞王阿爾拔殿下。越在海外。逖聞我王繼體主社稷。誠歡誠忭。雖然王其念之。王欲爲新意大利最初之一大偉人。惟今日。欲爲舊意大利最後之一民賊。亦惟今日。我意大利人民。其非可以姑息敷衍因循以鎮撫之也非一日矣。彼等於數百年來求而不得之民權。今也認之已眞。望之已渴。彼等愛法律愛自由愛獨立愛統一。然而上被裁斷。外被隔絕。中被壓抑。跼天蹐地。無所告訴。今也國不知何在。家不知何附。身不知何存。外人之游其國者。字之曰奴隸之國。接其人者。謚之曰已死之人。彼等有血氣有鬚眉。習聞此言。猶爲木石。彼等吞聲忍恨。飲奴隸之厄者。已數十世。自今以往。誓以此身與此厄俱碎矣。王乎王乎。今意大利之國民。無不額手延頸。企踵傾耳。拭目以待命於殿下者。願買絲爲殿下繡作「自由獨立統一」三字於旗上。願殿下自進而立於國民之馬首。爲民權之倡導者保護。

者爲全意大利之建設者革新者舉數千萬之同胞出之於野蠻外族之手而還我太平王如有意乎吾儕不才願捧其身命以待王之驅策集意大利散漫之諸州而致諸王之麾下以舌以劍而爲王服犬馬奔走之役民困不可久也時會不可失也惟大王圖之

阿爾拔固素知瑪志尼者畏敬其爲人雖然自以羽毛未豐不可高飛深慮瑪志尼之輕率以害大局也又不欲自居嫌疑之地也得其手書曾不致答反下嚴命曰瑪志尼若越境復入於意大利則直捕縛之雖然一人之王充耳其如褎數百萬人之國民傾耳其如雷此命一下舉國失望相率而入於「少年意大利」者以數千百計瑪志尼翕爲愛國志士之中心點矣

「少年意大利」之所以異於「加波拿里」者何也彼蓋消極主義而此則積極主義也彼等惡官吏惡虐政誓與當時之小政府不兩立雖然彼等有破壞而無建設者也瑪志尼不憚破壞然以爲破壞也者爲建設而破壞非爲破壞而破壞使爲破壞而破壞則何取乎破壞且亦將並破壞之業而不能就也「少年意大利」之目的實在於是此

亦可見我絕代佳人瑪志尼者非可與彼蠻恣橫暴之無政府主義同類而並觀矣瑪志尼嘗言。

革命者國民之天職也是根於「爲國民」For people「由國民」By people 之兩大義而來者也

按西哲言政治者有三名言最簡而最精曰 Of people 曰 For people 曰 By people 第一義謂國者人民之國也第二義謂國政者爲人民而立者也第三義謂國事者當由民自處置也政治之精理此三義盡之矣若君主專制政體無論施虐政於民施善政於民皆不過 To people 而已論者不審別其本而欲舉中國儒者所言仁政比諸泰西今日之政治失之遠矣文法之有關於學理也如此吾向謂中國文法簡於歐西今此四語欲求以如原文以一字表其義譯之而適當者誠束手無術矣附注於此以質將來。

以故吾謂舍此之外無學術舍此之之外無宗教舍此之外無性情。

瑪志尼之所以爲瑪志尼於是乎在矣。雖然加波拿里黨所以失敗之原因猶不止此。彼等所最缺者無協同和衷之運動也協同和衷者革命圖成之第一要義也彼等無一政綱無一信仰無一高遠之理想夫是以協同和衷之實不可得舉故瑪志尼欲就此大業先以教育國民爲獨一之義務而其教育之法在首與當時腐敗之宗教宣戰瑪志尼又言曰。

今日之大問題宗教的問題也彼持唯物論者謂嘗幾許之辛苦周折以求新建一國毋寧仍其舊而改革之苟能維新便民雖分裂何害雖服屬何害爲此論者是猶於宗教上而放棄其高尚之天職者也其能撫我者無論如何之政府甘服從之其能應援我者無論如何之方法皆讚許之其可以救目前片刻之苦痛者無論如何之約束皆歡迎之是非人之所以爲人之道也是故當知欲獲勝者只有一途曰舍身而已曰舍目前之樂利舍物質上之樂利而已

是所謂瑪志尼唯心論之宗教也是瑪志尼教育之精髓也其純潔之理想縈於九霄其精一之情懸高於雲霄瑪志尼豈徒豪傑實聖賢也彼於是據其所信以定此會之綱領曰。

「少年意大利」者意大利人中之信進步義務兩公例而確認我意大利爲有天賦一國民的資格之諸同志所結合而成者也入此會者以再建一自由平等獨立自主之意大利爲目的凡在此目的外之思想動作悉犧牲之以茲決心組織茲會。

而其所以達此目的之方法則曰

教育與暴動同時並行。

以此二事同爲一體。可謂奇事奇文。雖然有深識者。苟思其故。不禁爲之拍案三歎。舉世仇公敵之奧大利。而擯諸境外。以收回自主之權。此其第一着手也。彼非不哀腥風血雨戰爭之慘。然以爲是固終不可得避。既爾則其破裂早一日。得一日之利。自雖然用外交政略而借他國之政府爲應援。是瑪志尼所不許也。其言曰。

聯絡主義者。猶不免倚賴之劣根性。而使意大利喪其資格於世界者也。

瑪志尼之徒。以此等主義播之人民。疾而呼之。強而持之。如牧師神父之傳教者。然雖然彼等非欲以力強移人民之意志者也。一旦國民統一之業若成。則應建何種類之政府。一任國民之自擇。此瑪志尼黨之所志也。其會中綱領又云。

我黨對於國民投票所立之政府。無論其形式若何。皆甘膜拜於其前。而不辭善服。從公意者。實箇人應守之義務也。

以上所引。雖東鱗西爪。語焉不詳。亦可以略窺「少年意大利」之綱領旨趣。而其苦心經營之人之學識才略。亦從可察矣。更約言之。則「少年意大利」之目的。在救濟意大

十四

利而統一之於共和政府之下也其方法則教育與暴動也其標語則神與人民也其旗幟則一面書獨立統一字樣一面書自由平等人情字樣也

黨體既立應者如響自學生而學生自青年而青年其結合之速力幾爲前古所未曾有時加里波的方夙夜皇皇所在募同志偶過此「少年意大利」黨員之一人乃始知世有所謂瑪志尼者其所志所事正與已同大喜遂投身入會加富爾當時未知有加里波的也顧頗聞瑪志尼欲會見之而未得其機

（未完）

地理

中國地理大勢論（續第八號）

中國之新民

其在兵事上。則吾中國讀史地理兵要之書。作者雖不乏。然苦無條理。其於兵事地理與民族之關係。能言其故者蓋少焉。中國干戈之國也。統覽數千年之史乘。其三十載不見兵革者殆希。二十四部之正史。不過一大相斫書。二十一省之土地。不過一大修羅場。然則以兵事言地理。亦治此學之一大法門也。吾欲有所論。吾請舉自漢以來用兵之地。列表而統計之。

歷代革命軍及割據國所憑藉地理表

	人	地	今地
秦末	陳勝吳廣	蘄	安徽鳳陽府
	項羽	會稽	浙江紹興府
	劉邦	沛	江蘇徐州府

時期	人／國	都	今地
秦末	武臣	趙	山西
	田儋	齊	山東
	韓廣	燕	直隸
	周市	魏	河南
	王無諸	東越	福建
	尉佗	南越	廣東
漢初	彭越	定陶	山東曹州府
	英布	六	安徽六安州
	陳豨	代	山西代州
	盧綰	薊	直隸順天府
七國	吳	廣陵	江蘇揚州府
	膠西	高密	山東萊州府
	膠東、菑川、濟南		山東濟南府
	楚	彭城	江蘇徐州府
	趙	邯鄲	直隸廣平府

西漢之末	樊崇	莒	山東沂州府
	王匡等	新市	湖北安陸府
	陳牧等	荆州	湖北荆州府
	光武	舂陵	湖北襄陽府
	隗囂	成紀	甘肅秦州
	公孫述	成都	四川成都府
	竇融	河西	甘肅甘涼蘭諸州
	劉永	睢陽	河南歸德府
	彭寵	漁陽	直隸
	李憲	廬江	安徽安廬二州
	張步	臨淄	山東
東漢之末	張角	鉅鹿	直隸順德府
	袁紹	鄴	河南彰德府
	曹操	鄄	山東曹州府
	袁術	壽春	安徽鳳陽府
	劉表	襄陽	湖北襄陽府

呂布	徐州	江蘇徐州府
公孫度	遼東	直隸
孫策	壽春	安徽鳳陽府
劉備	益州	四川

十六國

劉淵	左國城	山西汾州
李雄	成都	四川
石勒	襄國	直隸順德府
慕容皝	龍城	直隸承德府
拓跋祿官	上谷	直隸宣化府
張寔	姑臧	甘肅涼州府
苻洪姚萇	關中	陝西
慕容廆	大棘城	盛京
慕容沖	平陽	山西平陽府
慕容德	滑臺	直隸衛輝府
乞伏乾歸	苑川	甘肅鞏昌府
呂光	姑臧	甘肅涼州府

兩晉

禿髮烏孤	西平	甘肅西寧府
沮渠蒙遜	張掖	甘肅甘州府
李暠	敦煌	甘肅安西府
馮跋	和龍	直隸順德府
赫連勃勃	統萬	甘肅寧夏府
王敦	武昌	湖北
蘇峻	歷陽	安徽和州
張駿	涼	甘肅
孫恩	會稽	浙江
劉裕	京口	江蘇鎮江府
盧循	番禺	廣東廣州府
楊玄感	黎陽	山西潞安府
竇建德	漳南	山東東昌府
李密	滎陽	河南開封府
林士弘	江南	
李子通	海陵	江蘇揚州府

時代	人名	據地	今地
隋末	杜伏威	歷陽	安徽和州
隋末	劉武周	馬邑	山西代州
隋末	薛舉	隴西	甘肅鞏昌府
隋末	李軌	河西	甘肅蘭州府
隋末	蕭銑	巴陵	湖南岳州府
隋末	梁師都	朔方	陝西榆林府
隋末	李淵	晉陽	山西太原府
隋末	沈法興	毘陵	江蘇常州府
隋末	劉黑闥	漳南	山東東昌府
中唐	安祿山史思明	范陽	直隸順天府
中唐	劉展	廣陵	江蘇揚州府
中唐	僕固懷恩	汾州	山西汾州府
中唐	朱滔	盧龍	直隸
中唐	田悅	魏博	直隸河南
中唐	王武俊	鎭冀	山西
中唐	李納	淄青	山東
中唐	李希烈	彰義	河南

唐末	黃巢	曹濮	山東安徽間
	楊行密	淮南	安徽
	王建	蜀	四川
	馬殷	楚	湖南
	王審知	閩	福建
	錢鏐	吳越	浙江
	劉隱	南漢	廣東
	李昪	南唐	江南
	孟知祥	蜀	四川
	高季興	荊南	湖南
	李元昊	西夏	甘肅
元末	方國珍	台州	浙江台州府
	劉福通	永平	直隸永平府
	李二	徐州	江蘇徐州府
	徐壽輝陳友諒	羅田	湖北黃州府
	張士誠	高郵	江蘇揚州府

明	明玉珍		四川雲南
	郭子興朱元璋	濠州	安徽鳳陽府
明	燕王棣	燕	直隸
	宸濠	南昌	江西
明末	張獻忠		四川
	李自成		山陝
清初	鄭成功	臺灣	
	吳三桂		雲南
	耿精忠		福建
	尚之信		廣東
近世	苗匪		貴州
	白蓮教		湖北荆州
	蔡牽		福建汀州
	洪秀全		廣西永安州
	義和團		山東

以上所列。其革命而成功者著之其雖不成而割據稍久者亦著之其雖不能久而略

地甚廣者亦著之其雖不成不久不廣而勢潮甚猛爲天下倡者亦著之其憑藉朝柄以篡竊得勢者無論爲成爲敗爲一統爲割據皆不著以其無與於用兵也其異族起兵外域入主中夏者不著以其與境內之地理性質無關也二千年來兵事地理之關係於歷史者略具是矣試統計其各省主動多寡之數則

直隸十五	山東十	湖北七	浙江四	湖南三	雲南一
甘肅十三	安徽九	四川七	福建四	廣東三	江西一
江蘇十一	山西八	河南五	陝西三	廣西一	貴州一

其所以能用兵之故雖有種種特別原因不能盡以歸諸地理要之地理爲其一重要之主因無可疑也以此表校之除直隸甘肅山西三處多由西北異種乘藉竊據其主動不專由我民族外自餘則惟山東江蘇安徽河南湖北爲最能舉事之地此其故何也黃河揚子江兩流域勢力使然也而其間成功最鉅者爲漢之劉邦光武唐之李淵明之朱元璋其次者爲楚之項羽魏之曹操宋之劉裕李淵曹操起於黃河流域劉裕起於揚子江流域其餘皆起於江河兩流域之交質而言之則淮水流域之民族數千

年來最有大力於中原也夫淮域所以能獨占優勝者何也其東通海其北界河其南控江其地理之適於開化蓋天然矣直隸割據起事雖多未有能成者惟明燕王靖難之師則挾以親藩之力非可以尋常論也其次則安史之亂雖蹂躪天下之半而卒以敗亡直隸者布政之地非用兵之地也甘肅興者不讓直隸然成就之率更在其下水利乏而不足以爲通不足以爲繼也若夫四川每天下有亂則常獨立而其滅亡最後一見之於公孫述再見之於劉備三見之於李雄四見之於王建孟知祥五見之於明玉珍六見之於張獻忠七見之於最近之石達開不知來視諸往他日中國若有事亦若是則已耳雖然蜀利保守而不利進取地勢實然也然則幽幷甘凉梁益之地用之者雖多而成之者實寡其不得不讓淮漢者非偶然矣

大抵中國地理開化之次第自北而南三代以前河北極盛秦漢之間移於河南寖移於江北六朝以後江南亦駸駸代興焉而自漢迄今全史之大部分皆演於江河間之原野彼龍拏虎擲甲興乙仆殆未有出山東安徽江蘇河南湖北數省外者也淮漢民族之在中國其猶近世條頓民族之在世界也而點綴其間者則有幽燕趙代隴蜀諸

族其猶歐洲之有拉丁與斯拉夫也此外位其南者未嘗有能爲一國之重輕者也其有之則自近百數十年始也

曩昔南北交通之運未盛故江南常足以自守吳割據垂八十年。晉南渡百年。繼以宋齊梁陳百六十餘年宋南渡一百五十年蓋地勢統合之力未大定也項羽亦不用烏江丈人之言耳使其用之則杜牧所謂「江東子弟多才俊捲土重來未可知」夫孰敢謂羽之才反出孫權下也魏文臨江而歎謂天之所以限南北孫皓爲長江天塹豈能飛渡有自來矣逮於輓近則南北兩文明互發達互和合而趨於統一非南混同於北。則北混同於南事機與昔大殊矣不見夫福王魯王畫江之局不兩年而澌亡乎不見乎近世洪楊三分有天下之二徒以株守金陵不圖北進卒以十餘年之建國消於朝露乎雖曰人謀之不臧抑地勢亦有不得不然者也故古之語兵事者以滎陽成皋爲第一要點以其爲黃河流域之咽喉也近之語兵事者以武昌漢陽爲第一要點以其爲揚子江流域之眉目也黃梨洲明夷待訪錄主建都金陵之議謂「秦漢之時關中風氣會聚。田野開闢。人物殷盛。吳楚方脫蠻夷之號。風氣樸略。故金陵不能與之爭勝。今關中人物不及吳會久矣云云。』可謂能知地運變遷之大原。顧亭林足跡徧天下。乃謂秦地華陰綰轂關河之口。雖足不出戶而能見天下之人。聞天下之事。一旦有警。入山守險。不過十里之遙。若志在四方。一出關門。亦有建瓴之勢云云。』自詡身歷。而以此規梨洲。是猶漢唐以上之言也。庸詎知地運之駸駸自北而南者。今固有以異於古所云也。雖然。歷覽前史。大抵北人南伐者則得志。南人北伐者則不得志。其在北者。如五胡起而晉以東。金源起而宋以南。蒙古起而宋金夷。滿洲起而明社屋。皆外種憑藉異域。姑勿具論。劉項同爲淮人。而漢踞關中巴蜀。楚踞江淮。成功卒歸漢氏。三國鼎立而吳入於晉。六朝並峙而陳入於隋。自古南渡偏安之局。曾無一焉能北進以恢復者。（幸陝幸蜀者有恢復。渡江者無恢復。其故可思也。）不可謂非地理上一疑問也。北伐之師。惟項羽以江東八千破秦。孫堅以吳會一旅入洛。最稱名譽。然卒歸於敗衂。爾後劉裕之滅南燕滅後秦。號稱南朝第一盛舉。亦不能竟其功。此外南北交戰。南人之有功者。千餘年來不過三役。一曰周瑜之于赤壁。二曰謝玄之於淝水。三曰虞允文之於釆石。然皆防禦而已。於進取則概乎未之有聞也。豈徒南人文弱之爲哉。毋亦地勢地運使然矣。直至明祖用江淮之衆放逐胡

元於漠北光復舊物混一海內南之挫北蓋自玆役始明祖雖暴其爲漢族之名譽又烏可誣也而考地理與歷史之進化相關係者亦可於此思其故矣

自唐以前湖南浙江福建兩廣雲南諸省曾未嘗一爲輕重於大局（項羽雖起於會稽其根據地不在此）自宋以後而大事日出於此間矣宋之南渡在浙其亡也在廣東明之亡也始而江繼而浙而閩而粵而桂而滇此亦地運由黃河揚子江而漸趨於西江之明徵也湘中古之南楚號稱大國而二千年間用之者惟一蕭銑一馬殷乃咸同以來曾胡驟起湘軍之聲響東至東海南踰嶺南西闢回部西南震苗彊至今尙炙手可熱三湘民族之有大影響於全國實自五十年以來也兩廣亦然疇昔惟有尉佗劉隱等諸羈縻及洪楊發難乃裹五嶺之民淩厲蹴踏奄半天下者垂十餘年兩廣民族之有大影響於全國亦自五十年以來也浙人閩人於明末魯唐監國時代崎嶇海上奔走國難者號稱極盛浙閩民族之大有影響於全國亦自二百年以來也自今以往而西江流域之發達日以益進他日龍拏虎擲之大業將不在黃河與揚子江間之原野而在揚子江與西江間之原野此又以進化自然之運推測之而可以知其概者也獨恨蹙蹙臥榻鼾睡已

屬他人洗洗昆明妖灰未蘇前刼擧目有山河之異誰泣新亭中原無頗牧之才空肥戎馬對圖揾淚掩卷驚神問天意其蒼茫哀民生其憔悴嗚呼予欲無言嗚呼予欲無言

（未完）

學術

論中國學術思想變遷之大勢

中國之新民

第四章　儒學統一時代

泰西之政治常隨學術思想爲轉移中國之學術思想常隨政治爲轉移此不可謂非學界之一缺點也是故政界各國並立則學界亦各派並立政界共主一統則學界亦宗師一統當戰國之末雖有標新領異如錦如荼之學派不數十年摧滅以盡巋然獨存者惟一儒術而學術思想進步之跡亦自茲凝滯矣夫進化之與競爭相緣者也競爭絕則進化亦將與之俱絕中國政治之所以不進化曰惟共主一統故中國學術所以不進化曰惟宗師一統故而其運皆起於秦漢之交秦漢之交實中國數千年一大關鍵也抑泰西學術亦何嘗不由分而合由合而分遞衍遞嬗然其凝滯不若中國之甚者彼其統一之也以自力此其統一之也以他力所謂自力者何學者各出其所見互相辯詰互相折衷競爭淘汰優勝劣敗其最合於眞理最適於民用者則相率而從

之衷於至當異論自熄泰西近日學界所謂定義公例者皆自此來也所謂他力者何有居上位握權力者從其所好而提倡之而左右之有所獎厲於此則有所窒抑於彼其出入者謂之邪說異端謂之非聖無法風行草偃民遂移風泰西中古時代之景教及吾中國數千年之孔學皆自此來也由前之道則學必日進由後之道則學必日退徵諸前事有明驗矣故儒學統一者非中國學界之幸而實中國學界之大不幸也今請先語其原因次叙其歷史次條其派別次論其結果

第一節 其原因

儒學統一云者他學銷沈之義也一興一亡之間其原因至賾至雜約而論之則有六端

天下大亂兵甲滿地學者之日月皆銷蝕於憂皇擾攘之中無復餘裕以從事學業而霸者復肆其殘忍兇悍之手段草薙而禽獮之苟非有過人之精神毅力則不能抱持其所學以立於此棼亂闇黑之世界故經周末兼并之禍重以秦皇焚阬一役而前此之道術若風掃落葉空捲殘雲實諸學摧殘之總原因儒學與他學共之者也此其一

破壞不可以久也。故受之以建設。而其所最不幸者。則建設之主動力。非由學者而由帝王也。帝王既私天下。則其所以保之者。莫亟於靖人心。事雜言哤。各是所是而非所非。此人心所以滋動也。於是乎靖之之術。莫若取學術思想而一之。故凡專制之世。必禁言論思想之自由。秦漢之交。爲中國專制政體發達完備時代。然則其建設之者。不惟其分而惟其合。不喜其並立而喜其一尊。勢使然也。此其二。

既貴一尊矣。然當時百家。莫不自思以易天下。何爲不一於他而獨一於孔。是亦有故。周末大家。足與孔並者。無逾老墨。然墨氏主平等。大不利於專制。老氏主放任。亦不利於干涉。與霸者所持之術。固已異矣。惟孔學則嚴等差。貴秩序。而措而施之者。歸結於君權。雖有大同之義。太平之制。而密勿微言。聞者蓋寡。其所以干七十二君。授三千弟子者。大率上天下澤之大義。扶陽抑陰之庸言。於帝王馭民。最爲適合。故霸者竊取而利用之。以宰制天下。漢高在馬上。取儒冠以資溲溺。及既定大業。則適魯而以太牢祀矣。蓋前此則孔學可以爲之阻力。後此則孔學可以爲之奧援也。此其三。

然則法家之言。其利於霸者更甚。何爲而不用之。曰、法家之爲利也顯而驟。其流弊多。

四

儒家之爲利也隱而長其流弊少夫半開之民之易欺也朝四暮三則衆狙喜且皆且飴則羣兒服故宋修太平御覽以彀英雄清開博學鴻詞以戢反側蓋逆取順守道莫良於此矣孔學說忠孝道中庸與民言服從與君言仁政其道可久其法易行非如法家之有術易以興無術易以亡也然則孔學所以獨行所謂教競君擇適者生存亦天演學公例所不可逃也此其四

以上諸端皆由他動力者也至其由自動力者則亦有焉盈虛消長萬物之公例也以故極盛之餘每難爲繼彼希臘學術經亞里士多德後而漸衰近世哲理經康德後而稍微此亦人事之無如何者矣九流既茁精華盡吐再世以後民族之思想力既倦震於前此諸大師之學說以爲不復可加不復可幾及故有因襲無創作有傳受無擴充勢使然矣然諸家道術大率皆得一察焉以自好承於前者既希其傳於後也亦自不廣孔學則祖述堯舜憲章文武在先師雖有改制法後之精神在後學可以抱殘守缺爲盡責是故無赴湯蹈火之實力則不能傳墨學無幽玄微妙之智慧不足以傳老學至於儒術則言訓詁者可以自附焉言校勘者可以自附焉言典章制度者可以自附

焉言心性理氣者可以自附焉其取途也甚寬而所待於創作力也甚少所以諸統中絕而惟此爲昌也此其五

抑諸子之立教也皆自欲以筆舌之力開闢塗徑未嘗有借助於時君之心如墨學主於鋤强扶弱勢力愈盛者則其仇之愈至老學則芻狗萬物輕世肆志往往玩弄王侯以鳴得意然則彼其學非直霸者不取之抑先自絕也孔學不然以用世爲目的以格君爲手段故孔子及身周游列國高足弟子友交諸侯爲東周而必思用我行仁術而必藉王齊盖儒學者實與帝王相依附而不可離者也故陳涉起而孔鮒往劉季興而叔孫從恭順有加强聒不捨捷足先得誰曰不宜此其六

（此章未完第二節以下下次續登）

文學說例（續第五號）

章氏學

高郵以其絕學釋姬漢古書。冰解壞分。所無凝滯。信哉千五百年未有其人也。猶有未豁然者。一曰倒植。一曰間語。倒植者若書禹貢言「祗台德先。」鄭注云「其敬我天子之德既先」即先祗台德也。無逸言「大王王季克自抑畏。文王卑服即康功田功。」即俾文王即服康功田功也。僞孔作卑服。今從釋文引馬本。馬云俾使也。是謂大王王季使文王就服康功田功。則俾字即字宜在上。墨子非樂引武觀曰。「啓乃淫溢康樂。野于飲食。」即飲食于野也。此與室于怒市于色文法一例最易燎非命上引仲虺之告曰。「帝式之惡。龔喪厥師。」即帝式惡之也。今本式作伐。據非命中非命下更正。案非命中云「帝式是惡用闕師」非命下云「帝式是增用爽厥師」式用也帝用之惡即帝用惡之也詩日月言「逝不古處。」傳訓逝爲「逮。」即不逮古處也。「逝不相好。」傳云「不及我以相好。」即不逝相好也。公羊襄二十七年傳言「昧雉彼視。」即視彼昧雉也。草昧未開之世。語言必先名詞。次及動詞。又次及助動詞。東西諸國。順是以成語學。支那鄙士。逆是以爲文辭。然其痕迹未盡滌除。則如右數者是也。此排列法。與東西諸國亦有微異。蓋支那上古語法特別。此存其迹耳。間語者。間介于有用之語。似若緐冗。例以今世文法。又如詰詘難通。如卷耳言「采采卷耳。」而傳云「采采、事采之也。」訓上采字爲事。以今觀之。似迂曲不情。又如載驅言「載驅載驅。」傳云「載辭也。」而其他載可訓辭者。多訓爲「事。」又如釋詁云「言閒也。」（閒即助詞）又云「言我也。」若詩「言告師氏。言告言歸。」「受言藏之」之屬。以今觀之。皆可訓閒。而傳皆訓「我。」箋則言訓「我」者凡十七見。近人率以詰詘不通病之。毛公生于衰周。文學方盛。學于助詞尚不能通耶。鄭君雖專治樸學。不尚文釆。觀其譜序與戒子書。固文章之傑也。然其訓說必如是云者。正以二公深通古語耳。夫天子失官。學在四夷。楊子雲求絕代方言。蓋爲此也。日本與我同洲。周秦之閒。往者雲屬。故其言有可證古語者。彼凡涉于人事者。語末率加「事」字。或以「コト」代之。コト亦事也。又凡語中不必言我而必舉「我」字者。往往而有。如事柔之屬。特以事字居前。其排列稍異東方。而言告言藏之訓我。則正與東方一致。以今觀古。覺其詰詘。猶以漢觀和爾。夫在彼何有詰詘哉。然而訓事訓我者。又非可膠執讀之也。事與我即爲助詞。故載之訓事。與訓辭同。言之訓我。與訓閒。同同條共貫。無取于甘辛相忌也。當高郵時。斯二種文法。尚未發見。故必更易舊訓。然後可通。是亦千慮之一失乎。拾遺苴漏。發爲凡例。疏通古文。固後學之任也。（倒植語如）

「爾北之植。植于汝臺。」人所盡知。不煩疏錄。故舉其不憭者。

史通襍說篇云。「積字成文。由趨聲對。」然則有韻之文。或以數字成句度。不可增損。或取協音律。不能由隨己意。强相支配。疣贅實多。故又有訓故常法所不能限者。如古詞雞鳴高樹顛云。「黃金絡馬頭。耿耿何煌煌。」耿耿煌煌義無大異。（釋詁。「耿光也。」說文。「耿火光也」蒼頡篇「熿光也」說文「煌煌煇也」「煇光也」）而中間以何字直以取足五言耳。（其非韻文而文義類此者。如書多方。「大淫圖天之命屑有辭」據多士「大淫泆有辭」釋文引馬本泆作「屑」。則此屑亦即泆也。于大淫泆有辭之閒。閒以圖天之命四字。與耿耿何煌煌相似。然尤不可解。此則疑是簡札爛錯。非其本然。竢攷。）亦有當時常語非訓詁所能解剖者。魏武帝蒲生篇東阿王明月篇皆云「今日樂相樂。」魏文帝朝日篇云「朝日樂相樂。」是樂相樂爲當時常語也。斯二者必求其文義。則窒閡難通。誠以韻語異于他文耳。詩卷阿言「亦集爰止。」集止義一也。（鴇羽傳「集止也」）爰有「于」「於」「曰」三訓。（釋詁）于集止之間。皆不安耶。斯非耿耿何煌煌之例耶。式微言「式微式微。」傳云「式用也。」用微用微。語雖煩矣。（高郵釋詞。以式爲發聲語。其實訓用者亦不必誤。）斯非樂相樂之例耶。雖然類是者亦千百之什一而已。不通斯例。則古義不完。遂流忘返。則謬說滋起。世有妄人。憙言讀書。不求甚解。故不得以余說爲杓棗也。

古人文義。與今世習用者或殊。而世必以近語繩之。或擧孟子萬章篇「親之欲其貴也。愛之欲其富也」謂之其同義而用之不得不異。此未通古訓也。康誥「孟侯朕其弟小子封。」朕其弟即朕之弟也。書序「虞舜側微。堯聞之聰明。」即堯聞其聰明也。左定二年傳「奪之杖以敲之」。奪之杖即奪其杖也。夫何不可代用乎。蓋「之」「其」「是」「者」四字。古實同義互用。特語有輕重。則相變耳。鴻範「曰時五者來備」。宋世家作「五是來備」。後漢書李雲傳作「五氏。」氏是同音通用。荀爽傳作「五韙」以韙訓是。非鴻範之恉也。以是同者義矣。且五是亦時五之倒語也。藝文志「儒家者流道家者流」等語。以今世文義言之者字甚詰詘難通。尋說文「者別事詞也」喪服注「者者明爲下出也」。故者義與是與此相類。元人有者番者回等語。至今猶然。儒家者流。儒家宜讀。者流爲句。者流猶言此流也。釋訓「之子者是子也」。故之亦與是此義同。比類觀之。知古人于普通代名詞。適言互用。不得以孟子之其偶異。而謂詞氣異施矣。如古人文義。則言親其欲之貴也。愛其欲之富也。亦無不可。

前世箸述。其篇題多無義例。和氏盜跖。以人名爲符號。馬蹏駢拇。以章首爲楬櫫。穿鑿者或因緣生義。固無當于本恉也。至韻文則復有特別者。蓋其弦誦相授。素由耳治。久則音節諧熟。觸激唇舌。不假思慮。而天縱其聲。故後人作一曲。或襲用古辭。而義實大異。如呂氏春秋古樂篇「湯乃命伊尹作爲大護、歌晨露、修九招六列以見其善」。夫晨露爲義。大抵如小雅所言「匪陽不晞」者也。而音諧語變則遂爲振鷺。周頌云「振鷺于飛于彼西雝」。以是名篇。魯頌有駜亦云「振振鷺鷺于下」。皆自此流變者也。漢鼓吹鐃歌十八曲有「朱鷺」一篇。其詞曰「朱鷺魚以烏路訾邪鷺何食食茄下不之食不以吐將以問誅者」。而何承天擬作「朱路」一篇則曰「朱路揚和鸞翠蓋耀金華」。音均遞代。以水鳥爲輪輿。是即晨露振鷺轉變之例也。鐃歌又有「擁離」。其詞曰「擁離趾中可築室。何用葺之蕙用蘭。擁離趾中」。而承天擬作「雝離」一篇則曰「雝士多離心。荆民懷怨情」。以雝爲雝州矣。又有「上邪」。其詞曰「上邪我欲與君相知長命無絕衰山無陵。江水爲竭冬雷震震夏雨雪天地合乃敢與君絕」。而承天擬作「上邪」一篇則曰「上邪下難正。衆枉不可矯」。以邪爲邪正矣。是皆取聲類相同而義則大異。其名實譌變又不可以故訓常法限之也。亦有義訓相近而恉趣絕異者。如呂氏古樂所載「有娀二女作歌曰燕燕往飛」。而邶風曰「燕燕于飛」。「塗山女作歌曰候人兮猗」。而曹風曰。「彼候人兮」。「孔甲作破斧之歌」。而豳風亦有「破斧」。尋其事指絕非一揆。而文句相同義訓亦近。斯皆所謂音節諧熟天縱其聲者也。必欲以彼證此則陷于兩傷矣。復有用古調以成新曲。而其篇題與詩旨絕遠者。乃骫曲傳合以就之。如古「黃爵行」「釣竿行」。未知何指。及傳玄作鼓吹曲。以頌晉德。則因黃爵而傳合于伯益之知鳥言。因釣竿而傳合于太公之善餌術。然後可以言「神雀來游」。「飛龍戾天」。而與晉德相會。夫古之黃爵釣竿。其取義固未必在致嘉瑞用陰符也。此骫曲遷就者又爲一例。于三百篇中蓋未之見。雖然、六代之樂。今盡崩阤。文始五行。唐後亦闕。古樂章之篇題。既不可覩。亦安能斷三百篇中必無是例乎。

（未完）

國聞短評

自治？非律賓自治？

西六月一日（四月廿五日）倫敦電云。美國大統領盧斯福演說謂非律賓他日若能有自治力之時美國當許其自治聽者大感動云美國如果有是心乎庶不愧爲大國民不愧爲自由國民果能踐是言乎庶不爲華盛頓羞不爲林肯羞

古巴隸美後。於今四年。今美已許其獨立。西五月廿一日美總督解任歸而古巴共和國之大統領麻兒瑪宣誓就任矣善哉善哉。已立立人已達達人大國民自由國民固當如是。

非律賓敗軍之將。愛國之士夫。流寓於日本者數十。吾往往從之游。且哀且敬焉。昔聞近年以西班牙文著錄之書籍其成於非律賓人之手者十而四五其醫師律師等赫赫有名於歐洲者不乏其人其布告獨立時所頒憲法十四章百有一條正當詳密視歐美最文明國之憲法一無所讓焉在今日之非人其力不足以自治也美國而果有

是心乎。果踐是言乎。吾視其爲古巴之日不遠也。

嗚呼。我國民試一自省其自治力視非律賓何如矣。

革命！俄羅斯革命！

咄、俄羅斯革命！吁、俄羅斯遂不免於革命！嘻、俄羅斯殆不可以不革命！

俄羅斯革命之機動之已數十年。其主動者不過學生耳理想耳。今則工役思革命。軍人思革命。舉國之民除宮中及最少數之高等貴族外幾無一人不思革命革命之機。殆將熟矣。

女學生者。俄國革命黨中最有勢力者也。近日以革命之報紙書籍。密贈於聖彼得堡之海軍將校及全國之航海家皆已得其同情。全國之工役。相約要求增加庸率減縮操作時刻。期以五月同盟罷工。今於聖彼得堡莫斯科兩大都會。已爆發流血矣。其餘各地蠢動者所在皆是。迦遜省巡撫和波林忍已公言無術以制境內之暴發。加哥蘭省現已成恐怖時代。官吏悉逃難他去。嘻岌岌不可終日矣。

或言俄今皇知勢不可遏不得不改圖以求自免將踵前皇亞歷山大第三未覺之志。

改行立憲政體云。其信與否。吾不敢知。即信矣。而能救與否。吾不敢知。要之十年之內。俄國於革命立憲二者。必居一焉。吾敢知之。夫使俄國或迫於革命而立憲乎。或求立憲不得而卒收功於革命乎。則自今以往。地球上完全專制之大國。惟餘一支那矣。

張南皮之商務政策

鄂督欲以湖北紡織局售與日本人。有安田氏者往鄂交涉。今未就議。他日能就議與否。吾不敢知。要之此紡織局。終非鄂督所能有矣。終非中國人所能有矣。

上海織布局。前由中國官督商辦。折閱幾盡。售與英人。至今獲贏無算。湖北織布局。亦由中國官督商辦。折閱幾盡。安田氏若得之。必獲贏無算。

上海招商局。前年曾議售與日本人。今湖北織布局。復議售與日本人。

前盧漢粵漢鐵路。華商有欲自開公司承辦者。擬棄入洋股。鄂督不許。卒乃一歸華俄銀行。一歸美國公司。鄂督欣然矣。此次紡織局之出售。聞亦有粵商欲承辦者。擬棄入洋股。鄂督不許。卒沿門求市於他國。

華商之力未必不能獨任。然必欲羼入洋股者。畏官之督之也。洋股未必有損於權利。然官不欲者。惡巳之不得督之也。夫官不鄙商而躬自督之。豈非盛德大業。而商畏之也。如虎官之爲官可想矣。官之欲得而督之也。如蟻慕羶。官之爲官又可想矣。鐵路礦務。則人紾臂而奪諸我。官督商局。則我拱手而贈諸人。鄂督於東三省俄約路礦之權。抗電爭之。義形於色。使全權大臣還以相詰。鄂督將何辭以對。

宦途冷眼觀

前月廣西亂警正熾時。兩廣總督在病假中。廣西巡撫在病假中。廣西藩司亦在病假中。何病之巧耶。豈眞西人所謂東方病夫國耶。雖然彼草澤人物視之。病與不病。假與不假。恐無擇耳。

滇撫李經羲以請入覲面陳機務獲譴去官。其所欲陳者。未知如何。然以一封疆不能言事。而猶言求達民隱耶。

直督屢被參劾。日人之言。謂必有大力者嗾使之。殆非無因。李文忠與伊藤博文語。謂外國之議院。似吾國之都察院。六郎似蓮花耶。蓮花似六郎耶。

廣宗鉅鹿之亂耗。漸告平復。而前此傳言袁軍所至。輒遭挫敗。其爲報紙之張大其詞耶。抑袁軍久練之師。竟與尋常諸軍伯仲耶。袁軍形式上之可觀。人人皆知。使傳言而信。豈其所缺者在精神上耶。以今日之國體。今日之朝局。今日之官吏。欲求有精神之軍隊。可得耶。不可得耶。

英杜和議遂成

英杜戰爭。新聞紙中報其將和期近者。已屢見不一見。卒蹉跎荏苒。直至西六月一日。（四月廿五日）以和約既定。議畫押。聞此役自一八九九年十月下宣戰書。以迄今日。凡亘二年零七箇月。英國所耗軍費共二十千萬磅。發兵三十萬人。馬三十萬匹。自英國立國以來。戰事未有烈於此者也。而和議成後。則英國所得者。阿連治殖民地四萬八千三百二十六英方里。杜蘭斯哇殖民地十一萬九千百三十九英方里。其所獲亦不可謂不豐矣。當兵衅將開時。杜國大統領古魯家寄書於美國一友人曰。英人欲取兩共和國爲屬地。吾知其終必能如願。但不可不擲非常可驚之代價以易之耳。噫嘻、壯哉此言。萬里之外。聞者猶爲動色。以全數不滿二十五萬之波亚人。而與世界中第一強盛之英帝國爲敵相持至兩年七箇月之久婦女荷戈老弱倚馬矢盡援絕人無退志嗚呼可不謂豪傑之國民哉普天下血性男子誰不臨睨南雲而洒一掬同情之淚也

六　朝旨深意

四月初十日有賞給御前大臣軍機大臣總管內務府大臣南書房上書房大學士各部院尚書左都御史及各省將軍督撫平定粵匪捻匪回匪方略各一部之上諭當此國步迍邅之日忽舉前此武功懿鑠之盛而宣示之表彰之其有意耶其無意耶諸臣讀此者亦可見龍興異域之大清其威力如此其巍巍高拱深宮之太后其功烈如此其赫赫其孰敢不悚息讋慄軒鼚而歌舞之者乎抑大清之入主中夏二百五十年矣其間所經大難以粵捻回爲最劇彼等以區區揭竿之衆羣起一呼蹂躪半天下熛飈輕忽所向破碎當是之時淸祚岌岌不可終日而皇太后猶能指揮若定草薙而禽獮之自玆以降海內肅淸感慨風雲奮袂扼腕之士唏其微矣今日之天子今日之執政夫亦可以高枕鼾睡般樂佚遊睥睨此四萬萬奴隸視同無物焉矣而汲汲請求方略胡爲者藉曰內憂不足懼而猶懼外患故以是相惕焉吾甚惜乎甲午一役無平定

日本方略庚子一役無平定八國聯軍方略而後此之所以對付外患者非可膠柱刻舟以平粤平捻平回之前事爲師也然則朝旨之意可見矣若曰爾四萬萬漢族當知雖以粤捻回之猖獗不能訖我大清之天命此後猶有陳涉輟耕石勒倚嘯者其亦可以戒矣設其有之則軍機大臣各部院尙書各省將軍督撫持此方略以摧枯拉朽焉云爾嗚呼四萬萬漢人聽者各部院各省之大淸社稷臣聽者。

名家談叢

讀史隨記（續第六號）

中西牛郎

皇帝馬爾加士安敦尼之德行。其尤彰者在勤與嚴。年甫十二。奉斯多噶派之教。（希臘哲學之一種）即其平生所服膺者。曰以精神克肉體。以天理克人欲。德之外無善。不德之外無惡。嘗在軍中錄其心得。以成一書。觀其教誨之語。切切偲偲。毫不似帝王之矜嚴。凡帝一生行爲。直是芝諾氏（斯多噶派之祖）訓言之好注脚也。蓋其自責嚴。責人則寬。而欲盡正義仁愛以濟天下億兆。可不謂賢乎。戰乃其最所不欲也。然不已而戰。則躬親臨陣。暴露于多惱武之濱。經八寒暑之久。與士卒同甘苦。竟獲病崩。崩後百年。百姓思慕不已。往往奉置其像於家廟以祀之云。

讀史氏曰。吾嘗聞羅馬有一賢主焉。即皇帝馬爾加士安敦尼是也。帝之盛德。頗似中國禹湯文武之諸君。而其所著書。亦往往有與孔子論語相出入之處。而西人不甚稱揚其人者何也。蓋以帝不好耶穌教耳。雖不好耶穌教。而道德之盛。則有不遜於耶穌教中稱曰聖賢者。由是觀之。泰西道德家。耶穌教以外。豈爲無人哉。

兵力之用。視乎國之大小。國愈大而兵愈有用矣。嘗一政事家爲說曰。無論何國。國中人口百分之一。棄其本業。或爲兵勇。或爲遊民。而國不窮者。未之有也。然則兵固不可過多也。然今有一兵。或恃其膂力。恃其利器。恃其技熟。欲以鎮壓百人之衆。斷不能也。即欲以百人精兵。鎮壓萬人之衆。亦斷不能也。何則、衆寡懸絕。勢不相敵也。然以十萬之兵。則制一千萬之民而有餘矣。以一萬乃至一萬五千之兵。則制全都之民而有餘矣。兵與民之強弱不同。則使然也。且夫兵者。自非使千百人之衆。合成一體。而指揮之者。亦惟一人焉。則雖有韜略之才。訓練之精。亦無所用之。故將之多。非用兵之道也。卒之分。亦非用兵之道也。

讀史氏曰。吉朋氏此言。即爲敘羅馬帝國軍隊政治之事。而發其端者也。夫帝國建設以來。未幾。野心家輿。輙藉於僅僅數萬之兵。易置帝王。如奕棋然。不知其能致此者何耶。今吉朋氏解釋之曰。兵民強弱不同。自有一定之數也。以上所論。即是也。抑

國家養兵。本爲內鎮其亂。外禦其侮而設。今乃欲脅國民以奪神器。是私國家之兵

也。昔董卓脅漢君臣遷都。法國過激黨掌握政權。斬刈生靈。當時民心豈誠服從乎。皆是兵之力也。前日中國朝廷不爲董福祥所脅。則亦其不幸中之幸也。

昔以該撒之雄才。墺古太士之深慮。猶苦兵之驕悍難馭。西伯拉士帝雖有勇智。能得而制狃恩邀賞之兵乎。蓋是時也。兵之驕盈旣極矣。而帝更復寵之。以被黃金環許之以與其伉儷。起臥營中。予之以倍前之原餉。養之以一朝有事。則以非常要挾。然後乃肯從事之習。於是將驕卒懈。不可復用矣。帝即覺悟軍隊之不可不改革飭勵。一將官。從於其事而已。莫及矣。嗚呼、帝而自問。將士懈慢如此。孰任厥咎。則必知責在自己耳。

讀史氏曰。西伯拉士帝使兵娛樂驕盈。至於此極。蓋由藉其力以得其位也。夫兵强於內者必弱於外。虎狠於民者必犬羊於敵。他日帝國衰弱不振。未必不由於此也。所謂兵猶火。不戢則焚者。豈必窮兵黷武之謂哉。亦謂其挾戰勝之功。驕而流於弱。悍而難以馭。遂爲國家之蠹賊而已。

三

西伯拉士帝之時。羅馬法學家皆曰。皇帝神聖。在法律之外。不受一切制縛。生殺予奪。唯意所欲。國家則其產業也。帝所以自行亦如之。是以當世之人。俱享昇平。同視國運昌盛。而後世之人。則謂羅馬衰亡之因。帝最作之也。

讀史氏曰。羅馬民政。之所以爲民政。以其主權在議院也。行政理財用兵三大主權。一旦移於皇帝。而議院尙得以法律裁制此主權之用。則猶不失爲立憲之政也。今乃至曰皇帝神聖。在法律之外。生殺予奪。唯意所欲。國家則其產業也。則是旣純然君權無限之政矣。其衰亡也。不亦宜乎。

羅馬及伊大利。在其爲國家中心之時。則自祖先傳之國民精神。依然猶存。凡將於兵者。無非識文字明道理習法律之士。帝國二百年間。軍隊不失忠順者由此而已。乃及加拉加爾拉帝。變壞憲法。文武始爲二途。自時厥後。凡伊大利附近各省。有敎育之士。皆愧爲兵。轉爲文吏。而其爲兵者。皆是蒙昧無知之民。惟知有戰鬬。不知有國家。知有戰鬬。不知有學術。而訓練紀律。蕩然掃地矣。一國兵力在此輩手。則其顚覆帝位之相繼不絕者。亦不足怪耳。

讀史氏曰。國家大患。莫大於士民以兵爲可賤。而不屑從事焉。夫一國之良。在於兵者愈多。則其兵愈精。以向於敵則不怖敵。以向於民則不擾民。紀律嚴明。志趣堅確。縱有野心之徒。欲使嗾之以成其私。而兵皆知大義。重國家。不可動以不義也。若頑鈍無知之徒。多在其中。則反是。茲所言者。是已制兵者豈可不知所鑒乎哉。（完）

文苑

飲冰室詩話

希臘詩人荷馬。（舊譯作和美耳）古代第一文豪也。其詩篇爲今日考據希臘史者獨一無二之祕本。每篇率萬數千言。近世詩家。如莎士比亞、彌兒敦、田尼遜等。其詩亦動數萬言。偉哉勿論文藻。即其氣魄。固已奪人矣。中國事事落他人後。惟文學似差可頡頏西域。然長篇之詩。最傳誦者。惟杜之北征。韓之南山。宋人至稱爲日月爭光。然其精深盤鬱雄偉博麗之氣。尚未足也。古詩孔雀東南飛一篇。千七百餘字。號稱古今第一長詩。詩雖奇絕。亦只兒女子語。於世運無影響也。中國結習。薄今愛古。無論學問文章事業。皆以古人爲不可幾及。余生平最惡聞此言。竊謂自今以往。其進步之遠軼前代。固不待蓍龜。即並世人物。亦何遽讓於古所云哉。生平論詩。最傾倒黃公度。恨未能寫其全集。頃南洋某報。錄其舊作一章。乃煌煌二千餘言。眞可謂空前之奇構矣。荷、莎、彌、田諸家之作。余未能讀。不敢妄下比騭。若在震旦。吾敢謂有詩以來所未有也。以文名名之。吾欲題為印度近史欲題為佛教小史欲題為地球宗教論欲題為宗教政治關係說然是固詩也非文也有詩如此中國文學界足以豪矣因亟錄之以餉詩界革命軍之青年。

錫蘭島臥佛

大風西北來。搖天海波黑。茫茫世界塵。點點國土墨。雖曰中國海。無從問禹跡。近溯唐南蠻。遠逮漢西域。舊時職貢圖。依稀猶可識。自明遣鄭和。使節馳絡繹。凡百馬流種。各各設重驛。金葉鑄多羅。玉環獻摩勒。每以佛光明。表頌帝威德。蘇祿率群臣。浡泥挈盡室。闌斑披寶綬。扶服拜赤帝。是雖蠻夷長。竊號公侯伯。比古小諸侯。倘足稱蒲甓。其他鳥了帥，爭亦坿商舶。有詔鎮國山。碑立高百尺。以此明德意。比刻之罘石。及明中葉後。朝貢暫失職。豈知蕞爾國。既經三四摘。鐵圍薄福龍。太半供鳥食。我行過九眞。其次泊息力。婆羅左右望。群島比蟣蝨。咸歸西道主。盡拔漢赤幟。旦夕興亡淚。多於海水滴。行行復行行。便到獅子國。

浩浩象口水。流到硞伽山。遙望窣堵坡。相約儕躋攀。中有臥佛像。丈六金身堅。右疊重累足。左握光明拳。雖具堅牢相。軟過兜羅綿。水田脫淨衣。鬖雲堆華鬘。大青髮屈蠡。圍金耳垂環。就中白毫光。普照世大千。八十種好相。一一功德圓。是誰擅巧匠。上登忉利天。刻此牛頭檀。妙到秋毫巔。或言佛涅槃。婆羅雙樹間。此即荼維地。斯語原訛傳。惟佛有神力。高據兩山顛。至今雙足迹。尚隔十由延。或言古無人。只有龍鬼仙。其後買珠人。暫夾成市廛。此亦造妄語。有如野狐禪。實則經行地。與佛大有緣。參天貝多樹。由此枝葉繁。獨怪如來身。不坐千葉蓮。既付金縷衣。何不一啓顏。豈眞疲津梁。老矣倦欲眠。如何沈沈睡竟過三千年。

吁嗟佛滅度世界眼盡滅。最先王舍城。大闍禪師窟。迦葉與阿難。結集佛所說。爾來一百年。復見大會設。恆河左右流。犍椎聲不絕。其後阿育王。第一信佛法。能役萬鬼神。日造八萬塔。舉國施與佛。金榜國門揭。九十六外道。羣言罷一切。復遣諸弟子。分授十萬偈。北有大月氏。先照佛國月。四開無遮會。各運廣長舌。漢家通西域。聲教遠相接。金人一入夢。白馬來負笈。縋行復沙度。來往踵相躡。總持四千部。重譯多於髮。華言通梵語。衆推秦羅什。後分律法論。宗派各流別。要之佉盧字力大過倉頡。南有獅子王。鑿字浾鋼鍱。當時東西商。互通度人筏。但稱佛弟子。能避鬼羅剎。遂使諸天經。

三

滿載商人篋。鳥喙師子洲。畏鬼性駃怯。一聞地獄說。心畏睒摩殺。賴佛得庇護。無異樓影鴿。國主爭布金。妃后亦托鉢。尊佛過帝天。高供千白氎。樂奏梵音曲。訟聽番佛趺。向來文身人。大半著僧衲。達摩渡海來。一花開五葉。語言與文字。一掃付抹摋。十年勤面壁。一燈傳立雪。直指本來心。大聲用棒喝。非特道家流。附會入莊列。竟使宋諸儒。沿襲事剽竊。最奇宗喀巴。別得大解脫。不生不滅身。忽然佛復活。西天自在王。高踞黃金榻。千百氍毹長。膜拜伏上謁。西戎犬羊性。殺人日流血。喃喃誦經聲。竟能消殺伐。藏衛各蕃部。無復事鞭韃。即今奔巴瓶。改法用金梜。論彼象教力。羣胡猶震慴。綜佛所照臨。竟過九洲濶。極南到朱波。窮北踰韎鞨。大東渡日本。天皇盡僧牒。此方護佛齒。彼土迎佛骨。何人得鉢緣。某日是箭節。莊飾紫金堦。供養白銀闕。倒海然脂油。震雷響金鈸。香雲、幢幡雲。九天九地徹。五百虎獅象。徧地迎菩薩。謂此功德盛。當歷千萬劫。有國賴庇護。金甌永無缺。豈知西域賈。手不持寸鐵。舉佛降生地。一旦盡劫奪。

我聞舒五指。化作獅子雄。能令衆醉象。敗鬒頭籠束。何不勅獸王。俾當敵人衝。我聞

角大力手張祖王弓射過七鐵豬入地千萬重何不矢一發再張力士鋒我聞四海
水悉納毛孔中蛟龍與魚鼈衆生無不容何不口一吸令化諸毛蟲我聞大千界一
擊成虛空譬擲陶家輪極遠到無窮何不氣一噴散爲鞞藍風我聞三昧火燒身光
熊熊千眼金剛杵頭出煙焰紅何不呼阿奴一用天火攻我聞安息香力能勑毒龍
尾擊須彌山波濤聲洶洶何不呼小婢悉遣河神從我聞阿脩羅橫攻善見宮流盡
赤蚌血藕絲遁無蹤何不取天仗壓制羣魔凶我聞毗琉璃素守南天封薜荔鳩盤
茶萬鬼聲喁喁何不飭鬼兵力助天王功惟佛大法王兼綜諸神通聲聞諸弟子遞
傳術猶工如何斂手退一任敵橫縱竟使淸淨土概變腥膻戎五方萬天祠一齊鳴鼓
鐘遙望西王母虎齒髮蓬蓬合上皇帝號萬寶河朝宗佛力遂掃地感嘆摧肝胸
佛不能庇國豈不能庇教奈何五印度竟不聞佛號古有韋陀書云自梵天造貴種
婆羅門挾此肆凌傲凡夫鈍根輩分定莫能較自佛倡平等人各有業報天堂與地
獄普惡人自召卑賤衆首佗吹螺喜相告亦有婆羅門漸漸服教導食屑鶉鳩行夜
行鵂鶹叫塗灰身半裸拜月脚左蹺各棄事天業迴向信三寶大地閻浮提慈雲徧

五

覆幬何意梵志聲勢盛復鼓躁灰死火復然尾大力能掉別創溫都名布以人皇詔
佛頭橫著糞訶罵雜嘲誚盡驅出家人一一出邊徼外來波斯胡更立祆神廟千牛
祭火光萬馬拜日曜嗣後摩訶末採集各經要一經衍聖傳一劍鎮羣暴謂此哥羅
尼實以致忠孝天使乘白馬口宣天所詒從則升九天否則殺左道致主兼霸王黃
屋建左纛繼以蒙古主挾勢尤傑驁以彼轉輪王力大誰敢校邏來耶蘇徒徧傳新
舊約載以通商舶助以攻城礮謂天只一尊獲罪無所禱一切土木像荒誕盡可笑
頂上舍利珠拉雜付擢燒竟使佛威德燈滅樹傾倒摩耶撫鉢哭迦葉捧衣悼像法
二千年今日末刼到惡王魔波旬更使衆魔嬈天龍八部衆誰不生悲惱
噫嗟五大洲立教幾教皇惟佛能大仁首先唱天堂以我悲憫心置人安樂鄉古分
十等人貴賤如畫疆惟佛具大勇自棄銅輪王衆生例平等一律無低昂罪畏末日
審報冀來世償佛說有彌勒福德莫可當將來僧祇刼普渡胥安康此皆大德慧傾
海誰能量古學水風火今學聲氣光辨才總無礙博綜無不詳獨惜說慈悲未免過
主張臂稱鴿肉身供餓虎糧左手劊利刄右手塗檀香寃親悉平等憎愛心皆忘

愈慈愈忍辱轉令身羸尫獸蹄交鳥跡一聽外物狀人間多虎豹天上無鳳凰虎豹富筋力故能恣彊梁鳳凰太文彩毛羽易摧傷惟强乃秉權强權如金剛吁嗟古名國與廢殊無常羅馬善法律希臘工文章開化首埃及今亦歸淪亡念我亞細亞大國居中央堯舜四千年聖賢代相望大哉孔子道上繼皇羲唐血氣悉尊親聲名被八荒到今四夷侵蹴徹諸邊防天若祚中國黃帝垂衣裳浮海率三軍載書使四方王威鎮象主鬼族馴猙獰歸化獻赤土頌德歌白狼共尊天可汗化外有來航遠及牛賀洲鞭之如群羊海無烈風作地降甘露祥人人仰震旦誰侮黃種黃弱供萬國役治則天下强明王久不作四顧心茫茫

往讀明詩。見劉誠意集中一篇。一千三百餘言。搆思之奇。遣語之險。亦可爲吾詩界中放一異彩。雖然、長篇詩爲長短句者不難。而五言最難。爲奇險語有壯采者不難。爲莊嚴語有風格者最難。吾重公度詩。謂其意象無一襲昔賢。其風格又無一讓昔賢也。請兩錄之以資比較。

憶昔盤古初開天地時。以土爲肉石爲骨水爲血脉天爲皮。崑崙爲頭顱江海爲胃腸嵩嶽爲背膂。其外四岳爲四肢。四肢百體咸定位。乃以日月爲兩眼。循環照燭三百六十骨節八萬四千毛竅勿使淫邪發洩生瘡痍。兩眼相逐走不歇。天帝慇其勞逸不調生病患申命守以兩鬼名曰結璘與鬱儀。鬱儀手捉三足老鴉脚踏火輪蟠九螭。咀嚼五色若木英。身上五色光陸離。朝發暘谷暮金樞。清晨還上扶桑枝。揭鞭驅龍扶海若。蒸霞沸浪煎魚龜。煇煌焜燿啓幽暗。煥照草木生芳菲。結璘坐在廣寒桂樹根。漱嚥桂露芬香菲。啖服白兎所擣之靈藥。跳上蟾蜍背脊騎。揮光弄影蕩雲漢。閃奎爍璧葩花擕。手摘桂樹子。撒入大海中。散與蚌蛤爲珠璣。或落巖谷間。化作珣玕琪。人拾得喫者。胸臆生明暈。內外星官各職職。惟有兩鬼兩眼晝夜長相追。有物來掩犯。兩鬼隨即揮刀鈹。禁制蝦蟇與老鴉。低頭屏氣服役使。不敢起意爲姦欺。天帝憐兩鬼。暫放兩鬼人間嬉。一鬼乘白狗。走向織女黃姑磯。槌河鼓。褰兩旗。跳下黃初平牧羊羣。烹羊食肉口吻流膏脂。却入天台山。呼龍喚虎聽指麾。東巖鑿石取金卯。西巖掘土求瓊蕤。巖窗洞春石梁折。驚起五百羅漢半夜撥剌衝天飛。一鬼乘白豕。從以青羊青兎赤鼠兒。便從閣道出西清入少微浴咸池。身騎青田鶴。去採青田芝。仙都赤城三十六。洞主騎鸞驂鳳來陪隨。神獻清唱毛女和。長烟裊裊飄然旅。蜚廉吹笙虎擊筑。罔象出舞奔馮夷。兩鬼自從天上別。別後道路阻隔不得相聞知。忽聞寒山子。往來說因依。兩鬼各借問。始知相去近不遠。何得不一相見敘情詞。情詞不得敘。焉得不相思。相思人間五十年。未抵天上五十炊。忽然宇宙變差異。六月落雪冰天逵。寵鼉山上作窟穴。蛇頭生角角有歧。鱷魚掉尾斫折巨鼇腳。蓬萊宮倒水沒楣。攙搶枉矢爭出逞妖怪。或大如甕盎。或長如委蛇。光爍爍。形躨躨。叫鹿豕呼熊羆。蝙蜈回。翔魑魅。天帝左右無扶持。蚊蝱蚤蝨蠅蚋蜞。噆膚咂血圖飽肥。擾擾不可揮。筋節解折兩眼盲。不辨妍與媸。兩鬼大惕傷。身如受榜笞。便欲相約討藥與天帝醫。先去兩眼翳。使識青黃紅白黑。便下天潢天一水。洗滌盤古腸胃心腎肝肺脾。却取女媧所摶黃土塊。改換耳目口鼻牙舌眉。然後請軒轅邀伏羲。風后力牧老龍吉。泰山稽命魯般詔工倕。使豐隆役黔嬴。礪斧具鑪鎚。取金蓐收伐材尾箕。修理南極北極樞。斡運太陰太陽機。檄石皇地示。部署岳瀆神。受約天皇墀。生鳥必鳳皇。勿生梟與鴟。生獸必麒麟。勿生豺與貍。生鱗必龍鯉。勿生蛇與蟺。生甲必龜貝。勿生蝓與

螟。生木必松楠。生草必薺葵。勿生鉤吻含毒斷人腸。勿生枳棘覃利傷人肌。螟蝗害
禾稼。必絕其蟓蚳。虎狼防畜牧。必遏其孕孳。啓廸天下蠢蠢氓。悉蹈禮義尊父師。奉
事周文公魯仲尼曾子輿孔子思。敬習書易禮樂春秋詩。履正直屏邪敧。引頑嚚入
矩規。雍雍熙熙不凍不饑。避刑遠罪趨祥祺。謀之不能行。不意天帝錯怪恚。謂此是
我所當爲。眇眇末兩鬼。何敢越分生思惟。呶呶向瘖盲洩漏造化微。急詔飛天神王
與我捉此兩鬼拘囚之。勿使在人寰做出妖怪奇。飛天神王得天帝詔。立召五百夜
叉帶金繩將鐵網尋蹤逐跡莫放兩鬼走逃入嶮巇。五百夜叉个个口吐火。搜天刮
地走不疲。吹風放火烈山谷。不問杉柏樗櫟蘭艾蒿芷蘅茅荻。燔焱熨灼無餘遺。搜
到九萬九千九百九十九仞幽谷底。捉住兩鬼眼睛光活如琉璃。養在銀絲鐵柵內。
衣以文采食以麋。莫教突出籠絡外。踏折地軸傾天維。兩鬼亦自相顧笑。但得不寒
不餒長樂無憂悲。自可等待天帝息怒解猜惑。依舊天上作伴同遊戲。

問答

(八)問、達爾文、約翰彌勒、赫胥黎、斯賓塞等所著書。除天演論名學外。其餘諸書。日本均有譯本否。乞示復。(上海南洋公學邵聞泰)

(八)答、諸書多有譯本。但求其說理之明達。文筆之淵懿。能如嚴譯天演論者希矣。茲列其目奉答。

達爾文著一種

原名	譯名	譯者
Origin of Species	生物始源	經濟雜誌社

約翰彌勒著五種

原名	譯名	譯者
On Liberty	自由之理	中村敬太郎
Utilitarianism	利用論	澀谷啓藏
On The Representative Government	代議政體	前橋孝義
System of Logic	論理學綱要	

Principles of Political Economy ………… 經濟原論 ………… 天野爲之

二

斯賓塞著六種

原名	譯名	譯者
Social Statics	社會平權論	松島剛
Principles of Socilorogy	社會學之原理	乘竹孝太郎
…………	代議政體論	…………
Principles of Morality	倫理原論（未全）	田中登作
First Principles	綜合哲學原理	藤井宇平
抽譯社會學原理之第二章	政法哲學	濱野四郎 渡邊治

赫胥黎著　無

（九）問、貴報第四號學術第二葉小注。「歐洲十四五世紀時學權由教會散諸民間情形正與此同」不知學權何由自教會而散。其情形若何。乞全錄其事實。（高郵戛戛子）下期答

中國近事

◎直督新猷　直督袁宮保自任北洋以來。殷殷以開辦學堂爲首務。現因大學堂業已規模粗具。擬即另擇善地開創將弁學堂。以儲干城之選。其教習專擇水師學堂武弁學堂優等學生。俾資訓練。又以北洋大開商埠。各國雜居情形。與從前大不相同。此後交涉事繁。不得不愼選能員辦理洋務。故擬俟天津交還後。特設洋務局一所。專管華洋交涉事件。其總辦即委蔡太守紹基云。

◎直督之言　袁宮保在保定時。某國人往謁。叩以中國時局。宮保慨然曰。天津民政。已在各國之掌握。生殺予奪之權。久非我所操矣。以權利上之正義言。予不得不抵死請其交還也。天津爲北省之首府。京師之咽喉。總督衙門之所在也。直隸省之安危。係于天津民政之如何。今各國若此。是不啻使我全國人民輕蔑我辱罵我也。彼等每謂予依外人之指揮以自喜。仗外人之勢力以爲强。其實予關于外國之事。惟有兩種。一、白河航運之改良。一、以關稅收入爲指定之賠欵。予六年前曾上條陳于當道。請速將白河浚渫。以便通商。此世人所知者。是白河一事。予不獨極力趕辦。且必繼續而擴張之。至于海關收入。政府曾指定每年以七十萬兩充作賠欵正項。依予之意。且將俟商務復興時。酌加其數。天津將來如何。雖難預斷。然商業上斷不得安謐。蓋天津出產。唯食鹽一項。今已爲各國所奪。誰復操是業耶。此實予對于外國人之區區也。義和團之亂。各國又將藉口不還天津。各國亦曾自問乎。苟早將天津交還。何至有今日之事耶。答又叩以日英俄法兩同盟之事。并問日英同盟。究可爲中國之幸福否。宮保曰。日英既以保全中國爲目的。予亦感謝不遑。惟細思中國既待人保全。則其不可保全也必矣。此又予隱隱傷心之處也。

◎紀工巡局　聞政府命肅親王辦理工巡局。其修理內城街道。僅由戶部先撥經費二十萬兩。恐不敷用。章程亦不易議。日來上條陳者。殊紛紛也。

◎杜絕亂萌　聞某御史因鑑于各省之亂。奏請將各省攤賠之欵。及各縣應分攤派數目。明白曉諭。使民共見共聞。庶官吏不至藉以苛歛。而民亦可以不疑云云。

◎政務行知　瞿子玖尚書奏請凡日後政務處所辦之內政外交一切事宜。均宜隨時行知各省疆吏。不得秘密自守。致啓人疑而誤國政云云。聞王榮諸相亦以是言爲然。

◎商挽利權　近日王中堂電致鄂督張香帥。其文曰。貴督向來創興製造。廣闢利源。以防漏卮外溢。素所欽佩。惟此次武昌繅絲織布等局。將歸日商安田辦理。此事若成。則與貴督向來辦事宗旨有悖。鄙意頗不謂然。蓋徒以一時財政困乏。圖眼前些微之利。而將利權授柄于外人。難免貽後日之悔耳。擬請貴督統籌大局。及早設法挽回。倘該日商安田前往貴省商議此事。請婉言却之可也云云。

◎擇派游學　慶王向來建議擬就親王宗室中擇年少有爲者出洋游歷。近日榮中堂亦有此意。不日即可奏請簡派。榮相之意。派年長者出洋于將來政治易滋流弊。不如派年少者出洋爲宜云。

◎大學課程　大學堂課程本已酌妥。送呈政務處。聞有智學及國際學二門。政府疑智學即哲學。恐係民權自由之變名。更疑國際學爲不經之談。皆擬删改。再三考問。始知其故。因改名曰國法學。又大學堂招考章程。聞已擬定。約分九門。一洋文論。二漢文論。三中國地理。四中外史事。五繙譯。六代數。七形學。八公法學。九格致化學。每門能足百分之六十分者。即爲合格。大約七八月即當以此法出示招考也。

◎擬行捐例　近來政府以國債難籌。援江蘇廣東捐例通行各省。以償國債。謂總計一年所捐之欵。可將國債還清。擬捐一年。即行停止。無損于民。大有益于國。各省督撫意見相同。已公摺具奏矣。

◎新設欽使　新設駐紮奧國欽使一缺。已簡派即補道吳德章。意國欽使派候補道許玨。比國欽使派即選道楊兆鋆。

◎力拒意請　駐北京意公使近照會政府云。意國欲在黃村購置一地。以建兵房。傳聞王中堂欲從所請。以聯侍郞芳不以爲然。聲言外兵不能另建兵房于使館界限之外。如必另建。是有背條約矣。慶邸之意。亦與聯侍郞相同。故已力拒意使所請。

◎袁督被劾　聞袁慰帥自經御史參奏後。近又爲某御史所劾。摺中措詞頗厲。甚有謂不辦袁某不足以謝百姓等語。有云此係俄使所主使者。政府已略爲所動。故近有擬將慰帥開缺。而劉坤一調任直隸總督。張之洞調任兩江總督之說。未知然否。

◎西撫被劾　聞某御史參劾廣西巡撫丁振鐸。以其縱容土匪。遲匿不報。致釀成此禍。聞已交鄰省總督查辦矣。

◎還津駁議　前北京各公使將天津練軍各統領所上交還天津之條陳集議。各公使當將其中一二款畧爲删改。查各統領條陳中有言華兵不得在距津三十米突之內駐扎。現各公使改定華兵已不妨駐于距津三十米突之內。各統領條陳又言中國兵輪每至大沽灣泊時。其數不得逾一艘之外。現亦經各使除去。至其餘各欵。則尚須由各使再行聚議。乃可定奪。惟各統使條陳中有言都署未經交還中國以前。凡與人所立合同。交還後中國仍須遵守不改一節。則各使深以爲然。聞都統署與人所立合同。即係准人于租界津城相距處建一電車車路。并在津建造自來水廠等項也。

◎交路近議　關內外鐵路業已定期由英俄交還中國接收。玆聞俄公使又以胡侍郎英公使所訂交還鐵路條內。有鐵路由英交還後。當仍用英國工程隊兵官幾人。以爲華督辦之助等語。俄使遂致書外務部。畧云如此看來。英人所交還之鐵路。仍與不交以前無異。應請將此條作廢。否則關外鐵路須更期交還。同日德國駐京公使亦以此事詰問故慶親王王中堂因此又歸咎于胡侍郎辦理不能愼始致生此枝節胡則以當日固嘗先請示于外務部不肯任咎。

◎聯軍議退　現聞各國都統議定保護各國使館洋兵。計留美兵一百五十人。德兵三百人。法兵三百人。英兵二百五十人。日本兵三百人。俄兵三百人。意兵二百人。奧兵二百人。共計留護使館兵二千名。其餘各軍陸續運回本國。又由北京保定退出之兵。不在天津久駐。須于西六月十五號以前退出。蓋因天氣炎熱。恐染時疫也。現各國亦將陸續遣派運艦來沽。以待載運北京保定退出之兵回國云。

◎粤西亂耗　據最近消息。南寧前被圍困一節。有目擊情形者。言正月尾人心頗爲震動。到貳月初。至今則安靜如常。祇覺東至永淳西至百色南至鎭州北至盧墟桂林。道路稍多游匪出沒無常。行商頗有戒心。凡貨物往來必請護送。方保平安。故市面稍形淡寂云。又其亂多屬游勇所爲。其意止在刼掠財物。並無大志。是以兵至則散。兵去則聚。尚無攻城奪地之事。外間喧傳南寧失守。實無其事。或有謂桂林被圍者。尤屬傳聞之誤。

海外彙報

半月大事記 西曆五月下半月

▲十六日路透電路透派駐杜京訪事電稱。近英杜兩國雖在言和。而杜軍絲毫不懈。並不似將居息兵之象。凡我英人似亦不宜預存和局將次定議之心。致有疏忽也。

同日電。西班牙王因成丁御極。經英皇簡派喀納公爵往賀。蒙賞頭等寶星一座。

同日倫敦電。瑞典全國工人。無論貧富。現已一律罷市。須俟政府准其有公舉議員之權。始能再行開工。故現在通國中貿易業已悉行停止。政府與各鋪戶主人。恐有謀叛之事。均極憂慮。所有國中兵士。已均留駐兵房。不准告假。

▲十七日路透電德皇電致美總統羅斯福。謂朕擬以前皇福烈都烈克之聖像。恭設于華盛頓城內。以誌不忘亨利親王赴美之行。茲美總統業已允從其請。故美德兩國之邦交。從此必益臻親睦。

同日電。美總督武德已于本禮拜二即本月二十號代美政府佈告天下。以古巴島自主。即從是日爲始。並以潘洛瑪君充該島總統之任。

同日電。英理藩大臣張伯倫近在北明亨宣言曰。本大臣極望英杜戰禍早了。茲觀其勢雖可望言和。然尚未敢決其必成。究之無論如何。政府當不至再蹈前轍也。

▲十八日倫敦電。聞此次英皇加冕時。至倫敦操演之水師兵共六千名。步兵二萬名。團練兵八千名。馬兵五千名。砲兵十五營。

同日電。英儲近已邀請國中一千二百名各處學堂之學生至曼爾伯勒宮殿觀英皇加冕禮儀。除賜宴外。各賜瓶一枚以誌不忘。

▲十九日路透電。英統領亨密敦前日在某處追襲杜軍。大獲勝仗。生擒杜兵及匪黨等共四百餘人。內有杜酋數人。杜將底拉利之弟某亦在其列。並得輜重軍車數輛。

同日電。美國天尼斯省某煤礦爆裂。死者一百五十人。

同日電。俄國須爾納省總督因觀馬戲于出外時爲人用鎗擊斃。兇手登即拿獲。

▲二十日路透電。據美國信稱英人前在美國購買騾馬運赴南非洲應用者。茲已一律停辦。

同日電。法國海軍大臣玆已諭令添製沉水魚雷船十三艘。

同日電。近有無君黨中人欲圖謀刺奧皇。幸奧皇從比尼亞啓行之前十分鐘識破詭謀。該黨人旋被拘獲。

同日伯林電。西班牙王亞尼芬蘇于成丁之日。乘車過都城街市往行發誓禮時。突有一瘋人以非禮相犯。當即就獲。而據西班牙城各報。則言該處無君黨實有謀害之意。故該瘋人身畔懷有炸葯云。

同日電。西班牙新王西尼芬蘇自經親政後。即須發諭旨布告陸軍。並建一坊以爲前王記念。下址之禮儀。亦由新王自行舉行。

▲二十一日路透電。法總統已于今日行抵俄京。

同日電。古巴總統潘洛瑪現已授職任事。美國駐扎該島巡撫。業已奉調回國。

同日電。路透派駐杜京訪事電稱。杜國政府中人主和者固多。但阿連扶星斯透各臣民有主持異議者數人。按阿連屬黨權勢甚大。故其力足以阻撓和局。

同日電。法屬瑪丁尼島某城居民。近因火山轟裂。爲患大衆。咸有戒心。日前全城居民。忽于夜分紛紛逃赴碼頭。爭上輪舟開往他處避災。

同日電。據英商務報查報一千九百年內英國百姓每人所用茶葉約計六磅有奇。較諸千八百八十六年時每人所用祇有五磅耳。內印度茶約居三磅半。錫蘭茶居二磅又四分磅之一。華茶僅有三分磅之一。邇來華茶進口年減一年。近益覺其少。

▲二十二日柏林電。德國政府現因南美洲之亂。請于美國云。如旅居巴拿馬之德人有危險處。請以兵船保護之。

▲二十三日路透電。杜將底威特並底拉利及他杜酋等。已從比尼金行抵杜京。英米欒尼將軍亦已按臨該處。

同日電。法國總統抵俄。俄皇設宴款待。席間彼此各道寒暄。繼言兩國交誼不啻弟兄。彼此當同心協力。以禦外侮。

同日電。斐利山內火山近復轟發。其猛烈有甚于本月八號之災。飛石下墜。不計其數。瑪丁尼之彼爾城業已被毀無遺矣。聖彬森火山前經轟裂。茲復繼發。人心皇皇。爲之不安。

四

同日電。法總統在俄京聖彼得堡入觀俄國大禮拜堂時。旁觀者歡聲雷動。

同日電。英內閣各大臣業已奉飭于明日集議國事。本日因得南非洲基將軍來文。是以有召集各大臣齊赴內閣聚議國事之舉。

同日電。法廷茲已電詢瑪丁尼政府察奪災情。應否飭令島中居民他徙。如果在所必需。究當如何辦理。方能策出萬全。

同日巴黎電。法相羅蘇現已決意于六月一號以前告退。

同日電。前日俄皇與法總統在俄國克拉斯奴魯地方大閱陸軍。至操軍時俄皇與法總統均彼此舉觴致賀俄法兩國陸軍之親睦。無異昆弟朋友。殊爲可喜。俄法兩國所以設此陸軍。皆欲爲保全太平起見也。

▲二十四日路透電。路透探悉杜京近日所議和欵將次歸結。其大要業經議定。所餘末節。現在聽候英內閣諸大臣核奪。一俟接到英京覆信。各杜會即當遄返比里尼金定奪云。

同日電。咋理藩院大臣張伯倫入覲英皇。旣出。即入內閣同各大臣會議兩點餘鐘始各散去。

同日伯林電。意大利外部大臣近在議院宣言德意與三國重行聯盟。所有盟約仍與前無異。約中所載各節。亦無仇視法國之處。蓋現在歐洲各國均以和平為宗旨也。

同日電。波斯國王及儲君近赴德國游歷。本月二十九號當可行抵德國巴斯登地方。即在該處小住。並在該處及伯林城閱看德國春季大操。

△二十五日路透電。英杜和局條欵。迄今尚未宣露。茲據南非洲日前電請倫敦政府定奪者計有三事。一和議定後須歷若干時。方許杜國自主。應先議定。二杜國各屬學堂應用杜人土語。三宜永奪好望角亂黨自治之權。

同日電。南美洲智利國將與亞爾然丁國訂成一約。劃定彼此駐兵界址。至該兩國目前定製之各兵艦。並當一律刪去。

同日電。英海軍大臣日前在某處閱視新製之沈水魚雷船試車一切。甚為合式。足為兵艦之輔。誠為水師中一利器也。

▲二十六日路透電。英下議院以度支一事。茲已暫緩置議。增加穀稅並息捐各節。現經悉作罷議。蓋因和議將成。故有此舉也。

同日電。英海軍茲已議定章程。務使英皇加冕之時。英水師各軍艦在地球各屬者得獲同時慶賀。茲已遣派軍艦開往外國首要各埠。以待屆時一體致慶云。

同日柏林電。當意大利王及其后由意京乘坐御車前往拿波口岸時。忽有匪徒以石向車擲擊。該匪人刻已就獲矣。

同日巴黎電。法總統現已由俄國行抵丹麥京城。丹王特親詣舟次迎迓。

△二十七日路透電。昨據下議院聲稱無論南非洲之變局如何。英政府所擬增加穀稅一節。當不豁免。

同日柏林電。普國議院近議撥馬克二百五十兆枚。作爲整頓普國東方各省經費。以免波人恣肆。其中以一百五十兆馬克津貼農人在東方各省耕種。以抵制波人。其餘一百兆則用于東方各省專辦政治及商務事宜。德國首相當議上項時。曾與戶部大臣言德政府已決意將波人壓制。下次議預算表時。更須籌欵在東邊各省辦事務使德民權勢擴張。庶足爲波人之敵。而使波人不敢逞强云。

△二十八日路透電南美洲亞爾然丁與智利訂立專約議定各于邊界駐兵若干及他各項交涉。其事曾請英國秉公核斷。旋經英廷妥爲調停。諒必易于成議。

△二十九日路透電。古巴總統首次行文議政院云。古巴本足以自給。惟佈種糖片後。宜加意講求。顧近來糖業衰落。皆因歐洲各國廣產蘿蔔。使美國酌減糖稅。未始非挽回利權之善策也。

同日電。英某大臣在下議院宣言曰。本大臣望于下禮拜一即六日二號。能將南非洲所議之條約佈聞。至度支一事。目前暫可緩議云。

同日倫敦電。俄國千九百零一年之商務表現已刊出。其中載有出口貨共值七百二十兆羅卜。進口貨共值五百二十三兆羅卜。

△三十日路透電。目下英人大約可許杜人所有之來福鎗仍在家中。以防土人及凶獸滋擾。毋庸交付英軍。

同日電。昨日英樞密院又招集各大臣會議英杜和事。

同日伯林電。德皇因俄國水師將于八月在賚威爾海口大操。故須前赴閱操云。

餘錄

東籍月旦

飲冰室主人草著

敍論

新習得一外國語言文字。如新尋得一殖民地。雖然。得新地而不移民以墾闢之。則猶石田耳。通語言文字而不讀其書。則不過一鸚鵡耳。我中國英文英語之見重。既數十年。學而通之者不下數千輩。而除嚴又陵外。曾無一人能以其學術思想輸入於中國。此非特由其中學之缺乏而已。得毋西學亦有未足者耶。直至通商數十年後之今日。而此事尚不得不有待於讀東籍之人。是中國之不幸也。然猶有東籍以爲之前驅。使今之治東學者。得以斡前此治西學者之蠱。是又不幸中之幸也。

東學之不如西學。夫人而知矣。何也。東之有學。無一不從西來也。與其學元遺山之詩。何如直學杜少陵。與其學桐城派古文。何如直學唐宋八家。然概計我學界現在之結果。治西學者之收效。轉若不能及治東學者。何也。其故有二。(一)由治西學者大率幼而就學於本國之學問。一無所知。甚者或並文字而不解。且其見識未定。不能知所別擇。其初學之本心。固已非欲求學理爲通儒矣。而所從之師。又率皆市井閭閻之流。所以導之者非學問之途。而衣食之途也。雖其中能自拔流俗者未始無人。然已麟角鳳毛矣。若治東學者。大率皆在成童弱冠以上。其腦中之自治力別擇力漸以發達。故嚮學之心頗切。而所獲較多也。(二)由欲讀西文政治經濟哲學等書。而一一詮解之。最速非五六年之功不能。若幼童腦力未開。循小學校一定之學級以上進。則尤非十餘年不可。向來治西學者。既無遠志。又或困於境遇。不能卒業。故吾國尋常學西文之徒。其最高等者不過有中學校卒業之資格而已。何怪乎於精深之學問。一無所聞也。若治東學者。苟於中國文學既已深通。則以一年之功。可以盡讀其書而無隔閡。即高等專門諸科。苟好學深思者。亦常不待求師。而能識其崖略。故其效甚速也。然則以求學之正格論之。必當於西而不於東。而急就之法。東固有未可厚非者矣。

治東學者。不可不通東語。此亦正格也。蓋通其語則能入其學校。受其講義。接其通人。上下其議論。且讀書常能正確。無或毫釐千里。以失其本意。誠不可少之具矣。雖然。學東語雖較易於西語。然亦非居其地接其人以歲餘之功習之不能。若用簡便之法以求能讀其書。則慧者一旬。魯者兩月。無不可以手一卷而味津津矣。故未能學語而專學文。不學作文而專學讀書。亦一急就之法。殊未可厚非也。

今我國士大夫學東文能讀書者。既漸多矣。顧恨不得其塗徑。如某科當先。某科當後。欲學某科。必不可不先治某科。一科之中。某書當先。某書當後。某書爲良。某書爲劣。能有識抉擇者。蓋寡焉。同學諸子。慫恿草一書以餉來者。自念淺學。如余未嘗能通其語。入其學校。非惟專門之學一無所得。即普通之學亦未徧習。以門外人而語宗廟百官之美富。適爲知者囅點耳。雖然。其留學斯邦諸君子。或功課繁劇。無暇從事。或謙讓自持。率不操觚。今我不述。則恐更閱數年而此種書尙不能出現於我學界。斯竊非一恨事歟。是用不揣固陋。就所見及者草爲是篇。雖無大裨於時彥。抑不至貽誤於後生。是所差堪自信者耳。

第一編　普通學

凡求學者必須先治普通學。入學校受敎育者固當如是。即獨學自修者亦何莫不然。

吾中國人曩昔既未一受普通教育。於彼中常兒所通有之學識猶未能具。而欲驟求政治經濟法律哲學等專門之業。未有不勞而無功者也。往昔留學生亦多犯此弊。今皆知之而革之矣。學者即不能入其中學校循次而進。亦當取其中學課程相等之書抉擇參考而自讀之。今將日本現行中學校普通科目列示之。

一倫理

二國語及漢文

三外國語

四歷史

五地理

六數學

七博物

八物理及化學

九法制

十 經濟

尙有習字圖畫唱歌體操等科。以不關於讀書故省之。

其法制經濟兩科。乃近年新增者。前此無之。

以上諸學。皆凡學者所必由之路。盡人皆當從事者也。除國語漢文一科。我國學者可勿從事外。自餘各門皆不可缺者也。大抵欲治政治學、經濟學、法律學等者。則以歷史、地理爲尤要。欲治工藝、醫學等者。則以博物、理化爲尤要。然非謂治甲者便可廢乙。治乙者便可廢甲也。不過比較之間稍有輕重而已。

第一章 倫理學

中國自詡爲禮義之邦。宜若倫理之學無所求於外。其實不然。中國之所謂倫理者。其範圍甚狹。未足以盡此學之蘊也。今請列日本文部省最近所發之訓令關於中學所教倫理道德之要領。列其目如下。（此專屬中學第四第五年級者）

一 對於自己之倫理。 健康 生命 知 情 意 職業 財產

二 對於家族之倫理。 父母 兄弟 姊妹 子女 夫婦 親族 祖先 婢僕

三 對於社會之倫理。 他人之人格 他人之身體 財產 名譽 秘密 約束等、恩誼 朋友 長幼貴賤 主從等 女性 協同 社會之秩序 社會之進步

四 對於國家之倫理。 國憲 國法 愛國 兵役 租稅 教育 公務 公權 國際

五 對於人類之倫理。

六 對於萬有之倫理。 動物 天然物 眞 善 美

準是觀之。以比於吾中國所謂倫理者。其廣狹偏全。相去奚翅霄壤耶。故外國倫理學之書。其不可不讀明矣。

或曰。吾所欲求者學問也。智識也。道德之學。雖高矣美矣。而不切於急用。子何必斷斷言之。不知學問所以能救世者。以其有精神也。苟無精神。則愈博學而心術愈以腐敗。志氣愈以衰頹。品行愈以詖邪。將安取之。今者中國舊有之道德。既不足以範圍天下之人心。將有決而去之之勢。苟無新道德以補佐之。則將並舊此之善美者亦不能自存。而橫流之禍。不忍言矣。故今日有志救世者。正不可不硏究此學。斟酌中外。發明出一完全之倫理學。以爲國民倡也。倫理之書。顧可忽乎。

今請擇其最適於研究之書二三種前列之。而其餘可供參考者附列焉。下各節皆仿此

又以下所列各參考書。有非習普通學時所必讀者。蓋無論何學。皆進而愈深。其學科常貫徹於小學中學高等學大學也。今因著錄之便。於論普通學時並及之而已。下仿此。

中等教育倫理講話　二册　文學博士元良勇次郎著　定價一圓四角半

此書簡明賅括。最適於初學之用。凡分前後二編。前編第一章至第六章爲緒論。內分倫理學之範圍及定義、自己之觀念（即對自己之倫理）等課。第七八九章爲家族倫理。內分家族組織、親子之道、婚姻論等課。第十章至第二十三章爲社會倫理。內分槪論、公益論、禮儀論、信義論、慈善論、名譽論、訴訟論、娛樂論、獻身論、生命論、財產論、品格論等課。第二十四章至三十四章爲國家倫理。內分國家組織論、一斑臣民相互之關係、納稅之義務、兵役之義務、權利義務之解釋、責任論、國際倫理、一般人類與國家之關係、政府與人民之關係、國民名義之觀念等課。後編自三十五章至五十四章皆思想倫理。內分生存競爭與德義之關係、自家保存之理法及其制限、勤勞與安息、自愛與愛他之關係、職業之選擇、知與行之關係、欲望論、恭儉與奢侈、殘忍論、安心與懷疑心、反省論、嗜好論、自由及其制限、改心論、道德之制裁、思想與實行之關係、宗敎與倫理之關係等

惡之標準、常道論等課。一課不過千餘字。言簡而意備。一課之後。皆附以問答。能濬發人思想。誠斯學最善之本也。此書上海廣智書局已譯成

倫理通論　二冊　文學博士井上圓了著　定價一圓二角

此書以明治二十年出版。距今十有五年。就日本人讀之。覺其已成芻狗。然適合於我國今日之用。全書共九篇。第一篇緒論。凡廿三章。第二篇論人生之目的。凡十七章。第三篇論善惡之標準。凡十八章。第四篇論道德本心。凡十八章。第五第六篇皆論人事進化。凡三十一章。第七第八篇條舉各家異說。凡三十六章。第九篇諸說分類。凡十三章。末附倫理學者年代考。此書就本學各種問題分類。與元良氏之著體例不同。其敘諸家學說。極爲簡明。讀之可以見源流派別。而知今日所考定諸新道德。非漫無依据也。

故學者若無暇博涉。則專讀此二書。可以知此學之梗概矣。

參考書列後。

中等教育倫理學教科書　法國查爾著 岡田良平譯　四冊　定價一元四角

新編倫理敎科書　文學博士井上哲次郎 高山林次郎合著　五冊　定價一元二角五

岡田氏之書。日本諸學校通用爲敎科書者最久。井上高山皆著名大家。其書亦精心結撰。但專爲日本人說法。日本國體民俗有與我國大相反者。故在彼雖爲極良之書。在我則祇足供參考而已。

修身原論　法國福靈著 河津祐之譯　一冊　定價六角二

倍因氏倫理學　英國倍因著 法學博士添田壽一譯　五冊　定價一元五角

珂氏倫理學　英國卡的活著 中村淸彥譯　一冊　定價一元

斯氏倫理原論　英國斯賓塞爾著 田中登作譯　一冊　定價七角

倫理學新書　德國羅哲埃著 立花銑三郎譯　一冊

倫理學　文學博士元良勇次郎著　一冊　定價一元二角

越氏倫理新篇　美國越布列著 渡邊又次郎譯　一冊　定價五角

河津氏之書。乃奉文部省命所譯。倍因氏主張實利主義者也。其書上篇論道德之意義性質。下篇詳論希臘以來諸大家之說。珂氏則主張直覺說。而抑實利說。兩書對照。

頗有可觀。斯賓塞之名。久爲我國人所知。其論倫理道德。主張幸福主義。而歸本於進化。但譯本頗不能達其意。羅哲埃之書。專務調和諸說。立論不倚於一偏。在歐西號稱佳本。然譯文亦苦艱澀。元良氏之書。乃其早年之作。繁博雖過於倫理講話。而精要不逮之。越氏之書。乃撮譯大意。說明實行應用之原則。故亦頗便初學焉。

近育成會新出一叢書。名曰倫理學書解說。凡十二册。全部定價四元六角 每册定價四角 取歐美古今斯學名家之著。譯其意而解釋之。書皆鴻作。而解釋者亦著名之人。讀之亦較尋常譯本爲易。茲將其目列後。

一　デユ井ー倫理學綱要

二　スチーブン倫理學

三　ミユルヘツト倫理學

四　ペワルゼン倫理學

五　シグワルド倫理學

六　アリストートル倫理學即阿里士多德

七 カント倫理學即康德
八 マツケンジー倫理學
九 シヂ井ツク倫理學
十 ミユンステルベルヒ倫理學序論
十一 ヴント倫理學
十二 グリーン倫理學

此外尚有

主樂派之倫理說 綱島榮一郎講述

セス氏倫理學綱要 田中達 渡邊龍聖 共述

皆專門學校出版之書可供參考。

其尤爲浩瀚博大者。則有

倫理學精義 英國麥懇治著 野口援太郎譯 一冊 定價一元四角

倫理學說批判 英國士焦域著 山邊知春 太田秀穗 同譯 一册 定價二元五角

グリーン倫理學　英國格里安著　西晉一郎譯　一冊　定價二元

格氏麥氏皆英國近世最著名倫理學家。其書精深博大。可稱斯學之淵海。倫理學說批判。網羅諸派之學說。而加以論斷。全書分四篇。第一篇爲序論。以下三篇則取自利、直覺、功利、三大派。各爲一篇而論之。一一述其立論之根柢。而下以公平之評論。苟能卒業一過。則於斯學之源流派別。大綱細目。長短得失。皆瞭然矣。然此乃哲學科專門之業。非治普通學時所能問津也。若欲知本學沿革之大概。則

倫理學說十回講義　中島力造著　一冊　定價九角

最爲簡明括要。而

倫理學史　山本良吉著　一冊　定價一元

東洋西洋倫理學史　木村鷹太郎著　一冊　定價三十五錢

此兩種亦可供參考也。

（未完）

本報各代派處

如有欲閱本報者請向下開各處所定購或逕寄函本社購取亦得但必須將報費郵資先行付下本社自然按寄無悞

上海總代發行所廣智書局
又四馬路同文滬報館
又四馬路惠福里選報館
又四馬路惠福里采風報館
又四馬路廣學會邱禮清先生
又四馬路望平街中外日報館
又五馬路寶善街普通學報館
又棋盤街三茅閣橋商務日報館
又大東門內育材書塾王培孫先生
又樊王渡約翰書院晋倘先生
東京譯書彙編社
又神田東京堂
長崎新地宏昌號
朝鮮仁川怡泰號
天津日日新聞社
又大公報館
烟台順泰號
北京琉璃廠日日新聞分社
又琉璃廠西門內有正書局
南京花牌樓中西書局
又燈市口廣學會
又夫子廟前明達書莊
又三牌樓西明達別墅
又鐵湯池益智書局
安慶拐角頭皖省藏書樓

蘇州蕭家巷姚公館方康安先生
又同里鎮任閣學第陳佩忍先生
吳中圖書會社
無錫北門內道長巷梁溪務實學堂
常州城內青雲里楊第
又打索巷許芝年先生
杭州浙西書林
又東文學社
又梅花碑方言學社
又白話報館韓靜涵先生
揚州新勝街東文學社
又政法學會
紹興東湖通藝學堂孫翼中先生
南昌百花洲廣智書莊
又馬王廟背賦梅山房
又馬王廟背陶君節先生
如皋東門朱獻侯先生
漢口黃陂街江左漢記
溫州正和信局
福州南臺閩報館
汕頭今學書局
又育善街嶺東日報館
又振邦街上海莊黃敬堂先生
香港上環海傍和昌隆
又荷李活道聚文閣

又中環水車館後街錦福書坊
廣東省城雙門底開明書局
又聖教書樓
又黃文裕公祠內萃廬
又大馬站口林裕和堂
又十八甫華洋書局
海防同昇昌陳堯羹先生
石叻大蔦街謙和號
巴城大港脣聯興號
庇能檳城新報館
吉隆王澤民先生
暹羅陳斗南先生
檀香山新中國報館
域多利埠廣萬豐號
域多利二埠英泰號
溫哥華埠永生號
砵侖李美近先生
舊金山文興報館
又中西報館
又翰香報館
個郎羅藻雲先生
雪梨方澤生先生
美利畔黃世彥先生
紐西侖呂傑先生

第三種郵便物認可
[redacted]號
[redacted]年六月六日發行

EIN MIN CHOONG BO
P.O. Box 255
YOKOHAMA
JAPAN
新民叢報
第拾號
光緒二十八年五月十五日
明治三十五年六月二十日
◉本號要目
福祿特爾孟德斯鳩遺像
論進步(新民說十)
格致學沿革考略
國家思想變遷異同論
孟子微
◦意大利建國三傑傳(續)
歐洲地理大勢論
捫蝨談虎錄
新羅馬傳奇
十五小豪傑
詩界潮音集
每月二回朔望發行

新會梁任父先生著

飲冰室文集

香山何天柱編

飲冰室主人爲我國文界革命軍之健將其文章之價値世間旣有定評無待喋喋此編乃由其高足弟子何君所編凡**著者數年來之文字搜集無遺**編年分纂凡爲八集曰丙申集丁酉集戊戌集己亥集庚子集辛丑集壬寅集而以**韻文集**附於末焉其中文字爲**各報所未載者**亦復不少煌煌數百萬言無一字非有用之文雖謂中國集部空前之作殆無不可卷首復冠以著者所作**三十自述**一篇及**照像三幅**一爲時務報時代造像二爲淸議報時代造像三爲新民叢報時代造像海內外君子有表同情於飲冰室主人者乎得此亦足代嚶鳴求友之樂也**現已付印**不日出書

發行所 上海英界南京路同樂里 **廣智書局**

新民叢報第十號目錄

光緒二十八年五月十五日

售報價目表

全年廿四冊	半年十二冊	每冊
五元	二元六毫	二毫五仙

美洲澳洲南洋海參威各埠全年六元半年三元二毫零售每冊三毫正
郵稅每冊壹仙外埠六仙

廣告價目表　刊資先惠　論前加倍

一頁	半頁	一行　四號十七字起碼
十元	六元	二毫八仙

凡欲惠登告白者須于本報定期發刊之前五日交到價須先惠欲登長年半年者價當面議從減

編輯兼發行者　馮紫珊

印刷者　西脇末吉　橫濱山下町百五十二番館

發行所　新民叢報社　橫濱山下町百五十二番館　價箱二百五十五番

印刷所　新民叢報社活版部　東京神田區表神保町三番地

東京發賣所　東京堂

太平洋客著

新廣東

一名(廣東人之廣東)

全一冊　定價二角五分　外埠郵費在內

其名曰新廣東則雖未開卷而其卷中之大略宗旨可以想見矣著者前在上海時務報橫濱清議報主筆今在美國某報主筆文名夙著之人也不欲顯言撰人名氏讀者亦不必深求撰人名氏但讀之而覺其咄咄逼人若有電氣焉刺其腦而起一種異想者則此書之性質也卷首冠以廣東圖一幅精美鮮彩尤足爲全書生色

發行所　橫濱市山下町百五十二番　新民叢報社

出版圖書廣告

東亞各港志　全一冊　定價三角
明治政黨小史　全一冊　定價一角
外國地理問答　全一冊　定價二角
國憲汎論　近刊
英國憲法史　近刊
英國憲法論　近刊
羣學　近刊
萬國官制志　近刊
萬國選舉志　近刊
萬國商務志　近刊
歷史哲學　近刊
新編中學教科書第一種　倫理教科書　近刊
新編中學教科書第二種　泰西史教科書　近刊

暗射世界大地圖　定價五圓
中國暗射地圖　定價五圓
中國十八省地圖　定價一圓二角
中外方輿全圖　定價四圓
實測精密　東亞新地圖　定價一圓
戰地必攜　極東地圖　定價一圓六角
教科適用　東亞三國地圖　定價一圓五角
最新滿洲圖　附圖說一本　定價一圓
學校要品　徑尺地球儀　定價八元五角
五彩　坤輿全圖　定價二元二角五
新譯　英和辭典　定價二圓

飲冰室主人著

李鴻章

洋裝百八十葉　定價六毫
郵費三仙　外埠六仙

▲目次▼

發行所　新民叢報社
上海發行所　廣智書局

再版　**小學新讀本**　全六冊　定價一元

再版　**幼稚新讀本**　全六冊　定價一元

●郵費每冊六仙●十部以上者九折

此兩書爲橫濱大同學校新輯之教科書係既經驗而有成效者前既印刷多本立即消盡後各處復紛紛索購愧無以應故同人今玆乃謀補印俾便于訓蒙者之一助復經通人精心商榷删其繁蕪增其要領務適合于幼童之腦力日力誠近來幼學教科書中之鴻寶也現已成書託本社代售欲購者請先將欵寄下自然代爲轉購寄上無悞

發行所　新民叢報社

法國碩儒遺像

孟德斯鳩 Montesquieu

福祿特爾 Voltaire

夏威夷風景
（其一）

夏威夷風景
（其二）

論說

新民說十

第十一節　論進步（一名論中國羣治不進之原因）

中國之新民

泰西某說部。載有西人初航中國者。聞羅盤針之術之傳自中國也。又聞中國二千年前即有之也。默忖此物入泰西。不過數紀。而改良如彼。其屢効用如彼其廣。則夫母國數千年之所增長。更當何若。登岸後不遑他事。先入市購一具。乃問其所謂最新式者。則與歷史讀本中所載十二世紀時亞剌伯人傳來之羅盤圖。無累黍之異。其人乃廢然而返云。此雖諷刺之寓言。實則描寫中國羣治濡滯之狀。談言微中矣。

吾昔讀黃公度日本國志。好之以爲據此可以盡知東瀛新國之情狀矣。入都見日使矢野龍谿。偶論及之。龍谿曰。是無異據明史以言今日中國之時局也。余悱然叩其說。龍谿曰。黃書成於明治十四年。我國自維新以來。每十年間之進步。雖前此百年不如也。然則二十年前之書。非明史之類如何。吾當時猶疑其言。東游以來。證以所見。良信。

斯密亞丹原富稱元代時有意大利人瑪可波羅游支那。歸而著書。述其國情。以較今人游記殆無少異吾以爲豈惟瑪氏之作即史記漢書二千年舊籍其所記載與今日相去能幾何哉夫同在東亞之地同爲黃族之民而何以一進一不進霄壤若此

中國人動言郅治之世在古昔而近世則爲澆末爲叔季此其義與泰西哲學家進化之論最相反雖然非謬言也中國之現狀實然也試觀戰國時代學術蠭起或明哲理或闡技術而後此則無有也兩漢時代治具粲然宰相有責任地方有鄉官而後此則無有也自餘百端類此者不可枚舉夫進化者天地之公例也譬之流水性必就下譬之拋物勢必向心苟非有他人焉從而搏之有他物焉從而吸之則未有易其故常者然則吾中國之反於彼進化之大例而演出此凝滯之現象者殆必有故求得其故而討論焉發明焉則知病而藥於是乎在矣

論者必曰由於保守性質之太强也是固然也雖然吾中國人保守性質何以獨强是亦一未解決之問題也且英國人以善保守聞於天下而萬國進步之速殆莫英若又安見夫保守之必爲羣害也吾思之吾重思之其原因之由於天然者有二由於人事者有三

一曰大一統而競爭絕也競爭爲進化之母此義殆既成鐵案矣泰西當希臘列國之

時。政學皆稱極盛。洎羅馬分裂。散爲諸國。復成近世之治。以迄於今。皆競爭之明效也。夫列國並立。不競爭則無以自存。其所競者。非徒在國家也。而兼在箇人。非徒在強力也。而尤在德智。分途並趨。人自爲戰。而進化遂沛然莫之能禦。故夫一國有新式鎗、砲、出。則他國棄其舊者。恐後焉。非是不足以操勝於疆場也。一廠有新式機器出。則他廠亦棄其舊者。恐後焉。非是不足以求羸於闤闠也。惟其然也。故不徒恥下人。而常求上人。昨日乙優於甲。今日丙駕於乙。明日甲還勝丙。互相傲。互相妒。互相師。如賽馬然。如鬥走然。如競漕然。有橫於前。則後焉者自不敢不勉。有躡於後。則前焉者亦不敢即安。此實進步之原動力所由生也。中國惟春秋戰國數百年間。分立之運最久。而羣治之進。實以彼時爲極點。自秦以後。一統局成。而爲退化之狀者。千餘年於今矣。豈有他哉。競爭力銷乏使然也。

二曰環蠻族而交通難也。凡一社會與他社會相接觸。則必產出新現象。而文明遂進一步。上古之希臘殖民。近世之十字軍東征。皆其成例也。然則統一非必爲進步之障也。使統一之於內。而交通之於外。則其飛躍或有更速者也。中國環列皆小蠻夷。其文明程度。無一不下我數等。一與相遇。如湯沃雪。縱橫四顧。常覺有上天下地唯我獨尊之概始而自信繼而自大終而自畫至於自畫而進步之途絕矣不甯惟是所謂諸蠻族者常以其牛羊之力水草之性來破壞我文明於是所以抵抗之者莫急於保守我所固有中原文獻漢官威儀實我黃族數千年來戰勝羣裔之精神也夫外之既無可師法以爲損益之資內之復不可不兢兢保持以爲自守之具則其長此終古也亦宜

以上由於天然者

三曰言文分而人智局也文字爲發明道器第一要件其繁簡難易常與民族文明程度之高下爲比例差列國文字皆起於衍形及其進也則變而衍聲夫人類之語言遞相差異經千數百年後而必大遠於其朔者勢使然也故衍聲之國言文常可以相合衍形之國言文必日以相離社會之變遷日繁其新現象新名詞必日出或從積累而得或從交換而來故數千年前一鄉一國之文字必不能舉數千年後萬流匯沓羣族紛挐時代之名物意境而盡載之盡描之此無可如何者也言文合則言增而文與之俱增一新名物新意境出而即有一新文字以應之新新相引而日進焉言文分則言日增而文不增或受其新者而不能解或解矣而不能達故雖有方新之機亦不得不窒其爲害一也言文合則但能通今文者已可得普通之智識其古文之學如泰西之希臘羅馬文字

待諸專門名家者之討求而已故能操語者即能讀書而人生必需之常識可以普及言文分則非多讀古書通古義不足以語於學問故近數百年來學者往往瘁畢生精力於說文爾雅之學無餘裕以從事於實用夫亦有不得不然者也其爲害二也且言文合而主衍聲者識其二三十之字母通其連綴之法則望文而可得其音聞音而可解其義言文分而主衍形者則蒼頡篇三千字斯爲字母者三千說文九千字斯爲字母者九千康熙字典四萬字斯爲字母者四萬夫學二三十之字母與學三千九千四萬之字母其難易相去何如故泰西日本婦孺可以操筆札車夫可以讀新聞而吾中國或有就學十年而冬烘之頭腦如故也其爲害三也夫羣治之進非一人所能爲也相摩而遷善相引而彌長得一二之特識者不如得百千萬億之常識者其力逾大而效逾彰也我國民既不得不疲精力以學難學之文字學成者固不及什一即成矣而猶於當世應用之新事物新學理多所隔閡此性靈之濬發所以不銳而思想之傳播所以獨遲也

四曰專制久而民性漓也天生人而賦之以權利且賦之以擴充此權利之智識保護此權利之能力故聽民之自由焉自治焉則羣治必蒸蒸日上有桎梏之戕賊之者始

爲害其生機繼焉失其本性而人道乃幾乎息矣故當野蠻時代團體未固人智未完有一二豪傑起而代其責任其勞羣之利也過是以往久假不歸則利豈足以償其弊哉譬之一家一廛之中家長之待其子弟廛主之待其伴傭皆各還其權利而不相侵自能各勉其義務而不相佚如是而不浡焉以興吾未之聞也不然者役之如奴隸防之如盜賊則彼亦以奴隸盜賊自居有可以自逸可以自利者雖犧牲其家其廛之公益以爲之所不辭也如是而不萎焉以衰吾未之聞也故夫中國羣治不進由人民不顧公益使然也人民不顧公益由自居於奴隸盜賊使然也其自居於奴隸盜賊由霸者私天下爲一姓之產而奴隸盜賊吾民使然也譬夫立憲國之政黨政治也彼其黨人固非必皆秉公心稟公德也固未嘗不自爲私名私利計也雖然專制國之求勢利者則媚於一人立憲國之求勢利者則媚於庶人媚一也而民益之進不進於此判焉政黨之治凡國必有兩黨以上其一在朝其他在野在野黨欲傾在朝黨而代之也於是自布其政策以掊擊在朝黨之政策曰使吾黨得政則吾所施設者如是如是某事爲民除公害某事爲民增公益民悅之也而得占多數於議院而果與前此之在朝黨易位則不得不實行其所布之政策以副民望而保大權而羣治進一級焉矣前此之

在朝黨既嬗而在野欲恢復其已失之權力也又不得不勤察民隱悉心布畫求更新更美之政策而布之曰彼黨之所謂除公害增公益者猶未盡也使吾黨而再爲之則將如是如是然後國家之前途愈益向上民悅之也而復占多數於議院復與代興之在朝黨易位而亦不得不實行其所布之政策以副民望而保大權而羣治又進一級焉矣如是相競相軋相增相長以至無窮其競愈烈者則其進愈速歐美各國政治遷移之大勢大率由此也是故無論其爲公也即爲私焉而其有造於國民固已大矣若夫專制之國雖有一二聖君賢相徇公廢私爲國民全體謀利益而一國之大鞭長難及其澤之眞能徧逮者固已希矣就令能之而所謂聖君賢相者曠百世不一遇而桓靈京檜項背相望於歷史故中國常語稱一治一亂又曰治日少而亂日多豈無萌蘗其柰此連番之狂風橫雨何哉進也以寸而退也以尺進也以一而退也以十所以歷千百年而每下愈況也

五曰學說隘而思想窒也凡一國之進步必以學術思想爲之母而風俗政治皆其子孫也中國惟戰國時代九流雜興道術最廣自有史以來黃族之名譽未有盛於彼時

者也。秦漢而還。孔教統一。夫孔教之良。固也。雖然、必强一國人之思想使出於一途。其害於進化也莫大。自漢武表章六藝。罷黜百家。凡非在六藝之科者。絕勿進。爾後。束縛馳驟日甚。一日虎皮羊質。霸者假之以爲護符。社鼠城狐。賤儒緣之以謀口腹。變本加厲。而全國之思想界銷沈極矣。敘歐洲史者莫不以中世史爲黑闇時代。夫中世史則羅馬教權最盛之時也。舉全歐人民。其軀殼界則糜爛於專制君主之暴威。其靈魂界則匍伏於專制教主之縛軛。故非惟不進。而以較希臘羅馬之盛時。已一落千丈强矣。今試讀吾中國秦漢以後之歷史。其視歐洲中世史何如。吾不敢怨孔教。而不得不深惡痛絕夫緣飾孔教利用孔教誣罔孔教者之自賊而賊國民也。

以上由於人事者

夫天然之障。非人力所能爲也。而世界風潮之所簸蕩所衝激。已能使吾國一變其數千年來之舊狀。進步乎進步乎。當在今日矣。雖然、所變者外界也。非內界也。內界不變。雖曰烘動之。鞭策之。於外。其進無由。天下事無無果之因。亦無無因之果。我輩積數千之惡因。以受惡果於今日。有志世道者。其勿遽責後此之果。而先改良今日之因而已。

學說

格致學沿革考略

中國之新民

吾中國之哲學、政治學、生計學、羣學、心理學、倫理學、史學、文學等。自二三百年以前。皆無以遠遜於歐西。而其所最缺者則格致學也。夫虛理非不可貴。然必藉實驗而後得其眞。我國學術遲滯不進之由。未始不坐是矣。近年以來。新學輸入。於是學界頗談格致。又若舍是即無所謂西學者。然至於格致學之範圍。及其與他學之關係。乃至此學進步發達之情狀。則瞠乎未有聞也。故不揣檮昧。剌取羣書。草爲是篇。自愧少而失學。於玆學理例未窺一二。本論臚列若干人名書名年代。猶如說食已不能飽。且其漏略紕繆之處。亦知不免。雖然、亦可以省學者搜羅鈔錄之勞也。故不辭乾燥無味之誚。著而存之云爾。　著者識

導言

凡天下萬事萬物。未有突然而生者。大抵其物愈貴。則其發生也愈遲。而其發達也愈

緩。學問者事物之最繁賾而高尚者也故欲語一學問之沿革不可不上下千古泝端竟委觀前此萌達之跡爲將來進步之階學問之種類極繁。要可分爲二端。其一形而上學。即政治學、生計學、羣學等是也。其二形而下學。即質學、化學、天文學、地質學、全體學、動物學、植物學等是也。吾因近人通行名義。舉凡屬於形而下學皆謂之格致。兩者相較。其繁賾雖相等。而形而上學之高尚更過於形而下學。故質化天地動植諸學。其蠶然成一完全學科也較早。今試上下千古述其梗概。

第一節　上古格致學史

當巴比倫人盛時。（約在西歷紀元前二千年）已有度量衡。又有滴漏。其制自日出以至日沒。平分爲十二時。自日沒至日出。亦平分爲十二時。因冬夏晝晷之異。而每時之長短亦以爲差。又積多年之經驗。知每十九年則新月之生者二百三十五回。每十八年則日蝕者十一次。又能知五緯星及其運行度數云。

埃及人（約紀元前二千年）之智識。比於巴比倫人所得較多。彼等能知一年之日數爲三百六十五。又積經驗知每四年加一閏。又頗曉化學。又巳作醫藥。又知以臂指爲衡量諸法。」

其在歐洲。則希臘人勃興以後。拓諸多殖民地於小亞細亞沿岸。而密理圖一地。文物最盛。七賢之首厥惟德黎 636-545 B.C. 實產於此。德氏觀察自然之現象。而推見其全體。肇創幾何學。設種種定理。以明日蝕月蝕之原因。又知摩擦琥珀。使熱則能引輕物。其弟子亞諾芝曼德 611-545 B.C. 始以日晷儀輸入希臘。因之定子午線。測冬至夏至。更推算緯度。測定黃道赤道之斜率。畢達哥羅士生於小亞細亞沿海之一小島。於幾何學更加發明。又爲天文學律學地學之始祖。其言天文學也。頗知地動之說。其言律學也。知弦之長短與音之高低成比例。且推此以究天運。其言地學也。因見陸地有介蟲之殼。而知海陸之變移。

安那薩哥拉 500-428 B.C. 雅典學派之鼻祖也。當時俗論。舉凡一切現象。皆歸諸造物者之意。安氏首翻新說。以爲悉由物理。嘗言太陽爲一大石。坐此受罰下獄。又知行星與恒星之別。及日月食之原因。同時有名希剝拉底者二人。一生於 470 B.C. 著名之數學家也。一生卒於 460-357 B.C. 著名之醫學家。而泰西所稱爲醫學初祖者也。

安那薩哥拉分物質爲無量數。而同時有與之反對之一學派出焉。稱曰阿屯派。倡自德謨頡利圖 400B.C. 成於伊壁鳩魯 342-270B.C. 皆言物質之數有限而可得剖分剖分至極微以不可剖爲限命之曰阿屯。唵拔鐸黎 490-430 B.C.始分物質爲地水火風四類。其後阿里士多德384-322 B.C.命之曰原質。

阿里士多德哲學大家也。雖然其有功於格致學者亦正不少。其於天文學知地爲球體而測算其周徑其於物理學爲動力說之初祖後儒言力爲平行四邊形阿氏已發之矣。然其功最偉者尤在動物學。西儒之研究動物者雖始於湜爾安 520 B.C. 然以該博之識類分動物實始於阿氏彼嘗區動物爲九類。一胎生四足類二鳥類三卵生四足類四鯨類五魚類六軟體類七多足軟殼類八多足蟲類九無足有殼類其細別之則其所謂胎生四足類者即今儒所謂哺乳類雖蝙蝠亦歸其中。誠爲特識。惟鯨類以無足之故不歸於此。然知其有肺以呼吸且屬胎生故別之於魚類之外所見亦卓矣。其弟子阿芙拉士最留意於植物。實爲植物學初祖所著植物書與其師之動物書同爲千餘年來之寶笈云。

自亞歷山德亞（希臘馬基頓國之國都也）學校之開。（約紀元前300至641之間）一時碩儒名宿皆集此校。試舉其略。（一）歐几里得330-275 B.C.所著幾何原本至今衣被萬國其功之高固不待言。歐氏又已知光學有直進反射兩公例。（二）亞里士特奇310-250 B.C.始公言地球繞日之說且言地軸斜倚於軌道之面運轉而成四季。地體自轉而成晝夜。又算日之距離與月之距離之比例。而詳論日月地球之半徑。（三）渥奇邁特者其數學物理學在古代皆稱第一其所論圓橢圓拋物線等之理皆精透異常。又發明重學槓杆之定例及螺旋之原理。（四）埃拉士德辣254卒B.C.專格致人物之腦質。（五）里羅非士200 300 B.C.稱解剖學之大家。此亞歷山德亞學校前期之名儒也。後此數百年則有（六）雅里奴士講求原數之理。（七）埃拉特士的尼194卒B.C.知赤道下之地晝夜無長短之分。其各地長至之日。同在某季節者。即知此兩地與赤道之距離線相等也。因名此線爲平行圈。於是作直角之線。名爲子午線。因其長率以算得地球之周徑。其所測定者爲四萬六千啓羅米突。與今世所算不甚相遠矣。（八）希巴奇士200-125B.C.爲校中最著名之天文家。測定地軸方向之變化。（九）晢德黎彌阿與希氏齊名。始以地球爲中心。以推一切天體後世穪氏爲菩派之天文學。蓋自歇白尼未出以前。凡千四百年間。談天者皆祖之。菩氏又作地圖。自歐洲東迄支那。實爲地圖之鼻祖(十)格底士比阿及其弟子希龍皆著名物理學大家。蓋吸氣管之用。前此阿里士多德雖已知之。至格氏始發明壓氣管之法。用以壓搾空氣。作新滴漏。希龍稍知重心之理。又嘗欲作汽機而未成(十一)士特拉坡(與耶穌同時)始研究地震及火山之理。其動物學亦與阿里士多德所著並傳不朽云。要之上古時代之格致學史。幾爲亞歷山德亞一校所壟斷。及此校之學風衰。而中古之幕開矣。

第二節　中古格致學史

自亞歷山德亞被略奪於阿剌伯。其學者大半走集於君士但丁奴不。(今之土京也)雖然。其時干戈雲擾。人心不靜。委心績學者寡。不過傳古人之業而已。及阿剌伯人平亞非利加之北海岸。更併呑西班牙半島。乃於哥兒多、北達卡希拉等處。設立高等學校。大奬厲希臘學術。又於東方之印度時有取材。故學風復興。

解剖人身者。阿剌伯人宗教所禁也。故其於解剖之學。一無進步。雖然醫學極見重於時。希剌拉底、雅里娀士、阿里士多德等所著書。皆譯以阿剌伯文。化學天文學數學等。

亦其所好。歐几里得、渥奇米突、普德黎彌阿等之著作。亦皆有譯本。

阿剌伯人之治化學。不過欲藉之以變粗金爲貴金。其起源自埃及化學史上稱爲亞爾迦米時代。其著名之化學家有迦比爾 702-765 者云。五金之屬。大率由水銀硫黃而來。金銀諸貴金多含水銀。銅鐵諸粗金多含硫黃。迦氏抱此思想。以爲金屬可互相變化。其爲謬誤。自不待言。但以此故設種種試驗。因以發明事實者亦不少。彼嘗蒸明礬以爲硫酸。又嘗以綠礬與硝石或明礬共蒸之爲硝酸。欲以之煉造五金。又和合硝酸硇砂以爲强水。得以試其成金與否。故醋酸雖自古已有。至乾餾木材以製之。則自亞爾迦米派始。而鹽酸製法。亦創於是時。迦比爾又爲蒸汽、滲漬、結晶等種種新法。皆爲後儒試驗之所資。

其天算之學。不過傳希臘舊術。無甚進步。亞爾巴的尼當時最著名之天文家也。代數之學。亞歷山德亞學校之赫布及的阿富安既已創立。至是阿剌伯人亞爾卡里 835 復博考之於希臘印度學者。著代數學一書。久爲後世所誦法。

其在物理學。則亞爾哈禁最爲名家。彼以爲普德黎彌阿所謂入射角與屈折角之比例不變云云。甚爲謬誤。乃更設定律以試驗之。又以光之從日體發來者因有空氣隔之。成爲波折。故雖日落而立於地球上者。尚能見光。其所論凹面鏡反射之理。實足爲深於幾何學之證也。

阿剌伯人之有功於博物學者。以其譯出希臘文之書傳諸歐洲。然其所自著述。亦有足多者。如盧西亞希士 868 年 以動物學名。亞拜達 1248 年 以植物學著。雖然其能出亞里士多德之範圍者蓋寡焉。卡威尼 1283 年 論物體以爲萬物由不完全而進於完全。先有土壤礦物。次有植物動物。次有人。而最高貴之天使最後起焉。又以呼吸者所以散身內之熱也。水中動物以水冷故。故不必有肺以主呼吸云云。

當十二世紀之時。西部之阿剌伯人始以格致之學識轉輸於景教國。亞里士多德之書。由阿剌伯文重譯爲拉丁文。其著名之譯家爲米迦士噶而亞丁赫德。亦以拉丁語譯攸氏之幾何原本。其他種種之希臘學。莫不藉阿剌伯人媒介之力。次第輸進。而十軍字者亦使希臘學西行之一原因也。東西兩路夾持而進。於是新學之端緒漸開矣。

腓力特列第二好學右文。首創大學於拿布及帕亞兩地。於是數學家有黎阿拿特

1175 生 佐達奴 約1200 化學家有羅志拿倍根 1214-1284 與近世哲學家之倍根爲兩人 倍根常曰。格致之學。必當以實驗爲基礎。又曰。一切科學皆以數學爲其根。實爲後世實驗家之祖。當時阿里士多德之學與耶穌教相和合。則成一種學派。有持異議者。輒目爲邪說。動見抵排。實事求是之倍根。卒鬱鬱不得志以死。及千四百五十三年。君士但丁奴不被陷。學者抱殘守缺。逃於意大利。得見希臘原書。知前此由阿剌伯文重譯者殊多謬誤。而馬丁路得 1482-1546 亦指摘羅馬舊教之誤。於是科學革新之氣運漸至矣。雖然羅馬教皇之威權猶盛。常以苛刑峻法束縛人心。學者以倡新說致死罪者踵相接。故茲學之萌蘗。每被摧殘。然其時中國文明三利器。一曰火藥。二曰羅盤針。三曰印書術。亦已由阿剌伯人之手達于歐西。用兵航海讀書之法。皆闢一新境。其機固自不可遏矣。於時有尼哥拉格沙者出。漸疑地動之理。以爲凡圓體之物。皆能自然運動。則球形之地。亦當常動云云。尼氏復製測量溫度表。有益於世。

（此節未完）

政治

國家思想變遷異同論

中國之新民

思想者事實之母也欲建造何等之事實必先養成何等之思想世界之有完全國家也自近世始也前者曷爲無完全國家以其國家思想不完全也今泰西人所稱述之國家思想果爲完全否乎吾不敢知雖然以視前者則其進化之跡粲然矣其得此思想也非一朝一夕所驟致非一手一足所幸成或自外界刺激之或自內界啓牖之雖曰天演日進之公理不得不然然所以講求發明而提倡之者又豈可緩耶故今略述其變遷異同之大體使吾國民比較而自省焉苟思想之普及則吾國家之成立殆將不遠矣

德國大政治學者伯倫知理所著國家學將歐洲中世與近世國家思想之變遷舉其特異之點凡若干條玆譯錄如下

甲　中世

一國家者。其生命與權利。受於上帝。國家之組織。皆由天意。受天命。

二國家二字之理想。全自教門之學說而來。王者代上帝君臨國家。王國即神國也。天主教主持教令與國家之兩大權。謂教界之權與俗世之權。皆上帝之所付。其一歸於教皇。其一歸於羅馬帝。即耶穌新教。雖知教令干預政權之不可。然其論國家權。仍帶宗教上之思想。

乙　近世

一國家者。本於人性。成於人爲。其所組織。乃共同生活之體。生民自搆成之。生民自處理之。

二以哲學及史學。定國家之原理。故近世之政治學。全自國家與吾人之相關如何著想。或曰國家者。由人人各求其安寧。求其自由。相議合意而結成者也。或曰國家者。同一之國民。自然發生之團體也。要之近世國家之理想。非全滯於宗教。亦非全離於宗教。至政治學之所務。則不在求合於天則。而在求合於人事。

三中世國家之理想。雖非如東洋古國（猶埃及猶太等）直接之神權政體。而尚不免爲間接之神權政體。蓋君主者。神之副代理也。

四國家由敎徒之團體而成。故以敎派之統一爲最要。凡異敎無敎之徒。不許有政權。且虐待之。

五耶穌敎國。以敎令爲形而上者。故視之也尊。以國家爲形而下者。故視之也卑。敎主之位。在國王之上。敎士之位。在平民之上。常享特權。免常務。

三神權政體。與近世政治思想。不相容。近世之國家。乃生民以憲法而搆造之。其統治之權。以公法節制之。其行政也。循人生之道理。因人爲之方法。以圖國民之幸福。

四宗敎無特權。無論公法私法。皆與敎派不相涉。國家有保護「信敎自由」之責任。無論何種敎令。不得禁止侵害之。

五國家自有精神（國民之元氣）有形體。（憲制）而成一法人。（法人者。謂自法律上視之。與一箇人同例）對於敎令而有獨立之地位。且能以權力臨敎會。其施行法律也。一切階級皆平等。敎士不能有特優之權。

六教育少年之事。皆由教會管之。各專門學。亦歸宗教勢力範圍。

七無公法私法之別。於屬地所行之主權。殆如私管業之財產。君權者。一家族之權也。

八因封建制度之故。國權破碎分離。自神而王。自王而侯伯。自侯伯而士。自士而市府。逐漸推移。法律之組織極散漫。

九代議選舉之權。由身分而異。貴族及教士占非常之勢力。法律亦因階級爲區別。

六國家所委於教會者。僅宗教教育耳。若學校則國家之學校也。一切專門學皆脫宗教之羈絆。國家保護其自由。

七公法與私法之區別。極分明。公權與公務相倚。

八國家者自國民而成者也。但中央統制之權。仍存於國家。國家因國民的基礎。其範圍日赴廣大。法律亦以國家統一之精神。施平等於全體。

九選舉之權。達于人民全體。其根柢即民政是也。法律通全國而爲一。

十諸侯自保其家國。故盛行保護政略。國家主權。偏於一方細民。不能享自由。

十一國家無意志無精神。祇由於天性與趨勢而決行爲。如天然之生物然。其法律以習俗爲根柢。

十全體之人民。各伸其共有之自由。又各服其自集之權力。

十一國家自有知覺。循至善之理。而行其法律。以公議別擇爲根柢。

吾今者略仿其例。推而衍之。舉歐洲舊思想與中國舊思想與歐洲新思想。試一比較。列表如下。

甲　歐洲舊思想	乙　中國舊思想	丙　歐洲新思想
一國家及君主人民。皆爲神而立者也。故神爲國家之主體。	一國家及人民。皆爲君主而立者也。故君主爲國家之主體。	一國家爲人民而立者也。君主爲國家之一支體。其爲人民而立。更不俟論。故人民爲國家之主體。十九世紀下半紀之國家主義。亦頗言人民爲國

二人民之一部分。與國家有關係。國家者半公私之物也。可以据爲己有。而不能一人獨有。

三治人者爲一級。被治於人者爲一級。其地位生而即定。永不得相混。

二國家與人民。全然分離。國家者。死物也。私物也。可以一人獨有之。其得之也。以強權以優先權。故人民之盛衰與國家之盛衰無關。

三治人者爲一級。治於人者爲一級。其級非永定者。人人皆可以爲治人者。人人皆可以爲治于人者。但既爲治人者。即失治於人之

家而立。然與舊思想有絕異之點。語詳下篇。

六

二國家與人民一體。國家者活物也。(以人民非死物故)公物也。(以人民非私物故)故無一人能據有之者。人民之盛衰與國家之盛衰。如影隨形。

三有治人者有治于人者。而無其級。全國民皆爲治人者。亦皆爲治于人者。一人之身同時爲治人者。亦同時即爲治於

四帝王代天臨民。帝王之權即神權。幾與神爲一體。

五政治爲宗教之附屬物。

六公衆教育。權在教會。

七立法權在少數之人。（君主及貴族）其法以神意爲標準。

地位。既爲治于人者。即失治人者之地位。

四帝王非天之代理者。而天之所委任者。故帝王對於天而負責任。

五宗教爲政治之附屬物。

六無公衆教育。

七立法權在一人。（君主）其法以古昔爲標準。（或据先哲之書。或沿前朝之制。

人者。

四帝王及其他統治權。非天之代理。而民之代理。非天之所委任。而民之所委任。故統治者對於民而負責任。

五政治與宗教。各有其獨立之位置。兩不相屬。

六公衆教育。權在國家。

七立法之權在衆人。（合國民）其法以民間公利公益爲標準。

八（與中國舊思想略同）

九全國人皆受治於法律。惟法律有種種階級。各人因其身分而有特異之法律。

十政權分散。或在王。或在諸侯。或在豪族。或在市府。無所統一。

或任舊社會之習慣。）

八無公法私法之別。國家對于人民有權利而無義務。人民對于國家有義務而無權利。

九惟君主一人立於法律之外。其餘皆受治於法律。一切平等。

十政權外觀似統一。而國中實分無量數之小團體。或以地分。或以血統分。或以

八公法私法界限極明。國家對於人民。人民對於國家。人民對於人民。皆各有其相當之權利義務。

九全國人皆受治於法律。一切平等。雖君主亦不能違公定之國憲。

十政權統一。中央政府與團體自治。各有權限。不相侵越。

十一列國並立。政治之區域頗狹。且有貴族階級。故人民常不得自由。

職業分。中央政權。謂之弱小也不可。謂之强大也亦不可。

十一厖大一統。政治之區域寥濶。且無貴族階級。故政府雖非能予民以自由。而因其統治力之薄弱。人民常意外得無限之自由。(亦意外得無限之不自由。

十一政府爲人民所自造。人民各尊其自由。又委託其公自由於政府。故政府統治之權甚大。而人民得有限之自由。

今考歐洲國家思想過去現在未來變遷之跡。舉其犖犖大者如下。

過去
- 一家族主義時代
- 二酋長主義時代
- 三帝國主義時代
  - 甲神權帝國
  - 乙非神權帝國

國家思想 現在 四民族主義時代
五民族帝國主義時代
未來 六萬國大同主義時代

過去者已去。如死灰之不能復然。未來者未來。如說食之不能獲飽。今暫置勿論。但取現在通行有力者而論之。

今日之歐洲則民族主義與民族帝國主義相嬗之時代也。今日之亞洲則帝國主義與民族主義相嬗之時代也。專就歐洲而論之。則民族主義全盛於十九世紀。而其萌達也在十八世紀之下半。民族帝國主義全盛於二十世紀。而其萌達也在十九世紀之下半。今日之世界。實不外此兩大主義活劇之舞臺也。

於現今學界有割據稱雄之二大學派。凡百理論皆由茲出焉。而國家思想其一端也。一曰平權派。盧梭之徒爲民約論者代表之。二曰強權派。斯賓塞之徒爲進化論者代表之。平權派之言曰。人權者出於天授者也。故人人皆有自主之權。人人皆平等。國家者由人民之合意結契約而成立者也。故人民當有無限之權。而政府不可不順從民意是即民族主義之原動力也其爲效也能增備人强立之氣以助人羣之進步及其弊也陷於無政府黨以壞國家之秩序强權派之言曰天下無天授之權利惟有强者之權利而已故衆生有天然之不平等自主之權當以血汗而獲得之國家者由競爭淘汰不得已而合羣以對外敵者也故政府當有無限之權而人民不可不服從其義務是即新帝國主義之原動力也其爲效也能確立法治（以法治國之謂之法治）之主格以保團體之利益及其弊也陷於侵略主義蹂躪世界之和平

十八十九兩世紀之交民族主義飛躍之時代也法國大革命開前古以來未有之偉業其「人權宣言書」曰「凡以己意欲棲息於同一法律之下之國民不得由外國人管轄之又其國之全體乃至一部分不可被分割於外國蓋國民者獨立而不可解者也」云云此一大主義以萬丈之氣燄磅礴衝激於全世界人人之腦中順之者興逆之者亡以拿破侖曠世之才氣吞地球八九於其胸而曾不芥蔕卒乃一蹶再蹶身爲囚虜十年壯圖泡滅如夢亦惟反抗此主義之故拿破侖之既敗也此主義亦如皎日之被翳風雷雖歇殘雲未霽於時比利時合併於荷蘭荷爾士達因（日耳曼族之一都府也）被領於丹

豕意大利之大部被軛於奧國匈牙利及波希米亞亦皆被略於奧國波蘭爲俄普奧所分巴幹半島諸國見掩於土耳其一時國民獨立之原理若將中絕焉曾幾何時而希臘抗土以獨立矣比利時自荷蘭而分離矣荷爾士達因後還於德國矣數百年憔悴於教政帝政下之德意志意大利皆新建國稱雄於地球矣匈牙利亦得特別自治之憲法矣羅馬尼亞塞爾維亞門的內哥皆仰首伸眉矣愛爾蘭自治之案通過矣至千九百年頃其風潮直馳捲騰溢於歐洲以外之天地以區區荒島之非律賓一度與百年軛縛之西班牙抗而脫其羈絆再度與富源莫敵之美國抗雖暫挫跌而其氣未衰焉以崎崎山谷之杜蘭斯哇兒其人口曾不及倫敦貧負之一小區致勞堂堂大英三十餘萬之雄兵至今猶患苦之凡百年來種種之壯劇豈有他哉亦由民族主義磅礡衝激於人人之腦中寧粉骨碎身以血染地而必不肯生息於異種人壓制之下英雄哉當如是也國民哉當如是也今日歐洲之世界一草一石何莫非食民族主義之賜讀十九世紀史而知發明此思想者功不在禹下也

民族主義者世界最光明正大公平之主義也不使他族侵我之自由我亦毋侵他族

之自由其在於本國也人之獨立其在於世界也國之獨立使能率由此主義各明其界限以及於未來永刼豈非天地間一大快事雖然、正理與時勢亦常有不並容者自有天演以來即有競爭有競爭則有優劣有優劣則有勝敗於是強權之義雖非公理而不得不成爲公理民族主義發達之旣極其所以求增進本族之幸福者無有厭足內力旣充而不得不思伸之於外故曰兩平等者相遇無所謂權力道理即權力也兩不平等者相遇無所謂道理權力即道理也由前之說民族主義之所以行也歐洲諸國之相交則然也由後之說帝國主義之所以行也歐洲諸國與歐外諸國之相交則然也於是乎厚集國力擴張屬地之政策不知不覺遂蔓延於十九世紀之下半雖然其所以自解也則亦有詞矣彼之言曰世界之大部分被掌握於無智無能之民族此等民族不能發達其天然力（如礦地山林等）以供人類之用徒令其廢棄而他處文明民族人口日稠供用缺乏無從挹注故勢不可不使此劣等民族受優等民族之指揮監督務令適宜之政治普遍於全世界然後可以隨地投資本以圖事業之發達以增天下之公益此其口實之大端也不甯惟是彼等敢明目張胆謂世界者有力人種世襲之財產也有力之民族擯斥微力之民族而據有其地實天授之權利也不寧惟是彼等謂優等國民以强力而開化劣等國民爲當盡之義務苟不爾則爲放棄責任也此等主義既盛行於是種種無道之外交手段隨之而起故德國以殺兩教士之故而掠口岸於支那英國以旅民權利之故而興大兵於波亞其餘互相猜忌互相欺蔽之事往來於列强外交家之頭腦者蓋日多一日也其究也如美國向守門羅主義超然立於別世界者亦遂狡焉變其方針一舉而墟夏威夷再舉而刈非律賓謚新帝國主義如疾風如迅雷飆然訇然震撼於全球如此其速也

新帝國主義之既行不惟對外之方略一變而已即對內之思想亦隨之而大變蓋民族主義者謂國家恃人民而存立者也故寧犧牲凡百之利益以爲人民帝國主義者言人民恃國家而存立者也故寧犧牲凡百之利益以爲國家强幹而弱枝重團體而輕箇人於是前者以政府爲調人爲贅疣者一反響間而政府萬能之語遂徧於大地甚者如俄羅斯之專制政體反得以機敏活潑爲萬國之所歆羨而人權民約之舊論幾於蕭條門巷無人問矣迴黃轉綠循環無端其現狀之奇有如此者今試演孟子之

言。以證明國家思想之變遷如下。

十八世紀以前　君爲貴　社稷次之　民爲輕

十八世紀末至十九世紀　民爲貴　社稷次之　君爲輕

十九世紀末至二十世紀　社稷爲貴　民次之　君爲輕

雖然、十九世紀之帝國主義與十八世紀前之帝國主義其外形雖混似其實質則大殊、何也、昔之政府以一君主爲主體故其帝國者獨夫帝國也今之政府以全國民爲主體故其帝國者民族帝國也凡國而未經過民族主義之階級者不得謂之爲國譬諸人然民族主義者自胚胎以至成童所必不可缺之材料也由民族主義而變爲民族帝國主義則成人以後謀生建業所當有事也今歐美列強皆挾其方剛之膂力以與我競爭而吾國於所謂民族主義者猶未胚胎焉頑錮者流墨守十八世紀以前之思想以欲與公理相抗衡卵石之勢不足道矣吾尤恐乎他日之所謂政治學者耳食新說不審地位貿然以十九世紀末之思想爲措治之極則謂歐洲各國既行之而效矣而遂欲以政府萬能之說移殖於中國則吾國將永無成國之日矣知他人以帝國主義來侵之可畏而速養成我所固有之民族主義以抵制之斯今日我國民所當汲汲者也。

學術

孟子微

明夷

自序

□□□曰。舉中國之百億萬羣書。莫如孟子矣。傳孔子春秋之奧說。明太平大同之微言。發平等同民之公理。著隸天獨立之偉義。以拯普天生民于卑下鉗制之中。莫如孟子矣。探冥冥之本原于天生之性。許其爲善而超擢之。著靈明之魂于萬物皆備之身。信其誠有而自樂之。秩天爵于人人自有而貴顯之。以普救生人神明于昏濁汚蔽之中。莫如孟子矣。孟子哉。其道一于仁而已。孟子深造自得于孔子仁之至理。于是開闔操縱。淺深遠近。抑揚進退。時有大聲霹靂。以震動大地蘇援生人者。終于仁而已矣。道于仁者。本末精粗。六通四闢。無之而不可矣。吾中國之獨存此微言也。早行之乎。豈惟四萬萬神明之胄賴之。其茲大地生民賴之。吾其揚翔于太平大同之世久矣。□□□曰。嗟哉吾中國幸有孟子言。吾何爲猶遇茲濁亂世哉。吾民何爲不能自立而遭茲壓亂哉。孟子之義。其猶晦冥霧瘁哉。夫累千年之國教。立于學官。達于童孺誦之服之不爲不尊。挾普通試士之力。舉國百千萬億之衿纓伏案咿唔。舐筆呻吟。思之沈沈。發之深深。不爲不明。孟子之義。豈不殊尤顯微哉。乃僅知其介介之義。而不知其肫肫之仁。僅知證其直指之心。而不知推其公同之理。不窺其門。不測其涯。士盡割地。國皆失目。冥洸黑暗。邈邈數千年。嗟哉。吾昔滋懼。竊不自量。發其微言。宣其大義。擇其篇章。類而聚之。俾彰微大明。庶幾孔子大同之仁。太平之義。光明于大地。利澤于生民。其茲孟子之志歟。孔子二千四百五十二年。即光緒二十七年冬至日□□□序

總論第一

滕文公爲世子。將之楚。過宋而見孟子。孟子道性善。言必稱堯舜。世子自楚反。復見孟子。孟子曰。世子疑吾言乎。夫道一而已矣。成覸謂齊景公曰。彼丈夫也。我丈夫也。吾何畏彼哉。顏淵曰。舜何人也。予何人也。有爲者亦若是。公明儀曰。文王我師也。周公豈欺我哉。今滕絕長補短。將五十里也。猶可以爲善國。書曰。若藥不瞑眩。厥疾不瘳。

孟子學術。皆在道性善稱堯舜二語。爲孟子總括。即爲七篇總提。孟子探原于天

尊其魂而賤其魄以人性之靈明皆善此出于天生而非稟于父母者厚待于人舍其惡而稱其善以人性之質點可爲善推之靑雲之上而人不可甘隳于塵土也蓋天之生物人爲最貴有物有則天賦定理人人得之人人皆平等自立故可以全世界皆善愷悌慈祥和平中正無險詖之心無愁欲之氣建德之國妙音之天蓋太平大同世之人如此堯舜者太平大同之道也孔子立三世有撥亂有升平有太平家天下者莫如文王以文明勝野蠻撥亂升平之君主也公天下者莫如堯舜選賢能以禪讓太平大同之民主也孔子刪詩首文王刪書首堯舜作春秋以文王始以堯舜終孟子傳孔子之道故師慕堯舜文王一切議論舉以爲稱而孟子尤注意于平世故尤以稱法堯舜爲主人人皆與堯舜同人人皆可爲太平大同之道不必讓與人自諉其責任也故以有爲爲責其上者直法堯舜次者斟酌時勢亦可法文王世雖有三道似不同然審時勢之並行不悖故其道只有一一者仁也無論亂世平世只歸于仁而已此孟子第一義孟子之道本末分明如大樹之有根本枝葉此其根本也得此根本餘枝葉皆可推尋矣學者宜留意

焉。孔子改制之道。君主首先信受奉行者。自魏文侯後。莫如滕文侯。滕文公以至善之質。可行平世之道。雖國土極小。然世界本自無盡。置大國于天下中則一也。但有一地一人。先開其規模。太平之世。自可漸演矣。

四

孟子曰。人皆有不忍人之心。先王有不忍人之心。斯有不忍人之政矣。以不忍人之心。行不忍人之政。治天下可運之掌上。所以謂人皆有不忍人之心者。今人乍見孺子將入於井。皆有怵惕惻隱之心。非所以內交於孺子之父母也。非所以要譽於鄉黨朋友也。非惡其聲而然也。由是觀之。無惻隱之心。非人也。無羞惡之心。非人也。無辭讓之心。非人也。無是非之心。非人也。惻隱之心。仁之端也。羞惡之心。義之端也。辭讓之心。禮之端也。是非之心。智之端也。人之有是四端也。猶其有四體也。有是四端而自謂不能者。自賊者也。謂其君不能者。賊其君者也。凡有四端於我者。知皆擴而充之矣。若火之始然。泉之始達。苟能充之。足以保四海。苟不充之。不足以事父母。

不忍人之心。仁也。人人皆有之。故謂人性皆善。既有此不忍人之心。發之于外。即爲不忍人之政。若使人無此不忍人之心。聖人亦無此種。即無從生一切仁政。故知一切仁政。皆從不忍之心生。爲萬化之海。爲一切根。爲一切源。一核而成參天之樹。一滴而成大海之水。人道之仁愛。人道之文明。人道之進化。至于太平大同皆從此出。孟子直指出聖人用心。爲儒家治教之本。霹靂震雷大聲。抉發學者宜體驗而擴充矣。人之性善。于何驗之。于其有惻隱羞惡辭讓是非之心見之。人性雖有仁義禮智之四端。故獨貴于萬物。而參于化育。大人小人之異。視其擴充與否耳。孟子直截責人人自賊。專意教人擴充。夫有惡而防絕之甚難。不如有善念而擴充之甚易。待人以惡而立峻法以降伏之。何如與人爲善。引之高流而鼓舞之。故言遏惡。則猶懷滅伏之萌。與鼓舞。則人懷進上之念。蓋言性惡者。亂世之治不得不因人欲而治之。故其法檢制壓伏爲多。荀子之說是也。言性　者平世之法。令人人皆有平等自立。故其法進化向上爲多。孟子之說是也。各有所爲。而孟子之說遠矣。待人厚矣。至平世之道也。人人有是四端。故人人可平等自立。自謂不能。是棄其天與之姿。卸其天然之任。墮于惡下。失于自立。故謂之自賊也。先王者孔子也。孔子爲教主。稱素王。春秋作新王受命。孟子曰。春秋天子之事。莊子曰。

春秋經世先王之志。凡孟子荀子孔門後學所稱先王。皆孔子也。莊子論墨子曰。其道太觳去天下之心天下不堪。離于天下。其去王也遠矣。蓋天下歸往謂之王。今天下所歸往者莫如孔子。佛稱法王。耶稱天主。蓋教主皆爲人王也。天下同之。天下不往。墨子故不得爲王。既天下歸往。孔子安得不爲王乎。此道德之王。王有萬世。若當世人主。以力服人。只可稱爲霸。如秦始皇漢高祖明太祖亞力山大成吉斯拿破侖皆然。不得稱爲王也。後世人不知道。誤以人主爲王。則不知力服德服之分。王霸之別。反疑教主之稱王。此則大惑者顛倒白黑。鶩亂東西。不足以語于大道久矣。宜以春秋孟子正之。

孟子曰。仁也者人也。合而言之道也。

不忍人之心。仁心也。不忍人之政。仁政也。雖有內外體用之殊。其爲道則一。亦曰仁而已矣。夫仁者相人偶之謂。愛力之相吸也。莊子曰。空谷之中見似人者而喜。凡人之情。見有同貌同形同聲者。必有相愛之心。故中庸曰。仁者人也。孟子傳子思之道。故直指曰。仁者人也。以人行仁。人人有相愛之心。人人有相愛之事。推之人人皆同故謂合人與仁即爲道也然則非仁即不得爲人即不可以爲道或以爲鳥獸道則有矣不可以爲人道也老子曰天地不仁以萬物爲芻狗聖人不仁以百姓爲芻狗孔子以仁爲道故有不忍人之政孟子傳之由撥亂至于太平仁之至則人人自立大同老子以不仁爲道故以忍人之心行忍人之政韓非傳之故以刑名法術督責鉗制而中國二千年受其酷毒蓋源之清濁旣異則其流有不得不然者故言道當審其本也

孟子曰君子之於物也愛之而弗仁於民也仁之而弗親親親而仁民仁民而愛物

孔子立三世之法據亂世仁不能遠故但親親升平世仁及同類故能仁民太平世衆生如一故兼愛物仁旣有等差亦因世爲進退大小大同之世人人不獨親其親子其子禹稷當平世視人溺猶己溺人飢猶己飢人人平等愛人若己故平世之仁廣遠不獨親親矣顏子當亂世鄉隣有鬭亦閉戶惟被髮而救同室故知亂世但親親其時不同故其理亦不同也然天地者生之本也祖宗者類之本也知尊祖者則愛同類四海之內皆兄弟也知尊天者則愛同生我受天之氣而生

衆生亦受天之氣而生。是各生物皆我大同胞也。既我同胞。安有不愛。但方當亂世升平。經營人道之未至。民未能仁。何暇及物。故僅能少加節制以減殺机。故釣而不綱。弋不射宿。魚鱉不尺不食。不弭不卵。秋氣肅殺。乃伐山林捕鳥獸。春夏則爲之禁。至于太平世。衆生如一。必戒殺生。當時物理化學日精。必能製物代肉。則虎豹豺狼之獸久已絕種。所餘皆仁獸美鳥。衆生熙熙。同登春臺矣。佛之戒殺在孔子太平世必行之道。但佛倡之太早。故未可行。必待太平世乃普大同樂衆生同安。人懷慈惠。家止爭殺。然後人人同之也。凡世有進化。仁有軌道。世之仁有大小。即軌道有大小。未至其時。不可强爲。孔子非不欲在據亂之世遽行平等大同戒殺之義。而實不能强也。可行者乃謂之道。故立此三等以待世之進化焉。一世之中又有三世。據亂之中有太平。太平之中有據亂。如僅識族制親親。據亂之據亂也。內其國則據亂之太平矣。中國夷狄如一。太平之據亂也。衆生若一。太平之太平也。一世之中有三世。故可推爲九世。又可推爲八十一世。以至于無窮。孔子之仁。亦推諸星諸天而無窮。孟子先發親親仁民愛物三等之凡例于此。其餘學者推之。自內以及外。至于無窮無量數焉可也。

（未完）

傳記

意大利建國三傑傳（續第九號）

中國之新民

第三節　加富爾之躬耕

其時、之、加、富、爾、則、何、如、法國第二革命之起。瑪加三賢固奮袂扼腕亟欲一雪。而加富爾亦少年氣盛。不能自制。嘗於廣座之中。痛罵撒的尼亞政府之因循。謂意大利人竟無一箇是男兒者。政府聞之。直命陸軍省禁彼不許住居治耶阿焦靈兩地。遂謫於偏邑。爲巴特城之土木監督。居一年。快快不樂。遂挂冠去。讀者試掩卷一思加富爾去將何適。意者其不投革命軍。則入政黨已耳。而加富爾會心獨往之處。有非尋常人所能擬議者。噫嘻、當桓靈失綱。四海鼎沸。羣雄掛髀攘臂之際。而絕代偉人諸葛亮乃躬耕於南陽。當法國革命全歐如麻。豪傑蠭起水湧之時。而絕代偉人加富爾乃學圃於黎里。古之欲就大業者。必有所養。嗚呼。其亦可以師矣。

蓋加里波的軍人之資也。其意以爲「彼哥索加（拿破侖產地也）之英雄。當法國危急存亡之秋能以一呼披靡天下內平內亂外敵俄普奧三大敵無他能用其國民使懷必死之志以報國則懦之農民市民皆可忽變爲精銳無敵之練卒彼何人哉我何人哉我意大利今雖積弱矣然國民憤悶勃鬱之氣既將熟而可用吾將率之以追我祖般比之偉績復我史羅馬之光榮制梃以撻奧法吾信其非難矣」此則加里波的之志也瑪志尼異是瑪志尼學者也理想家也以爲「欲行革命則不可不播革命之種子欲求文明則不可不築文明之土臺故當推本於國民精神養其不移不屈之道心鼓其死而後已之元氣」此則瑪志尼之志也若加富爾則又與二豪異其撰彼以爲「今日者外交時代也以氣蓋一世之拿坡侖不免爲聖氣連拿（拿破侖遷死之地也）孤島之鬼豈有他哉爲其敵天下而已夫吾恃吾力而不倚助於人固正氣所當爾固人道所當爾雖然此道此氣豈不在我居今日之天下而惟侈言不顧成敗不恤利鈍陳義非不甚高然業也者期成者也期成之業豈惟恃道義術亦有不可不用者矣故夫「加波拿里」者烏合之衆無謀之師不足云矣即彼「少年意大利」亦恐至誠有餘而智力不足以爲濟吾思之吾重思之今日意大利列國中如昔昔里如尼波士如羅馬如達士加尼如侖巴的

皆不足憑藉以成大業其可以有爲者惟我宗邦撒的尼亞耳雖其地狹衆寡不足爲輕重於歐洲若夫善用之豈不在人撒的尼亞實我一生之舞臺也」此加富爾之志也。

加富爾之所志者既在此不在彼其所以利用此舞臺之術則如何彼自以身列貴族一躍而爲宰相殆非難事今以嫌疑被讁若不自戢待遇此機毋寧自隱焉以爲他日之地當其翩然歸耕也其友有貽書弔之者惜其以有爲之身受嫉當途老於山野加富爾戲答之曰『事未可知天若假公以年佇看他日加富爾爲全意大利宰相之時矣』噫偉人之自負自信有如此者

加富爾之隱於農非徒隱也而眞農也彼蓋搏虎搏兎皆用全力之豪傑也彼始事於黎里延及鄰近諸地自農事之改良道路之興作灌漑之新案水車之製造無不孳孳汲汲以身任之其時輪船之製新發明乃首採用之以運輸於麥阿里之湖上一切地方上民事皆干預之獎厲之遂於彼特們與一最大之農會創建焦靈銀行日夕盡瘁未嘗寧居蓋加富爾之遠識早有見於歐洲社會必有一番大變革而殖產興業實爲

之原故先導其民使習於此彼其後此富國之際所以能擧而措之若烹小鮮者盖其養之於前者豫矣

不甯惟是彼又乘此空隙徧游英法諸國盖彼旣以未來之宰相自命則其於各國政治之實况審之不可以不熟也其至英也與哥布頓 Cobden 最親其至法也與基率特 Guizot 最善哥布頓自由之思想與基率特保守自負之精神彼皆能融納之又屢往就英國國會之傍聽席飫聞當時大政治家格蘭斯頓比康斯佛等之舌戰大有所感動自是心醉英國政治而尤歆其自由勢力之旺盛見夫選擧法改正案信敎自由案全廢奴隸案等之屢次劇戰而卒歸勝利雖以惠靈吞之英名猶不能壓當時之民氣則拍案快呼曰「有是哉有是哉我意大利國民之精神其亦不可不以此爲鵠矣我輩今猶然奴也今猶然縛也」自是以往加富爾以崇拜英風聞於天下雖然彼無所雌黃焉無所蹴進焉矻矻焉更研英文治英學詳察英國政治宗敎敎育農工商各事業以備將來經國之用盖加富爾以農以游自隱者凡十有六年十六年之星霜不可謂不久此十六年内意大利之事變不可謂不多雖然彼遂不厭彼遂不動蓋其胸中早

有所自主而定識定力非外界所能奪也加富爾實最富於忍耐力之偉人也翻觀此十六年中瑪志尼加里波的之二豪則何如。

第四節　瑪志尼加里波的之亡命

瑪志尼之見放也遁於法國之麻士夭市自創一報館即以其黨名名之曰「少年意大利」以其高尚純潔之理想博通宏贍之學識縱橫透闢之文詞灑熱血於筆端伸大義於天壤舉國志士應之者雲起水湧時加里波的方爲一船長航行於君士但丁奴不（土耳其國都）舟中與一仙士門派（仙士門者法國一哲學家倡大同共產主義與其徒實行之）之法國人相覿慷慨扼腕言論風生乃始知其祖國有所謂瑪志尼其人者尋讀其一字一淚之檄文一棒一喝之報紙則大感動乃決棄去船長之業訪瑪志尼於麻士夭以謀大計當二人之相見也所語者不過「少年意大利」之來歷及其目的泛泛問答一夕話耳及其相別也瑪志尼語人曰「吾見加里波的吾之負擔輕減其半」加里波的亦語人曰「吾見瑪志尼其愉快有視哥侖波新覓得阿美利加時尤甚者」自是以往兩雄握手而半島之風雲捲地來矣。

瑪志尼覓阿爾拔（撒的尼亞王）之不足與謀也。乃與加里波的及各同志定策。欲乘大祭之夜起事。倒撒的尼亞政府。逐其王而紹輿國之覊絆。不幸事洩。黨人或捕縛或遁走。加里波的聞變。急遁入一賣餅家求潛匿。餅師之女憐之。給以鞋襪。俾易服宵遁。間關十日乃達家鄉。一訣慈親。再思行遯。忽爲法國緹騎所獲。伺夜深人靜。潛從丈五高樓跳下。藏於山深菁密處。斷食者兩日。乃達瑞士。天偶檢新報一讀。則已之姓名。已受死刑宣告矣。然猶與諸同志尋消問息。企圖再舉。志不少衰。時一千八百三十二年。瑪志尼廿七歲。加里波的廿五歲。而加富爾廿三歲也

雖然以當時虎狼虺蜴之歐洲列國。萬方一概。吾道將窮。天地雖大。何處可容意大利革命英雄側身之所乎。千八百三十三年八月。法國以撒的尼亞政府之要求。驅瑪志尼出境。乃潛竄於瑞士。自茲以往。殆如囚虜者凡十餘年。避探偵避鉏麑。屏居於斗室暗澹之中。一燈淒涼之下。日夜慷慨淋漓。伸紙吮筆。然胸臆中炎炎千丈之活火。著書草論。指天畫地。策方略。散諸各地。以指揮其同志。嘻。瑪志尼雖壯快。眞率光明磊落之一男子乎。至其深謀緻慮。洞察情僞。兎起鶻落。熟精夫神秘隱密之革命家不二法門

往古來今未見有其比也其所著書至今凡有志於政治上祕密結社者奉爲枕中鴻祕得其術以達所志者不知凡幾矣千八百三十六年復不爲瑞士政府所容坎軻流浪僅得託足於從來不逐「國事犯」之英國自千八百三十七年以後定居焉英國者實瑪志尼第二之故鄉也去國益以遠來日益以難戰一國之大敵未已而一身之小敵且紛至而沓來戰疾病戰飢寒三旬九食十月單衣典時表典外套典長靴猶不足以自給最後乃丐得一報館賣文爲活然猶日日奔走呼號和血和淚以從事於著述更組織一新黨名曰「少年歐羅巴」外之以通他石之情內之以繫同胞之望如是者又十年蓋此十年中而其所謂教育國民之主旨乃始磅礴圓滿而此後如荼如錦之意大利根柢乃始立矣。

瑪志尼既久於英國與名相格蘭斯頓交甚契常訴以意大利人民壓制之苦及己之所抱負其賣文於報館也常發明意大利之國情及歐洲列國所以待意大利之道英人聽之大有所感動此後加富爾一統政策大得格蘭斯頓之贊助以底於成亦不可謂非瑪志尼十年流落之遺賜也。

第五節　南美洲之加里波的

加里波的既不見容於法國。茫茫全歐。託身無所。乃飄然倚劍。遠遁於南亞美利加。自茲以往。不踏歐洲塵土者十四年。此十四年中。又加將軍一天然之學校。而爲將來回天事業之練習場。也不可以不記。

「十年磨一劍。霜刃未曾試。舉似世間人。誰有不平事」千古之大俠。往往被髮以救鄰門。拔劍以助路人。蓋其至誠熱血。磅礴鬱積於腔子裏。一觸即發。非有所爲而爲之。蓋非是則無以爲歡也。以龍拏虎擲之加里波的。一旦投閑置散於故鄉萬里之外。撫鏡華髮。據鞍髀肉。蹉跎歲月。何以爲情。彼蒼蒼者。深憐夫閑殺英雄也。無端而生出里阿格蘭共和國。倡獨立。與巴西帝國開戰之役。任俠尚氣之加將軍。既同病以相憐。復見獵而心喜。彼以舟人之子。十餘年生長於海上。使船如馬。夙其長技。乃率十二人。駕輕舟。擊巴西一軍艦。奪而據之。爲獨立軍應援。屢戰屢捷。此十二人者。皆意太利亡命志士。而與加將軍同生死共患難者也。日者碇泊於某河口。翌朝深霧障天。咫尺不辨。忽有二敵艦駛至其側。聲稱速降。隨放巨砲轟擊。此十二人中。有名菲阿侖者。然砲應敵。

百發百中敵兵入海者無算俄而爲飛丸中額仆地加將軍前往救之亦中丸而仆艦中士官展輪急遁船如斷梗漂流海上地理不明針路不悉當此之時加里波的之不死其間不能容髮而非阿命竟齎志而長逝矣一士官開海圖示加將軍乞其指揮將軍手不能動口不能言惟濺一滴淚於圖中桑得非之點士官等悟其意向此港進行凡漂泊十九日乃達嘉爾伽港就療養焉彼他日嘗語友人曰吾不惜死但吾欲塗肝腦於本國之土地不甘如非阿命之葬水中也哀哉斯言

天爲意大利生偉人豈其當意大利未建國而奪之加將軍留嘉爾伽港者六月醫奏效漸歸卒復雖然嘉爾伽者敵地也自顧此身已等囚虜且船被沒入官同志悉皆就縛而眇躬亦旦夕不可測日者乃鞭悍馬思急遁入一森林人馬俱疲藉草稍憩而追騎忽至卒被擒捕盛以土囊縛諸馬上渡數十里沼澤復爲階下囚於嘉爾伽長官之前嚴鞫拷掠背縛兩手而懸諸梁上者凡兩點鐘氣息垂絕四肢氷冷而始終不屈時以濺血之眼一睨堂皇上人卒科以强盜殺人之罪投之犴狴閱兩月復逃獄歸於里阿格命再抗巴西軍所向有功雖然至是而加里波的瀕於九死者既三回矣歷觀古今

中外正史小說所紀載英雄患難之事驚心動魄者不一而足未有自入患難自出患難一而再再而三如加將軍者將軍殆以患難爲兒戲也

加將軍者又多情之豪傑也兩年以前曾在烏嘉伊國之彭巴士曠野失途躑躅忽遇一佳人止而觴之爲奏希臘前哲荷馬之古歌將軍有所感想未嘗去懷今以機緣遂爲伉儷即絕世之女豪傑馬尼他夫人而此後加將軍用兵故國時出入於萬死一生中以佐汗馬之勞者也天涯落魄遇青眼於紅顏造物有情調冬心以春氣嗚呼英雄之感慨何如哉

其後里阿格蘭共和國遂不可爲未幾復有烏嘉伊政府與愛黎士開戰之事加里波的復助之以桑安尼阿一戰獲全捷凱旋于門德維拉府府民歡迎舉國如狂顧將軍不伐其功退然屏居仍爲一亾命孤客之情狀也日者法國水師提督慕其高義造門求謁則數椽敗屋不堪風雨時日嚮夕矣而燭不舉提督異而問焉將軍徐答曰「僕與共和政府約供給日用所需偶忘蠟燭之費是以不克舉火足下辱臨將以談心不必惟見吾面也」提督肅然以語軍務卿乃贈以百金彼悉分與死事者之遺族惟

留足以市蠟之資。語夫人曰備提督再來時之需也。噫嘻、偉人。偉人。雲中鶴。耶朝陽鳳。耶。雖欲學之烏從而學之。

蘇子卿之棲海上。胤子已生。陳伯之之望江南。羣鶯撩亂。蓋至是而加將軍之客南美者忽忽十四年矣。此十四年中。得子女三人。從門的維拉政府乞五畝之田。率妻子躬耕之。如是者有年。然其間常糾集故國志士以精神上互相操練。又加以里阿格俞烏嘉伊兩度助戰。猋焱飄忽於鋼圍鐵馬之中。爲意大利國民一天然之陸軍學校。於是加將軍部下已有阿歷山大王所謂母軍隊者二百人矣。至是爲一千八百四十七年。而意大利之形勢一變。

（未完）

地理

歐洲地理大勢論

中國之新民

歐羅巴其天之驕子乎以員輿上最小之一洲洲內剖分爲大小國者十數而宰制天下巍然爲全世界之主人翁至於今日而亞澳非南北美五大壤幾全爲歐羅巴人之附庸矣噫嘻曷克有此吾他無能妒焉妒其地理

試以歐羅巴大陸形狀比諸一西婦伊比利 Iberi 半島（西班牙葡萄牙）其頭也批勒尼 Pyrenees 山脈其頸也法蘭西比利時荷蘭其胸也英吉利爲伸右手之狀意大利爲伸左手之狀丁抹德意志與匈國巴幹半島（羅馬尼亞門的內哥赫次戈偉訥等國）土耳其其腹也俄羅斯洋袴也更細摹之則葡萄牙者頭上（西班牙）所冠之帽也法蘭西之比黎敦半島其肩也愛爾蘭右手（英吉利）所捧之物也西西里島左手（意大利）所捧之物也瑞典挪威踢足而上蹴之形也

試比照於全地地圖則歐羅巴洲之半島之海角之灣之島嶼視他洲爲特多其海岸線之比例視他洲爲特長以故船舶交通之利便冠絕宇內以故物產之交換易言語技

術思想之交換易。凡有形無形之各種事物。莫不彼此相摩相厲相競相師。開化速進。皆此之由。

雖然。渾言之曰歐洲。曰歐洲人。而不知歐洲之地。有盛有衰。歐人之中。有弱有强。蓋今所謂覇九州之民族。乃歐人之一部。非歐人之全體也。而甲民族與乙民族盛衰消長之間。亦時與地理有切密之關係。試継論之。

歐洲民族大別爲三。(一)拉丁民族。(二)條頓民族。(三)斯拉夫民族。

拉丁民族居歐洲之南部。意大利、比利時、法蘭西、西班牙、葡萄牙、及羅馬尼亞强半之人民皆屬之。拉丁者。羅馬之別名也。此等國民。沐古羅馬之榮澤。以進於文明之域。雖然。羅馬人者。征服他國。掠奪其人民土地。以創成大國者也。坐是之故。貴族軍人。非常跋扈。而平民一無權力。上流社會。滿盈驕奢。寖成浮華輕薄之風。而歐南諸國。天候和煦。空氣清明。時鳥好花。優美艷麗。其人受此外境界所薰染。自有一種戲曲的小說的性質。其與羅馬文明。固已針芥相吸。故一旦受之而發達益甚。其人情、風俗、宗教、政治、及製造物品。條成爲一種特別之羅馬派。固無足怪。

惟其然也。故拉丁民族諸國。其人民之性情。常華而脆。驕而奢。汰而惰。不見夫法蘭西人皆浮華輕薄之種子乎。不見夫西班牙人皆驕侈淫汰之陋民乎。惟其然也。故拉丁民族諸國。其宗教不重理想而重儀式。輪奐其教堂焉。繁重其禮拜焉。若此者。拉丁民族之所長也。其教派皆宗天主。崇法皇。

惟其然也。故拉丁民族諸國。其政治時而爲君主政體。時而爲民主政體。時而爲貴族政體。時而爲神父政體。國中紛紛。革命之慘劇踵相接。其人浮動而不能自治。

惟其然也。故拉丁民族諸國。其製造物品。率以奢美豪汰相尚。如酒類、烟類、玻璃細工、陳設品花瓶、粧飾具。其奇技淫巧以悅婦人者。多出於是。而日用必需之品反缺焉。

此諸國者。其始爲感情所刺激。常有經營四方之志。或探險覓地。或用武力征。嘗擴絕大之版圖。闢極盛之殖民地。雖然。不轉瞬間。銷聲匿影。至今日而昔年之全盛。渺不可復覩矣。讀西班牙葡萄牙今昔之歷史。識者未嘗不廢書而歎也。希梭也。拿破侖也。此民族中之豪傑也。讀其傳記。而拉丁人之眞面目見焉矣。

條頓民族居歐羅巴中部以北。英吉利、德意志、荷蘭、丁抹、瑞典、那威之人民屬之。此諸國者其氣候比於拉丁族國較寒。其生物之發育較遲。其物產之種類亦較少。惟其然也。故條頓民族諸國。其人民之性情。忍耐刻苦。質朴節儉。不以浮華奢美爲事。孳孳然惟生產是務。故其意想緻密帶數理的性質。與拉丁人之小說的戲曲的絕異。惟其然也。故條頓民族之宗教。核名實。貫理想。不拘拘於儀式。不屑屑於品物。其敎派皆宗婆羅的士坦。（即所謂耶穌新教也）

惟其然也。故條頓民族諸國。其政治之變動少。革命之事不數數。民皆安其業樂其生。循序以進化。

惟其然也。故條頓民族諸國。其製造物品。皆日用飲食所必需者。而不貴奢美華飾之物。羅紗也。鐵工器具也。皆此民族所最饒者也。其人善爲他人所崇敬所信用。故互市通商。日增月盛。華盛頓也。威靈頓也。此民族中之豪傑也。讀其傳記。而條頓人之眞面目見焉矣。

欲知拉丁條頓兩民族性質之差別。觀其所創造之殖民地新國而可見也。美國也。澳洲也。紐西侖也。條頓民族所移住者也。墨西哥也。中美洲諸國也。南美洲諸國也。拉丁民族所移住也。兩兩對照。其得失之林粲然矣。大抵拉丁民族之殖民政略。貴族派也。條頓民族之殖民政略。平民派也。拉丁民族之殖民地。好裝飾。條頓民族之殖民地貴營業。拉丁民族之殖民地。政府干涉之。條頓民族之殖民地。人民自治之。拉丁民族之殖民地。重課出入之船舶。條頓民族之殖民地。豁免海關之稅。則拉丁民族之殖民地。由政府派軍隊以開之。條頓民族之殖民地。由人民集公司以拓之。拉丁民族每闢一地。必先建禮拜堂。條頓民族每闢一地。必先設會議所。拉丁民族之殖民地。首置酒庫。條頓民族之殖民地。首修道路。拉丁民族之殖民地。多有貴族巨紳之園林。條頓民族之殖民地。多有蠻人移民之田圃。要而論之。則拉丁民族。善粉飾其殖民地。條頓民族。善利用其殖民地。拉丁民族。因得殖民地而勞費。以爲國病。條頓民族。因得殖民地而豐富。以爲國榮。以故拉丁民族。或放棄其殖民地而無所惜。條頓民族。常保持其殖民地而不憚勞。以故拉丁民族之殖民地。日以式微。條頓民族之殖民地。日以繁盛。以此察之。其於兩民族消長之原。思過半矣。

斯拉夫民族。居歐洲之東北部。而俄羅斯人。實其代表也。其所宅者。茫漠無涘之平原也。故其性質沈毅而深遠宏渺而不可測。其職業以農耕為主。其教派以希臘教為宗。蓋政教混淆一種不可思議之宗門也。其文學黯黯然而有宏深肅括氣象。要之拉丁民族歐洲之先鋒也。條頓民族其中軍也。斯拉夫民族其後殿也。拉丁民族其全盛時代在過去。條頓民族其全盛時代在現在。斯拉夫民族其全盛時代在將來。質而言之。則拉丁民族之事業如花然如劇然。斯亦不足畏也已。條頓民族商人之性質也。其腦髓所含者算術也。是雖可畏。然猶非其至者也。至於斯拉夫民族。其事業非花非劇非商非算。幽涼而沈雄。宏遠而強毅。彼拿破侖以五十萬鐵騎壓俄境也。俄人直取其數百年之國都五六十萬人口之大都會一炬而摧燒之。以陷法軍於絕地。其經營泰東也。則橫貫萬里不毛之西伯利亞。建一空前絕後之大鐵路。自嘯嚅小兒之國民視之。幾以為五石之瓠。匏落而無所容。此其氣象何等雄偉。其掌蹠何等高遠。斯拉夫民族之事業。此其代表矣。嘻。俄羅斯秦也。其心目中豈復有六國乎。

學者既知歐洲三大民族之性質。則可因其所在之地以考地理與人事之關係。如圖為短句股直角之三角形。(一)南部即拉丁民族之諸國。(法蘭西、意大利、西班牙、葡萄牙、羅馬尼亞等）地勢高崇沼澤少氣候溫暖花果豐熟於天然界獨占優勝。（二）中部及中部之北方為條頓民族之諸國。（英吉利、荷蘭德意志丁抹瑞典那威等）地勢較南部稍平坦沼澤多氣候略寒於天然界悉劣於南部一等。（三）東北部為斯拉夫民族之國（俄羅斯）地勢扁平湖沼極多氣候

歐洲三大民族分布之地

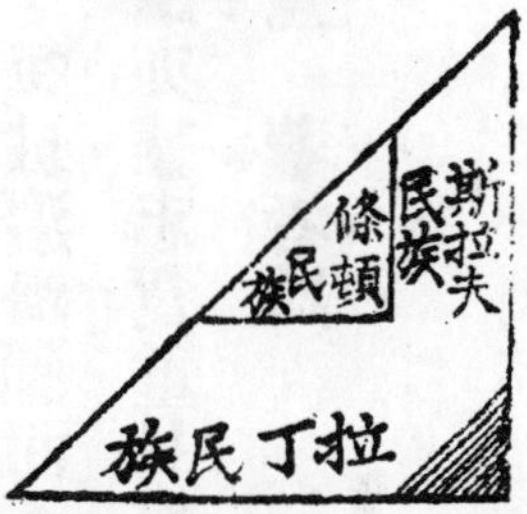

特寒於天然界各事物遠在南部中部之下然後於三部三族所建國之間徧考其宗教政體人情風俗乃至人民之職業物產之製造種種殊異之處則如網在綱炳若觀火矣試舉其例如葡萄牙拉丁民族之邦國也則其人情之浮薄輕佻其宗教之為天主教其政治上之變化騷動甚多其製造品之多酒類粧飾類皆不問而可知矣荷蘭、條頓民族之邦國也則其人情之忍耐節儉勉於職業力於貿遷其宗教為耶蘇新教其政治上之變化少其製造品皆人生必須之物又不問而可知矣由是以論將來趨勢則荷蘭之前途希望多葡萄牙之前途希望少其亦可燭照而數計矣又荷蘭與比利時、壤境相接面積相等同為一小國同在一平坦之方域而甲則條頓民族人尚節儉奉新

教言語文字皆宗日耳曼。乙則拉丁民族。人情奢靡。其國都布羅士里。Brussels自號爲小巴黎。奉舊教。言語文字皆宗法蘭西。蓋其差異也如此。苟知其故。則以觀歐羅巴之人文地理。誠有通其一萬事畢之樂焉矣。又時或一國之中。異種異族之民相雜居者。亦常各自保持其特別之性格。如瑞士。然其東部爲德意志民族。(條頓)之所棲。其西部爲法蘭西民族(拉丁)所巢。故東部人民。忍耐節儉。奉新教。操德語。西部人民。好奢侈。奉舊教。用法文。至如與匈國。巴幹半島諸國。爲條頓人與斯拉夫人條頓人若黃色種人相雜居者。其現象亦復如是。準此推之。則歐洲諸國之國情。皆可洞悉矣。

由此觀之。民族性質。與其國家之强弱盛衰。其關係之捷於影響也如此。以拉丁人前此之氣蓋一世。而猶不可恃。然則有拉丁民族之所短。而無其所長者。更何以自處。爲君子每披瀛海圖。而不禁瞿然以驚也。

本論亦據志賀重昂地理學講義中『歐羅巴地理考究之方針』一篇爲藍本間下己意　著者識

國聞短評

調停良苦

胡侍郎燏棻袁制軍世凱與英公使訂約交還鐵路事宜。許英人運兵等種種權。而仍用英人金達管路事。各國聞之。嘖有煩言。外部乃托詞云。二人並未知會外部。任意自專。當即奏請將胡袁交部議處。以謝各國。議處之命下。英使乃向外部轉圜。不用金達管路。其餘權利仍舊。並請豁免處分。外部調停其間良苦云。嘻、權限不定。何以治事。我自兒戲。人亦兒戲我矣。

賠款財源

政府自開罪外國敗衂後。其賠款則使民間負擔之。甚矣民之可哀也。今將此次賠款各省財源所出。列表如下。

湖南	加鹽稅	加印紙稅	加阿片稅		派捐
湖北	同	同	同	烟酒糖稅	同

廣東			同	加釐金	房捐	
四川		同	同	肉稅	同	增地稅
浙江	絲落地稅			酒稅	同	同
江蘇			同		同	同
安徽			同	酒肉稅	同	同
江西			同			同
福建	紙稅		同	窰果稅	同	同
山東			同	烟酒稅		
河南	鹽稅					同
廣西			同	賭博稅		同

二

中俄之內亂外患

中國之內亂可以生外患俄國之外患可以止內亂中國所最畏者外患也然欲免外患不可不汲汲防內亂俄國反是所最畏者內亂也然欲免內亂則必不可絕外患今

不幸而外患絕此其內亂所以洊至也彼俄之軍人常因外患以爲衣食之資今其來滿洲以蒐薙支那人者罔屬賞心樂事然其在本國爲防禦歐洲之役者則髀肉生久矣悒悒不平之心因之以起今也大學生之革命運動勞役者之罷工同盟紛起於各處而軍人之不平者亦從而和之俄廷之前途可爲寒心

西五月五日倫敦報紙言俄內務大臣之被刺死也其刺客受鞫之際不肯告發同謀者一人之姓名惟言同謀者多至不可紀極其言我輩無所憾於今上皇帝惟與滿朝官吏爲仇耳又曰吾不願被赦吾願吾一死之後繼我而起者十百千萬而未已也云云此言一布舉國人心愈感動政府諸員頗憂懼

俄廷所恃以爲專制之護符者軍隊也然軍隊不用命則政府之術乃窮今已開其端矣西五月二日報云俄政府現逮捕墨斯科舊京之軍士八百人擬流之於絕域爲其當鎮壓亂民時不肯放銃也又聖彼得堡海軍步兵分隊亦同受此處分又聞有陸軍將校五十七人亦不日就逮云嗚呼俄國之內情岌岌不可終日如此聞其政府積憂之極謂非挑撥外患導蠢蠢之人心以向外界則前途遂不可救果爾則俄國之興妖作

怪於東方。其又不遠乎。

列國之東方商務政策

列國今在東方實行商業政策。著著進步。俄羅斯之於航海業。非常保護獎勵。其根據遼東之東支那輪船公司。現將大飛躍。將使由旅順口至英國德勿港。（法國對岸之港）僅以兩禮拜得達云。荷蘭政府亦獎勵東方航海業。將由其南洋屬地渣華島開設輪船公司來往日本。此後十五年間。政府以三十萬磅金補助之。且與德國政府協商開設海底電線。由日裏島經布黎島菲律賓島而通上海云。法蘭西亦經營揚子江航路。集資本五百萬佛郎。而政府以六萬兩補助之。英國之印度支那輪船公司。亦以西六月一日起。通航於湖南。美國則擬開一商品陳列塲於上海。頃擬由政府撥支建築費二百五十萬美銀。（合五百萬元）已提出於上議院云。日增月盛。吁、可畏也。

名家談叢

捫蝨談虎錄

憂患餘生

蒙古人之奴隸

趙甌北廿二史劄記卷三十云。元時漢人多有作蒙古名者。如賈塔爾琿舊名賈塔剌渾本冀州人。張巴圖舊名張拔都本平昌人。劉哈喇布哈舊名劉哈剌不花本江西人。楊朶爾濟舊名楊朶兒只及邁里古思皆寧夏人。崔彧宏州人而小字拜帖木兒。賈塔爾琿之孫又名六十一。高寅子名塔失不花。皆習蒙古俗也。蓋元初本有賜名之例。張榮以造舟濟師。太祖賜名兀速赤。劉敏太祖賜名玉出干。其子世亨。憲宗賜名塔塔兒。次子世濟。又賜名散祝台。石天麟太宗賜名蒙古台。邸順太宗賜名察納合兒。其弟常亦賜名金那合兒。睿宗時亦以大興人賈實喇舊名賈昔剌多鬚而黃。遂賜今名。其後實喇孫亦名虎林赤。蓋以蒙古名世其家矣。世祖賜名尤多。劉思敬賜名哈八兒都。播州土官楊漢英賜名楊賽音布哈。舊名楊賽因不花王實喇舊名王昔剌保定人。賜名實喇巴圖。舊作昔剌拔都張惠新繁人。賜名兀魯忽訥特。許扆曲沃人。賜名忽魯火孫。燕公楠賜名囊家特。（舊作囊加帶）幷有一賜再賜者。劉哈喇巴圖爾（舊名劉哈剌八都魯）本河東人。初賜名哈喇斡脫赤。後以功又賜名察罕斡脫赤。最後又賜今名。自有賜名之例。漢人皆以蒙古名爲榮。雖非賜者亦多彷之。按此等雖屬小事。實可爲中國人無愛國心之左證。昔唐代常賜人姓李。宋代常賜人姓趙。明代常賜人姓朱。得此者以爲非常寵榮。以霸者之力。遂使人捐棄祖宗父母所傳授者以相從。識者既恫夫惟辟威福之太尊嚴。而笑士大夫之不自愛矣。而豈知復有自附於羶俗以驕人如甌北所臚列者乎。

女豪傑

伊尹與妹喜比而亡夏。膠鬲與妲己比而亡殷。世無不稱伊尹膠鬲爲聖人。罵妹喜妲己爲妖物。何其是非不明乎。若以亡國論。則伊尹與妹喜膠鬲與妲己其罪一也。若因桀紂暴虐。妹喜與伊尹妲己與膠鬲謀除暴君以安天下。忍於割一巳快樂以與萬民。其後竟被慘戮。非特功侔伊鬲。且有過之。謂之捨身救世。誰曰不宜。若謂夏桀伐有施有施以妹喜女焉。殷辛伐有蘇。有蘇以妲己女焉。報父之恥。以敗其國。孝女俠女兼而備之如此女豪傑古今曾有幾人乎周幽王伐有褒得褒姒而周亡晉獻公伐驪戎得驪姬而晉亂褒姒能亡周驪姬能亂晉非蒙恥雪辱極有俠性者能乎

處士與暴君權力之消長

魯仲連以一布衣反覆利害使辛垣衍不敢帝秦秦亦卒不敢自帝區區口舌能定天下全局周亞夫得劇孟言七國之亂自此無憂以秦之强大不畏六國而反畏仲連以周亞夫之能軍不畏七國而反畏劇孟何哉當斯時而其勢有以刼之也處士局成而暴君不得逞其欲暴君局成而處士多禍及其身兩者互相伸縮反動必起秦始皇所以坑儒士漢景帝所以誅俠夫也逮至漢末李膺范滂及賈偉節等大學生萬餘人品覈公卿非議朝政處士局又起其清議所在搖蕩一時惜乎徒知以清君側爲名苟令君側可清豈無更有甚者踵其後乎不能指斥暴君正其罪惡絕此根源使大義白於天下何其失計乎中國憲法不能成立其缺點在此也（日人所著支那史言惜此時不能立憲法不知暴君之罪不能指斥又豈能制限君權乎）豈千古暴君獨桀紂二人乎而惟桀紂乃可稱獨夫乎豈湯武乃可誅桀紂而民衆不能誅乎使桀紂必待湯武而誅恐討暴君者終無日矣遂至宋明黨禍復起而明士高

攀龍顧憲成左光斗等亦止以擊魏忠賢爲名而君臣大義亦不復剖白。毋怪乎二千年擾擾攘攘。暴君接踵。猶復歌頌聖明。雖以猴子戴冠履此尊位。依然千膜百拜曰我聖君也我聖君也。而猴子得毋笑其愚。所謂人類者不當如是耶。

天下有四種人

天下有四種人與帝王相關切者。有獻媚於帝王而帝王藉以增其威力彼亦博得少許權利以爲衣食者。列子所謂人不衣食則君臣道息也。有玩弄帝王而帝王亦無可如何置諸度外者。有求於帝王而不得起與爲難者。有乘亂世挾帝王爲奇貨以號令天下者。獻媚帝王者無論也。玩弄帝王者漢朝得二人焉。其一東方朔。朔初入長安至公車上書。凡用三千奏牘。讀二月乃盡。詔以爲郎。詔賜之飯於前。飯盡懷其餘肉持去。衣盡汙。賜縑帛擔揭而去。建章宮後閣重櫟中有物出焉。其狀似麋。以聞武帝往臨視之。問羣臣左右習事通經術者莫能知。詔東方朔視之。朔曰臣知之。願賜美酒粱飯大飱。臣臣乃言。詔曰可。已飱。又曰某所有公田魚池蒲葦數頃。陛下以賜臣。臣乃言。詔曰可。於是朔乃肯言曰。所謂騶牙也。漢武帝求甘露。東方朔盡飲之。武帝欲殺之。東方朔曰。若飲此甘露。可以長生。殺亦不死。若殺之而死。必非甘露。漢武英主也。而恢諧詭譎任意玩弄如一小孩豈非別有奇想所謂天人者乎古人避世於山中而朔乃避世於朝廷能爲隱士獨開生面其奇思有令人不測者其於老莊一流別添裝點者與。其一日。嚴子陵爲光武故人。光武既爲天子。所謂苟富貴毋相忘。正在此時。況復引同起臥。備極親洽。天子於故人。可云無憾矣。子陵亦如家人然。以足加其腹。太史即奏客星犯帝座。光武於子陵。豈眞能忘君臣分乎。光武所自大者不沒帝王。子陵所自大者不過布衣。光武以人術籠之。而子陵以天機應之。其身分豈有讓乎。求於帝王不得。反與爲難者。一曰黃巢。一曰張吳二生。黃巢下第而唐室亂。張元下第而西夏强。下至牛金星李岩亦爲明孝廉輔李自成而起。至本朝韋志俊捐納九品官。懸八品扁額。爲差役所勒索。遂隨洪秀全而起。胡文忠云。前欲求八品官不得。今則竟欲爲王矣。咸豐四年。廣東倡亂。褫革舉人關鸞飛實主其事。蓋跅弛不羈熱心功名之士。不能隨意俯伏。故反抗力因緣而生也。有乘亂世挾帝王爲奇貨以號令天下者。項羽挾義帝。董卓挾獻帝。及卓敗。李傕又挾獻帝幸其營。郭汜與李傕相攻。傕又復移乘輿幸北塢。侍臣有飢色。帝求米五斗。牛骨五具。以賜左右。催曰朝餔上飯。何用米爲。遂以臭牛骨與之。其後、曹操迎都許。牽伏皇后出。后披髮跣足。涕泣求救。帝曰我亦不知命在何時。嗚呼、漢獻帝歷經數遷。慘狀如繪。有何罪惡以至於此乎。莊烈英挺。路易十六仁柔。卒致亡國。其原因非自一人造之也。不過及於其身而結果耳。莊烈謂君非亡國君。臣皆亡國臣。奚其不思自家祖宗所造之因若何。而反嫁罪案於他人。不亦陋乎。千古人君如同一邱。可爲長太息者也。

雜 俎

法語之言

馬君武

集數百千年或數十年之習俗經歷而成一俗諺。欲知其國人之精神，觀其通行於國中之諺而可知也。法蘭西爲歐洲文明之中心點。爲歐洲革命之原動力。譯其諺與吾國人知焉。

自由如麪包不可一日缺。Lilerté et pain cuit

在山之鳥。貴適于在籠之鳥。以其能自由也。Il vaut mieux être oiseau de campagne qu'oiseau de cage.

失自由之人。無物而不失焉。Nous perdons nos liberté, nous perdrons toutes choses.

得一好名聲。其價値如得一遺囑產業。Bon renon vaut un heritage.

好名聲之價値。勝過束一金帶。Bonne renommée vaut mieux que ceinture dorée.

有王之國。如以鳥羽飾首。徒覺其非常控束可厭而已。Une tête empanachée nést pas p

ait embarras.

王國如盲國。只因有王之一身。已盲其國之一目。Au royaume des aveugles les borgnes sont rois.

國之君官。以服民役。服役之人。惟主人之意更迭之。不得據爲世襲產業。Service de grands nést pas héritage.

惡工匠不知尋求善器械。Mechant ouvrier ne saurait trouver de bons outils

由菓以知樹。由工作以知匠。A le fruit on connaît l'arbre à l'auvre on conaît l'artisan.

學得一良好之學問。如得一好枕頭。La bonne conscience est un bon oreiller. ou: Une conscience pure est un bon oreiller.

立善志者其效爲成功。La bonne volonté (ou l'intention) est réputée pour le fait.

巧於說者無意善於行。A beau parler qui n'a cure (ou cœur) de bien faire.

行爾所能。死爾所職。Va où tu peux mourir où tu dois.

行我所言者。勿言我所行者。Fais ce que je dis et non ce que je fais.

苟非吾之所有雖一毫而莫取。A l'impossible nul n'est tenu.

行事即學問。On apprend en faillant.

逼於道德須爲之事必爲之。Il faut faire de nécessité vertu.

爲惡者憎光。Qui fait le mal hait la lumière.

行爲顧規則規則者以範人之行爲者也。Garde la regle, elle te gardera.

世間人無無過者。Les faute sont personnelles.

有罪自認者減其罪之一半。Peché avoue est a motitie pardonné.

自悔者無罪。Qui se repent est presque innocent.

美於行者之價值過於美於言者。Le bien faire vaut mieux que le bien dire.

舌爲人身一良器具。C'est un bel instrument que la langue.

造物委人類各經理其生後之來程。Dieu a confié a chacun le soin de son prochain.

愛人之愛汝者人之待汝何如汝待之亦何如。Aime qui t'aime, Comme il te fait, fais-lui.

愛敵如友。Dieu veut que nous aimions même nos ennemis.

佝僂丈人不自見其佝僂而見其僚友之佝僂。Le bossu ne voit pas sa bosse, mais il voit celle de son confrère.

食橙者遺其皮。Quand on a pressé l'orange, on jette l'ecorce.

勿於跛人前學跛狀。Il faut pas clocher devant les boiteux.

些小扶助可成人之大美。Un peu d'aide fait grand bien.

忘恩者沽怨。Obliger un ingrat, C'est acheter la haine.

施與美於受取。Il est meilleur de donner que de recevoir.

自我得之物自我失之不必爲怨。On n'emporte en mourant que ce qu'on a donné.

手之職分當施出其所受入者 La main qui donne est au-dessus de celle qui reçoit.

左手授物於右手出於自然而無計較之意人羣之施與亦當如是。La main gauche doit ignorer ce que donne la main droite.

良友之價値過於親戚。Un bon ami vaut mieux qu'un parent.

世間無有更好之鏡勝于老友者。Il n'y a pas de meilleur miroir qu'un vieil ami.

朋友相愛勝於相譽。Mieux vaut être aimé qu'admiré ou: Il vaux mieux être aimé qu'admiré.

良朋多者爲人間獨一之富。Ceux-là seuls sont riches qui ont des amis.

得二良友。不畏四仇敵。Plus font deux amis que ne font quatre ennemis.

寧失一良言。勿失一良友。Il vaut mieux perdre un bon mot qu'un ami.

一智仇之價值，過於一愚友。Mieux vaut un sage ennemi qu'un sot ami.

因利而合之朋友。如巢簷之燕。L'ami par intérêt est une hirondelle sur un toit.

太自愛者無朋友。Qui s'aime trop n'a point dámis.

朋友如貸銀。仇敵如償銀。Ami au prêter, ennemi au rendre.

些小餽贈。乃聯友誼之道。Les petits presents entretiennent l'amitiè.

探望朋友。乃聯情誼之小助。眼遠則心亦遠矣。Visite rare entretient l'amitié. Loin des yeux, loin du cœur.

愛我者必愛我之犬。Qui m'aime, aime mon chien.

復和之仇。不可深信。Il ne faut pas se fier à un ennemi réconcilié

五

仇人雖死。其仇不死。Les envieux mourront, mais non jamais l'envie.

一切事物。當思其終。En toute chose il faut considérer la fin.

人各爲其自己後程之發起人。Chacun est l'artisan de sa fortune.

人各爲其自己所作工夫之子息。Chacun est le fils des œuvres.

能尋出危險者。能滅危險者也。Qui cherche le danger, au danger pèrira.

已死之犬。不必復視。Ne reveillez pas le chat qui dort.

不當驚動蜂羣。不當擾亂蜂窩。Il faut pas émouvoir les frelons. il fans point facher une ruche.

行事不應等待他人。只待汝自己一人而已。Net' attends qu'à toi seul.

智者不失時。亦不失言。Le sage est ménager du temps et des paroles.

欲遠行者先備騎具。Qui veut aller loin ménage sa monture.

疑惑爲安全之母。La méfiance est mère de sûreté. ou : Méfiance est mère de sûreté.

小說

新羅馬傳奇

飲氷室主人

楔子一齣

（副末古貌仙裝上）

（蝶戀花）遼鶴千年再來處。城郭人民。花錦明如許。一笑掀髯聊爾爾。三生遺恨今償矣。細數興亡還獨語。多少頭顱。換此莊嚴土。布地黃金歌舞。詡他前度風和雨。

千年亡國淚。一曲太平歌。文字英雄少。風雲感慨多。俺乃意大利一箇詩家但丁的靈魂是也。誕生名國。少抱天才。夙懷經世之心。粗解自由之義。叵耐我國自羅馬解紐以後。羣雄割據。豆剖瓜分。縱有偉尼士、志挪亞、米亞蘭、佛羅靈、比梭士、名都巨府。輝映歷史。都付與麥秀禾油。任那峨特、狄阿剌伯、西班牙、法蘭西、奧大利、前虎後狼。更迭侵凌。好似箇目蝦腹蟹。咳。老夫生當數百年前。抱此一腔熱血。楚囚對泣。感事欷歔。念及立國根本。在振國民精神。因此著了幾部小說傳奇。佐以許多詩詞歌曲。

庶幾市儈傳爲婦孺知聞。將來民氣漸伸。或者國恥可雪。幸謝上天眷顧。後起有人。三傑齊生。一王崛起。（笑介）哈哈今日我的意大利。依然成了一個歐洲第一等完全自主的雄國了。你看十一萬方里之面積。三千萬同族之人民。有政府。有議院。何等堂皇。五十餘萬經練之陸兵。二百餘艘堅利之戰船。可以戰。可以和。好不體面。這都是我同胞國民。拿他的淚血心血頸血。千辛萬苦換得來的呀。老夫優游天國。俯視塵寰。覩此情形。感極而泣。生前滿肚皮肮髒不平之氣。這也算消除淨盡了。今日閑暇無事。要往東方支那。游歷一番。消遣情懷。（內問介）支那乃東方一個病國。大仙爲何前去。（答）你們有所不知。我聞得支那有一位青年。叫做甚麼飲氷室主人。編了一部新羅馬傳奇。現在上海愛國戲園開演。這套傳奇。就係把俺意大利建國事情。逐段摹寫。繪聲繪影。可泣可歌。四十齣詞腔科白。字字珠璣。五十年成敗興亡。言言藥石。因此老夫想著拉了兩位忘年朋友。一個係英國的索士比亞。一個便是法國的福祿特爾。同去瞧瞧一回。（內）這位青年。爲何忽然做起這套戲本來呢。（答）人類無情。士各有志。精禽塡海。斥鷃笑其大愚。杜宇啼枝。行人聞而墮淚。我想這位青年。飄流異域。臨睨舊鄉。憂國如焚。回天無術。借雕蟲之小技。寓遒鐸之微言。不過與老夫當日同病相憐罷了。（內復問介）既然如此。你老羅馬先覺歷史名家。何不將這套傳奇內所說事情先敘一番等我們略知梗概呢。（答）待我說來。

（念奴嬌）千年羅馬。被强鄰割據。四分五裂。絕代奸雄專制手。付與奥臣特涅。民族精神。自由主義。烘起全歐熱。呼號奔走。一時多少流血。　則有智勇一王。慨奇三俊。愛國心如月。或演縱横外交策。或用戈矛口舌。革命未成。聯邦卒合。國恥從今雪。興亡何限。救時端賴豪傑。

（內）果然有趣。但係我們不熟歷史。未能領會。還求大仙總括大意。再說一遍。（答）使得。

梅特涅濫用專制權。　瑪志尼組織少年黨。

加將軍三率國民軍。　加富爾一統意大利。

（指介）你看索士比亞。福祿特爾兩位。駕雲冉冉赴約而來。不免迎前會齊同去顧曲則箇。（飄然下）

擣虛談虎客批注

作者初爲劫灰夢傳奇。僅成楔子一齣。余亟賞之。日日促其續成。訖此至今。竟無關響。日者復見其所作意大利建國三傑傳。因語之曰。君演此作劇。則於中國現今社會。最有影響。作者猶躊躇未應。余促之甚。端午夕。同泛舟太平洋濱歸。夜向午。忽持此章相示。余受之狂喜。因約每齣爲之評注。兼監督之。勿令其中途戛然而止也。

從來劇本。演實人實事。毫無臆造者。惟孔云亭桃花扇一曲。在中國韻文中。可稱第一傑作。此本鎔鑄西史。捉紫髯碧眼兒。被以優孟衣冠。尤爲石破天驚。視云亭之氣魄意境。有過之無不及矣。尋常曲本。僅敘一二人一二年間事。故結構尚易。此編前後亘七十餘年。書中主人公凡四五人。意匠經營。眞非易易。吾將拭目以觀其後。

此齣全從桃花扇脫胎。然以中國戲演外國事。復以外國人看中國戲。作動在千里之外。神龍天矯。不可思議。吾不得不服作者之天才。

文中但丁者。意大利詩人 Dante 也。生一千二百六十五年。卒一千三百二十一年。其時意大利初爲日耳曼所兼幷。故其詩多亡國之音。但科白中所載衰亡事實。多在但丁以後。蓋文家言與史家言異也。讀者不可不審。

索士比亞者。英國名優兼詩家 Shakspeare 也。生一五六四年。卒一六一六年。福祿特爾者。法國哲學家兼戲曲家 Voltaire 也。生一六九四年。卒一七七八年。

第一齣　會議（一千八百十四年）

（淨燕尾禮服胸間遍懸寶星驕容上）

（□□□）區區帝國老中堂官樣攬權作勢儘橫行。肥胖。說甚自由與平等混帳。堂堂大會俺主盟誰抗。

一手掩盡天下目。兩朝專制老臣心。自家奧大利國大宰相公爵梅特涅的便是。現今世界第一雄洲。無過俺歐羅巴。歐羅巴第一強國。無過俺奧大利。奧大利第一大權。無過俺梅特涅。只可笑二十餘年前法蘭西有一黨亂民。說甚麼天賦人權。甚麼自由平等。鬧起驚天動地的大革命來。接著那飛天夜叉拿破侖單刀匹馬。將這如荼如錦的歐洲殺得箇狗血淋漓。七脚八拳把俺作威作福的名相嚇得箇龜頭直縮。尤可惡者那拿破侖任意妄爲。編了大大一部法典。竟把盧梭孟德斯鳩那一班荒謬學說。攙入許多在裏面。他征服一箇地方。便將那法典頒行。惹得通歐洲所有人民箇箇都要自由自治起來。箇箇都要和我們貴族平等起來。這還了得嗎。幸虧天奪其魄。一敗於墨斯科。再敗於倭打盧。我們十幾國聯軍。將這老猴子拿住。

流往大西洋南邊聖希蓮拿荒島安置。從今以後。天下太平了。但係民、氣、囂、張、毒、燄、未、熄、卻是一樁後患。今日乃一千八百十四年六月廿一日各國君相在俺們京城維也納開大會議推定俺當箇議長。待俺抖擻精神把那民權禍根。一刀兩段斬除淨盡則箇。（雜扮列國使臣十餘人上）信在大夫澶淵會（雜扮諸小國君主十餘人上）祭則寡人南面王。（同見淨作足恭態介）老公相早到了。（淨欠伸回禮介）列位有請。（從懷中取時表看介）時候到了。等俄皇普皇兩陛下光臨便好開議。怎麼還不見來呀。

（副淨扮俄羅斯亞歷山大丑扮普魯士王腓力特列同騶從上）（副淨）

（前調）祖傳專制大名邦。穩當燒城打退老拿皇。功狀小心防著虛無黨博浪這回第一要排場抬槓。

（丑）不是恁般說。怎麼還未會議。便抬起槓來呢。（副淨）好好。待你說來。（丑）

（前調）中原赫赫一名王。有望。目前一步儘他強。謙讓民權打破葫蘆樣狂。玄波蘭一案要提防上當。

（副淨）你怕上誰的當呀。（丑）咄、偺們俄普奧三國瓜分了波蘭。波蘭人民。心懷不服。這回一定運動。想圖恢復呀。怎好不提防。（副淨）你提防即管提防。卻提防酒家不得。（丑）閑話少說。你看列國君相都已到齊。偺們趕緊赴會罷。（同入介）（衆起坐迎接介）（互握手介）（分次坐定介）（開議介）（淨起立演說介）

（降黃龍）多謝戮力同心。拽倒十餘年混世魔王。從今後粉飾太平。將相王侯得意揚揚。要將一切政體。恢復到舊時模樣。……我想今次會議第一問題。要將法國大革命以來。及拿破侖所有胡行妄動。一概翻轉過來。直回到一千七百八十九年以前的情狀。纔是還有那失國的列侯。失地的貴族。都要還他本來。……興滅國。巨族名門。裂土分疆。

（衆拍掌稱善介）（副淨）拿破侖從前略定波蘭。舊壤已將俄普奧三國所得地方。合成一个倭梭大侯國。波蘭人民。亦願意復合。偺們何不仍其舊貫。再建一波蘭王國。採自由主義。制定憲法。朕願以公平之心。秉王其地。（丑）你好會打算。想討起我們普奧兩國便宜來了。這卻上你當不得。（淨）自由、憲法、係與、我們、專制、國體、最防害的。如此辦法。非但於奧普兩國有損。亦俄皇陛下之不利也。但係今日會議。須要和衷共濟也罷。只要將舊波蘭南境的砲臺。全行拆去。就讓與俄國管領罷。再將那撒遜王國。割了一半。讓與普王。也足抵過這躺吃虧了。但係俺奧大利。卻要那愛里利亞及打麻梯亞這幾箇地方。抵償抵償。（丑副凈）這些地方。都是意大利舊壤。還須參詳。（凈）這意大利。只算箇地理上的名詞罷了。那裏還算得箇政治上的名詞。況且我們藉戰勝國的餘威。難道不要分占些便宜嗎。

（前調）這羅馬舊墟千歲。荒涼衰草殘陽。儘戰勝餘威。分烹宰割。誰敢雌黃。高强攫金手段。淸白人慣會算糊塗帳。休相鬧。鷸蚌爭持。笑煞漁郎。

（衆）老公相果然說得有理。俺們遵依便是。（凈）那意大利之倫巴的。俾尼士兩地。還交奧大利大公之夫人馬利亞管領。其他士卡尼地方。封與我王族弗的南。其摩的拿地方。封與王子佛蘭西士。羅馬教皇皮阿士第七。仍復舊權。尙有撒的尼亞王國。算係意大利一箇正統。就把志挪亞舊壤。都歸與他罷。列位看俺這辦法。可還公道麽。（衆）是是。公道得很。（凈）正事已畢。俺們散會。同去跳舞作樂罷。（衆諢下）

捫蝨談虎客批注

凡曲本第一齣。必以本書主人公登場。所謂正生正旦是也。惟此書則不能。因主人公未出世以前。已有許多事應敍也。於是乎曲本之慣技乃窮。旣創新格。自不得依常例矣。

此書雖曰游戲之作。然十九世紀歐洲之大事。皆網羅其中矣。讀正史常使人沈悶惟恐臥。此等寄史寓事實於趣味之中。最能助記憶力。余謂此本宜作中學教科書讀之。

著十九世紀史者。皆託始於維也納會議。蓋此會議實爲百年來最大關鍵也。上接法國革命及拿破侖時代。爲其反動力。下開各國立憲統一事業。爲其原動力。此編首敍之。結構最爲嚴整。

維也納會議。各國君相列座者不下百餘人。可謂古今第一盛會。然其宗旨旣悖謬。其精神自散漫無紀。名爲公會。實則一切條件。皆由數大國私自決定而已。其後俄普奧三帝。結神聖同盟。專以防壓民權爲事。遂起全歐革命。紛亂數十年。僅有今日。自此會後。至千八百四十八年。凡三十四年間。史家稱爲梅特涅時代。故此文注重俄普奧。而尤深誅梅特涅。皆春秋之筆也。

維也納會議。爭論最多者。波蘭問題、撒遜問題、日耳曼統一問題、意大利問題等也。故帶敍之。

意大利經拿破侖征服。將前此無數小國。統而一之。施行法國民法。自由統一之精神。旣已萌蘗矣。維也納會議。所謂牛羊從而牧之也。故敍意大利史。尤當著眼此會。

此會之結果。使奧國在意大利之權力。更加强盛。固也。然撒的尼亞國。實爲他日統一全意之起點。此次合併熱那亞。其國勢漸鞏固。亦最有關係之事實也。故前提之。

維也納會議。爲鬼爲蜮。有類兒戲。此章以極輕薄之筆寫之。謔而非虐也。當時號稱巴黎會議。宴會無虚日。會期將及一年。每日所費在十萬圓內外云。時有跳舞大會之目。章末所謂同去跳舞作樂者。蓋實錄也。

梅特涅 Metternich 生一七七三年。卒一八五九年。時封公爵。後晋王爵。

十五小豪傑

法國焦士威爾奴原著
少年中國之少年重譯

第六回　荒洞窮搜愴懷舊主　遺圖展視痛語前程

却說杜番一聲。鼓勇前邁。可喜沿湖一帶。盡是平地。無甚崎嶇。大家都不覺困乏。是日剛行了十邁許路。方纔歇足。沿途留神四望。絕不見有人烟起處。那白砂之上。一雙足跡也沒有。此地當是無人之境了。可幸這樣荒凉地方。沒有猛獸。連他食草的動物。也未曾遇着一個。只有兩三回望見茂林那裏。有一種巨鳥出沒往來。沙毗指向衆人道。各位。這不是駝鳥嗎。杜番定睛看了一會道。這是駝鳥。是算極小的了。武安接口道。他們果是駝鳥。此地若與大陸相接。一定是亞美利加了。因爲亞美利加原是一個最多駝鳥的地方呀。到了下午七點多鐘的時候。各人重整精神。再走了一程多路。行到一條小河邊。這小河分明是由該湖流出來的。大家覺天色已晚。商議在此一宿。且待明朝再作道理。於是四條小豪傑。同著那隻獵犬符亨。俱橫臥沙上。是日跑得倦了。各人無話。早已沈沈睡去。……翌早醒來。睜眼見那太陽已高懸三丈。拿表一看。知已是辰正。各人大驚。急急起來。一眼望去。看見這條河的對面。全是沼澤。各人相慶道。昨晚若是貪路。豈不像那楚霸王。陷于大澤之中麽。草草喫些乾糧。就動身沿着右邊河岸前進。見有一帶石壁。自遠處銜接而來。次第高聳。各人心中暗忖道。這莫不是與胥羅灣上屏立的石壁同出一脈的麽。……這里何以有一處地方叫做胥羅灣呢。就是胥羅船漂流到這里之時。童子們替他起這名字以爲紀念的。……韋格忽然喊叫道。你們瞧那里。你們瞧那里。各人見他手所指處。原來是一個繫船地方。有許多石頭。是用人工壘成的。雖然已經殘破。遺跡尙模糊可認。武安道。那處明白有人住過了。杜番應聲道。是你們不看見茂草之間。有幾塊木片橫着嗎。那片分明是當日破船遺跡。且可認得他是爲該船的龍骨。有一鐵環尙附着其上。各人睹此情形。恰似當日曾操此船曾繫此繫船地方之人。宛然現出面前一樣。不禁觸目傷心。面面相覷。不復能作一語。呆立四顧。但聞水聲潺潺。如泣如訴。這船之被棄於此。不知幾閱星霜。眼見他木片生苔。眼見他鐵環生鏽。心中欲問他舊主何人。胡爲至此。可恨木石無靈。不能解語。後之視今。亦猶今之視昔。既悲往者。行自悲也。四人正在悽涼愴感。忽見獵犬符亨。大有異狀。

不覺失驚。注目視之。見他聳耳搖尾。頻伏地上作嗅。好像聞有甚麽異味的。既而翹起張口。初猶徘徊少焉。望着一樹叢裏。狂奔去了。這樹叢在大湖之畔。石壁之下。衆童子望塵趕去。行至樹叢陰處。擡頭見前面有一株舊山毛櫸樹。刻有

E. B. 1807

六個大字。衆童子一心要跟着符亨。不暇停足。諦視符亨忽然少卻。遂出石壁之角。就不見了。武安着急。大聲喊道。這里來。符亨。這里來。那符亨更不歸來。只聽見他在那邊作怪聲狂吠。武安向衆人道。這里一定有異。我們當團作一隊。以備不虞。各人因恐有惡獸蠻人。窺見彼等。猛然來襲。大家都提了武器。整齊隊伍。便跟着符亨吠聲向前進發。遶過石壁。不及數武。杜番忽停足在地上拾得一物。認得是一個鴉鋤。細審其工作。都不像那野蠻人之物。一定是歐美所製的。通身生滿赤鏽。與嚮所見鐵環無異。知道又是若干年前的一個廢物了。更留心四面察看。見石壁下有一處似係當年曾經有人耕過的。溝洫遺痕。尚可髣髴尋認。又見有一種植物。蔓延甚廣。都是那荷蘭薯變作野生的。正審顧間。忽有一物在身邊滾地大吼。好像那半天起了一個霹靂。幾乎把他們

都嚇壞了。看官。你道這物是甚麽東西呢。原來是那隻符亨。望着衆童子們跑來跑去。貌極激昂。聲極悲壯。似欲敦迫衆童子快跟着自己來的。衆童子會意。大家都跟着那符亨跑去。行至一處。荆棘載道。灌木叢生。那符亨就跕着不行。衆童子知必有異。芟草斬木。冒着險深入其中。忽見有一洞口。黝然黑色。武安急聚枯草燃之。投入洞中。火猶不滅。知洞中空氣。無礙呼吸。因走往河邊。折取松枝。束作火把点之。率各人同入洞中。洞口雖高不過五尺。濶不過二尺。但其中巍然儼如一室。方可二丈四尺。地上細沙平布。好像毛氈一樣。室口右方。有一工作極粗的桌子。桌子上有瓦水樽一個。大貝殼數個。此貝殼想是當作碗用的了。又有鏽蝕殆盡的缺折小刀一口。漁具數事。錫杯一隻。那邊壁間。更有木匣一個。打開一瞧。只有些衣服破片。其外別無甚麽。看來這洞。從前定是有人住過的。但無從知他是那里人氏。那時情景。眞眞令人納悶得很。挨次搜至室奧。見有草薦一具。破爛已極。其上蓋有褪色洋氈一張。傍邊更有一椅子。上放著酒杯木燭臺各一。衆童子瞧到這里。毛髮竦然。股栗發戰。不覺退了幾步。心中想道。這被窩裏一定是有洞主的遺骨了。杜番鼓勇再前。揭起洋毡一看。竟是空空如也。四人搜索已畢。走出洞來。見那符亨依然狂吠不已。遂跟著他沿河而下。行不到十丈多路。他們一齊站住。相顧慄然。這又爲着甚麼呢。因見河邊那大山毛櫸樹下有白骨纍然。各人暗忖道。這莫不是彼洞舊主葬在這裡麽。這果何人。莫不是失事水手漂流至此。株守待援。遂至老病死麽。若果如此。彼在此間何以生活度日。洞中所有之物。莫不是彼自本船拿來。抑或彼手自製作的麽。兼且此地若屬于大陸。彼何爲不尋覓內地有人之處。何以甘心病死于此。莫不是因行路之難。彼終不能達其志麽。抑或因路程太遠。彼知其終不能到而止麽。若斯人果曾尋覓有人之境。卒不能得。老死於是。今日這胥羅船之遭難。獨可望得天幸而告成功麽。衆童子觸目愴懷。呆立半晌。忽然想起我們何不再去細索洞中一番。倘或覓得他日記一本出來。他的來歷及這處地方的情形。都可知道。豈不便宜了我們嗎。商議既定。復再率符亨走進洞中。循着石壁而行。見有一個行囊。掛在其上。取下展看。其中有蠟燭數條。乃用獸脂及船中所用塡絮造成的。沙毗就拿一條點之。揷在那木燭臺上。衆人靠着微光。用意搜索。先得了斧、鋤、槌、鑿、鋸、各一事。廚具兩三種。又得一樽。似是載潑蘭地酒的。不錯不錯。向所見木片。當時應是一隻舢板。

他用以裝載這等日用器具。到這里來的了。後來更尋出小刀、定南針、茶壺、鐵鑊、包針等數事。但不見有洋鎗之類。葦格忽舉一物。大呼道。這是甚麼東西。他三人取來細驗。原是兩團圓石。用索繫着。南美洲黑人以此擊獸。百發百中的。想那死者因未帶得兵器。所以自製此物。暫充其用。章格又在壁上搜得時辰表一個。與尋常水手所用的不同。乃是兩面密蓋的。匙及鍊俱用白銀製成。都已生鏽。費了許多工夫。始得打開。看其長短針所指。正是三點廿七分。杜番道。表蓋裏面應有製者姓名。我們試一看。便可推測這物主是那里人氏了。武安道。說得有理。因打開細認。見着 Delpleuch. Saint Malo. 一行文字。武安道。這樣看來。他是法蘭西人。與我同國的了。杜番更將洋毡反覆揚了一會。覺有物墜地。拾來展視。的是一本日記。可惜經年已久。紙色都黃了。所寫文字多不復可認識。唯其間常有佛郎沙坡陰二語。隱約可讀。其二語頭字與嚮所見刻于山毛櫸樹的同是一樣。以此知爲死者姓名。無可疑了。傳中所記。應是他遇難以後的事情。後來武安復就這日記讀出周危特累煙一語。揣測就是他遭難的船名了。又見簿面題有一千八百零七年。與樹上所刻的相符。這不是他遭難的日子嗎。以此推算。是五十三年前的事了。更細檢這本日記。見有一張厚紙。疊摺夾在裏頭。拿出展視。杜番疾呼道。地圖。武安道。這當是坡陰自繪的。四人再細看一番。見現時所探西岸的湖。及胥羅灣、胥羅灣上的石壁等。無一不次序井然。按圖可索。但有一最可痛心的事。本島之外。四面都是汪汪大海。全不出武安所料。然則十五童子現時所託足之地。確是一個孤懸荒島無疑了。怪不得那坡陰不能插翼飛渡。卒在山毛櫸下。斷送一命哩。這地圖想是坡陰親歷全島。據所目擊繪出來的。彼茂林中的小屋及徒杠。想是彼跋涉時所造的。若果如此。此圖精確。無可置疑。但這距離遠近。本非携有器具實在測量。不過因行路的日子約畧計算。或不無多少之差。却說這個地圖所繪島之全形。恰似一隻蝴蝶。中央有湖。四面有茂林環繞。湖之東西五邁。南北十八邁。有幾條小河。皆由湖中流出。注入于海。洞外之河。就是其中之一。與在胥羅灣南端注入于海的。同爲一流。島中並無一山。盡是平野。北方乾燥。沙塲甚多。南方異是。沼澤占其大半。全島面積。東西約二十五邁。南北五十邁。獨恨本島果屬南半球何處。圖中未能說明。但細想坡陰盡命于此。本島之在于絕海人跡罕到之處可知。瞧爾十五小豪傑。看此情形。豈不是韜光於此荒島之中。還有日子嗎。……閑話休提。且說四個童子。偶然尋得這個山洞。便自不勝歡喜。心中打算着。快把各位同難之人及一切物件。搬到這里。捱過一個嚴冬。勝似在胥羅船上飽饗風雪。且恐有不虞了。這時候恨不得天生兩翼飛報各人因細按地圖。知洞外小河就是流向胥羅灣的。遂決計沿河歸去。這河長不過七邁。計着不消三五小時。便可到了。因在洞中拾一鴉鋤。向刻字的山毛欅樹下。掘一小穴。將坡陰遺骨收葬停妥。復回至洞口。用些木石塞了。免得野獸闌入。事畢。循河而行。一路樹木稀疏。無甚阻礙。行不上半個時辰。便覺離得石壁遠了。武安且行且想。此河當可在胥羅灣與大湖之間作一通路。因留意察看。此河果能容一舢板或一木筏。若乘潮長順流而進。當可省多少氣力。行至四點鐘時候。忽遇着一個大澤。阻住進路。不得已迂道北西而跑。這條路雜木蔽地。步行漸難。無何鐘鳴六點。天色漸黑。茂林益密。及至八點夜色已闌。不復能辨方向。正在進退維谷之際。忽見火光一道。上沖霄漢。可不害殺人麼。正是

殖民喜說闢新境。　聞砲驚心中毒煙。

看官欲知後事如何。且待譯者再執筆寫下。

文苑

詩界潮音集

次明東遊印度舍衛城訪佛蹟原韵

鳥目山僧

王舍城中靈鷲山，珠宮貝闕昔周環。淒涼阿耨池頭月，猶照菩提古樹間。

支那有士倡流血，印度無僧守布金。亞海風潮正澎湃，竺天密證涅槃心。

露柱鐵遺三百四，髑髏金葬一蒙王。可蘭經篆繡苔蝕，斷碣橫陳夕照堂。

伽耶聖蹟遭回屠，華寶競生詎有間。大教淩遲殫智種，鐵輪風轉浪翻山。

顯奘希法東歸後，千載無儔西竺遊。第四今爲麗父女，吟詩慘愴石層樓。

須彌島里悲風起，塗毒聲沉獅吼堂。塔上一鈴斜照外，喃喃猶自語天荒。

仰昔世尊龍象地，撫今奴僕兎狐城。可憐晦昧無時覺，願碎虛空驪厥明。

成住壞空原幻相，懸譚奧義示華嚴。恒河性水如如在，一鏡澄涵印塔尖。

帝王基業一坏土，佛祖門庭千劫灰。法海頹波無計遏，洪濤堆裏首頻回。

二

送日本金城子東歸詩序

鄧向頁

庚子以來日本人士麕來京師其賢豪傑彥余輒識之而好學多通篤愛其國者金城子實第一金城子西氏名國意以大阪每日新聞特派員來京師謩余友廉郎中惠卿主其家會余客京師遂與過從繼與常籍生廉惠卿用吳先生命設局所譯書得金城子來同居相得益懽今年春惠卿以憂世至疾棲息西山中金城子則下帷謝酬應曰中國民智穉耳習摭腎肝著書二十種以開之曰英同盟後日本士流方植氣揚采唾中國若不屑金城子乃撰述益竊思爲蘇絕學納新墀無論其所就願力之篤已使我心折焉矣嘗成大學義疏等僅四種從若有不自得謂成就不副所期畸行亦不見許於其曹鬱鬱處此終不可則於陽曆某日道天津東歸留之不聽金城子狷介居京師簡交游王公大人之讌飲無所與故於其去也僅余與籍生以尊酒餞又以金城子喜文學各贐之以詩邃夫兩歲以來上自宮廷下之士庶譽於排拒之覆轍歎洽外人遠異曏昨酒醴之會玉帛之饋遺比日而相望盛哉盛哉夫豈意有篤愛吾國之金城子其歸國乃寂然無祖餞之繁乎有之亦僅一二書生以數言片紙爲投贈乎此亦事之奇而可紀者已籍生詩無副不及錄錄余詩題曰蹉跎行

蹉跎復蹉跎。我生亞洲陸。君生黃海阿。風潮轣輆若有意。迫君跨海來相過。君愛支那似愛我。箸書竊爲蘇沉痾。我才不比志亦爾。時將封垤追岻嶓。一朝謝我道歸去。自云壯想成銷磨。我聞太息惜同病。擧國欲殺眞盧梭。不挈妻孥閩鄉去。飄搖京雒終如何。

此語雖然意未恝。狂辭更進君休呵。邇來龍曹意向頗。西海不競東海波。黃人冥睡一
開眼。孤舟絕纜渠盤渦。吾生際此叟驪猛。不然一擲肥魚鼉。直須放膽振天命。鞏流夸
毀寧足料。聽我狂言意應解。餞君有酒顏須酡。齊烟欲疏日蕭颯。蓬島不見雲嵯峨。它
日太平洋上更相値。共飽鯨膾嘗蓋皤。

聞吾鄉太守得官喜而成此某學使亦同時被薦而榮瘁各殊有命也　瘦公

少年藉甚蓬山譽。海內爭傳有薦書。起廢幾人誇異數。求伸終竟荷眞除。抗顏尙憶經
師貴。屈膝常寬禮節疏。十載主賓懷舊念。也應重食武昌魚。
王粲才名亦絕塵。荆州薦剡墨猶新。使槎落日長浮漢。匹馬西風更入秦。衡鑒舊看持
玉尺。驌驦今見返征輪。却憐惘惘依劉歎。不及梁園實要津。

感事（庚子舊作）　蛻庵

曀曀三年陰翳日。密雲不雨自西郊。罷軍未決薔薇戰。黨禍驚聞瓜蔓抄。天動殺機龍
戰野。春殘阿閣鳳辭巢。美新文字人傳誦。郤有揚雄善解嘲。

四

壓城雲黑未全消。鷩黛悲鳴多寂寥。天子並雄稱日出。匈奴自古倚天驕。微聞黃禍傳

非種。且爲蒼生賦大招。棄卻珠崖罷西域。茂陵風雨夜蕭蕭。

柬蔣觀雲先生　楚青

與君一樣滄桑感。世事艱虞祇黯傷。東亞風潮千丈落。北溟烟瘴八荒驚。虎狼一任搶。

腸胃燕雀依然覓稻粱。大陸愁雲哀慘淡。況聞禍變起蕭牆。

弔哀太常　楚青

欲排閶闔奪天門。剖取丹心奉至尊。縱使斷頭難再續。試看吾舌固猶存。批鱗賁觸權。

臣忌流血空酬國士恩。地下願從龍比去。留將公罪後人論。

劫灰夢傳奇題詞　楚青

沈沈大陸三千載。黯黯愁雲一萬重。無量恒河無量刧。是誰先到妙高峯。

我公叢舌吐金蓮。信手拈來盡妙詮。識種昔提參結果。願身曾度出人天。

久思　觀雲

久思詞筆換兜鍪。浩蕩雄姿不可收。地覆天翻文字海。可能歌哭挽神州。

中國近事

◎詆排遊學　前任駐日本公使李盛鐸。當陛見時。嘗奏謂學生中間有狂暴放恣。毫無檢束。且皆心醉民權之說者。若不加以轄制。日後必至不可收拾云云。

◎借款傳聞　聞政府向總稅務司赫德借款一百萬。以爲北京各工程之用。未知確否。

◎編定兵制　直督袁宮保新招北洋新軍六千人。訓練情形。已誌前報。玆聞擬續招一萬人。共成十六營之數。並預編兵制。擬以提督爲全軍統帥。左右翼各總兵一員。總兵所轄四協。四協爲八領。其下則營哨各官有差。蓋期層層節制也。並聞宮保之意。左右翼即以麾下之王少臣王聘卿兩觀察借補。而提督則由宮保自行兼管云。

◎派修街渠　聞太后因院中時有氣味。想係溝渠失修之故。乃派張野秋尚書爲承修大臣。軍機處以其兼差太多。學堂事關緊要。宜加派一人。因添張燕謀侍郞以佐之。尙書已派喬馬諸公爲監督。而侍郞不肯派人。不知何故。

◎派司章奏　向來投遞摺本。多有包攬投遞之人。玆閣臣以通政司業已裁撤。專派恩潤區王四侍讀以司其事。他人不得干預。恐外間揣差未盡周知。故已出示曉諭。以免貽誤。

◎禁談國事　肅親王自接管順天巡警事務以來。凡地方緝捕以及修理道路各節。頗爲認眞。日前業已出示。遍貼京城內外。略謂近者熱河以及西南各屬亂黨。均經一律勦平。自示之後。凡爾軍民人等。不得造謠煽惑衆聽。亦不得妄議國事。致犯典章云云。並常派巡捕多人。微服潛至各茶館查訪。遇有違犯前情者。立即拿入捕房究辦。日前某捕等至某茶肆內。適有二人正在評論國政。立被擒送。于是各茶樓酒肆。咸有戒心。各在店中粘貼告白。誡人勿得妄談國事。致違禁令。

◎議捐修道　京師地面。奉旨着肅親王整理。惟祇撥公欵二十萬兩。而外城地方遼濶。處處皆須興修。萬難敷用。日前乃傳聞有將按戶攤捐之議。或爲常年。或爲月捐。尙在未定。有謂胡侍郞前與順天府五城曾經會同商辦攤捐之舉。此次或即照其所議辦理。亦未可知。

◎旗餉彩票　刻因八旂餉源日絀。司農乏術。聞有某太史條陳。請仿照外洋彩票辦法擬開旗餉官彩票。每張售銀若干兩。共印數萬張。勒派各官承領。每月可得餘利數十萬兩。可爲入欵之一大宗。當道甚稱妥善。大約奏明後即須開辦。又聞此項彩票辦有成效。即續辦內廷經費。歸內務府承辦。並聞此次太史奏摺之語。引證極博。章奏家皆爭先抄閱云。

◎請改刑律　聞鄂督張之洞以中國用刑過于酷虐。殊非文明政体。現當奉旨改訂律例之際。故特電請伍沈兩大臣酌量將此節妥爲刪改。一面嚴飭讞局及各州縣均不准過用酷刑。

◎請派巡使　近聞有人條奏各行省牧民之官。雖有督撫管轄。而善匿其奸者仍復頑固如初。請派巡察使。如明之巡按者然。不責以他政。但專以激濁揚清爲事云云。

◎改調原因　河南巡撫錫良此次改調熱河都統。聞實由各公使照會政府。請將其開缺。故政府特調補是缺。以爲調停之計。

◎天津交涉　日前都統衙門與各公使會議交還天津一事。其議案中有都統衙門三十啓羅米突之內。應許駐紮華兵三千五百名云云。此事各公使與都統衙門意見相左。故各公使又定以二十二日重行會議。

◎鐵路交涉　駐京俄使大不以中英所訂之鐵路條約爲然。謂政府如不將該約註銷。則俄國斷難將滿洲之兵撤退。英使聞之。擬收回前約。而各國司令官均以管理鐵路一事。爲各國今日必爭之權。此事不僅關涉英日德三國。即其他各國亦當派員參議也。

該條約中關于運送各國兵隊一條。各國均有異議。又約中有距本鐵路八十英里之內。中國或外國可任便另築鐵路。即不假他國之力亦可云云。俄國尤不以爲然。俄使以爲此條雖明言不讓英人以鐵道之權。其實已予以全權矣。蓋他日此等地段另築鐵路。其資本不出于英。將誰出耶。且英人此舉。不特于直隸肥饒之地得有鐵路已也。且自通州至秦皇島。自豐台至恰克圖。自天津至保定等鐵路。亦盡歸英人掌握中矣。

某相聞之。大懼。嚴飭全權大臣失算云。

◎無故索地　探聞上月間有俄官照會科多布參贊瑞景蘇大臣洵。向之索地。瑞接到此項照會後。憂憤萬分。數夜未睡。肝氣下陷。泄痢頓作。此係見于瑞洵奏摺。事必確鑿。

惟俄人無故索地。究不知其照會如何措詞耳。

◎法國礦產　四川煤礦。久爲法人垂涎。現英國已得有某某六縣礦山開採之權。而法國僅得某某二縣。法領事以利益不均。屢與奎制軍饒舌。而英領事又堅持定見。無隙可乘。制軍惟兩處敷衍。大有左右爲難之概。

聞雲貴總督魏光燾。近曾電外務部。略謂近有法國某公司欲在雲貴建路開礦。第因未奉政府諭知前因。是以未便准行。且謂此事斷不可遷就應允。蓋恐法人一得在滇開採礦產之權。其他各國亦將同起援利益均霑之例。中國將何以應之云云。

◎法擴租界　駐漢法領事擬將該國租界開至蘆漢鐵路線內。俾該路直貫其界而行。特與張宮保商。宮保却之。且告其意于英領事。英領事謂此事英人必不坐視。可無多慮云云。宮保慰甚。特將新開租界基址繪圖帖說。告于法領事。并要其剋日定奪。凡電告外部。謂蘆漢鐵路。本比國承辦。今比人概借法國資本。聘用法工程師。各國皆注目視之。如一旦南北鐵道悉落法人之手。將來無論戰時或平時。均不能爲我所用。請公宜極力防之。以免他日噬臍之悔也云云。

◎廣鉅平靜 廣鉅聯莊會匪。經官軍大挫之後。各匪業已紛紛潰散。其餘諸鄉僻邑尚有料衆抗官者。惟所挾多屬農器。所集又無首領。一經上憲開導。即可息事。即謂一律肅清可也。又聞此次捷音。仍推袁軍爲首功。而姜軍門由京接濟軍需。源源不絕。其轉運一切。又推韓盛明遊戎達爲勛勞。故收效如此之速云。

◎粤亂將平 廣西之亂。迭紀前報。茲據西省來函。謂亂黨初起時。因該處防勇單薄。不敷拒守。以致亂黨猖獗。及官軍齊集以後。互有勝負。亂黨力漸不支。蓋亂黨不過百十爲羣。不足爲患。又粤省連日接欽廉潘觀察等公牘。均謂亂黨業已解散。行將敉平云。

海外彙報

半月大事記 西曆六月上半月

▲六月一日路透電。據美總統羅君宣稱美人之意。咸以非律賓土人居心詭詐。欲以峻法相待。雖較美國所用私刑。其罪較輕。然亦非所宜也。

同日電。美總統羅君又言。此後非律賓人民智識果開。吾美終須任其自主。

同日電。英國新黨首領前任宰相羅斯勃雷君。近在利司城演說南非洲議和之事云。吾英現與杜人議和。不可視其為已經戰敗之仇敵。以彼雖為吾仇。而性極勇敢。極應設法使為吾友。惟欲使其為吾有用之友。則所索之欵。尚須從寬。斷不能照現在相臣沙侯所議也。又云。至于現擬抽收穀米稅一節。吾英新黨亦應設法阻之。

▲二日路透電。英杜和約已在杜京簽押。英政府得基將軍本月二十四日在杜京來文。稱杜國降英條約。已于昨夕經杜國委員會同本將軍並密樂爵帥公同簽押矣。

同日電。奧大利及匈牙利兩國。現因內政彼此不合。甚為齟齬。

同日倫敦電英杜議和條約共計十款即一、杜人一律停戰認英皇愛德威爾爲合例之君二、杜兵爲英軍所擒充發他處者從速送回杜國仍不失其自由之權并可保全其家產三、凡虜囚釋放後亦不再追究惟所犯有與戰例相背者不在此例四、杜國學堂學生如其父兄欲其仍習杜國語言則悉聽其便至各衙門如遇必不得已而用杜國語言亦可聽便五、杜人仍准用快鎗以自衞其身家性命六、將來杜人情形如已能至自主地位即准其自主七、杜與兩國均不准征抽兵稅八、籌款三百萬磅以爲通杜國所毀各田莊修費及償其所失牲畜等物九、將來叛民須按照殖民地律例審訊十、叛民當兵與英國爲難者永遠不能自由祇可免其死罪。

▲三日路透電各國因英杜和局定議業已電賀英皇德皇奧皇所發之電尤覺誠摯。

同日電南非洲英屬開普殖民地之叛民凡經當兵助杜國者此後永遠不能自由。兵弁則以大逆論審明後再行定罪惟免其一死耳。

同日電英屬加拿大禁止日人之律例自經該處議政院批准後以寄相銘度君不准施行故特稟請英政府批示現在英政府亦以此例爲未然故已作爲罷論矣。

▲四日路透電。英各大臣當于本日至上議院籌議國事緣英皇以南非洲和局業已定議。因而降旨飭令籌議善後事宜。

同日電。此次杜國各處爲代表者。共計六十人。均在維連烈根城聚議英國議和之事。投票以定從違。從者共五十四人。不從者六人。和議遂定。

同日電。德京柏林工部局近已籌欵一萬馬克寄往聖彬森賑濟災民。

同日電。英儲康諾公爵日昨校閱星加波馬來由香港各英屬所派往賀英皇加冕之軍隊。

同日電。英皇因南非和議告成。定于下禮拜日偕同皇后至倫敦某禮拜堂內行禮。

同日電。英皇業已諭令下議院核議。撥款五萬磅獎給統帶南非洲英軍基青尼元帥。蓋以酧其勞也。

同日電。基將軍近已升授爲元帥之職。並加子爵銜。

同日電。英戶部大臣在下議院宣言曰本國國用估計約需一百七十六兆三十五萬九千磅。所短約在二十四兆磅之譜。故于擬增穀稅一節。似未便豁免也。

▲五日路透電。巴黎某報訪事進謁日本伯爵松方公時。公嘗告之曰。本爵此次到法。並非爲斂國籌借國債。因斂國皇帝念及日法兩國邦交。邇來益臻輯睦。特命本爵前來致候貴總統也。

同日電。英戶部大臣在下議院宣言曰。英屬杜蘭斯哇並阿連扶里斯特各處地丁。既已豁免。然各項礦稅原不在此例。自應酌收稅課。以便彌補兵費之一二云。

同日電。近日得非洲來電云。自和約定議之後。英杜兩國臣民仍復交好如初。

同日電。英杜和議中有一欵言凡杜人隨帶鎗砲以爲自衛起見者須捐納照會。又言不抽地業稅。以資兵費。

同日倫敦電。據杜京來電。當杜國議和專員告各杜兵以和議已成時。各杜兵均極欣喜。卽在鐵路兩旁。然放烟火。至杜京則無論英杜人均極欣慰。彼此相待如親友。

同日電。南非洲統帥向杜國議和各員言。此次英杜之戰。杜人始終堅拒不改常度。且戰功有此地步。如吾係杜人。亦必以此爲榮也。其中議和委員有名巴爾斯者答以今日與基君相遇如至友。予亦與有榮焉。

同日電。杜將巴達現出傳單與各處杜人。謂須忠心于新立政府。不得爲亂。

▲六廿路透電。法國近組織新內閣。其各員如下。內閣總理大臣兼內務大臣康璧士。外務大臣的樂斯。大藏大臣路比爾。兵部大臣安的里。海部大臣批力敦。理藩院大臣多麥齋。

同日電。南非洲各屬杜人刻已陸續投誠。並無阻難情事。據基將軍電稱。禮拜四日。杜人至各處英營投誠者共有一千一百五十四人。各英官既准其所請。該杜人等遂同聲爲英皇嵩呼者三。將來英杜交誼。必當異常親密矣。

同日柏林電。德皇威廉宣稱波蘭人之隸吾德屬者。其舉動現在驕傲異常。吾德人殊難忍受。應即設法以保全巳之利權。

同日電。法國自康璧士爲首相後。康欲使樞院一新。故已另選新員任事。查康爲法國新黨中之首領。

▲八日路透電。美國兵部近得署非律賓羣島巡撫來文。內稱目下非島各屬百姓。除明延那士庶不計外。率多欲從民主之義。卽美統領察非似亦頗以爲然。

同日電。美國特派巡撫答福透前赴巴的錄商議天主教交涉事件。茲悉彼此業已妥爲議定。凡天主教所設之各學堂。嗣後當無阻撓情事矣。

同日電。路透派駐杜京訪事來電。杜人降英前後共計已有四千五百五十二人。

同日電。意大利外部大臣璧立尼德因與本部副大臣辯論議政院事。相持不下。因相約比武以決之。

▲九日路透電。昨基將軍稟報英政府云。前禮拜日來降之杜兵。並帶有槍械二千五百桿。間有四百四十八人。乃南非洲之叛黨。其餘皆杜將底威特部下之兵。該杜民降後。嘗同聲嵩呼英皇不置。

同日電。英某議員擬將穀稅限定試辦一年之議。茲已經各議員在下議院覆核其事。允者二百三十六人。駁者一百七十三人。

同日電。法國議院現已議定將管理亞沙士國之權收回。以副該處人民之望。

▲十一日路透電。荷蘭已與德國訂專約會辦電線。係從荷屬西爾比島道經德國比魯島以達美國非律賓。復由非律賓通至上海。

同日電。俄國現已運送大砲四尊前往旅順口。該砲每尊重六十三噸半長四十尺。

同日電。荷蘭政府近令其商人行駛輪船由荷屬渣巴往來中國日本各埠。近十五年內政府給以三十一萬二千五百磅。以資津貼。惟未悉該公司共存資本若干。大約與新創之荷蘭印度輪船公司聯絡辦理。

同日電。杜蘭斯哇近日傳述各處金礦所獲之淨利。當以十分之一輸納英政府云。

▲十二日路透電。某鐵軌公司與東鐵路公司所訂之合同。係訂明將來火車由多爾至旅順口。祇需十五日之久。

同日電。法國新政府近備文佈告各民主國。略謂該政府擬于傳教一事。必須慎選。勿任阻撓。次則認眞整頓國中學校。暨定息捐裁減陸軍。試行兩年。至外交政策則無事更張也。

同日電。杜將林策近經英軍拿獲。蓋因奸謀被人告發故也。現在拘禁。不准保釋。

▲十三日路透電。南非洲土民降英者。截至今日已有一萬二百二十五人。

同日電。近日南非英官出示通諭。略謂除官員外凡軍民人等在西八月十日以前投誠供明逆跡者。但當永革其自主之權。倘或逾限。當治以死罪云。

同日電。日本小松宮親王行抵英京倫敦時。英皇特派專員並駐英日使及他日商多人。均至車站迎迓。親王旋坐英皇所派之御車前赴某旅邸暫住。

▲十四日倫敦電。英皇戴冠之觀艦式。現皆參列于軍港內。外國軍艦有十六艘以上。

同日巴黎電。法國新內閣總理大臣康璧士。近在下院宣言。一、定寺院結社法之適用規則。二、提議廢止夫亞盧法（譯音）三、節省政府之支出費。四、施行一切所得稅。五、兵役減縮兩年。六、改革軍法會議之制度。七、研究購買鐵道及恩給働勞者之間題。康璧士氏又述與俄國同盟。其目的在于維持和平。言畢滿院皆同聲贊賞云。

餘錄

刑部主事吳保初呈政務處代奏請除稗政摺

爲請革除稗政以塞亂源而維邦本敬懇代　奏仰祈　聖鑒事。竊臣聞良藥苦口利於病。忠言逆耳利於行。是以犯顏勿欺之臣。忠言逆耳之奏。世主或以其犯焉逆焉而誅竄之。然後世則不謂之犯。謂之勿欺。不謂之逆。謂之利於行。今日中國之病誠危矣急矣。然臣謂中國今日之病。不在外而在內。不在一人而在全國。不在四肢百骸。而在五臟六腑存亡之機。間不容髮。孟子曰國家閒暇及是時。明其政刑。雖大國必畏之矣。又曰泄泄猶沓沓也。庚子之變創鉅痛深。朝廷亦既懲前毖後。明諭疊頒變法自强力行新政矣。臣嘗謂變法當有本末。有先後。不務其本而徇其末。未有能濟者也。然與其玩時愒日滿志躊躇。則不如急則治標。猶較勝於束手待斃。臣聞之。害不十不變法。利不十不變法。又聞兩利相權取其重。兩害相權取其輕。今有害什百而利不一。又爲衆害之本。而不可不變法以去之者。宦官是也。歷朝閹宦專横。干預政事。憸壬宵小盤踞於上。正人君子荼毒於下。黨禍既作。國祚因之而亡。漢唐宋明。殷鑒非遠。史冊具在。可爲寒心。聖人知其然也，是以我　朝家法。不許內寺預政。永著爲令。鐫之鐵牌。犯者凌遲處死。立法之嚴。振古無比。方今中外大同。文明迭進。諭旨有云採人之長。袪己之短。乃獨留此萬國所無之稗政。騰笑五洲。不即革除。何以爲致治之本。故日者兩廣督臣陶模有請裁宦官一疏。爲天下所傳誦。其爲中國袪數千年弊政。爲　朝廷策億萬世邦基。誠莫要於此矣。內而宮官。外而河臣。業已次第裁撤。獨此閹寺小臣。未聞議及裁汰。豈諸臣有所瞻徇耶。臣竊維宦官之制。由於前代妃嬪衆多、又從來女子無學。故特設此職以防檢之。今　皇上後宮清靜。本無須此。即異日六宮備位。　聖人自有刑于之化。又安用此刑餘之人。以出入禁闥。且五刑久廢。而獨留宮刑。施於無罪之人。上干造物之和。下乖生人之道。其爲殘酷。亦已甚矣。又何怪爲天下萬國之所詬笑哉。近者　皇太后因漢人女子有纏足之陋習。　降諭禁革。毅然行之。以其殘人支體也。夫女子纏足。無關於　國家之興亡。猶汲汲思所以禁革之。若刑餘之人。則陰賊險狠。善伺人主喜怒。傳疑傳信。離間宮廷。恒使人主防不勝防。如秦之趙高。漢之十常侍。

二

唐之仇士良。宋之童貫。明之魏忠賢等。當時人主孰不引爲腹心。以爲忠己。甚乃政權下逮。遂與外戚權相狼狽爲奸。或此興彼替。或互爲消長。迨至惡迹敗露。而覆亡已隨其後。其中亦有一二循謹之人。但既未嘗讀書明理。縱無損於 國家。亦奚裨於聖治。況此輩類多奸險。近者總管李蓮英納賄擅權。尤彰彰在人耳目。熱中者津干榮利。躋顯貴。非拜大學士榮祿門牆。即由總管李蓮英而進。臣門如市。政以賄成。上下相蒙。致釀巨禍。庚子之變。雖以皇太后 皇上之聖明。猶未能預爲之計。及至政權旁落。畿輔騷然。激成數千年未有之浩劫。賠款本息至九萬萬兩之多。蒙塵至十七閱月之久。臣維彼等既遭兵禍。家財不無損失。迨倖免罪魁之誅。遂思作桑榆之補。貪婪營私甚於曩時。彼輩小人。安顧大局。獨惜 皇太后中興再造之英明。垂暮之年。乃不免爲其所用耳。天下往者惟知有端剛。今者祇知有榮李。不知有 皇太后 皇上也。夫 皇太后 皇上主中國。臨天下。承 列聖纘緒締造創法垂統之丕基鴻業。二百五十九年於茲矣。豈肯負 祖宗付託之重。斷送於三五小人之手。端剛蠢愚。嘗思挾亂民以排外。遂與列國輕啓兵釁。激怒强鄰。猶不似榮李之陰賊險狠。路人皆知。彼作者太屬同謀。

及見事敗。轉而諂事外人。以保祿位。苟可以得外人之懽心。雖傾舉國之膏血以奉之。在所不恤。經此挫折。其心更狡。其術愈工。迹其所為。不啻媚外以排內。端剛之愚朝廷猶明正其罪。榮等之狡。朝廷反褒錄其功。尤臣所大惑不解者。殊不知榮李之術。足以欺　朝廷而不能掩天下之耳目。　皇太后　皇上不即明發其奸。置之重典。或立予罷斥。臣恐一旦土崩瓦解。將不知置我　皇太后　皇上於何地。彼時中國恐已成為歐墨之殖民地。而非我中國之中國矣。此臣所撫膺泣血而不忍緘默不言者也。昨歲　迴鑾伊始。　慈諭力崇節儉。　深宮盛德。實為薄海臣民所欽仰。乃　蹕路經費。用至累千萬兩。宮門之費。日致千金。進膳之資。動逾累百。小民無卒歲之儲。一飯罄中人之產。而內侍需索誅求。騷擾閭閻。至於如此。貽　深宮以惡名。委　王言於無信。不惟視　諭旨若弁髦。直視　朝廷為無法。是豈　皇太后　皇上所及料耶。臣嘗觀古昔英君毅辟。往往狃於近習。不自覺察。卒為盛德之累。以召覆亡之禍。　皇太后聖明自不致為若輩所愚。但始終引為心腹。恃若長城。則必有受愚之一日。　皇太后　皇上試一詢之廷臣。考之輿論。便知臣言之非誣矣。臣維變法原非一端。但此輕者易者尚不能毅然改革。則何怪諸疆臣粉飾因循。徘徊觀望。以虛應故事也。夫革此稗政。有千利無一害。不革此稗政。有千害無一利。然則又何樂而不爲也。比者恭行謁　陵大典。若再任聽若聾。恣情擾累。後患殆不可勝言。　皇太后　皇上上何以妥　列聖在天之靈。下何以慰天下臣民之望。復何面目以登　祖宗之陵墓乎。臣不勝迫切呼籲之至。謹冒死上　聞。伏乞　皇太后　皇上聖鑒。謹請代　奏。

◎石印直行殿板二十四史股票出售

中國掌故莫詳於二十四史自開闢至於明代經濟事實燦然大備自奉　明詔講求實學各省考試皆以中國政治史事命題有志之士各宜家置一編以資考證惟大板爲書太多庋藏不易同人有鑒於此特覓殿板聘請名宿校讐縮付石印以潔白連史紙裝訂精雅計共二百本得此一大部中國之全史備焉惟資本頗鉅玆特格外從廉先售股票每股僅收回英洋三十四元先付定洋十七元塡給股票爲憑至七月底再付英洋十七元先出史記前後漢三國晉宋南齊梁陳南史魏北齊周隋北史新舊五代十七史至十一月底全史告竣股票繳銷股票售罄後定實價洋每部四十八元不折不扣欲知此書精美隨股取閱樣張惟股票所印無多海內好學之士請速先購幸勿失之交臂也代售處上海總理發行所四馬路中西大藥房暨掃葉山房愼記書莊英大馬路同樂里廣智書局千頃堂煥文書局北京琉璃廠豐泰照相館鎭江魚巷文成堂書坊又萬家巷南京坊口漢口四官殿杭州洋壩頭均中西大藥房又漢口黃陂街江左漢記直慶誠記揚州轅門橋太生銀號文樞堂書坊清江愼怡堂書坊廣州雙門底開明書局又北京琉璃廠西門內有正書局橫濱新民叢報社及各處書坊俱有寄售

上海致遠街　**史學會社啓**

本報各代派處

如有欲閱本報者請向下開各處所定購或逕寄函本社購取亦得但必須將報費郵資先行付下本社自然按寄無悞

上海總代發行所廣智書局
又四馬路同文滬報館
又四馬路惠福里選報館
又四馬路惠福里采風報館
又四馬路廣學會邱禮清先生
又四馬路望平街中外日報館
又五馬路寶善街普通學報館
又棋盤街三茅閣橋商務日報館
又大東門內育材書塾王培孫先生
又樊王渡約翰書院晋侚先生
東京譯書彙編社
又神田東京堂
長崎新地宏昌號
朝鮮仁川怡泰號
天津日日新聞社
又大公報館
烟台順泰號
北京琉璃廠日日新聞分社
又琉璃廠西門內有正書局
又燈市口廣學會
南京花牌樓中西書局
又夫子廟前明達書莊
又三牌樓西明達別墅
又鐵湯池益智書局
安慶拐角頭院省藏書樓

蘇州蕭家巷姚公館方康安先生
又同里鎮任閣學第陳佩忍先生
吳中圖書會社
無錫北門內道長巷梁溪務實學堂
常州城內青雲里楊第
又打索巷許芝年先生
杭州浙西書林
又東文學社
又梅花碑方言學社
又白話報館韓靜涵先生
揚州新勝街東文學社
又政法學會
紹興東湖通藝學堂孫翼中先生
南昌百花洲廣智書莊
又馬王廟背賦梅山房
又馬王廟背陶君節先生
如皋東門朱獻侯先生
漢口黃陂街江左漢記
溫州正和信局
福州南臺閩報館
汕頭今學書局
又育善街嶺東日報館
又振邦街上海莊黃敬堂先生
香港上環海傍和昌隆
又荷李活道聚文閣

又中環水車館後街錦福書坊
廣東省城雙門底開明書局
又聖教書樓
又黃文裕公祠內萃廬
又大馬站口林裕和堂
又十八甫華洋書局
海防同昇昌陳堯羹先生
石叻大坡街謙和號
巴城大港唇聯興號
庇能檳城新報館
吉隆王澤民先生
暹羅陳斗南先生
檀香山新中國報館
域多利埠廣萬豐號
域多利二埠英泰號
溫哥華埠永生號
砵侖李美近先生
舊金山文興報館
又中西報館
又翰香報館
個郎羅藻雲先生
雪梨方澤生先生
美利畔黃世彥先生
紐西侖呂傑先生

廣智書局出書廣告

日本維新三十年史

全六册　定價一元六角

第一編　學術思想史　第二編　政治史　第三編　軍政史

第四編　外交史　第五編　財政史　第六編　司法史

第七編　宗教史　第八編　教育史　第九編　文學史

第十編　交通史　第十一編　産業史　第十二編　風俗史

第三種郵便物認可
新民叢報第拾號　明治三十五年六月二十日發行

第拾壹號

光緒二十八年六月一日
明治三十五年七月五日

◎本號要目

每月二回朔望發行

新會梁任父先生著

飲冰室文集

香山何天柱編

飲冰室主人爲我國文界革命軍之健將其文章之價値世間旣有定評無待喋喋此編乃由其高足弟子何君所編凡**著者數年來之文字搜集無遺**編年分纂凡爲八集曰丙申集丁酉集戊戌集己亥集庚子集辛丑集壬寅集而以**論文集**附於末焉其中文字爲**各報所未載者**亦復不少煌煌數百萬言無一字非有用之文雖謂中國集部空前之作殆無不可卷首復冠以著者所作**三十自述**一篇及**照像三幅**一爲時務報時代造像二爲淸議報時代造像三爲新民叢報時代造像海內外君子有表同情於飲冰室主人者乎得此亦足代嚶鳴求友之樂也**現已付印**不日出書

發行所 上海英界南京路同樂里 **廣智書局**

新民叢報第十一號目錄

光緒二十八年六月初一日

本報價目表

全年廿四冊	半年十二冊	每冊
五元	二元六毫	二毫五仙

美洲澳洲南洋海參威各埠全年六元半年三元二毫零售每冊三毫正郵稅每冊壹仙外埠六仙

廣告價目表 刊資先惠 論前加倍

一頁	半頁	一行 四號十七字起碼
十元	六元	二毫八仙

凡欲惠登告白者須于本報定期發刊之前五日交到價須先惠欲登長年半年者價當面議從減

編輯兼發行者 馮紫珊

印刷者 西脇末吉

發行所 橫濱山下町百五十二番館 新民叢報社

印刷所 橫濱山下町百五十二番館 信箱二百五十五番 新民叢報社活版部

東京發賣所 東京神田區表神保町三番地 東京堂

太平洋客著

新廣東

一名（廣東人之廣東）

全一册　定價二角五分　外埠郵費在內

其名曰新廣東則雖未開卷而其卷中之大略宗旨可以想見矣著者前任上海時務報橫濱清議報主筆今在美國某報主筆文名夙著之人也不欲顯言撰人名氏讀者亦不必深求撰人名氏但讀之而覺其咄咄逼人若有電氣焉刺其腦而起一種異想者則此書之性質也卷首冠以廣東圖一幅精美鮮彩尤足爲全書生色

發行所　橫濱市山下町百五十二番　新民叢報社

一三三八

出版圖書廣告

東亞各港志	全一冊 定價三角
明治政黨小史	全一冊 定價一角
外國地理問答	全一冊 定價二角
國憲汎論	近刊
英國憲法史	近刊
英國憲法論	近刊
羣學	近刊
萬國官制志	近刊
萬國選舉志	近刊
萬國商務志	近刊
歷史哲學	近刊
新編中學教科書第一種 倫理教科書	近刊
新編中學教科書第二種 泰西史教科書	近刊

暗射世界大地圖	定價五圓
中國暗射地圖	定價五圓
中國十八省地圖	定價一圓二角
中外方輿全圖	定價四圓
實測精密 東亞新地圖	定價一圓
戰地必携 極東地圖	定價一圓六角
教科適用 東亞三國地圖	定價一圓五角
最新滿洲圖 附圖說一本	定價一圓
學校要品 徑尺地球儀	定價八元五角
五彩 坤輿全圖	定價二元二角五
新譯 英和辭典	定價二圓

曾文正公遺像

左文襄公遺像

北京煤山圖

明崇禎十七年三月十九日烈宗毅皇帝殉國處

北京頤和園圖

清慈禧端佑康頤昭豫莊誠壽恭欽獻崇熙皇太后行樂處

論說

新民說十一

中國之新民

第十一節之續　續論進步

新民子曰。吾不欲復作門面語。吾請以古今萬國求進步者獨一無二不可逃避之公例。正告我國民。其例維何。曰破壞而已。

不祥哉破壞之事也。不仁哉破壞之言也。古今萬國之仁人志士。苟非有所萬不得已。豈其好爲俶詭凉薄憤世嫉俗快一時之意氣以事此事而言此言哉。蓋當夫破壞之運之相迫也。破壞亦破壞。不破壞亦破壞。破壞旣終不可免。早一日則受一日之福。遲一日則重一日之害。早破壞者。其所破壞可以較少。而所保全者自多。遲破壞者。其所破壞不得不益甚。而所保全者彌寡。用人力以破壞者。爲有意識之破壞。則隨破壞隨建設。一度破壞。而可以永絕第二次破壞之根。故將來之樂利。可以償目前之苦痛而有餘。聽自然而破壞者。爲無意識之破壞。則有破壞無建設。一度破壞之不已而至於

再再度不已而至於三如是者可以歷數百年千年而國與民交受其病至於魚爛而自亡嗚呼痛矣哉破壞嗚呼難矣哉不破壞

聞者疑吾言乎吾請與讀中外之歷史中古以前之世界一膿血世界也英國號稱近世文明先進國自一千六百六十年以後至今二百餘年無破壞其所以然者實自長期國會之一度大破壞來也使其憚破壞則安知乎後此之英國不爲十八世紀末之法蘭西也美國自一千八百六十五年以後至今五十餘年無破壞其所以然者實自抗英獨立放奴戰爭之兩度大破壞來也使其憚破壞則安知乎後此之美國不爲今日之祕魯智利委內瑞辣亞爾然丁也歐洲大陸列國自一千八百七十年以後至今三十餘年無破壞其所以然者實自法國大革命以來綿亘七八十年空前絕後之大破壞來也使其憚破壞則安知乎今日之日耳曼意大利不爲波蘭今日之匈加利及巴幹半島諸國不爲印度今日之奧大利不爲埃及今日之法蘭西不爲曩昔之羅馬也日本自明治元年以後至今三十餘年無破壞其所以然者實自勤王討幕廢藩置縣之一度大破壞來也使其憚破壞則安知乎今日之日本不爲朝鮮也夫吾所謂二

百年來五十年來三十年來無破壞云者不過斷自今日言之耳其實則此諸國者自今以往雖數百年千年無破壞吾所敢斷言也何也凡破壞必有破壞之根原孟德斯鳩曰『專制之國其君相動曰輯和萬民實則國中常隱然含有擾亂之種子是苟安也非輯和也』故擾亂之種子不除則蟬聯往復之破壞終不可得免而此諸國者實以人力之一度大破壞取此種子芟夷蘊崇之絕其本根而勿使能殖也故夫諸國者自今以往苟其有金革流血之事則亦惟以國權之故搆兵於域外容或有之耳若夫國內相閱糜爛鼎沸之慘劇吾敢決其永絕而與天地長久也今我國所號稱識時俊傑莫不豔羨乎彼諸國者其羣治之光華美滿也如彼其人民之和親康樂也如彼其政府之安富尊榮也如彼而烏知乎皆由前此之仁人志士揮破壞之淚絞破壞之腦斂破壞之舌禿破壞之筆瀝破壞之血塡破壞之屍以易之者也嗚呼快矣哉破壞嗚呼仁矣哉破壞

此猶僅就政治一端言之耳實則人羣中一切事事物物大而宗教學術思想人心風俗小而文藝技術名物何一不經過破壞之階級以上於進步之途也故路得破壞舊

宗教而新宗教乃興倍根笛卡兒破壞舊哲學而新哲學乃興斯密破壞舊生計學而新生計學乃興盧梭破壞舊政治學而新政治學乃興孟德斯鳩破壞舊法律學而新法律學乃興歌白尼破壞舊歷學而新歷學乃興推諸凡百諸學莫不皆然而路得倍根笛卡兒斯密盧梭孟德斯鳩歌白尼之後復有破壞路得倍根笛卡兒斯密盧梭孟德斯鳩歌白尼者其破壞者復有踵起而破壞之者隨破壞隨建設甲乙相引而進化之運乃遞衍於無窮（凡以鐵以血而行破壞者。破壞一次。則傷元氣一次。故眞能破壞者。則一度之後。不復再見矣。以腦以舌而行破壞者。雖屢摧棄舊觀。只受其利而不蒙其害。故破壞之事無窮。進步之事亦無窮。）又如機器興而手民之利益不得不破壞輪船興而帆檣之利益不得不破壞鐵路電車興而車馬之利益不得不破壞公司興而小資本家之利益不得不破壞「托辣士特」Trust 興而尋常小公司之利益不得不破壞當其過渡迭代之頃非不釀婦歎童號之慘極棼亂杌隉之觀也及建設之新局既定食其利者乃在國家乃在天下乃在百年而前此蒙破壞之損害者亦往往於直接間接上得意外之新益善夫西人之恒言曰「求文明者非徒須償其價値而已而又須忍其苦痛」夫全國石民之生計爲根本上不可輕搖動者而當夫破壞之運之相代乎前也猶且不能恤小害以擲大利而況於害有百而利無一者耶故夫歐洲各國自宗教改革後而教會教士之利益被破壞也自民立議會後而暴君豪族之利益被破壞也英國改正選舉法（千八百三十二年）而舊選舉區之特別利益被破壞也美國布禁奴會（千八百六十五年）而南部素封家之利益被破壞也此與吾中國之廢八股而八股家之利益破壞革胥吏而胥吏之利益破壞改官制而官場之利益破壞其事正相等彼其所謂利者乃偏毗於最少數人之私利而實則陷溺大多數人之公敵也諺有之『一家哭何如一路哭』於此而猶曰不破壞不破壞吾謂其無人心矣夫中國今日之事何一非蠹大多數人而陷溺之者耶而八股胥吏官制其小焉者也。

欲行遠者不可不棄其故步欲登高者不可不離其初級若終日沾滯呆立於一地而徒望遠而歆仰高而羨吾知其終無濟也若此者其在毫無阻力之時毫無阻力之地而進步之公例固既當如是矣若夫有阻之者則鑿榛莽以闢之烈山澤而焚之固非得已苟不爾則雖欲進而無其路也諺曰蝮蛇在手壯士斷腕此語至矣不觀乎善醫者乎腸胃癥結非投以劇烈吐瀉之劑而決不能治也瘡癰腫毒非施以割剖洗滌之

功而決不能療也若是者所謂破壞也苟其憚之而日日進參苓以謀滋補塗珠珀以求消毒病未有不日增而月劇者也夫其所以不敢下吐瀉者慮其耗虧耳所以不敢施割剖者畏其苦痛耳而豈知不吐瀉而後此耗虧將益多不割剖而後此之苦痛將益劇循是以往非至死亡不止夫孰與忍片刻而保百年苦一部而養全體也且等是耗虧也等是苦痛也早治一日則其創夷必較輕緩治一日則其創夷必較重此又理之至淺而易見者也而謀國者乃昧焉此吾之所不解也大抵今日談維新者有兩種其下焉者則拾牙慧蒙虎皮借此以爲階進之路西學一八股也洋務一苞苴也游歷一暮夜也若是者固不足道矣其上焉者則固嘗悴其容焦其心規規然思所以長國家而興樂利者至叩其術最初則外交也練兵也購械也製械也稍進焉則商務也開礦也鐵路也進而至於最近則練將也警察也教育也此犖犖諸大端者是非當今文明國所最要不可缺之事耶雖然枝枝節節而行焉步步趨趨而摹仿焉其遂可以進於文明乎其遂可以留國家於不敗之地乎吾知其必不能也何也披綺羅於嫫母只增其醜施金鞍於駑駘祇重其負刻山龍於朽木祇毆其腐築高樓於鬆壤祇速

其傾未有能濟者也今勿一一具論請專言教育夫一國之有公共教育也所以養成將來之國民也而今之言教育者何如各省紛紛設學堂矣而學堂之總辦提調大率皆最工於鑽營奔競能仰承長吏鼻息之候補人員也學堂之教育大率皆八股名家弋竊甲第武斷鄉曲之鉅紳也其學生之往就學也亦不過曰此時世妝耳此終南徑耳與其從事於閉房退院之詩云子曰何如從事於當時得令之ＡＢＣＤ考選入校則張紅然爆以示寵榮吾粤近考取大學堂學生者皆如是資派游學則苞苴請託以求中選若此者皆今日教育事業開宗明義第一章而將來爲一國教育之源泉者也試問循此以往其所養成之人物可以成一國國民之資格乎可以任爲將來一國之主人翁乎可以立於今日民族主義競爭之潮渦乎吾有以知其必不能也不能則有教育如無教育而於中國前途何救也請更徵諸商務生計界之競爭是今日地球上一最大問題也各國所以亡我者在此我國之所以爭自存者亦當在此商務之當整頓夫人而知矣雖然振興商務不可不保護本國工商業之權利欲保護權利不可不頒定商法僅一商法不足以獨立也則不可不頒定各種法律以相輔有法而不行與無法等則不可

不定司法官之權限立法而不善弊更甚於無法則不可不定立法權之所屬壞法者而無所懲法旋立而旋廢則不可不定行法官之責任推其極也非制憲法開議會立責任政府（責任政府之義見本報第六號傳記第五葉）而商務終不可得興今之言商務者漫然曰吾興之吾興之而已吾不知其所以興之者持何術也夫就一二端言之既已如是矣推諸凡百莫不皆然吾故有以知今日所謂新法者之必無效也何也不破壞之建設未有能建設者也夫今之朝野上下所以汲汲然崇拜新法者豈不以非如是則國將危亡乎哉而新法之無救於危亡也若此有國家之責任者當何擇矣

然則救危亡求進步之道將奈何曰必取數千年橫暴混濁之政體破碎而虀粉之使數千萬如虎如狼如蝗如蝻如蜮如蛆之官吏失其社鼠城狐之憑藉然後能滌蕩腸胃以上於進步之途也必取數千年腐敗柔媚之學說廓清而辭闢之使數百萬如蠹魚如鸚鵡如水母如畜犬之學子毋得搖筆弄舌舞文嚼字爲民賊之後援然後能一新耳目以行進步之實也而其所以達此目的之方法有二一曰無血之破壞二曰有血之破壞無血之破壞者如日本之類是也有血之破壞者如法國之類是也中國如

能爲無血之破壞乎吾馨香而祝之中國如不得不爲有血之破壞乎吾衰絰而哀之雖然哀則哀矣然欲使吾於此二者之外而別求一可以救國之途吾苦無以爲對也嗚呼吾中國而果能行第一義也則今日其行之矣而竟不能則吾所謂第二義者遂終不可免嗚呼吾又安忍言哉嗚呼吾又安忍不言哉

吾讀宗教改革之歷史見夫二百年干戈雲擾全歐無甯宇吾未嘗不頞蹙吾讀一千七百八十九年之歷史見夫殺人如麻一日死者以十數萬計吾未嘗不股慄雖然吾思之吾重思之國中如無破壞之種子則亦已耳苟其有之夫安可得避中國數千年以來歷史以天然之破壞相終始者也遠者勿具論請言百年以來之事乾隆中葉山東有所謂教匪者王倫之徒起三十九年平同時有甘肅馬明心之亂踞河州蘭州四十六年平五十一年臺灣林爽起諸將出征皆不有功歷二年五十二年而福康安海蘭察督師乃平而安南之役又起五十三年乃平廓爾喀又內犯五十九年乃平而五十八年詔天下大索白蓮教首領不獲官吏以搜捕教匪爲名恣行暴虐亂機滿天下五十九年貴州苗族之亂遂作嘉慶元年白蓮教遂大起於湖北蔓延河南四川陝西甘肅

而四川之徐天德王三槐等。又各擁衆數萬起事。至七年乃平。八年浙江海盜蔡牽又起。九年與粵之朱濆合。十三年乃平。十四年粵之鄭乙又起。十五年乃平。同年天理敎徒李文成又起。十八年乃平。不數年而回部之亂又起。凡歷十餘年至道光十一年乃平。同時湖南之趙金龍又起。十二年平。天下彫敝之既極。始稍蘇息。而鴉片戰役又起矣。道光十九年英艦始入廣東。二十年旋逼乍浦犯甯波。廿一年取舟山厦門定海甯波乍浦。遂攻吳淞下鎮江。廿二年結南京條約乃平。而兩廣之伏莽已徧地出沒無甯歲。至咸豐元年洪楊遂乘之而起。蹂躪天下之半。而咸豐七年復有英人入廣東擄總督之事。九年復有英法聯軍犯北京之事。而洪氏踞金陵凡十二年。至同治二年始平。而捻黨猶逼京畿。危在一髮。七年始平。而回部苗疆之亂猶未已。復血刃者數載。及其全平。已光緒三年矣。自同治九年天津敎案起。爾後民敎之鬨連綿不絕。光緒八年遂有法國安南之役。十一年始平。二十年日本戰役起。廿一年始平。廿四年廣西李立亭四川余蠻子起。廿五年始平。同年山東義和團起。蔓延直隸。幾至亡國。爲十一國所挾。廿七年始平。今者二十八年之過去者。不過一百五十日耳。而廣宗鉅鹿之難。以袁軍全力歷兩月乃始平之廣西之難至今猶蔓延三省未知所屆而四川又見告矣由此言之此百餘年間我十八行省之公地何處非以血爲染我四百餘兆之同胞何日非以肉爲糜前此既有然而況乎繼此以往其劇烈將什佰而未有艾也昔人云一慚之不忍而終身慚乎吾亦欲曰一破壞之不忍而終古以破壞乎我國民試矯首一望見夫歐美日本之以破壞治破壞而永絕內亂之萌孽也不識亦曾有動於其心而爲臨淵之羨焉否也

且夫懼破壞者抑豈不以愛惜民命哉姑無論天然無意識之破壞如前所歷舉內亂諸禍必非煦煦孑孑之所能彌也即使彌矣而以今日之國體今日之政治今日之官吏其以直接間接殺人者每歲之數又豈讓法國大革命時代哉十年前山西一旱而死者百餘萬矣鄭州一決而死者十餘萬矣冬春之交北地之民死於凍餒者每歲以十萬計近十年來廣東人死於疫癘者每歲以數十萬計而死於盜賊與迫于飢寒自爲盜賊而死者舉國之大每歲亦何啻十萬夫此等雖大半關於天災乎然人之樂有羣也樂有政府也豈不欲以人治勝天行哉有政府而不能爲民捍災患然則何取此

政府爲也（天災之事關係政府責任余別有論）嗚呼中國人之爲戮民久矣天戮之人戮之暴君戮之汙吏戮之異族戮之其所以戮之之具則飢戮之寒戮之夭戮之癘戮之刑獄戮之盜賊戮之干戈戮之文明國中有一人橫死者無論爲冤慘爲當罪而死者之名必出現於新聞紙中三數次乃至百數十次所謂貴人道重民命者不當如是耶若中國則何有焉草薙耳禽獮耳雖日死千人焉萬人焉其誰知之其誰殣之亦幸而此傳種學最精之國民野火燒不盡春風吹又生其林林總總者如故也使稍矜貴者吾恐周餘孑遺之詩早實見於今日矣然此猶在無外競之時代爲然耳自今以往十數國之飢鷹餓虎張牙舞爪吶喊蹴踏以入我國而擇我肉數年數十年後能使我如埃及然將口中未下咽之飯挖而獻之猶不足以償債主能使我如印度然日日行三跪九叩首禮於他族之膝下乃僅得半腹之飽不知愛惜民命者何以待之何以救之我國民一念及此當能信吾所謂『破壞亦破壞不破壞亦破壞』者之非過言矣而二者吉凶去從之間我國民其何擇焉其何擇焉昔日本維新主動力之第一人曰吉田松陰者嘗語其徒曰『今之號稱正義人觀望持重者比比皆是是爲最大下策何如輕快拙速打破局

面然後徐圖占地布石之爲愈乎」日本之所以有今日皆恃此精神也皆遵此方略也（吉田松陰日本長門藩士以抗幕府被逮死維新元勳山縣伊藤井上等皆其門下士也）今日中國之敝視四十年前之日本又數倍爲而國中號稱有志之士舍松陰所謂最大下策者無敢思之無敢道之無敢行之吾又烏知其前途之所終極也

雖然破壞亦豈易言哉瑪志尼曰「破壞也者爲建設而破壞非爲破壞而破壞使爲破壞而破壞者則何取乎破壞且亦將並破壞之業而不能就也」吾請更下一解曰非有不忍破壞之仁賢者不可以言破壞之言非有能回破壞之手段者不可以事破壞之事而不然者率其牢騷不平之氣小有才而未聞道取天下之事事物物不論精粗美惡欲一舉而碎之滅之以供其快心一笑之具尋至自起樓而自燒棄自蒔花而自斬刈囂囂然號於衆曰吾能割捨也吾能決斷也若是者直人妖耳故夫破壞者仁人君子不得已之所爲也孔明揮淚於街亭子胥泣血於關塞彼豈忍死其友而遺其父哉

學說

民約論鉅子盧梭之學說

中國之新民

嗚呼、自古達識先覺出其萬斛血淚爲世界衆生開無前之利益千百年後讀其書想其丰采一世之人爲之膜拜贊歎香花祝而神明視而當其生也擧國欲殺顚連困苦乃至謀一饘一粥而不可得僇辱橫死以終其身者何可勝道試一游瑞士之日內瓦府與法國巴黎之武良街見有巍然高聳雲表神氣颯爽衣飾襤褸之石像非 Jean Japues Rousseau 先生乎哉其所著民約論 "Cotrat Social" 迄於十九世紀之上半紀。重印殆數十次他國之翻譯印行者亦二十餘種噫嘻盛哉以隻手爲政治學界開一新天地何其偉也吾曹讀盧氏之書請先述盧氏之傳。

盧梭者法國人匠人某之子也以一千七百十二年生於瑞士之日內瓦府。家貧蠻幼失母。天資穎敏不屑家人生產作業而好讀稗官野乘。久之自悟句讀。遂涉獵發朱惠募、理英爾、諸大家著作。及執弟子禮于鄉校師艮過西之門。得讀福祿特爾之書。慨然自奮曰。英雄。豪傑。非異人任矣。自是刻苦砥礪。日夜孜孜。惟恐不足。嶄然有睥睨千古之概。成童時。其父以故去日內瓦府。屬盧梭于傭書某。而盧梭意不自適。因從彫刻師某業焉。無何又去某氏。漫游四方。千七百二十八年。入法國安西府。寄食瓦列寡婦某氏。氏憫其年少氣銳。常爲飢驅。又欲變化其狷介之氣質。懇遇周摯。若家人父子然。遂勸其奉耶穌舊教。又命入意大利株林府教育院。既又出教育院爲音律師。出入侯門。僅免凍餒。後益困。常執僕隸之役。卑賤屈辱。不可終日。乃復投瓦列寡婦。婦善視之如初。及婦沒。赴里昂府主大判事某家。教授其子弟。千七百四十一年。著音律書於巴黎。爲伶人所沮。書不得行。千七百四十九年。窮乏益酷。恒終日不得一炊。遂矯正其所著書。務求合俗。出而售之。僅獲旦夕之餉焉。千七百五十二年。著一書。顏曰 Dictionary Of Music。痛斥法國音律之弊。於是掊擊紛起。幾無容身之地。自後益肆力于政治之學。往往有所著述。而皆與老師宿儒不合。排之者衆。羣將媒孽之以起寃獄。大懼。避至日內瓦府。又奉耶穌新教。欲爲瑞士共和國人民。瑞人阻之。不得意而還巴黎。又著教育論及道德小說等書。言天道之眞理。造化之妙用。以排斥耶穌教之豫言奇蹟者。得譴益甚。巴黎議會命燬其書。且將拘而置諸重典。又奔瑞士。與其國人爭論不合。復還巴黎。會法政府命吏物色盧梭搜捕甚亟。乃閉戶不敢外出。時或微服而行云。千七百六十六年。應友人非迷氏之聘赴英倫敦。與僚友議不合。又還法國。自變姓名。潛居諸州郡。而屢與人齟齬。不能久居於一處。千七百七十年五月。卒歸巴黎。自謂天下之人。皆仇視我也。怏怏不樂。遂發狂疾。仁刺達伯惜其有志不遂。爲與田宅數畝。隱居自養。千七百七十一年著波蘭政體考。七十八年業成此書。鴻富奧博。而於民約之旨。尤三致意焉。是年三月暴卒。或云病斃。或云遭仇人之毒。官吏驗視。則自殺也。盧梭性銳達。少有大志。然好爲過激詭異之論。雖屢爲世人所挫折。而其志益堅。晚年憤世人不己容。遂至發狂自戕。於戲。不其悲夫。一千七百九十四年。法人念盧梭發明新學之功。改葬遺骸于巴黎招魂社。又刻石肖像于日內瓦府。後數年巴黎人選大理石刻半身像于武良街。至今人稱爲盧梭街。縉紳大夫過者必式禮焉。

民約之義。起於一千五百七十七年。姚伯蘭基氏曾著一書。名曰征討暴君論。以爲邦國者本由天與民與君主相共結契約而起者也。而君主往往背此契約。爲民災患。是政俗之亟宜匡正者也云云。此等議論。在當時實爲奇創。其後霍布士陸克皆祖述此旨。漸次光大。及盧梭而其說益精密。遂至牢籠一世。別開天地。今欲詳解盧氏民約之旨。使無遺憾。必當明立國之事實與立國之理義。兩者分別之點。然後不至誤解盧氏之說以誤後人也。

就立國之實際而考之。有兩原因焉。一則因不得已而立者也。一則因人之自由而立者也。所謂不得已者何。夫人不能孤立而營生也。因種種之需求。不得不通功易事。相聚以各得所欲。此理自亞里士多德以來。學士輩多能論之。皆以爲人之性本相聚而爲生者也。是故就事實實跡言之。苟謂人類之始。皆一一孤立。後乃相約而成邦國云云。其論固不完善。蓋當其未立契約以前。已有其不得已而相處者存也。是故盧梭民約之說。非指建邦之實跡而言。特以爲其理不可不如是云爾。而後世學者排擠之論。往往不察作者本旨所在。輒謂偏考歷史。曾無一國以契約而成者。因以攻民約論之失當。抑何輕率之甚耶。

盧梭民約之眞意。德國大儒康德解之最明。康氏曰。民約之義。非立國之實事而立國之理論也此可謂一言居要者矣雖然徵之史籍凡各國立國之始亦往往有多少之自由主義行乎其間者夫人智未開之時因天時人事之患害爲强有力者所脅迫驅民衆而成部落此所謂勢之不可避者固無待言然於其間自有自由之義存焉人人於不識不知之間而自守之此亦天理所必至也故盧梭曰凡人類聚合之最古而最自然者莫如家族然一夫一妻之相配實由契于情好互相承認而成是即契約之類也既曰契約則彼此之間各有自由之義存矣不獨此也即父母之於子亦然子之幼也不能自存父母不得已而撫育之固也及其長也猶相結而爲尊卑之交是實由自由之眞性使之然而非有所不得已者也世人往往稱家族爲邦國之濫觴夫以家族之親其類以久相結而不解尚必藉此契約而況於邦國乎

夫如是衆家族既各各因契約而立矣浸假而衆家族共相約爲一團體而部落生焉浸假衆部落又共相約爲一團體而邦國成焉但此所謂相約者不過彼此心中默許不知不識而行之非明相告語著之竹帛云爾

不寧惟是或有一邦之民奮其暴威戰勝他邦降其民而有之若欲此二邦之民永合

爲一輯睦不爭則必不可無所約。不然則名爲二邦相合。實則陰相仇視而已。故知人類苟相聚而居其間必自有契約之存無可疑者

又凡人生長於一政府之下及既達丁年猶居是邦。而遵奉其法律。是即默認其國之民約而守之也又自古文明之國常有擧國投票改革憲法亦不外合衆民以改其民約而已

以上所論是邦國因人之自由而立之一證也。雖然盧梭所最致意者不在於實事之跡而在事理之所當然今先揭其主義之最簡明而爲人人所佩誦者如下。

盧梭曰衆人相聚而謀曰吾儕願成一團聚以衆力而擁護各人之性命財產勿使蒙他族之侵害相聚以後人人皆屬從於他之衆人而實毫不損其固有之自由權與未相聚之前無以異若此者即邦國所由立之本旨也而民約者即所以遂行此本旨之具也

盧氏此言可謂深切著明矣。凡兩人或數人欲共爲一事而彼此皆有平等之自由權則非共立一約不能也審如是則一國中人人相交之際無論欲爲何事皆當由契約。

之手段亦明矣人人交際既不可不由契約則邦國之設立其必由契約又豈待知者而決乎

夫一人或數人之交際一事或數事之契約此契約之小焉者也若邦國之民約則契約之最大者而國內人人小契約之所託命也譬之民約如一大圓線人人之私約如無數小圓線大圓線先定其位置於是小圓線在其內或占左位或占右位以成種種結搆而大圓之體遂完足而無憾

民約所以生之原因既明又當論民約所生之結果盧梭以爲民約之目的決非使各人隷入于奴隸之境故民約既成之後苟有一人敢統御衆人而役使之則其民約非復眞契約不過獨夫之暴行耳且即使人人甘心崇奉一人而自供其役使其所謂民約者亦已不正而前後互相矛盾不可爲訓矣要而論之則民約云者必人人自由人人平等苟使有君主臣庶之別則無論由于君主之威力出於臣民之好意皆悖于事理者也故前此霍布士及格魯西亞皆以爲民約既成衆人皆當捐棄已之權利而託諸一人或數人之手盧梭則言凡棄己之自由權者即棄其所以爲人之具也旨哉

言乎。

盧梭曰保持己之自由權。是人生一大責任也。凡號稱爲人。則不可不盡此責任。蓋自由權之爲物。非僅如鎧冑之屬。藉以蔽身。可以任意自披之而自脫之也。若脫自由權而棄之。則是我棄我而不自有云爾。何也。自由者。凡百權理之本也。凡百責任之原也。責任固不可棄。權理亦不可捐。而况其本原之自由權哉。

且自由權又道德之本也。人若無此權。則善惡皆非己出。是人而非人也。如霍氏等之說。殆反於道德之原矣。盧梭言曰。譬如甲乙同立一約。甲則有無限之權。乙則受無限之屈。如此者可謂之眞約乎。如霍氏等說。則君主向於臣庶。無一不可命令。是君主無一責任也。凡契約云者。彼此各有應盡之責任云也。今爲一契約。而一有責任。一無責任。尙何約之可言。

案盧氏此論。可謂鐵案不移。夫使我與人立一約。而因此盡捐棄我之權利。是我幷守約之權而亦喪之也。果爾則此約旋成隨毁。當初一切所定條件。皆成泡幻。若是者謂之眞約得乎。

盧梭既論棄權之約之悖謬。又以爲吾若爲此等約。不徒自害且害他人。何以故。邦國者非獨以今代之人而成。而後來之人陸續生長者。皆加入之也。子又生孫。孫又生子。如是乃至無窮。則我之契約。並後代之人而陷之。其罪爲何如耶。

盧梭乃言曰。縱令人有捐棄本身自由權之權。斷無爲兒子豫約代捐彼自由權之權。何也。彼兒子亦人也。生而有自由權。而此權當躬自左右之。非爲人父者所能强奪也。是故兒子當嬰孩不能自存之時。爲父者雖可以代彼約束各事。以助其生長。增其福利。若夫代子立約。舉其身命而與諸人。使不得復有所變更。此背天地之公道。越爲父之權限。文明之世所不容也。

案吾中國舊俗。父母得鬻其子女爲人婢僕。又父母殺子。其罪減等。是皆不明公理。不尊重人權之所致也。

由此觀之。則霍氏之說之謬誤。不辨自明。夫人既不能濫用己之自由權。以代後人捐棄其權。然則奉世襲之一君主若貴族以爲國者。其悖理更無待言。

問者曰。民約者不能捐棄其自由權以奉于一人若數人。既聞命矣。然則捐棄之以奉於衆人可乎。更申言之。則民約者。非甲與乙所立之約。乃甲乙同對於衆人（即邦國）所立之約。然則各人舉其權而奉諸邦國。不亦可乎。是說也。即純類乎近世所謂「共有政體」。欲舉衆人而盡納諸公會之中者也。盧氏關于此答案。其言論頗不明瞭。且有瑕疵。請細論之。

盧梭曰。民約中有第一緊要之條款曰。各人盡舉其所有之諸權。而納諸邦國是也。由此觀之。則其所謂民約者。宛然「共有政體」。蓋盧梭浸淫于古者柏拉圖之說。（參觀本報第七號學說第十一葉）以邦國爲全體。以各人爲肢節。而因祖述其義者也。夫邦國之與人民。其關係誠有如全體之於肢節者。蓋人在邦國。相待而爲用。又有諸種之職。各分任之。猶人之一身。手足頭目肺腸。各司其職。以爲榮養。是說也。古昔民主國。往往實行之。而斯巴達羅馬二國。其尤著者也。彼其重邦國而輕各人。惟實行此主義之故。

盧梭及十八世紀諸碩學。皆得力於古籍者也。故舊主義（即以國爲重者）與新主義（即以民爲重者）常攙雜于其間。盧氏嘗定國中各種之職務。而設一喻。其言曰。主權者。元首也。法律及習俗。腦髓也。諸職官。意欲及感觸之器也。農工商賈。口及腸胃。所以榮養全身者也。財政血液也。出納之職心臟也。國人身也。全體之支節也。是故苟傷害國家之一部。則其病苦之感直及於頭腦。而忽徧於全身云云。此等之論。僅自生計學上言之。可謂毫髮無遺憾。若夫自各人自由權言之。則稍有未安者。果如此說。則邦國獨有一身之全體。而各人不過其肢節臟腑。是人民爲國家之附庸也。是惟邦國爲能有自由權。而各人之自由。不過如冥頑無覺之血液。僅隨生理循環之轉動也。夫盧氏之倡民約也。其初以人人意識之自由爲主。及其論民約之條項。反注重邦國而不復顧各人。殆非盧氏之眞意。

盧梭亦知其說之前後不相容也。於是乃爲一種之遁詞。其言曰。各人雖皆自擧其身以與衆人。實則一無所與。何也。我擧吾身以與他人。他人亦擧其身以與我。如是而成一邦國。吾于此有所失。而於彼有所得。而又得賴衆力以自擁衛。何得失之可言云云。是言也。不過英雄欺人耳。夫既已擧各人而納于邦國中。則吞吐之而消融之矣。何緣復得其所已失耶。民約論全書中。此段最爲瑕疵矣。

雖然。以盧梭之光明俊偉。豈屑爲自欺欺人者。故既終其說之後。復發一議以自正其誤曰凡各人爲民約而獻納于國家者亦有度量分界不過爲維持邦國所必要之事件而將己有之能力財產與自由權割愛其中之幾分以供衆用云耳由此言之則盧梭所謂各人捐棄其權利者非全部而一部也然盧氏之精意猶不止此彼以爲民約之成也各人實于其權利分毫無所捐棄非獨無捐棄而已各人因民約所得之利益較之未立約以前更有增者何也以衆力而自擁衞得以護持己之自由權而莫使或侵也

讀至此然後盧梭之本旨乃可知矣蓋以爲民約之爲物非以剗削各人之自由權爲目的實以增長堅立各人之自由權爲目的者也但盧氏深入于古昔希臘羅馬之民主政治其各種舊主義來往胸中拂之不去故雖以炯炯如炬之眼爲近世眞民主主義開山之祖而臨去秋波未免有情此亦不必爲大賢諱者也（未完）

政治

析疆增吏篇

明夷

凡爲政有三體。京師政府。全國之政也。鄉民自治。全民之政也。其爲國與民之交關。則疆吏之政也。無民政則國無基礎。是無本不立。無吏政則國無機關。是無器不行。不立不行。國其廢也。故漢宣帝曰。與我共天下者。惟良二千石。豈不然哉。凡治地。地太廣。則疏濶而治難。及官不上達。則權輕而政不行。層級之冗官太多。則增阻遏之害。逮下之事官太少。則不能周利害之微。故地廣而不治。命之曰自棄其地。民衆而不保。是謂自棄其民。詩曰。毋田甫田。爲莠驕驕。今以中國處溫帶之中。據大陸之腴壤。擁江帶河。礦產山林無數。人民四五萬萬。萬里天府。冠絕大地。此萬國所共側慕欣羨者也。而廣漠不治。等于荒棄。擧目驕莠。犯詩人之所譏。誘外人之垂涎。何其甚耶。其本末之失固多。而區劃治地。設官分職之謬失。亦爲大矣。其第一失。奈何。則以一省千餘里之大地。數千萬之人民。僅有一督撫。握政權。以邇上逮下。而餘官皆束閣廢棄。聾啞跛躃故也。此猶一夫而授田萬頃。必不耕矣。其第二失奈何。分區等太多。而皆不逮下。徒增阻礙。有縣以爲一區。復有府一區。道一區。省一區。凡四區。而反無鄉邑之小區焉。縣上有府。府上有道。道上有司。司上有督撫。凡五等。而反無鄉官之等焉。牆高峻天。而無分寸之基。頭大逾斗。而無纖細之趺。其安能堅立而不顚墜隕隳哉。其第三失奈何。縣令取之太輕。待之太賤。責之太重。養之太薄。而又少佐官屬吏。是猶使蚊負山也。無有能勝者矣。有此三失。而望地治之舉。猶欲南轅而北其轍也。

夫黃帝至三代。畫井分疆。以百里五十里爲國。人口廿四萬至六萬。下治其民。上達于天子。不及五十里者爲附庸。誠以政教所布。因于人力之所至。舟車之所通。凡可以一日至者。乃易周悉也。而此百數十里之國。十數萬之民。設爲一君三卿九大夫二十七上士八十一中士二百四十三之下士以治之。此國城總部之職事官也。其六鄉六遂五百家之黨正。已爲大夫之崇官。故數十里之國。一萬二千五百家爲鄉。鄉大夫六人。二千五百家爲州。凡州長中大夫者已三十人。黨正下大夫已一百五十人。百家之族師上士者七百五十人。二十五家之閭師中士二千三百人。五家之比長下士一萬一千五百人。雖爲民官。而繁密尊榮。纖悉細微至矣。雖欲其地不治得乎。其劃區也。百畝十里國之下。有鄉州黨族閭比六區。而國君直達于天子。無一隔閡之區焉。欲民氣之不揚得乎。今以其太繁密。雖泰西未能行焉。然其逮民之意。猶可師也。夫以一百數十里之國。而卿大夫士繁夥如此。必其銳于學問。富于才智。以任內治外交之事。而後國乃能立。今觀于春秋滕薛曹杞莒邾之小國。會盟聘問。日出周旋。賢才盛出于其間。以守疆埸而持壇坫。若魯衛宋鄭之大。數百里者。名卿才大夫。其多如鯽。有今萬里之大國所不可得者。蓋人智以競爭而出。人才以練習而成。今歐洲荷比瑞希葡諸小國。亦僅數百里地。而人才繁多。能立其國。故考古人及大地各國之所以致治。率皆少劃治地。多設官職。多予民爵。蓋分地少。設官多。而後能從容分理。治及纖悉。建爵多。有位多。而後能開民智識。揚民志氣。後人習于閉關一統之舊。言治法者。開口輒言惜爵裁官。此與節流尚儉之舊論。皆爲閉關愚民之法。賢者以爲口實。而實與今日競爭之世最相反者也。英國日本之地。僅如吾四川一省。而英國之公爵六百餘。侯爵四百餘。日本伯爵亦以數百。而子男爵則無慮千餘人。其曾任大臣百餘人。其現任一等二等之官。

類吾京師堂上爲勅任至高者。如各縣知事各局長審判官檢事官及師團長皆是。凡數百人。而吾中國之大。京師堂上官及各省督撫將軍能達于上者。不過百人耳。若四川一省。昔年乃至以編修郎中爲全省至貴。舉十六萬方里如日本之大者。乃至無一五品堂上官。每三年得舉人百人。進士十餘人。入翰林者二三人。故一省現有之進士。率不過數十人。舉人不過數百人。故吾四川之舉人。貴于英之公侯。等于日本之伯爵大臣。而其珍重少過于日本之子男及勅任一二等高官。而翰林進士之貴。無可比倫矣。故英日之民志安得不開。民氣安得不揚。吾民志安得不閉塞。民氣安得不沮喪。是雖虛爵。然所關于民。非小故矣。惟美民平等自由。尙富貴智。可不假此。若中國名分之議論。人人橫于胸中。大地世爵官階之見識。國國著爲定制。則激動于民智民氣者大矣。今但以改職事官論之。臺灣之地。吾昔設一府。立官不過三十人。而日本今設總督統之。其屬有一等官之民政長官。二等官之參事官長。及諸秘書參事高官十數人。各職事分曹。凡十四課。每課皆有長官一二人。屬官數十。營務處則一等官之海陸軍各幕僚參謀長一。參謀二。副官七。其兵師團萬數。兵官千數。法官則有覆審法院高等判官八人。撿察局官五人。其下分臺北臺中臺南三法院。皆有高等判官六七或三四人。撿察局官如之。皆高等官也。其書記屬官譯官各十數。即臺北一縣。又分新竹宜蘭判官撿事官數人。臺南分嘉義鳳山澎湖判官撿事官數人。亦皆高等官也。稅關則有長官一。屬官數十監視官數人。鑑定官數人。監吏數十人。分淡水基隆安平打狗諸關略同。其學校則有長有敎授數人。助敎數人。又舍監數人。書記數人。及每處小學之敎諭數人。製藥則有高官之所長一人。又有技師分課官十數人。其郵政則臺北臺中臺南基隆皆有總局高官之局長技師各一人。而書記七十人。技手十人。其分局但臺中一縣有苗栗彰化鹿港埔里社北斗斗六林杞後龍葫蘆墩大甲牛馬頭東勢角塗葛窟他里務北港十六處。分局皆有局長書記。多或十數。少亦數人。他縣稱是。醫院則臺北臺南臺中皆有總醫院。有高官之院長醫長醫員數人。及調劑師書記。分院則基隆新竹嘉義鳳山宜蘭臺東澎湖皆有醫員書記調劑師數人。測候所則有臺北臺中臺南恒春澎湖四所。各所皆有所長技手數人。灯臺淡水鼻頭角漁翁島富貴角安平打狗鵞鑾鼻基隆八所。皆有所長看守數人。其監局樟腦局分十數所。皆有局長書記技手數人。

土地調查局有高等官局長司務官十餘人。分五課。有局長官房事務官皆有課長數人。屬官技手百餘人。又有臺北宜蘭支局略同。鐵道部有部長技師長以一二等高官爲之其曹分五課。皆各有課長一。書記技手十數人。其縣廳分臺北臺中臺南三縣。宜蘭臺東澎湖三廳。其縣地猶吾昔者之分縣也。而其知事皆一二等高官勅任者爲之。與吾布政司同。其一縣屬官數百矣。今以臺北一縣考之。其幕府有四曹。曰文書課。外事課。通譯課。皆有課長屬官數人。外分三部。曰內務部。曰稅務部。曰警察部。三者皆高等官。如古侯國之三卿。內務若司徒。警察若司馬。稅務若司空矣。其內地縣則有視學官。臺新關則無之。內務部屬曹有五。皆有課長一人。屬官數人。或技手數人。稅部分三曹。皆有課長一人。屬官數人。另有分稅數所。皆有所長。警察部分四曹。又有巡查敎習所。皆有課長所長一人。屬官數人。技手數人。其警務署則臺北三角湧景尾桃仔園水道脚滬尾基隆新竹七處。皆有高官之署長一人。書記十餘人。警部十餘人。參事十餘人。其支署則臺北分艋舺大稻埕士林草山枋橋枋寮新庄七所。三角湧分大料崁咸菜硼二所。景尾分深坑街坪林美二所。桃仔園則分中壢楊梅壢大坵園三所。滬尾則分山脚庄小基隆二所。基隆則分水上金包里瑞芳店頂雙溪柑脚城五所。水返脚則有錫口什份寮三所。新竹則有樹杞林新埔北埔頭份南庄中港六所。共廿五所。皆有支署長。警部他縣類是。又有典獄爲高等長官。然隸于警務。亦分三課。皆有課長一人。看守長數人。書記數人。又有新竹支署監獄亦同。其學校有長爲高等官。師範學校一。有教授助教教諭數人。舍監一人。書記一人。公學校十二。皆有訓導教諭學校長一人。其諸廳略簡矣。凡此一縣設官數百人。又有衛生會土地調查委員會。皆兼官矣。其三旅團兵官數百。又有羊醫獸醫工官約共四千官焉。以此草創荒僻之臺灣。其縣下不設郡官。寡立學校。少合衆會。與其內地縣逈別。而立官已數千。過于吾昔者一府之立官百餘倍。政治安得不修。纖悉安得不入。夫縣猶吾縣也。總督猶吾道也。而官若此。凡此皆吾國人日言裁官者所不知見之必駭怪舌撟而不下者也。夫日本地如吾四川一省。其税官五千三百。警官八千餘。判官一千二百。林官二千。此四種已壹萬六千。若警官兵官以萬計。他官勿論。以爲多乎。猶未也。法國爲吾國十之一。多日本六之一耳。而設官十四萬。若以中國之地推之。如日本例。當四五十萬。如法例當設官百四十萬。識員算未也。而議者猶開口曰裁官裁官。豈不謬哉。諸候補郎曹及道府同通州縣佐貳及散武弁及舉貢生監書吏。聞變法而怒目憂色。豈知變法者當增官。大增十數倍官。增百數倍官千數倍官。則今之候補官不過寥寥萬數千。舉貢不過寥寥萬數。散武弁不過萬數。生員不過二十萬。書吏除寫手外不過萬數。盡用之何足給新增之官。何足給新增之官。故但患人才不足任事。萬無裁官之理也。雖改裁其一二冗散。而增補其萬千要職必然矣。遠考之三代百數十里之國設官如此。近觀之日本臺灣之設官若彼。徧觀歐美各國無不地欲小而官務多者。然而吾制適以相反。故強盛弱亡亦適相反。夫吾國萬里之廣。人民繁多。而設官乃至寡少。累朝主尊而民賤。故吝惜爵位。不肯輕以予人。故爵位鮮。科舉無多。又無鄉官郡縣曹之仕。民安于市井。益賤益愚。相引愈下。既無政事可練。亦無都會可遊觀。無從發其神識。而用其才智。故閉塞抑退。日尋于至愚極陋而不知也。

（未完）

歷史

中國之新民

新史學三

新史學本自爲一書首尾完具著者胸中頗有結構但限於時日不能依次撰述故有觸即書先爲散篇其最錄之俟諸異日　著者識

論正統（懸談一）

佛典之疏注家常於全書之首冠以懸談蓋總提其貫於全書之諸大義者也今用其名

中國史家之謬未有過於言正統者也言正統者以爲天下不可一日無君也於是乎有統又以爲天無二日民無二王也於是乎有正統統之云者殆謂天所立而民所宗也正之云者殆謂一爲眞而餘爲僞也千餘年來陋儒齗齗於此事攘臂張目筆鬥舌戰支離蔓衍不可窮詰一言蔽之曰自爲奴隸根性所束縛而復以煽後人之奴隸根性而已是不可以不辨

統字之名詞何自起乎殆濫觴於春秋春秋公羊傳曰何言乎王正月大一統也此即後儒論正統者所援爲依據也庸詎知春秋所謂大一統者對於三統而言春秋之大義非一而通三統實爲其要端通三統者正以明天下爲天下人之天下而非一姓之

所得私有。與後儒所謂統者。其本義既適相反對矣。故夫統之云者。始於霸者之私天下。而又懼民之不吾認也。乃爲是說以箝制之。曰此天之所以與我者。吾生而有特別之權利。非他人所能幾也。因文其說曰亶聰明作父母。曰辨上下定民志。統之既立。然後任其作威作福。恣睢蠻野。而不得謂之不義。而人民之稍强立不撓者。乃得坐之以不忠不敬大逆無道諸惡名以鋤之摧之。此統之名所由立也。記曰。得乎丘民而爲天子。若是乎無統則已。苟其有統。則創垂之而繼續之者。舍斯民而奚屬哉。故泰西之良史。皆以敍述一國國民系統之所由來。及其發達進步盛衰興亡之原因結果爲主。誠以民有統而君無統也。藉曰君而有統也。則不過一家之譜牒。一人之傳記。而非可以冒全史之名。而安劳史家之曉曉爭論也。然則以國之統而屬諸君。則固已舉全國之人民。視同無物。而國民之資格。所以永墜九淵而不克自拔。皆此一義之爲誤也。故不掃君統之謬見。而欲以作史。史雖充棟。徒爲生民毒耳。

二

統之義已謬。而正與不正。更何足云。雖然。亦既有是說矣。其說且深中於人心矣。則辭而闢之。固非得已。正統之辨。昉於晉而盛於宋。朱子通鑑綱目所推定者。則秦也。漢也。

東漢也。蜀漢也。晋也。東晋也。宋齊梁陳也。隋也。唐也。後梁後唐後漢後晋後周也。本朝乾隆間御批通鑑從而續之。則宋也。南宋也。元也。明也。清也。所謂正統者。如是如是。而其所據爲理論。以衡量夫正不正者。約有六事。

一曰以得地之多寡而定其正不正也。凡混一宇內者。無論其爲何等人。而皆奉之以正。如晋、元等是。

二曰以據位之久暫而定其正不正也。雖混一宇內。而享之不久者。皆謂之不正。如項羽、王莽等是。

三曰以前代之血胤爲正而其餘皆爲僞也。如蜀漢、東晋、南宋等是。

四曰以前代之舊都所在爲正而其餘皆爲僞也。如因漢而正魏。因唐而正後梁、後唐、後晋、後漢、後周等是。

五曰以後代之所承者所自出者爲正而其餘爲僞也。如因唐而正隋。因宋而正周、等是。

六曰以中國種族爲正而其餘爲僞也。如宋、齊、梁、陳等是。

此六者互相矛盾。通於此則窒於彼。通於彼則窒於此。而據朱子綱目及通鑑輯覽等所定。則前後互歧。進退失據。無一而可焉。請窮詰之。夫以得地之多寡而定。則混一者固莫與爭矣。其不能混一者。自當以最多者爲最正。則符秦盛時。南至邛僰。東抵淮泗。西極西域。北盡大磧。視司馬氏版圖過之數倍。而宋金交爭時代。金之幅員亦有天下三分之二。而果誰爲正而誰爲僞也。如以據位之久暫而定。則如漢唐等之數百年不必論矣。若夫拓跋氏之祚。迥軼於宋齊梁陳錢鏐劉隱之系。遠過於梁唐晉漢周。而西夏李氏。乃始唐乾符。終宋寶慶。凡三百五十餘年。幾與漢唐埒。地亦廣袤萬里。又誰爲正而誰爲僞也。如以前代之血胤而定。則杞宋當二日並出。而周不可不退處於篡僭。而明李槃以宇文氏所臣屬之蕭歸爲篡賊。蕭衍延苟全之性命。而使之統陳以沙陀夷族之朱邪存勗。不知所出之徐知誥。冒李唐之宗。而使之統分據之天下者。將爲特識矣。而順治十八年間。故明弘光隆武永曆。尙存正朔。而視同閏位。何也。而果誰爲正而誰爲僞也。如以前代舊都所在而定。則劉、石、慕容、符、姚、赫連、拓跋所得之土。皆五帝三王之故宅也。女直所撫之衆。皆漢唐之遺民也。而又誰爲正而誰爲僞也。如以後代所承所自出者爲正則晉既正矣而晉所自出之魏何以不正前既正蜀而後復正晉晉自篡魏豈承漢而興邪唐既正矣且因唐而正隋矣而隋所自出之宇文宇文所以自出之拓跋何以不正前正陳而後正隋隋豈因滅陳而始有帝號邪又烏知夫誰。爲正而誰爲僞也若夫以中國之種族而定則誠愛國之公理民族之精神雖迷於統之義而猶不悖於正之名也而惜乎數千年未有持此以爲鵠者也李存勗石敬瑭劉智遠以沙陀三小族竊一掌之地而靦然奉爲共主自宋至明百年間黃帝子孫無尺寸土而史家所謂正統者仍不絕如故也而果誰爲正而誰爲僞也於是乎而持正統論者果無說以自完矣。

大抵正統之說之所以起者有二原因（其一）則當代君臣自私本國也溫公所謂「宋魏以降。各有國史互相排黜南謂北爲索虜北謂南爲島夷朱氏代唐四方幅裂朱邪入汴比之窮新。原注唐莊宗自以爲繼唐比朱梁於有窮篡夏新室篡漢運歷年紀棄而不數此皆私已之偏辭非大公之通論也」資治通鑑卷六十九誠知言矣自古正統之爭莫多於蜀魏問題主都邑者以魏爲眞人主血胤者以蜀爲宗子而其議論之變遷恒緣當時之境遇陳壽主魏習鑿齒主蜀壽生西晉而鑿齒東晉也西晉踞舊都而上有所受苟不主都邑說則晉爲僭矣故壽之正魏凡以正晉也鑿齒時則晉旣南渡苟不主血胤說而仍沿都邑則劉石符姚正而晉爲僭矣鑿齒之正蜀凡亦以正晉也其後溫公主魏而朱子主蜀溫公生北宋而朱子南宋也宋之篡周宅汴與晉之篡魏宅許者同源溫公之主都邑說也正魏也凡以正宋也南渡之宋與江東之晉同病朱子之主血胤說也正蜀也凡亦以正宋也蓋未有非爲時君計者也至如五代之亦靦然目爲正統也更宋人之讕言也彼五代抑何足以稱代朱溫盜也李存勗石敬瑭劉智遠沙陀犬羊之長也溫可代唐則侯景李全可代宋也沙陀三族可代中華之主則劉聰石虎可代晉也郭威非夷非盜差近正矣而以黥卒乍起功業無聞乘人孤寡奪其穴以暴立以視陳霸先之能平寇亂猶奴隸耳而況彼五人者所掠之地不及禹域二十分之一所享之祚合計僅五十二年而顧可以聖仁神武某祖某皇帝之名奉之乎其奉之也則自宋人始也宋之得天下也不正推柴氏以爲所自受因而溯之許朱溫以代唐而五代之名立焉以上採王船山說其正五代也凡亦以正宋也至於本朝以異域龍興入主中夏與遼金元前事相類故順治二

年三月。識歷代帝王祀典。禮部上言。謂遼則宋曾納貢。金則宋嘗稱姪。帝王廟祀。似不得遺。駸駸乎欲僞宋而正遼金矣。後雖憚於淸議。未敢悍然。然卒增祀遼太祖太宗景宗聖宗興宗道宗。金太祖太宗世宗章宗宣宗哀宗。其後復增祀元魏道武帝明帝孝武帝文成帝獻文帝孝文帝宣武帝孝明帝。豈所謂兎死狐悲。惡傷其類者耶。由此言之。凡數千年來曉曉於正不正僞不僞之辨者。皆當時之霸者與夫霸者之奴隸。緣飾附會。以爲保其一姓私產之謀耳。而時過境遷之後。作史者猶襲他人之慨。斷斷焉辯得失於雞蟲。吾不知其何爲也。

（其二）由於陋儒誤解經義。煽揚奴性也。陋儒之說。以爲帝王者聖神也。陋儒之意。以爲一國之大。不可以一時而無一聖神焉者。又不可以同時而有兩聖神焉者。當其無聖神也。則無論爲亂臣爲賊子爲大盜爲狗偷爲仇讎爲夷狄。而必取一人一姓焉。偶像而尸祝之。曰此聖神也。此聖神也。當其多聖神也。則於羣聖羣神之中而探鬮焉。而置棊焉。擇取其一人一姓而膜拜之。曰此乃眞聖神也。而其餘皆亂臣賊子大盜狗偷仇讎夷狄也。不甯惟是。同一人也。甲書稱之爲亂賊偷盜仇讎夷狄。而乙書則稱之爲聖神焉。甚者同一人也同一書也而今日稱之爲亂賊偷盜仇讎夷狄明日則稱之爲聖神焉夫聖神自聖神亂賊自亂賊偷盜自偷盜夷狄自夷狄其人格之相去不可以道里計一望而知無能相混者也亦斷未有一人之身而能兼兩途者也異哉此至顯至淺至通行至平正之方人術而獨不可以施諸帝王也諺曰成即爲王敗即爲寇此眞持正統論之史家所奉爲月旦法門者也夫衆所歸往謂之王竊奪殃民謂之寇既王矣無論如何變相而必不能墮而爲寇既寇矣無論如何變相而必不能昇而爲王未有能相即焉者也如美人之抗英而獨立也王也非寇也此其成者也即不成焉如菲律賓之抗美波亞之抗英未聞有能目之爲寇者也元人之侵日本寇也非王也此其敗者也即不敗焉如蒙古蹂躪俄羅斯握其主權者數百年未聞有肯認之爲王者也中國不然兀朮也完顏亮也在宋史則謂之爲賊爲虜爲仇在金史則某祖某皇帝矣而兩皆成於中國人之手同列正史也而諸葛亮入寇丞相出師等之差異更無論也朱温也燕王棣也始而曰叛曰盜忽然而某祖某皇帝矣而曹丕司馬炎之由名而公由公而王由王而帝更無論也準此以談吾不能不爲匈奴冒頓突厥頡利之徒悲也吾不能不

爲漢吳楚七國淮南王安晉八王明宸濠之徒悲也吾不能不爲上官桀董卓桓溫蘇峻侯景安祿山朱泚吳三桂之徒悲也吾不得不爲陳涉吳廣新市平林銅馬赤眉黃巾竇建德王世充黃巢張士誠陳友諒張獻忠李自成洪秀全之徒悲也彼其與聖神相去不能以寸耳使其術有天幸能於百尺竿頭進此一步何患乎千百年後贍才博學正言讜論倡天經明地義之史家不奉以「承天廣運聖德神功肇紀立極欽明文思睿哲顯武端毅弘文寬裕中和大成定業太祖高皇帝」之徽號而有腹誹者則曰大不敬有指斥者則曰逆不道也此非吾過激之言也試思朱元璋之德何如竇建德蕭衍之才何如王莽趙匡胤之功何如項羽李存勗之强何如冒頓楊堅傳國之久何如李元昊朱溫略地之廣何如洪秀全而皆於數千年歷史上巍巍然聖矣神矣吾無以名之名之曰幸不幸而已若是乎史也者賭博耳兒戲耳鬼蜮之府耳勢利之林耳以是而爲史安得不率天下而禽獸也而陋儒猶囂囂然曰此天之經也地之義也人之倫也國之本也民之坊也吾不得不深惡痛絕夫陋儒之毒天下如是其甚也

然則不論正統則亦已耳苟論正統吾敢翻數千年之案而昌言曰自周秦以後無一

朝能當此名者也（第一）夷狄不可以爲統則胡元及沙陀三小族在所必擯而後魏北齊北周契丹女直更無論矣（第二）篡奪不可以爲統則魏晋宋齊梁陳北齊北周隋後周宋在所必擯而唐亦不能免矣（第三）盜賊不可以爲統則後梁與明在所必擯而漢亦如唯之與阿矣。然則正統當於何求之曰統也者在國非在君也在衆人非在一人也舍國而求諸君舍衆人而求諸一人必無統之可言更無正之可言必不獲已者則如英德日本等立憲君主之國以憲法而定君位繼承之律其即位也以敬守憲法之語誓於大衆而民亦公認之若是者其猶不謬於得邱民爲天子之義而於正統庶乎近矣雖然吾中國數千年歷史上何處有此然猶斷斷焉於百步五十步之間而曰統不統正不正吾不得不憐其愚而惡其妄也後有良史乎盍於我國民系統盛衰强弱主奴之間三致意焉爾。

兵事

軍國民篇（續第七號）

奮翮生

各國之政治家新聞家。以及稍具知識之士莫不曰。「今之世界武裝平和之時代也」昔則有化干戈爲玉帛之語今日干戈即玉帛矣何也。外交之勝敗視乎武力之强弱武力既弛雖聚儀（張儀）秦（蘇秦）畢（畢斯馬克）加（加富爾）諸人組織一外務部而不爲功也以帶甲百萬之俄羅斯而首倡萬國平和之會。在常人之眼視之以爲惡獸結放生社不過藉此以弭天下之猜忌而已。乃得肆其爪牙而已。至究其實則殊不然蓋平和局成而其武力之爲力乃益大耳俄人豈眞好平和哉人知戰爭之可畏而不知不戰爭之戰爭可畏。不亦謬乎。

今日世界列强莫不曰維持平和局面。而莫不以擴張軍備爲國是其嗜武好戰之最甚者則日以維持平和自號于衆者也試讀俄國元帥毛爾克之增兵策曰。

今日之形勢非鞏固軍備。則國家不能安寧一日苟吝國帑而忽大計。一旦開釁。

敵人長驅入境。其禍豈可勝言。增兵之意。非營一國之私。以破天下之平和。實非兵力不足以保護世界之治安而已。

美國上議院議員歧布宋提出擴張軍備案曰。

翻披讀我合衆國歷史。實由戰爭以興由流血以購入今日之文明。合衆國之地位。雖非如德法俄諸國之介乎衆强之間。然歐洲虎噬狼吞之餘波。寧保無遙渡大西洋以撼我沿岸之一日乎。

英相哈彌董曰。

英國之海軍。須常保有匹敵二國（歐洲諸國之中）聯合艦隊之勢力。多糜國帑。所不顧也。

俄之短于海也。乃汲汲以整頓海軍。修築軍港爲事矣。英之短于陸也。自南非戰事以來。乃遽增多額之軍團矣。美則飛越重洋。據呂宋以爲染指大陸之根基。孜孜以擴充海軍爲國家唯一之大計矣。德國當與法人搆釁之日。僅有砲艦一隻。而今則艨艟巨艦。竟達四十萬噸矣。日本當黃海之役。軍艦僅五六萬噸。而今則達二十五萬噸以上矣。粤近十年以降列强增擴軍備之故莫不由極東事件而起顯而言之則東方病夫氣息奄奄其遺產若是其豐吾輩將何以處分之于是有思全吞之者有思延其殘喘而陰吸其膏脂者有垂涎而無插足之資格者漫天之悲風慘雨遂皆從此中生矣。而病夫亦自知舉世之皆敵也乃出自衛之謀于是北設武衛南建自强南握江陰之險北據大沽之雄然而戎事初開即成瓦解不惟无用轉以資敵而論世者遂藉以倡言曰海陸軍非所以立國也云云吁豈其然歟夫龍泉綠沈壯夫俠客用之足以縱橫六合掃蕩奸穢而村夫婦女用之反以自戕而為天下笑者何也無用之之資格而已。嗚呼迄今以往吾不欲中國之競言軍備而欲其速培養中國國民能成軍之資格資格既備即國家不置一卒而外虜無越境之虞偶有外釁舉國皆干城之選矣軍國民兮盍歸乎來

軍國民之要素（要素即原質之謂如云養氣輕氣為水之要素是也）

佛云人化為羊羊化為人人不保厥靈魂則墮入畜道。畜道苟善保厥靈魂則復入人世。靈魂之為物其重矣。夫國亦猶是耳苟喪厥魂即陷滅亡既陷滅亡永墮地獄沈淪。

苦海猶太人之漂泊零丁印度人之橫遭摧殘職是之故而已故欲建造軍國民必先陶鑄國魂

國魂者國家建立之大綱國民自尊自立之種子其于國民之關係也如戰陣中之司令官如航海之指南針如槍礮之照星如星辰之北斗夜光不足喻其珍干將不足喻其銳日月不足喻其光明海嶽不足喻其偉大聚數千年之訓詁家而不足以釋其字義聚凌雲雕龍之詞人騷客而不足以形容其狀貌聚千百之理化學士而不足以剖化其原質孟子之所謂浩然之氣老子之所謂道其殆與之相類似乎然恍惚杳冥頗類鬼怪徒駭人耳目試略舉世界各國之類似國魂者以實之然而未敢云當也

日本之武士道日本之國魂也彼都人士皆以大和魂三字呼之詞客文人或以櫻花喻之以其燦爛光華足以代表日本之特色也或以旭日喻之以其初出扶桑光照大地也要而論之不過曰三島之精華數千年遺下之特色而已

德國之祖先爲歐洲朔北之蠻族初無特色之足以眩人也乃自拿翁龍飛國土之受蹂躪者屢屢人民嗟怨憤愧之心油然交迫慷慨悲歌之士從而揚波激流今日德國

之突飛急躍盖胚胎于是時矣吾讀其祖國歌不禁魂爲之奪神爲之往也德意志之國魂其在斯乎其在斯乎今爲錄之願吾國民一讀之

誰爲普國之土疆兮將東顧士畏比明兮(Shwabenland)抑西瞻蘭英(Rheln)河旁將蘭英河旁紅葡懸糾結兮抑波的海白鷗飛翺翔兮我知其非兮我宗敎必增廣而無極兮斥遠而辟疆誰爲日耳曼之祖國兮將史底利葉(Steyerland)之腴壤兮抑巴華利亞(Bayernland)之祟崗摩辰(Marsen)牛羊遊牧兮抑麥介(Maker)物產蕃康我知其非兮我宗邦必增廣而無極兮斥遠而辟疆誰爲日耳曼之祖國兮將威史飛靈(Westphalenland)之界址兮抑巴麥藍尼(Pommerland)之版章將砂磧隨流而入海兮抑駝浪(Donau)之水波溶漪而蕩漾我知其非兮我宗邦必增廣而無極兮斥遠而辟疆誰爲日耳曼之祖國兮將濟濟盈廷者權能倜儻兮幹略豪雄而告我以綦詳將在呵歇(Wohl)之境外兮抑于兜爾(Tyrol)之域旁伊二地之人民余愛慕而弗忘我知其非兮我宗邦必增廣而無極兮斥遠而辟疆誰爲日曼之祖國兮今告爾以何方我方言必無遠而弗

居流行四極兮而散播八方將與我同奉一主兮謳歌于會堂其隸于日耳曼之版圖者試觀此幅員之孔長此乃日耳曼祖國之啓疆翦梟獍兮驅虎狼撻傲慢者伐矜張必仇敵之胥泯兮而憎妬之全降不見夫我之友朋莫不榮顯與軒昂維日耳曼之全土兮開闢非常此爲日耳曼奄有之土疆長邀鑒念于穹蒼俾我儕心志雄兮膂力彊盡心愛此宗邦兮志之衷藏此乃日耳曼之祖國兮渺渺兮余懷望

晉節高古讀之足使人有立馬千仞之概此王君韜所譯者也

在美則有孟魯主義曰「美洲者美人之美洲美洲之局他國不得而干涉之也」此數語也美人腦中殆無不藏之而今則將曰世界者世界之世界也强梁勿得而專有之矣于是反其自衛之伎倆以外攻焉

在俄則約翰郭拉所唱之斯拉夫人種統一主義逐漸發達而今影響所及幾瀰滿八千萬民族之中前途汪洋倘了無垠際論者謂其將來有凌駕條頓蹴仆拉丁之一日不無因也

要之國魂者淵源于歷史發生于時勢有哲人以鼓鑄之有英傑以保護之有時代以涵養之乃達含弘光大之域然其得之也非一日而以漸其得之艱則失之也亦匪易是以有自國民之流血得之者焉有自偉人之血淚得之者焉有因人種天然之優勝力而自生者焉

稽翻生沈沈以思。舉目而觀。欲于四千年漢族歷史中。搜索一吾種絕無僅有之特色。以認爲吾族國魂。蓋杳乎其不可得矣。謂革命爲吾族之特色歟。則中國歷祀之革命皆因私權私利而起至因公權公利而起者無有也以暴易暴无有已時謂爲吾族之國魂吾族不願受也謂排異種爲吾族之特色歟則數千年來恆俯首帖耳受羈于異種之下所謂排異種者不過紙上事業而已欲強謂爲吾族之國魂吾族所愧受也吁執筆至此吾汗顏矣然而吾腦質中有一國魂在

（未完）

生計

論世界經濟競爭之大勢

雨塵子

第一節　總論

十九世紀。爲歐人內部競爭之時代。二十世紀。爲歐人外部競爭之時代。其內部之競爭二。曰被治者與治者爭而自由。曰被征服者與征服者爭而獨立。皆政治上之競爭也。外部之競爭二。曰覓無主權之地。曰奪有主權之地。皆經濟上之競爭也。政治上之競爭。其在一二國。或正當從事。其在世界則可謂已過之陳迹也。故玆所論者。唯經濟上之競爭。

人生最要之事。其尤者爲生命自由。次之財產。又次之。猛獸當前。退無所避。則懦夫可使奮鬬。其愛生命心使然也。待之以非禮。迫之以難堪。則弱者抉眥其愛自由心使然也。終日勤勤。不知勞苦。以事生業。其愛財產心使然也。國家所以立法律。所以行人類所以相結。皆出于人民之愛生命心愛自由心愛財產心。其愛之甚。則其所以求之保護之者。無所制限。故競爭起焉。世界之大歷史之久。凡人類之事業。無出此「三者外者」

近百年來歐人之愛自由心最重其鼓大風揚大浪于世界者皆出此一念故十九世紀政治上之競爭則可代表其愛自由心最重之時代其以前則愛生命心最重之時代其以後則愛財產心最重之時代也蓋三者之關係於人身有輕重故其愛之有先後野蠻之世人類謀保其生命之不暇則愛自由之心輕近百年來謀保其自由之不暇則愛財產之心輕故法律未生以前無重大之自由問題立憲政治未立以前無重大之財產問題今也民刑諸法條理井然鮮生命之憂立憲政治權限釐然鮮自由之憂於是乎合全國民之心力而盡力乎財產

嗚呼觀今日列國之軍備強者海陸軍各數十萬人民之負擔平均皆在數圓以上而猶以爲未足兢兢然各謀擴充軍備益增國稅此果何故歟其競爭之大其力之巨皆前此歷史所未見以歷山王成吉思汗往日之雄較之今日列國之實力亦非所及果何爲而至此歟

歷山王成吉思汗其在往日其力不可謂不巨然其所以然皆出于君主一人之名譽心今日列國皆全國國民之愛財產心也以一人較之全國國民以名譽心較之財產心則其實力之懸殊豈足怪哉然今日列國何爲而愛財產心之切何爲而因愛財產

心遂起如此大競爭力則請先言經濟之原理。

第二節　經濟競爭日亘之故

勞力土地資本生産之三要件也。雖然、有同一土地同一勞力而國之貧富不同者。則資本足不足之故也。有土地同勞力同資本亦同而國之貧富不同若。則資本流通不流通之故也。近世科學日進製造業之發達交通機關之完備其結果皆足以增加其資本資本增則生産亦增是自然之理也。然生産雖增而消費之數不足與之相抵則供給過于需要（供給。貨物也。需要。需貨物之人也。依經濟之理。須使貨物與需貨物者相平。）供給過需要則生産之銷路爲之滯而資本虧折是經濟上莫大之害也。故生産之增加則必因其增加而爲之求生産之消費者于世界因供給之多而求需要。因商工業之發達而求市場此其第一原因也。

近世人口之繁殖日爲列國憂國者所焦慮。然人口日增則生産日盛。於經濟上無所損也。唯於土地有報酬漸減之規則。報酬漸減之規則者。因地力有所限。今日以若干之資本。若干之勞力注之。其所得若幾何。他日倍其資本倍其勞力而從事其所得必不能倍于往日。且至一定之程度而地力竭矣。故欲求生産之增加則不可不闢新地前者之求市場。求生産之需要也。此則求生産之供給。蓋生産之需要不足則銷路滯。

而商工業弛供給不足則原料少而商工業弛其害一也此其第二原因也

今日歐洲列國之所以如飢鷹如餓虎汲汲然求逞其欲于世界者其原因皆不外此二種其所以然非政治家之野心軍事家之野心而商工業家之野心也其所謂商工業家非多數之勞働者迫于求食之念乃少數之資本家求資本之繁殖也嗚呼吾往日見專制君主之威勢之野心爲可畏今日又見資本家之威勢之野心其可畏乃更甚也

以英人一公司之力而能滅印度割香港莫不嘆其力之巨然不知今日所謂大英王國北美合衆國大德聯邦大日本帝國皆一公司也其政府公司之事務所也其君與大臣公司之事務員也麥堅尼張伯倫其事務員之卓卓者也所以異者唯其目的非以謀國中一公司一業務之利益謀全國各公司之公共利益也

英之於南非美之於非律賓犯天下之不韙而不辭棄歷史傳來之主義而不顧擲莫大之軍費而不吝果何所圖哉是豈沙士勃雷張伯倫麥堅尼諸氏輕功好武之結果歟是不然全英全美國民之愛財產心之膨脹也其政府因其膨脹而遂敢犯之棄之擲之由此舉也其所擲者小其所得者大也雖然今日之膨脹者豈止英美其受膨脹

者。豈止杜非。

第三節　帝國主義之由來

帝國主義。既盛行于列國。凡政治家所經營。士大夫所議論。皆無不奉之爲標表。世之將供此主義之犧牲者。不知其幾十國也。

近日歐洲論者。或曰。今世界因科學之進步。日覺土地狹隘。不足供人之需要。然地球表面之上。尙有沃野土肥人稀。吾輩宜開拓之。以補不足。是吾人之天職也。或曰。野蠻智識薄弱。無開發天賦富源之能力。我輩宜代之開拓。方足完文明人之義務。或曰。劣等人種之受優等人種之統治。天之理也。我輩宜導之於文明。卽用暴力。非所顧也。所論雖不一。帝國主義之性質。於理論上則誠如是矣。

歐人之文帝國主義。或根尼這之極端之個人主義。或憑藉達爾文之進化論。以爲口實。然帝國主義。果如是乎。帝國主義。質言之。則强盜主義也。因已之不足。而羨人之足。因已之膨脹。而芟除世之不如已者。乃有所謂文明。所謂野蠻。所謂天職。所謂義務。等議論。以文之。今一述歐人膨脹之內情。以明帝國主義盛行之故。

十九世紀之初。白人之總數。除南美及墨西哥外。爲一億七千萬。及十九世紀之末。增加至五億一千萬人。而今日諸強國。則其增加之程度如左。

國名	十九世紀之初	十九世紀之末	百年增加之比例率
法蘭西	二千五百萬	四千萬	一、六
英吉利	千五百萬	五千五百萬	三、六
德意志	二千萬	五千五百萬	二、七五
北美合衆國	五百萬	八千萬	一六、
俄羅斯	四千萬	一億三千五百萬	三、三七五

故依此比例率求之。則百年以後。列國人數。皆多於今日一倍以上。合白人總數計之。則此世紀之末。當在十五億萬以上。其人口之增加。實如是其速也。而百年來資本之膨脹。殆又甚之。（資本增加之程度。尚不見完全統計表。）故歐人苟不外闢新地。求資本之銷路。則百年以後。其人民無復有立足之地。其資本無復有可爲之事業。究是帝國主義之所以行于列國也。是經濟競爭之所以劇也。是其競爭所以不在歐洲美洲而在其外也。

近日論者。謂十九世紀民族主義之大發達。今日帝國主義。亦其所胚胎。夫民族主義者。前世紀政治之競爭。其大半皆由此。帝國主義。即民族膨脹之結果也。然民族何以膨脹。則全屬經濟上之問題。帝國主義。因經濟之競爭而行于列國也。（未完）

六

名家談叢

政法片片錄　摘錄譯書彙編

國家學學說之影響

國家之發達與國家學之發達相表裏亞洲國家思想之發達其所以後於歐美諸國者國家學學說之未昌故也學說之於社會其影響視兵力爲過之歐美文明之進步固有種種之原因而推其原動力最大者則無不直接或間接受之於百餘年前或數百年前諸大家之學說故學說之移動社會其效乃足以刻入後世人之腦筋而助成國家之發達希臘阿里斯多德之國體論法國盧梭之民約論英國孟德斯鳩之三權分立論皆其顯著之例也日本位於亞洲而今日亦受治於泰西之學說然則學說之効力其始自本國推之他國而其後乃自本洲推之他洲國家學說之先輩舍泰西其孰與歸。

政治教育

教育者開發人類固有之能力而助長之之謂也人類爲政治之動物（西哲有此言）故有政治之能力政治教育者以實在之政治社會反映之於人類之腦中使人類眞知政治社會之趣味而實施其政治之能力以期政治社會圓滿之進步是也（日本法科大學政治學教授小野塚喜平治氏之說）人類有種種之能力而政治之能力實居能力中最高等之地位是故人類之教育其程度有高下之不同而政治教育實爲教育中最高等之地位今日歐美各國憲法使人人得有參政權可謂盡政治能力之用雖然歐美之各得參政權此特其結果耳既睡之能力孰攪醒之方興之能力孰助長之推其原因則安得不言曰是唯有政治教育之故

歐洲主權論之沿革

主權一語有種種之意義歐洲中古時代以官署有最終裁判權者謂之有主權之官署其後歐洲大陸各國競尙中央集權之制一國之主權在中央政府遂以處治全國國家之最高權謂之主權此主權之意義從政治上言之也至於學術上以主權爲政府無制限之權力者自法人鮑唐始自十六世紀以來法國主專制之政故此說盛行

歐洲各國。亦風靡焉。至十八世紀之末。於是反對之主權說起。即以主權爲在人民是也。然主權之掌握者雖變。主權之意義則猶前說。蓋仍以主權爲無制限之權也。自歐洲各國憲法成立。君主之權力。不能無所制限。然君主爲主權者。則依主權以行。似又不宜有受制限之事。蓋不知主權爲國家之主權者。則以君主爲國家之元首。即以主權寄托之。君主之爲主權者。爲其在元首之地位也。至君主之運用主權。不能不從憲法。是故憲法立而君主之權。亦範圍於其中。近世德與諸國。均盛行此說。此說蓋折衷於君主主權說與人民主權說之間。而以主權歸之有人格之國家。國家位乎其上。而君主人民。各盡其組織國家之責任。以保國家統治之完美。國家之成立。本乎社會之秩序。不能無治者與被治者之別。故有行使主權之人。與主權所及之人。若就個人而言。則治者與被治者。均是國家之分子。國家有主權。而藉一種之分子以行之耳。故國家主權之說。既足補一人專制之弊。又可挽衆民渙散無所統一之害。與近世之國家實際上。最爲適合。此國家觀念發達之所致。而歐洲之主權論。至此乃得一結束矣。

英國憲法

近世文明諸國無不有憲法。而憲法之發生。英國實首創之。百餘年來。歐美各國憲法。大都直接或間接取法於英國。故英國實爲憲法之始祖。英國之憲法。非由國王欽定。又非由官民合定。又非由革命創定。蓋由國家文明之進步。漸次成立而漸次完備者也。一千二百十五年。英國貴族迫王立法。其中最要者二條。一爲租稅非由納稅者之同意。不得徵收。一爲人民非由公認裁判所之判決。不得監處刑罰及罰金是也。其後國王時復設府縣選舉代議士之制。然當時之立法行政。尚未區別。代議士初無參與立法之權。代議士之得參與立法。始於十四世紀至十五世紀之終葉。代議之制度大進。凡法律之制定廢止。其權全屬議院。十七世紀國王欲變更憲法。廢止國教。議院公議廢之。遂定以制限國王專權。而明定國會之權利。漸次至今。遂成今日之大憲章條項。今舉其最要者如下。一國王不得議院之同意。擅廢法律。謂之違背國法。二無議院之認可。國王不得以特權賦課租稅。三國民有訴願於國王之權。而無因訴願受罰之事。四國民得自由選舉代議士。五議院之言論自由。代議士於院內所發之議論。院外無受罰之事。六法律之保存及修正。與受理人民之請願。當常開議院等類。凡十三條。謚特舉其最要者而已。

國家爲有機體說

國家者何。個人之集合體也。個人之集合。非漫然之事實。有一定之機關主持之。所謂國家之意思者。非個人集合之意思。即由此機關而生。由此機關而發表者也。此國家爲有機體說之所由來也。唱此說者。首推德國伯倫知理氏。伯氏於其所著國家學中。嘗言曰。所謂有機體者。無論何種。不可不備精神與物體二原素。國家亦有國家之精神意思。與立法行政各種機關之組織。凡無論何種有機體。雖爲一體。而無不有多數之部分。此等部分。視全體之需要。由種種方法以補充之。於是全體乃成立。國家亦然。國家亦有種種之官署。以爲其關節。此等關節。皆所以備國家之需要行動者也。各種有機體。皆能生長發達。國家亦能生長發達云云。由此觀之。國家無機關。即無意思。無意思即無人格。而國家不得爲權利之主體矣。故國家與機關有密接之關係。盾持而氏以爲國家雖爲個人之集合體。而無所謂機關意思。信如是則國家失其人格。而無對乎人民之權利。推原其故。蓋由不知國家之與機關。不能分離故也。夫機關爲國家獨立之意思。唯全體有之。部分者特本全體之意思而行之耳。日本一木喜德郎之說

國際公法之由來

西哲有言。有社會即有法。法不存。即社會亡。法者所以保護權利。維持秩序。與社會並存者也。就一國而言。一國家一社會。故有國內法。就各國而言。各國家爲一大社會。故有國際公法。國際公法之起源。蓋所以擴充其効用。故不得不破國之境。而組成一國際團體。人類愈進步。則交涉愈繁。國各執其法。則法之應用將窮。國際公法之發生。與國內法初無二致。特其應用有廣狹之不同而已。人與人意思相衝突。則不能保國體之平和。國與國亦然。各國意思互相衝突。則世界無太平之日。故國際公法者所以調和各國之衝突。補國內法之不足。而獨立以行其效用者也。日本中村進午氏之說

雜俎

尺素五千紙

社員某

某頓首讀者諸君閣下。本報首事不過數月。而印刷之數。自二千增至五千。讀者之數。當自二萬增至五萬。子居海外。乃得借此文字因緣。與當世數萬賢士大夫以精神相往來。榮幸何加。顧以覆瓿之資。承燕石之賞。良自赧耳。屢得來書相責備。以記事一門簡陋爲病。雖微尊諭。固自知之。但僻在三島。涉海以求中原文獻。動費旬日。求得而齎之以東。又費旬日。著錄印布。反哺厥母。又費旬日。則寧止六日蒲十日菊而已。爲地限。爲時限。記者復見聞固陋。材力薄弱。實無術以答盛意。雖然。報館第一責任在報新聞。固未敢全放棄此義務。今後每日有所聞。謹當飛函馳告。半月一付驛使。但無責以速且備。則免於罪戾矣。某謹復。

五月十六日

讀者諸君鑒。日來國事無善狀可告。所差强人意者。惟東來游學諸靑年日漸增加一事。今年正月。此間有留學生會館之設。著籍同瀛錄者二百七十八人。距今未及五月。

已增三倍有餘。其進步速率之比例。視本報尚有過之。以此測算。明年正月同瀛之統計。可望至二千七百。中國前途。鬱鬱葱葱。敬爲諸君賀。某白。 五月十七日

某白。頃北京政府有電報與日本外部。請飭諸留學生無得去辮髮。其已去者勒令再蓄。否則無論官私。悉放逐出境云。此事未免無理取鬧。聞日本政府惟以此令下成城學校。他則置之。實不過勉强一應酬耳。政治學公例。凡一私人之言語舉動。不侵及他人自由。不傷及社會秩序者。政府不得干涉之。髮也鬚也。若何去留。若何裝飾。皆與他人無關。礙於社會無損害。政府官吏無可以參預之之權。本朝入關。强行薙髮。今古萬國。無論頭等文明。四等野蠻。皆無此政體。今乃更以這般國恥之事。欲行治外法權於他邦。何苦爲外國報紙笑話一門增一材料耶。 五月十七日

頃東京之中國公使館。有日本外務省派一人爲監督。凡日本人往見公使者。非有外務省紹介書。不許接見。有耶穌教教士某。三度叩閽。皆被拒絕云。蔡公使視自由爲仇敵。今與此仇敵日相遠。自當愉快。但據國際法。凡外交官皆代表一國。神聖不可侵犯。今日本待我公使如此。殆以代表不自由之國。當以不自由待之耶。請諸君下一轉語。

某惶恐白。　五月十七日

某頓首。英國鴻哲斯賓塞爾先生今年達於八十二齡之上壽。現代學界之耆宿。此爲巨擘矣。前陽歷四月廿七日爲懸弧令辰。先生自著一書名曰『事實與評注』即於是日出版以爲紀念書凡三十九章內有論心意之表現論音樂之墮落論愛國心等章。最爲博深切明其自序云『今以此書公於世吾敢信此爲吾一生最後之著述矣』云云。先生以進化論提倡一世學說影響徧及寰宇今其思潮猶不落青年新進之後我輩展讀斯篇能不起敬願祝先生更作此等紀念者數度以惠後學諸君想有同心歟。

某頓首。　五月十九日

三

日本理學博士橫山又次郎頃著一書題曰『生物之過去與未來』謂將來世界當有一種動物其聰明更過於人類者其立論大旨謂下等動物腦在後而顎在前腦小而顎大禽獸是也中等動物腦在上而顎在下腦較大而顎較小人類是也高等動物腦在前而顎在後腦大而顎小馴至無復牙齒其徵据頗繁賾持論頗新頴大足供消暑之一助但此後果有此等高品得毋令我輩中人以上者怖殺耶孔子曰後生可畏然

哉、然哉。某拾紙。 五月二十日

讀者足下。國民應有之權利。國民不可不自監督之。開平礦務局爲我國人合股份所創之有限公司。資本一百五十萬兩。每年出煤約八十萬噸。利贏頗厚。公等當稔知之。義和變起。忽借英國人名義。爲保護計。亦非得已。乃自英人接手以來。規模全變。而股東絕不得與聞。頃將百五十萬兩之資本。改爲一百萬磅。而收回舊股東所持每張一百兩之股票。另給以一磅之票二十五枚。所餘六十二萬五千磅之股票。則由歐洲人領受云。日本報紙謂歐人實未交一文之資本。而日持儻來之股票來售諸上海。獲利無算云。竊意現今開平礦務局之主事者。號稱得人。未必爲他人所愚至此。但股票變動之緣由。爲股東者不可不質問。受股東之委任者不可不宣明。權利思想。固當爾爾。公等以爲何如。某越俎奉白。 五月廿一日

連日陰雨。使人悶損。我國政界亦霾曀不開。日接於耳目者。皆可爲氣結。率奉告一二。榮慶之爭。實現今北京政海一暗潮。其波瀾或日漲日劇。以致決裂。亦未可知。日前有御史某者。劾買景仁依附慶邸。當聯軍入京時。設法欲擁戴攝政。希圖富貴。請即革去

道員以保全賢王。又附片劾惲毓鼎與賈景仁勾結美武官戴麗生立民政廳以與五城爲難云云。二人皆慶王所愛也。慶聞此摺甚怒。語其幕府云。某竟敢以叛逆誣我也。于是咸疑某京兆所嗾使。次日御史王乃徵乃劾某京兆種種事。語極醜詆。欲下廷議。爲榮相所護。得免。某京兆、榮相所愛也。嗚呼。大廈將傾。而燕雀猶紛紛爭稻粱。謀鄙人不復責之。惟憐之耳。某再拜　五月廿五日

榮慶相鬩事。今據日本報紙。尙有醜聲。不足爲外人道者。法商某。許賂慶邸而求包收土葯稅。每年可得三千萬元。此事若成。許每年送榮慶各五十萬。慶語榮曰。此事大裨國帑。盍亟行之。而隱五十萬之說不告也。榮頷焉。入告太后。太后喜。喜增多金也。事垂成矣。姑下督撫一議。法商聞之。即造榮府致謝。兼道及所謂五十萬者。榮怒慶之欲攘其利也。曰萬事豈不在我。令各省復奏。亦多不謂然。榮遂止之。慶力爭不得。懊憒欲絕而已。敢問讀者諸君。榮與慶兩造孰直。某再白。　五月廿六日

據電報。昨日諸公使會議還津問題。俄使聲言以後此事一任各國主張。吾俄不復與聞云云。俄人外交手段實可驚絕。蓋明知此案各國將有作難。不欲以此買怨於北京

政府而嫁其罪於他國也是日之議竟不決某匆匆上　五月廿六日

諸君足下滿洲新條約所議定俄人以西歷七月六日即中歷六月二日撤兵距今僅一禮拜耳然俄兵今尚無束裝之色嗚呼權力不相等之國而相與結約約直兒戲耳

某白　五月廿六日

拜啓今日乃美國獨立建國紀念日(西歷七月四日)祝砲轟轟不絕於耳賀旗舒舒不絕於目眞使我輩無限感動本日非徒美國一國大紀念日實可爲全世界人權之大紀念日某等正容整衣取出行篋中華盛頓遺像供養瞻拜一番聊表祝意匆匆不多具某再拜　五月廿九日

小說

飲冰室主人

新羅馬傳奇

第二齣　初革（一千八百二十年）

（丑持劍騎馬上）手執金刀九十九殺盡國仇方罷手（小旦男裝騎馬上）與君直抵黃龍城痛飲自由一杯酒（丑）俺乃燒炭黨首領是也（小旦）俺乃燒炭黨女首領是也（向丑介）來此已是會所等我請出兄弟們聽哥哥演說一番則箇（向內介）衆兄弟有請（內）有請（衆男女雜上）（互相見握手接吻介）（丑登演壇介）（衆拍掌介）（丑）兄弟們偺們這箇燒炭黨就奧大利政府的奴才視之叫做一箇私黨就意大利同胞的國民視之叫做一箇公黨我們的宗旨啊不管他上等社會中等社會下等社會九流三教但使有愛國的熱血只管前來不論那一人政體寡人政體多人政體立憲共和但能除專制的魔王何妨試辦叫他是哥老會三合會大刀會小刀會些些不同但起得革命軍勤王軍獨立軍國民軍件件皆可（拍醒木

介）兄弟們須知奧大利是我公敵梅特涅是我大仇凡我黨中同人是與他不兩立的

（勝如花）背直裂淚橫流閑得英雄難受沒來由隴畔輟耕甚情緒豪門使酒好一副健兒身手雙肩上公仇私仇滿腔兒家憂國憂禾黍油油忍斜陽回首拚著箇頭顱似斗小朝廷生活堪羞小朝廷生活堪羞

兄弟們你看這裏尼布士王弗得南第一當一千八百十五年即位之時本曾向人民宣誓遵守千八百十二年所立之憲法不料口血未乾竟背前約問他的緣故卻是梅特涅挑撥禁止恐怕他開起民權自由的先例來（拍醒木介）你想這樣做下去咱們意大利人還有復見天日之望嗎（衆搓手怒目介）（雜持新聞紙號外急上）報報報西班牙國革命軍起國王不得已竟自頒行自由憲法了（衆起座爭閱看介）（小旦取新聞紙朗讀介）（丑）兄弟們西班牙人也是箇人意大利人也是箇人難道我們就不如他麽（衆拍掌頓足謳呼介）機會機會革命革命（丑）既然如此事不宜遲咱們即刻預備在這尼布士地方起事還須奉勞幾位姊妹

們到撒的尼亞聯絡同志。一齊禦侮才好。（小旦）使得。（衆下）（小旦）

（前調）身萬里目千秋颯颯碧翼紅袖厭照鷲似水流年學射鵰沙場勝手甚功名穀儂消受趁今日人謀鬼謀把從前雲收霧收鐵血關頭問鬢眉愧否漫公憤落他人後望江山美人對愁揮金戈美人散愁（看劍馳馬下）

（副淨淨扮二警官上）（副淨）（身列丹墀與朱戶。（淨）衛護。（副淨）威風赫赫王侯署。（淨）紙虎。（副淨）開門點卯站班住。（淨）休誤。（副淨）若有人民來投訴。（淨）發富。（副淨）啐悄悄說。不要露出馬脚來。（同笑介）偺們尼布士王宮警衛官。今日輪班上値。須得嚴肅。（丑率衆雜持長鎗、短鎗、刀斧、木棍擁上）願爲民流血。先敎衆一心。（衆鼓譟介）（淨副淨吹銀笳告警介）（護衛兵齊集介）（接門介）（護衛兵敗介）（淨副淨）你等百姓。究爲何來。（丑）不是行同盜賊。亦非圖作王侯。（淨）既不作反。爲何持兵。（衆）只要人權與自由。鐵血助他成就。（副淨）既然如此。散去慢慢商量。（丑）無力便無憑藉。不成誓不干休。（淨）到底怎的你們纔心足。（衆）但求憲法。別無求。卻要我王賭咒。（淨副淨）這樣你們等著。待我進報。（外扮尼布士王弗得南第一率王子上)(衆脫帽爲禮介)(外對衆以吻接新約全書指十字架發毒誓介)(王子隨誓介)(衆呼萬歲介)(外下)(雜急上)撒的尼亞人民已預備起義。挾本國政府以驅逐奧軍。帕特門倫巴的諸地亦同時爆發了。俺奉女酋領之命特來報告。(丑)我們須則預備接應。(合)

(餘文)破題兒初成就最提防雨覆雲翻手護倚著今日豪氣元龍百尺樓(同下)

捫蝨談虎客批注

燒炭黨者。即加波拿里黨。Cobonari 意大利之祕密結社也。其情形與中國之哥老會等大相類。

燒炭黨人之志氣。非不可嘉。但學問不足以副之。故道心不足。條理疏略。一挫便難復振。此齣不以莊重之筆寫之。非以成敗論人。實留爲下文三傑地步也。

俄羅斯之虛無黨。閨秀最多。其行荊聶之事者。大率皆妙齡絕色之女子也。燒炭黨中有此等人否。吾不敢知。竊疑作者以本會旦脚太少。不合戲本體例。故著此一段耳。然以情理度之。未必無其人也。

燒炭黨本無一定宗旨。大率以清君側爲主義。獨立精神。仍有所缺。此其所以不成也。

尼布士王當民變後。以極莊嚴之儀。舉行宣誓大典。政府大臣皆列坐。王以熱誠之言。誓守憲法。蓋亦出於真意。非受迫而姑以免禍也。亦非如本文所敘之草草也。若非有梅特涅。則意人於此時。已可享自由之福矣。

小旦所唱一齣。神采活現。「鐵血關頭問鬚眉愧否」二語。吾讀之亦如冷水澆背。聲音之道。感人深矣。

十五小豪傑

法國焦士威爾奴原著
少年中國之少年重譯

第七回 移漂民快撑塞木筏　怪弱弟審問葫蘆

卻說武安杜番沙毗韋格四人趕路歸船。不覺入夜。正在暗中摸索。忽見空中閃閃放了一道光明。沙毗驚問道。那是甚麼呢。韋格道。我想是流星罷。武安道。不然。是一個猨火。是胥羅船所擧的猨火。杜番道。我知道了。是吳敦以此指示我們的因將所攜的洋鎗。發了一響應他。望着那火光便走。歷盡許多艱難辛苦。至四十分鐘之後。幸得無事歸到胥羅船。是日跑得倦了。早去安歇。一夕無話。翌日清早起來。個個都要聽新聞的。團在甲板上頭。請他四位委員把那遠征情形。詳說一番。遂集齊各人商量進退。武安提議道。目下第一要緊的事情。莫如將我們根據地方。搬往那個洞裏。巴士他道。那個洞有怎麼大。能彀容得我們嗎。杜番道。不總是我們可以鑿那石壁。再爲增大一點。吳敦道。縱然有些不便。亦暫先將就將就。待將來再作道理罷了。……當時胥羅船的側面同那甲板上頭破損的地方。漸漸大起來了。這樣光景。不但不能遮蔽風雨。萬一吹了颶風。把那怒濤送來。撲不上幾撲。恐怕這船就要粉碎了。那個洞裏雖非十分寬廣。也有二丈丁方以居十五名孩子。還可勉强。況且那個洞通風的地方雖然只有一個洞口。可幸裏頭卻無濕氣。四壁乾潔。好像花崗石砌成的。東面亦有石壁。恰好防那海風帶些潮氣吹來。現時洞中未免昏昏如長夜。然能在前壁開兩三個通天的大窓。光線亦儘可彀用。患難之中。這也可算一個安樂窩了。故此他孩子們立定主意。就要遷居的。……杜番道。遷居之前。我們少不免另找一個地方。暫時棲身。囉那處相宜呢。吳敦道。有布帳。就在那河邊。開一張布帳罷。……童子們須將船上物件。裝束停當。又要將船體壞了。擇取一切有用的材料。方能遷徙。照此算來。總要費一個月的工夫。不到五月初旬。決不能成行的。看官。他們的五月。便像我們的十一月。已屬冬初時候了。他們所以着急。不敢一日怠慢。正爲這個緣故哩。……吳敦定計在河邊立一行臺。眞算有見識了。何以故。他們欲將那船上的東西。搬去法人洞。應該是用一木筏。溯河運去的。然則他住在河岸之上。豈不占了許多便宜嗎。閑話休提。卻該衆童子自那日定議之後。便動起工來。造那行臺。先料了山毛櫸樹。擇其近水的。就在他交叉枝上頭橫了幾條長木蓋了幾幅帆布。不費兩日工夫。四壁都弄好了。好像行軍的一個大營一樣。衆孩子歡天喜地。就先把那火器彈藥各種食物厨具及一切緊要東西。七手八足收拾停妥。每日雖然有些暴風。卻幸天天快晴。他們不上數日。把船上的東西。都搬進那行臺去了。其次工事。就是要處分那隻殘船。知道那包皮的鐵板將來是有用的。十分小心剝取。他們都是個孩子。既非熟手。又無氣力。想把那百噸大的船體。全然解拆。談何容易呢。可喜天公見憐。助了他們一臂之力。至四月二十五日。忽然狂風襲來。其勢比那山蟲還猛。剛剛吹了一夜。方纔止息。孩子們急往岸邊一看。呀呀。那隻胥羅船不知犯了甚麼天條大罪。已被封姨君尸解了。只見有幾多大小木片。橫蔽灘上。自是他們盡力把那木片運到行臺面前。或取長木作挑杆以起重。或取圓木作轆轤以轉運。持的持。荷的荷。舁的舁。邪許之聲。相屬於道。個個奮勇。不敢少懈。至二十八晚。凡附屬船體有用的東西。如那絞盤、車、鐵竈、水桶等物。雖極笨重難舉。亦都搬運淸楚了。自是之後。一意編造木筏。使巴士他擔任工程。其餘各童。聽其指揮。巴士他是個天生成木匠人才。他在經營行臺解拆船體的時候。大衆都見過他的本領。所以又把此事託他。

他先將胥羅船的龍骨截而為二。再將前檣後檣的下半。及那帆桁等。排作長形。放下水去。然後橫以短木。緊緊束束。一個長三丈濶一丈五尺的木筏格局已經成了。然後再把胥羅船甲板上及船旁的板鱗次砌上。遂塊釘妥。雖然不能叫做精工。然工程甚為繁難。衆人合力。夜以繼日。亦至五月初二日纔得落成哩。從此又要搬這貨物下船。善均伊播孫士耳胡太等最年輕的。就各量着自已氣力。拿些小件東西。筏上有武安巴士他幾個。聽着俄敦的號令。把這東西用心安置。不使有偏重偏輕的弊病。幸有一個絞盤車。各年長的就借他帮助。合力把那鐵竈水桶鐵板各種粗重等物件都縋放筏上。費了三天工夫。方纔盤運停妥。這日恰是端午。專等着明朝八點鐘潮長。便要解纜開行了。俄敦忽向着衆人道。我們幾乎忘了一件緊要的事情了。我們既離了此處。縱然有船經過。我們亦無從望見。舉個暗號。求他來救了。為今之計。我們應在石壁之上立一長杆。常懸着暗號旗。可便有船經過這裡。使他知道。你們以為何如昵。這是老成深算。自然是無人反對他的。於是為着這件事情。又費了半天工夫。是晚各人安寢。一夕無話。至初六日各人起來。先把那布帳卸下。蓋住筏上的東西。莫科準備了三四日的食物。到七點鐘時候。各事已經辦妥。各人就跑到筏上來。年長的各執一掉。等兩八點半鐘。見那潮流已轉。海水都向湖中流入。因解了纜。高聲齊唱道。進！進！進！。就見這木筏拖著那胥羅船所剩的舢板。離了岸。慢慢的追著潮流便走。衆孩子一時快極。不禁拍手喝采。驩呼之聲。怕那水底的潛魚。都被他驚破膽的了。這筏常循著河之右岸而進。因爲潮流趨向那邊。進行甚急。又因右岸比那左岸。高出水面。便於鼓掉。雖然、這筏卻不快捷。自解纜後。行了兩點鐘之久。纔行了一邁路程。自胥羅灣至湖。最少亦有六邁許。若是一次潮水。只行一邁半。乃至兩邁。則他們尙要經幾次潮水。方能誕登彼岸哩。至十一點鐘。潮勢退落。他們急把筏繫住。在此休息。下午雖再有一次潮長的時候。俄敦恐乘夜衆進。或有不測。不如待明日再行。因停了一夜。翌日下午一點鐘。行到一處。就是從前四個遠征委員歸船時。遇著沼澤。迂道而行的地方。因把筏繫了。日來寒威漸烈。晝間已覺得瑟縮。入夜尤甚。一望沼澤。已見有些薄氷。光光閃閃。各人甚爲心憂。恐怕筏行太遲。河都凍了。豈不進退兩難。可喜次日午后。遙望著前面湖水碧色。及三點鐘零幾分。不覺已到了法人洞前面。大衆歡躍。忙把這筏繫在河之右岸。善均伊播孫土耳胡太等最年少的早已一躍登岸。說說笑笑。正在得意揚揚。武安在筏上望見之。顧語其弟佐克。你不往那里去嗎。答應道不、我留在這里。武安道。佐克。我近來見你的舉動有不可解的。你似有些事情隱在心頭的。你近來有病嗎。佐克道。沒有。武安本欲再爲窮詰。但以這個時候。尚不暇從容問答。遂不復聲。率著各人登了岸。急跑到法人洞口。把那木石除了。進去一撿。覺洞內一切都如往日。並無異狀。衆人喜極。忙將鋪蓋拿來安排妥當。又將胥羅船所用的餐枱放在中央。雅涅統著年輕的把那鍋釜器皿小件的都運將進來。莫科又在洞外石壁之下。疊石作竈。架上一個鐵鍋。調了好些羹湯。當中途停筏之時。杜番往往提了小鎗登岸。獵取許多小鳥。至此拿了幾串出來。交過伊播孫土耳。吩咐他好用心燒了。到七點鐘時候。各人齊集洞內。把那胥羅船所有的椅櫈。環著餐枱安排停妥。然後依次坐下。桌上有氣蓬蓬的熱湯。燻牛肉燒雀仔。又有些乾酪車厘酒及開潑蘭地的清水。各人鼓舌飽餐一頓。數日積勞。到此不覺倦氣來襲。正商量分頭就寢。因俄敦發議。率著各人奔向那山毛櫸樹下。憑弔了同病相憐的舊主坡陰一番。感觸萬端。悲不自勝。至九點鐘始共歸洞。令杜番韋格兩人執兵守衛。衆童子安心睡了一夜。早起復從事起貨入洞。又將筏拆解。收藏妥當。以備他日之用。如是者忙了幾日。至十三日。欲把鐵竈運進洞裏。置諸右方。巴士他見洞壁不甚堅牢。試爲鑿之。竟得穿了一穴。以通煙突。於是他們不出洞口一步。便足了炊事。自是杜番韋格乙菩格羅士四人。每日携一鳥鎗遊弋近處。所獲甚夥。常與衆人分甘同味。一日沿湖而行。約離法人洞邁許。見北方有一茂林。潛入窺探。忽見有幾個深穽。散在各處。分明是用人工掘成的。上面縱縱橫橫。蓋着許多樹枝。試爲俯視。覺其下猶有甚麽動物的遺骨。繽紛狼藉。這定是坡陰當日掩取動物的遺迹不錯了。四人周歷既遍。正欲行時。韋格道。我有一法。何不將那陷坑依舊蓋好。或者有些動物自來送死。亦未可定。各人說是。忙取浮泥鋪塡停妥。方纔歸去。路上又尋出三葉及水芹兩種植物。俱是美味適口。又宜于衛生的。天氣雖然漸寒。倘幸那湖及河還未冰結。年輕的每日在那水邊釣得好些鮮味。又不致有食無魚之嘆了。十七日武安思量道。在這左右石壁之上。倘能找出一個石窩。藏些東西。豈不甚妙。遂率著幾個同伴出了洞外。分頭探索。正行到杜番們前日發見陷坑的近處。忽聞前頭有物嘷叫。聲音甚怪。武安不敢怠慢。急去蹤尋。杜番等隨後便至。覺那聲音是從一個陷坑裏發出來的。就近一看。見從前所蓋的浮泥。及那樹枝。都散落擢折。知是有甚麼動物。投入其中。無可疑了。但是不知他是甚麼猙惡的禽獸。不敢逼近坑口。呼道。符亨。這里。符亨就見那獵犬飛的一樣跑來。到坑口略瞰一瞰。便縱身一躍。跳下去了。正是

羣英設計　走狗爭功

欲知坑中果是何物。且待下文再表。

文苑

飲冰室詩話

陳伯嚴吏部義寧撫軍之公子也。與譚瀏陽齊名、有兩公子之目。義寧湘中治蹟多其所贊畫。其詩不用新異之語。而境界自與時流異。醲深俊微。吾謂於唐宋人集中罕見倫比。記其贈黃公度一首云。千年治亂餘今日。四海蒼茫到異人。欲挈頹流還孔墨。可憐此意在埃塵。勞勞歌哭昏連曉。歷歷肝腸久更新。同倚斜陽看雁去。天迴地動一沾巾。

吳君遂刑部。武壯公長慶子也。以氣節聞一時。丁酉抗疏陳時事。請變法。格不得達。浩然掛冠歸。近頃復上疏請歸政。迴鑾以後。薄海所想望者。惟此一舉。然莫敢言也。惟君毅然犯政府所最忌而言之。其所養可知矣。其詩肖其爲人。所著有北山樓集。宋平子跋之云。五言古體。多似陶韋。五言律體。多似少陵。七言律體。直逼江西詣祖。蓋道實也。吾最愛其「支那有一士」兩章。其一云。支那有一士。跛迹居越東。抗志希純素。篤性秉

淵冲意曠九州外神遊三代中如傷惓心目無告哀殘黎一夫苟不獲叢疚在厥躬陳
詞就重華問道訪崆峒著書累萬言吾道未終窮哲人不偶世至論無汚隆豈惟躋小
康將以致大同挾策獻太平疇能識王通抱玉貴善藏活國徯良工感子他山意錯石
資磨礱已矣吾何悲矯首咨鴻濛 右贈宋平子 其二云支那有一士戢影居越西結念抱冰
雪宅心高虹霓慷慨懷前修惻愴憫羣黎邱索與典墳一一窮探稽種界析猨鹿政教
疏羌氏獨永泰皇祚屢忤末俗詆畸士自跅弛良馬空跌踶始知閒代才動與世相睽
澄澄之江波曉日鳴天鷄嶷嶷天台山仰止難攀躋賤子奮孤心逆鱗嘗獨批荃莫察
中情信讒反怒憯邪枉固不容悻直終見擠三月何皇皇兩馬猶栖栖懷哉處重華風
雨閟弗迷宣尼未忘魯子輿思王齊已而復已而且俟聖人兮 右贈章太炎
又有集句一首云青天漫漫覆長路一紙短書無寄處欲問平安無使來乃知貧賤別
更苦四時天氣總愁人秋月春風等閑度憂患衆兮歡樂鮮朱顏日夜不如故嗟余此
去其從誰萬里蒼蒼煙水暮構雲有高營祗見石與土俛視大江奔幽憤得一吐我欲
淩風翔轉上青天去當面輸心背面笑翻手作雲覆手雨煙消日出不見人至竟江山

誰是主驅使前輩。天衣無縫。而含蓄蘊藉。別有懷抱。余酷愛之。

丁叔雅戶部。雨生中丞子也。卓犖有遠志。憂國如瘋。而詩尤以神味勝。庚子秋。余返滬上。從友人扇頭見其感事一首云。被髮𡙡足行躑躅。有人流涕哀江南。眼前所見皆餘子。大宙之亂何時戡。余絕愛之。謂以二十八字寫盡當今時局。而自見懷抱。仁言藹如。未有能及此者也。頃從北山樓集。復見其將歸嶺南留別一首云。百無聊賴過零丁。遙睇中原一髮青。避地詩人哀故國。渡江名士泣新亭。山河運歇英才盡。鼙鼓聲沈戰血腥。鶉首賜秦天亦醉。祇憐羈客獨長醒。絕似劒南學杜諸作也。

吾黨中天才絕特者。未有吾家伯雋孝廉若也。伯雋以辛卯年。與余同游南海先生之門。年方十四。是歲即舉於鄉。當其未禮南海也。錄錄無以異於常兒。一度摩頂受記。夙慧飈發。而尤躭內典。在齋中終日坐禪。少年同學時或揶揄捉弄之。弗爲動也。其冬。余入都。伯雋贈三詩。其一云。惺惺真宰慎其微。萬象紛紜任所之。客賊並來善相接。佛魔俱掃得堅持。精魂須歷三千刼。大力常周十二時。游刄雖然有餘地。族間猶自見難爲。其二云。長嘯一聲天地寬。翛然來去更無難。崑崙頂上鐵船動。魑魅叢中神劍寒。壁立。

萬仞皆平地坐斷十方如是觀河嶽日星通神氣周游磅礴在胸肝其三云無明有愛如來種一片慈悲成此身軀殼衆生託吾輩肝腸內熱爲斯人游行自在虛空架轉運無方大法輪七寶莊嚴開世界郤原步步踏紅塵十四歲乳臭小兒何處有此識想得不嘆絕。

南海先生曰伯雋殆有夙根者游戲人間耳顧伯雋寡言吾無從窺其底蘊以文字論之知其非冷腸人也記其所塡詞摸魚兒一闋云算只有江山無數怎盛得靈氣住□□□□□□□□□□□甚情緒向百尺高樓覷看行人路滿城簫鼓算愁裏無人夢中無地獨自任情苦秋風起春草春花又暮忍見陀城烟樹蕭蕭馬鳴催落日弄得老天憔悴我何顧算萬里堂堂猶是神州土笑聲歸去待日闇雲冥風狂雨橫重覓舊游處又金縷曲一闋記其末四句云他若有情吾能見吾有情更待向誰說空佇立肝腸熱然則伯雋豈忘世者耶記昔嘗責備之伯雋曰我今日正在臥薪嘗胆的時候但薪胆生涯忽忽十年矣海內風雲如此其急而小舍利弗尙不肯出定吾又安能無憾也

作方格者健忘不能全擧其詞也

問答

(九)問、見第九號　(高郵戛戛子)

(九)答、歐洲中世以前教育學問之權。皆爲教會所壟斷。羅馬教皇備極專制。卽耶穌經典。亦不許人讀。他可知矣。其時哲學惟有所謂士哥拉學派者、亦經由教士所傳授。當時國民教育之義未興。所有公衆教育事業。皆在教會之手。欲求學者舍教會幾無所得塗徑。此實束縛思想之根由也。及亞剌伯人西漸。十字軍東征。歐亞交通日頻繁。東方文明以如潮之勢而輸入。自土耳其人陷君士但丁奴不(今土耳其都城)也。其中博學之士。皆西走於意大利。故意大利爲古學復興之中心點。未幾遂將希臘前哲柏拉圖、亞里士多德、畢達哥拉諸賢之書譯成羅馬文者三十八種。而馬丁路得之宗教革命。亦應時並起。自此以往。教會不能壟斷學權矣。其事略如右。此實歐洲開化第一關鍵。其詳具專史。若欲述之。雖累萬言不能盡也。(本社)

(十)問、第四號學術第二頁云。獨至獲麟以後。迄於秦始。實爲中國社會變動最劇之

時代。按中國當時未有社會。而貴報云最劇之時代。意即坑儒焚書之禍歟。或當時有如今日社會之學。與社會相暗合歟。(同上)

(十)答。社會者日人翻譯英文 Society 之語。中國或譯之爲羣。此處所謂社會。即人羣之義耳。此字近日譯日本書者多用之。已幾數見不鮮矣。本報或用羣字。或用社會字。隨筆所之。不能劃一。致淆耳目。記者當任其咎。然社會二字。他日亦必通行於中國無疑矣。恐讀者尚多誤以爲立會之意。故贅答于此。(本社)

(十一)問。第八號論說第七頁日本維新之役。其倡之成之者。非有得於王學。即有得於禪宗。不知王學何派。禪宗何派。主王學禪宗者何人。日本近日若伊藤井上輩。曾主王學及禪宗否。望明示之。(同上)

(十一)答。日本維新之先導。最有力量者。如梁川星巖、大鹽中齋、橫井小楠、佐久間象山、吉田松陰、高杉東行等。皆王學大師也。成功最盛者爲西鄉南洲。亦王學鉅子也。若伊藤井上等。後輩之乘時者耳。然伊藤及前首相山縣有朋、現首相桂太郎等。皆吉田松陰之門人。其學固自有淵源也。王學與禪宗。本相出入。故當時諸學者亦得

力于禪宗。而日本佛學最盛。維新之功。方外人助力者固不少。（本社）

（十二）問讀貴報第八號於英文之 Political Economy 又有譯爲財政學。財政二字。較之日本所譯經濟學。嚴氏所譯計學。貴撰述所譯之平準學。生計學。似稍切實賅括。然尚嫌範圍太小。不能以政治理財之意包括其中。誠如貴撰述所云財政者不過經濟學之一部分。指財政爲經濟。無異指朝廷爲國家。是則財政學決不可用明矣。然則終無一名詞足以定之乎。鄙意殊謂不然。夫我中國即無固有之名詞以冠之。亦不妨創一新名詞。如泰西近今有新發明之事理。即創一新字以名之也。若必欲以我國古名詞名泰西今事理。恐亦不能確切無遺憾。貴撰述學術博通。苟悉心商榷。豈不能定一雅馴之名詞。以釋羣疑而惠末學。如不得已。則國計學似足賅此學朝廷理財之事。由是日本所謂經濟家則名爲國計家。經濟學者則名爲國計學者。經濟界則名爲國計界。經濟社會爲國計社會。經濟問題爲國計問題。加之各種名詞之上。似尚少窒礙之處。且此國計二字。義界旣淸。吾國文中亦嘗用之。人人一望即解。必無亂人耳目之弊。用以質之貴撰述。並當世之高明。尚祈互答而指正。爲

（無錫孫開圻）

（十二）答、經濟不專屬諸國。國計只能賅括財政。不能及其他。至如所謂「箇人經濟」「家事經濟者」。皆經濟學中一部分。以國計統之。似不合論理。嚴氏專用一計字。正以其可兼國計家計等而言耳。本報微嫌其單詞。不便於用。故易以生計。不得已也。

（本社）

中國近事

◎北京雜事彙誌　聞直督袁世凱有調任兩廣。全權王文韶署直督兼北洋大臣之說。政府之意擬將內閣衙門裁撤。現軍機處樞要各務。皆歸瞿尙書一人之手。上諭亦皆爲其擬撰。袁宮保先後所陳之變法要摺。多爲所阻。日前皇太后傳旨外部。著採辦西式什物若干事。擬于宮內設一大餐間。爲日後欵待各公使夫人之地。京師大學堂定于九月開校。其一切敎育制度。均照日本東京各大學堂辦理。同文館每年經費。管學大臣原擬提歸大學堂。玆聞外務部已將此欵扣留。不復交出。皇太后歸政皇上之事。廷臣中惟王中堂諫阻最力。每與人談及。必言此事萬不可行。有某御史具摺奏參新簡駐奥欽差吳德章駐意欽差許珏二人。謂其才不勝任。倘有貽誤。于交涉上大有關係云云。

胡芸楣侍郎爲交還鉄路條約不妥。政府責以擅許字樣。幸袁宮保代陳苦衷。從寬降二級留任。

王侍御祖同奏稱六部司員。人浮于事。請令學習各員暫行回籍。聽候傳補。又附片稱近來京外奏疏改題爲奏內閣各員一無所事。擬請酌量裁併。已奉旨交政務處議奏。

工巡局經費。至今仍無的欵。日前肅邸奏請旨意。奉諭暫由戶部撥用。

今屆順天鄉試借闈河南。而同考各官仍由北京簡放馳驛前往。聞考差人員皆視同畏途。倡議于六月二十日會齊請假。事爲學院所知。傳諭各員。如被簡者雖在假中。亦不得藉詞不去。

漠河金礦現被俄人佔據。所有前入之華商股分。中國政府槪置之不理。

◎遙制東省　皇上意以袁慰帥曾任東撫。庚子之亂。固彊圉。聯外交。全大局。東省人民至今猶戴若二天。將命爲直東總督。遙制東省。慰帥已具摺誠懇固辭云。

◎彈劾紀聞　黃侍御曾源近曾具摺參劾惲學士毓鼎。摺中謂前年聯軍初入京時。惲在美界創立協巡公所。侵佔五城之權云云。業已奉旨交翰林院掌院查辦。嘗由孫中堂徧詢曾居美界之人。眾口一詞。皆言惲學士力顧大局云云。孫中堂已于初三日覆奏。極言惲并未侵佔官權。且有美界商民至今感德不忘之語。摺留中。惲得免于禍。聞黃侍御此舉實係陳璧所指使。政府亦頗疑其爲人。故不交順天府及五城查辦。而交翰林院掌院查辦也。黃侍御附片並參劾賈景仁。賈固小人。聲名甚劣。當洋人入京時。賈與俄人交頗密。慶邸雖派爲隨員。並不信任。而黃摺中詞氣竟波及慶邸。有請將賈交地方管押。以保全賢王之語。聞賈事已另交晉撫查辦矣。

◎還路有期　關內鐵路交還之議。前因俄國力阻。遂致愆期。日前經兩全權與俄使懇商。俄使電商本國政府。已得覆電允許。不再干預。想交還之期。指日可定。不至再成畫餅矣。

◎籌欵償捐　商務大臣盛宮保奏請減輕茶稅一摺。已奉旨俞允。江鄂兩督以爲茶稅既減。捐數必短。應解之洋債銀兩。即不能足額。旋即咨請盛宮保設法籌欵償補短捐之數。以免有誤洋債要欵。盛宮保一面電覆允爲籌欵償足短捐之數。一面電達外部。聲明以上各緣由。茲聞外部堂官之意。以爲所短之數。可以另爲設法。無庸盛宮保自行償補云。

◎還津近議　交還天津條約二十九條。各公使以爲太嚴。業已二次議改。各國司令官。仍堅執不允。各公使亦無能相强。然尚未將條議交與中國官。聞此二十九條。欵早入直督袁宮保之耳。宮保以事在人爲。目前爭改一二條。亦無濟于事。能改固佳。不能改亦不妨認許。何必托詞磋磨。徒延時日云云。

◎會議賠欵　五月初六初九兩日。駐京各國公使會議分配賠欵。玆悉業經定議。各國合計之總額。本爲四億六千二十九萬六千二百九十三兩餘。而條約中僅載明中國應賠償四億五千萬兩。尚有一千二十九萬六千二百九十三兩餘無著。故分配之法。不免彼此差池。各公使此次會議。即將無著之一千二十九萬六千二百九十三兩餘減去。照四億五千萬兩。以當時各政府提出之賠償清單。按計多寡。平均分攤。隨由十一國公使畫押定議。

◎北方各國兵數　目下各國軍隊駐扎京津及大沽一帶者。計英國四千五百人。德國三千三百人。法國二千四百人。意國一千有奇。俄國一千有奇。奧國一百五十人。就中德國已于西六月十五號撤退若干。聞八月間尚須減退千餘人。法意諸國亦有減兵之議。惟尚未定數目耳。

◎俄使陰謀　駐京俄使因近日在京勢力日漸失墜。思用懷柔之策。以恢復之。現與法使秘密協議。訂定政策如下。一、謀俄黨之再興。並宜聯絡滿人。及與滿人有親密關係者。俾其成一大黨。一、設法阻止中政府派遣學生出洋游學一事。即萬不得已。亦須令其請外人為監督。庶不致啓其自由思想。一、中國招聘外國武員訓練軍隊。不得偏用某某一二國人。俄法兩國均應得有代練軍隊之權利。一、如有欲在蘆漢鐵路左近另築幹路或支路者。皆于該鐵路有大害。無論何國出力要求。俄法兩國當極力峻拒之。一、兩廣地方之外國教士。尤宜著該省督撫實力保護。並宜助其行一切皮相上之新政。一、北洋艦隊再興時。俄人當代為幹旋一切。並借與旅順一部分為訓練之地。一、中國人旅行東華鐵路者。其車價較他國人減取二成。而吉林省煤礦。當讓歸該公司開採。一、東三省中奉天鐵嶺甯古塔哈爾賓庫倫貝爾城等處。將來改制時。當設法力圖中俄兩國人民親和之道。

◎俄與滿洲　俄國黑龍江軍事總督。因本年七八月內。當照約撤退盛京西南境及遼河一帶現駐之俄兵。特以俄歷六月四日。移文著該處司令官屆時遵照辦理。駐京俄使。亦于是日移文照會外部及軍機大臣。据該照會此次應撤之數共計三萬五千。內步兵一萬八千。騎兵八千。砲兵七千。工兵一千。輜重兵一千。政府接到移文。定議屆時著馬玉崑提督前往接代。并訂定軍制如下。步兵一萬五千。內洋操兵八千。騎兵五千無洋操兵。砲兵四千全隊皆用洋操。工兵八千全隊皆用洋操。輜重兵一千二百。內洋操兵五百。合計二萬六千。內洋操兵一萬三千三百。

滿洲俄兵撤退後。仍應照約酌留若干名。爲保護東華鐵路之用。惟實在應留數目。至今尚未議定。据俄國黑龍江軍事總督阿勒塞夫意見。擬留三萬五千名。已將其意旨電請本政府核奪。特俄人既在旅順常川駐札重兵。而又留三萬五千之多保護鐵路。未免駭人聽聞。故天津各國武員。擬勸其減少至二萬內外云。

又聞俄人擬在滿洲鐵路之海拉爾支線近旁。興築鐵路一條。直貫東部蒙古而達張家口。但該鐵路能否歸俄人辦理。尚未定議。外務部已電命黑龍江將軍。詳查具覆云。

海外彙報

半月大事記 西歷六月下半月

▲十六日路透電。禮拜六日英皇偕同皇后至與德許阿閱視燃點燈火。本日聖躬少有違和。因感冒風邪故也。

同日電。泰晤士報云。南非洲好望角所設之政府。一切由官督理。目前似可暫撤。日待他日事機順利。再行續辦。未爲晚也。

▲十七日路透電。英皇前日偶感微恙。昨夕業已痊愈。蓋得駕車遠遊之功也。皇于昨夕並在溫德瑣宮宴客。

同日電。英國下議院定于本月二十五日起。停辦公事。七月二日止。爲慶賀英皇加冕大典故也。

同日電。陸軍各營。齊集與德許阿會操。時統計兵數三萬一千。砲一百零二尊。

▲十八日路透電。茲據基將軍報稱。目下杜國幷阿連治人民。降英者共有一萬六千

五百二十名。繳槍一萬六千一百二十四桿。惟好望角百姓來降者。迄今僅有百五十人云。

▲十九日路透電。中國慶賀英皇加冕專使振貝勒。昨日前往阿克斯礴地方遊歷。

同日電。南非洲英爵帥凱喜納電告杜國寶薩、底拉利、底威特三提督云。本爵帥以貴提督竭力辦理議和事宜。故各事均有條理。所有杜人來降情形。非僅使英皇聞而欣喜。即英國人民亦深感激。豈非英杜重聯舊好之證據云云。

同日柏林電。德國華德斯爵帥。現已起程赴英慶賀加冕之禮。

▲二十日路透電。據醫生云。英皇病体初愈。不可過勞。宜停辦公事數日。以資調攝。

同日電。南非洲杜人降英者。至今日止共有一萬八千四百人。

同日電。德意志聯邦中之薩克沙奈國王。現已辭世。享年七十有四。

同日電。英兵六千人。于昨夕在倫敦城內夾道列立。沿街燈火輝煌。道路幾爲之塞。此蓋先期演試。以備即日慶賀大典也。

同日柏林電。德國下議院因釐事已畢。刻已關閉矣。

同日電。德國前因平亂起見。派往南美委內瑞辣國兵艦二艘。現已行抵該國境內。

同日電。意國外務大臣日前宣言曰。我意與各國交涉之事。均頗和睦。即法國稍有不洽。然俄法現已聯盟。諒必能續舊好也。

▲二十一日路透電。澳洲聯邦政府首相勃敦。接見賓客時。謂若欲使澳洲與英國聯邦。以期兩國商人結成團體。此乃決不可行之事。惟望英澳稅則來往一律。彼此毫無參差。則英澳二國。庶互相裨益云。

同日柏林電。薩克沙奈國王逝世後。現由乃弟名佐治者。即位業已宣告陸軍各將。謂余佐治繼兄即位。當守聯邦中之主義。決不更改云。

▲二十二日路透電。南非戰事既平。基將軍擬即乘輪遄回英國。

同日電。此番倫敦舉行英皇加冕典禮。約需英金十萬磅。

同日電。意相覲見意皇時。嘗奏稱會議稅則一事。宜從速舉行。

同日電。英儒克尼執君。現在英京創設藏書樓六所。共費英金三萬磅。

同日電。英京慶賀英皇加冕盛典。籌備實壯觀瞻。遠近來觀者不乏其人。所有應辦典禮業已大半舉行矣。

▲二十三日路透電倫敦官民于本日大宴英國各殖民地慶賀加冕兵丁。席設亞力山大花園中。該兵等均排隊而入。其時觀者甚爲擠擁云。

同日電。意國派賀英皇加冕之阿斯他公爵。德國之古斯公爵。羅馬尼亞國之皇太子。均已偕抵倫敦矣。

▲二十四日路透電。俄廷已簡派俄監督涂諾慶君爲總辦北京俄敎會事務。并籌銀一萬六千五百磅。着其整頓敎會一切事宜。年給俸銀三萬三千磅。

同日電。英國麥大臣于本月二十一日已奉英廷簡派爲駐杜總督。

同日電。現杜人降英者又有將官一員。兵一百七十六名。并該處土著四百八十一名。

同日電。本日爲英皇賜宴客臣之期。赴會者有各國太子十九人。公爵十九人。公主數人。

同日電。英皇因聖躬抱恙。故加冕業已改期。至改至何日。一時尙未定議。

同日電。御醫定于本日下午兩點鐘入宮割治英皇之疾。

同日電。英皇由宮內頒發諭旨一道。略謂是日不克舉行加冕大典。頗有負國民之望。然實萬不得已。當爲國民所共諒也。凡各州已經預備祝典者。着仍于當日一律舉行。至賑施貧民食物。亦照前議給放云。

同日電。當御醫入宮割治英皇時。其手法頗爲適當。所有腐敗之膿血。均捜撿淨盡。事畢病勢頗覺輕減。

同日電。當前禮拜六日。英皇雖小有不適。尙擬舉行加冕大典。至本禮拜一下午。病勢忽劇。是以有詔著令御醫割治。

同日電。觀艦典禮。亦已改期舉行。其各市所懸祝旗。均經撤落。

▲二十五日路透電。英皇病勢經御醫割治之後。即見小愈。嗣用補品若干。隨無痛楚。據御醫謂數日內可占勿葯。

同日電。各國所派之專使等。均擬于本日起節回國。蓋因英皇加冕大典已改期也。

▲二十六日路透電。据日昨十點半鐘宮門抄云。昨上半夜英皇聖躬不能安睡。及至

一點鐘始安然睡去。患處毫無痛楚。

同日電。本早宮門抄云。目下英皇御體刻已就痊。

同日電。日本小松宮親王擬于本禮拜內由英起行前往法京

▲二十七日路透電。英京官報云。英皇御體已占勿葯。誠可喜也云云。

同日電。昨晚十一點鐘官報云。本日皇躬極形舒暢。本早又稱昨夕聖體甚爲暢適。凡安睡如常。胃口大開。患處毫無痛楚。臣民爲之大慰。

同日電。美政府現已議定將美洲巴拿馬土腰即行開通河道。

▲二十八日路透電。據御醫言。英皇御體已漸就安痊。如從此大愈。可以初秋舉行加冕典禮云。

同日電。美國大統領羅斯福氏特赦非律賓叛將亞圭拿度氏。

同日電。法奧意三國聯盟條約。本日在柏林畫押。

▲二十九日路透電。英皇得各國及各領屬各階級各宗派慰問電信數千通。無限感動。以爲加冕延期。致公衆失望。實一大遺憾云。

餘錄

東籍月旦

飲氷室主人草著

第二章　歷史

歷史者。普通學中之最要者也。無論欲治何學。苟不通歷史。則觸處窒礙。伥伥然不解其云何。故有志學問者。當發軔之始。必須擇一佳本歷史而熟讀之。務通徹數千年來列國重要之事實。文明之進步。知其原因及其結果。然後討論諸學。乃有所憑藉。不然者。是猶無基址而欲起樓臺。雖勞而無功矣。

欲治政治經濟法律諸學者。則歷史爲尤要。必當取詳博之本讀之。

綜日本歷史之書。可分爲八類論之。一曰世界史(西洋史附焉)二曰東洋史(中國史附焉)三曰日本史四曰泰西國別史五曰雜史六曰史論七曰史學八曰傳記

第一節　世界史(西洋史附焉)

日本人所謂世界史萬國史者。實皆西洋史耳。泰西人自尊自大。常覺世界爲彼等所

專有者。然故往往敍述阿利安西渡之一種族興廢存亡之事。而謬冠以世界之名。甚者歐洲中部人所著世界史。或幷美國俄國而亦不載。他更無論矣。日本人十年前大率翻譯西籍。襲用其體例名義。天野爲之所著萬國歷史。其自敍乃至謂東方民族無可以厠入於世界史中之價値。此在日本或猶可言。若吾中國則安能忍此也。近年以來。知其謬者漸多。大率別立一西洋史之名以待之。而著眞世界史者。亦有一二矣。日本作史者甚多。然大率互相沿襲。其眞能斲心貴當者盖寡。試略評之。欲求最簡明適於初學之用者。莫如

新體西洋歷史敎科書　文學士本多淺治郎著　一冊　定價一圓

附參照圖畫　同　一册　定價八角

附參考書　同　一冊　定價一元八角

此書之所以優於他作者無他。其敍事條分縷晰。眉目最清。以若干乾燥無味之事實。而有一線索以貫之。讀之不使人生厭。每敍一事。不過兩三行而止。而必敍述其原因結果。毫無遺漏。此其所特長也。然以求簡之故。或言之而不能盡。此又無可如何者也。

故別著一參考書以補之。大抵日本人所著西洋史。可充吾國教科之用者。莫頁於此書矣。其參考書則可以供教師之用也。獨修之學者。宜兩書兼讀之。此書上海廣智書局有譯本。題曰泰西史教科書。

雖然。此書不過臚舉事實。簡明有法耳。至於言文明進步之象。嫌其不詳。其與之相補者。則

萬國史綱　元頁勇次郎 家永豐吉合著　二册　定價一元二角

西洋史綱　箕作元八 峰岸米造合著　二册　定價一元七角五

此二書皆據歷史上之事實。敍萬國文明之變遷。以明歷史發展之由來。故最重事實之原因結果。而不拘拘於其陳跡。元頁家永之書。凡分三編。上古編三章。曰古代東洋。曰希臘。曰羅馬。中古編二章。曰闇黑時代。曰復興時代。近世編二章。曰宗教改革時代。曰政治革命時代。每章分政治史、宗教史、工藝技術史、文學哲學科學史、社會史等門。誠簡要賅備之作也。箕作峰岸之書。上海某局有譯本。題曰歐羅巴通史。

世界通史　德國布列著　和田萬吉譯　一册　定價一元七角

此書在歐西。極有盛名。德國文既重十餘版。美國人某譯爲英文。亦已重六版。聞英德諸國之學生。每上堂受講義之時。恒携帶之以便記憶云。此書所長。在以極簡潔之筆。敍述極多數之事實於少數紙片之中。學生取備遺忘。莫良於此。但其於史事之關聯因果。少所論及。初學者讀之。未免厭厭欲睡。惟既讀他書有心得者。得此則裨益不淺耳。

其餘參考書。

世界歷史　磯田良編　一冊　定價一元

新編萬國歷史　長澤市藏著　三冊　定編一元六角五

萬國歷史　天野爲之著　一冊　定價一元三角

萬國政治歷史　下山寬一郎著　此書頗佳惜未成而著者已卒

萬國史要　辰巳小次郎 小川銀次郎 合著　一冊　定價八角

以上諸書。皆視本多等三書較爲詳悉。各有所長。可供參考。

萬國史　今井恒郎編　一冊　定價一圓

此書比於他書雖無特別優勝之處。但其每人名地名之下。必備注其西文原字。便於參考。日人以和文假名譯西音。詰屈幾不可讀。置此書於側。以備檢查。亦頗便也。以上諸本。皆以歐羅巴史而冒世界史萬國史之名者也。其眞可稱爲世界史者。惟有最新出之一種。

世界史上卷　坂本健一編　一冊　定價一圓六角

此書東洋西洋合編。材料宏富。文章亦流暢有姿態。現僅成上卷。其西洋史不過敍至阿刺伯人西漸。其東洋史不過敍至南北朝。然已褎然一巨帙。冠絕此類同名之羣著矣。學者苟專讀此本。亦可以識全球民族榮悴之大勢也。見上海各報告白已有譯之者

萬國史綱目　重野安繹著　上編四冊　定價一元

著者爲文學博士大學教授。日本漢學家第一流也。其書全用漢文。所用人名地名。亦依瀛環志略等舊籍所常用者。蓋專爲中國人而著也。其體例仿朱子綱目。用編年體。每條皆列一綱。其目則低一格。敍事頗爲簡潔。宜於中國人腦質。但近今西史之佳構。無不用紀事本末體。舊裁之作。萬不能及新著矣。重野氏以漢學著名。至其新學之學

力。或不逮後輩遠甚。學者苟能讀東文。則正不必乞靈於此編耳。現僅出上編。其下編須本年八九月可以出版云。未通東文者得此。亦勝於讀岡本監輔之萬國史記。且勝於坊間尋常譯本也。

以一書而通上下數千年。其勢萬不能詳。固也。然則欲求詳者。宜讀斷代史。泰西史家。率分全史爲上古中古近世最近世四時代。今請擇每時代史中之佳者論之。

西洋上古史　浮田和民著　專門學校講義錄本

上古史　坪內雄藏著　同

二書皆佳。而浮田氏之作。尤爲宏博。僅叙上古。而其卷帙之浩繁。舉諸家全史之著。無有能及之者。而其叙事非好漫爲冗長。蓋於民族之變遷。社會之情狀。政治之異同得失。必如是乃能言之詳盡焉。希臘羅馬之文明。爲近世全世界之文明所自出。學者欲知泰西民族立國之大原。固不可不注意於此。必如浮田斯編。始稍足以饜吾儕之求矣。有志政治學者。所尤不可不讀也。

中古史　坪內雄藏著　專門學校講義錄本

中古史者。黑暗時代居其大半。其中於文明之迹。無甚其可記者。故著述家亦希佳本殆無之焉。無已必取此書。

世界近世史　松平康國著　一冊　定價一元二角

近世史出版者亦頗少。此編實專門學校講義錄也。題爲世界近世史。蓋眞屬於世界。東洋西洋並載者也。體例謹嚴。文章條達。學者不可不讀之書。

近世泰西通鑑　美國棣亞著　全二十七冊

此書乃明治十六年至二十三年陸續出版。（距今十九年至十二年前）係島田三郎、波多野傳三郎、肥塚龍、鈴木艮輔、青木匡、沼間守一等六人同譯。皆學界中錚錚人物也。其書自土耳其人陷君士但丁奴不起。至日耳曼意大利建國統一止。凡二十七卷。七十三篇。比松平氏之書。其卷帙約過十四倍。東文近世史之詳博。無過是者。然頗不見重於當今學界。日人至今。殆無過問者。或病其稍繁蕪歟。然苟欲專門名家於史則固不可以不讀矣。原書初出時。定價極昂。每冊售値一元。今則二十七册以二元五角可以得之矣。

日本人著譯最近世界史（所謂最近世界即十九世紀也）者。凡有六種。今全列其目。

歐洲新政史　法國米天黎著　東邦協會譯　二冊　定價一元

最近世界史上卷　坪井九馬三著　一冊　定價一元三角

十九世紀史　英國馬懇西著　幸田成友譯　一冊　定價五毫

十九世紀列國史　美國札遜著　福井安岡譯　一冊　定價三毫

歐洲十九世紀史　同　大内暢三譯　一冊　定價一元二角五

最近世史　松平康國著　專門學校講義錄本

以上諸本其幸田氏所譯。即上海廣學會所曾譯。名爲泰西新史攬要之本也。福井與大内所譯。同一原書然因文字之優劣。幾使人截然不知其爲雷同讀大内所譯。覺其精神結撰。躍躍欲飛。而福井之本。乃厭厭無生氣焉。可知率爾操觚。輒欲取前人最著名之作以點竄塗改者。誠所謂蒙不潔於西子。新學小生亦可以知所戒矣。坪井氏之書非不佳。惜其未成。松平之作。必爲良搆。無可疑者。然始見於今年講義錄。亦未覩全豹也。据現有之書。則歐洲新政史歐洲十九世紀史兩者最良矣。新政史卷帙稍繁。叙事自較詳悉。然札遜氏書最晚出。參酌前此諸家之著述。而別創新裁。盖其所重者不專在事實而著眼於其大處要處以最簡明之筆而發揮時局之趨勢。其自序云。以上乘之興味。銳敏之眼光。觀察事實之裏面。而寫出時代之精神。非夸言也。故欲研究近世史。以此書爲最有趣味。凡他家著最近世史者。皆託始於維也納會議。惟此書獨溯諸法國大革命以前。是亦其特點也。惟其事實不甚詳。故宜以歐洲新政史夾輔讀之。

此外尚有兩佳書足供參考者。

近時外交史　有賀長雄著　一册　定價一元五角

今世歐洲外交史　法國比繼兒著　酒井雄三郎譯　二册　定價三元五角

此兩書雖以外交爲重。然十九世紀列國之事蹟。幾無不與國際有關係者。故不獨專學外交者所必讀。即尋常學者亦宜研究也。

惟著最近世史者。往往專敘其民族爭競變遷。政策之煩擾錯雜。已屬應接不暇。故於學術工藝教育等文明進化之跡。勢不得不删。爲書以述之。頃日本人於此類書。尚未有佳本。惟有

十九世紀　太陽報臨時增刊　一冊　定價四角

此書乃由十數人分門編輯。內分西洋東洋政治史、及產業史、學術史、文藝史、教育史、宗教史等篇。雖非能如諸大家之精心結撰。然其書固日本現時所獨一無二也。與大內氏歐洲十九世紀史合讀。於百年來大勢。可以瞭如矣。此兩書上海廣智書局皆已譯成付印

文明史者。史體中最高尙者也。然著者頗不易。蓋必能將數千年之事實。網羅於胸中。食而化之。而以特別之眼光。超象外以下論斷。然後爲完全之文明史。日本今日尙無一焉。惟有

文明史　家永豐吉著　專門學校講義錄本

家永氏專硏究文明史者也。其與元良氏合著之萬國史綱。頗有此意。惜未能大成。此書僅有第一章。乃敍述文明史之沿革者。偉論精思。必當一讀。然不可謂之史也。此外則

歐羅巴文明史　法國基梭著　永峰秀樹譯　十六冊

基氏爲文明史學家第一人。此書在歐洲。其聲價幾與孟德斯鳩之萬法精理、盧梭之

民約論、相埒、近世作者。大率取材於彼者居多。此本乃由英文重譯。間有佶屈不能盡達其意。出版在明治九年。距今幾三十載矣。用漢式釘裝。格式頗陳舊。現坊間頗難得。學者寶之。

世界文明史　高山林次郎著　一冊　定價三角五

此書敍述全世界民族文明發達之狀況。自宗教哲學文學美術等。一一具載。可以增、學者讀史之識。惟僅至十八世紀戛然而止。自序言別有十九世紀文明一書。數月之後便當殺青。然至今已三年有餘。尚未出版。良可惜也。

要之西史之書。雖復汗牛充棟。求其眞完全美滿毫髮無憾者。今尚不得一焉。鄙人不揣檮昧。近有泰西通史之著。擬以浮田之上古史、坪內之中古史、松平之近世史、輿論社之近世泰西通鑑、大內之歐洲十九世紀史、酒井之今世外交史數書爲底本。而更參考羣書以補助之。欲以三年之功成一絕大之史。此志若酬。雖不能良。亦省學者披吟之功不少焉耳。

第二節　東洋史（中國史附焉）

日本人所謂東洋者。對於泰西而言也。即專指亞細亞洲是也。東洋史之主人翁。實惟中國。故凡以此名所著之書。率十之八九紀載中國耳。故今兩者合論之。

現行東洋史之最良者。推

中等東洋史　桑原隲藏著　二册　定價一元

此書爲最晚出之書。頗能包羅諸家之所長。專爲中學校教科用。條理頗整。凡分全史爲四期。第一上古期。漢族膨脹時代。第二中古期。漢族優勢時代。第三近古期。蒙古族最盛時代。第四近世期。歐人東漸時代。繁簡得宜。論斷有識。

其餘參考書。

東洋史綱　兒島獻吉郎著　二册　定價各三角

東洋史要　市村瓚次郎著　二册　定價七角五

中等教育東洋歷史　木寺柳次郎著　定價八角

中等教育東洋史　藤田豐八著　二册　定價各三角五

兒島氏。初著東洋史之人也。市村氏。在帝國大學中以東洋史名家者也。但諸書雖名

爲東洋史。實不過中國史。其他有論及者。皆附庸耳。此未足以稱其名也。今年專門學校新設史學一科。其講義錄中有

東洋史　高桑駒吉著

此書以中國印度爲主。而他國亦不忽略。今尚未出完。待其完成。或可爲東洋史中第一位乎。

東邦近世史　田中萃一郎著　上卷一册　定價一元

東洋之斷代史。舍是書更無他本。此書凡分十章。第一章歐人通商之初期。(拉丁民族)第二章滿洲之興起。第三章歐人通商之第二期。(條頓民族)第四章俄國東方侵略之初期。第五章印度之蒙古帝國勃興及其瓦解。第六章英人侵略印度。第七章滿洲朝之經略西方。第八章緬越諸國侵略之初期。幷南洋諸島。第九章中亞英俄衝突之初期。第十章鴉片戰爭及洪楊之難。其搜羅事實而連貫之。能發明東西民族權力消長之趨勢。蓋東洋史中最佳本也。上海廣智書局近已譯

要之東洋史之不完全。此西洋史更甚。蓋材料不足。欲成一偉大之作。斷非一手一足

之力所能致矣。

中國史至今訖無佳本。蓋以中國人著中國史。常苦於學識之局而不達。以外國人著中國史。又苦於事實之略而不具。要之此事終非可以望諸他山也。不得已而求其次。則現時日本人所著最良者爲

支那史　市村瓚次郎 瀧川龜太郎 合著　一冊　定價一圓三角

此書係爲中學教科之用。故極從簡略。凡分六卷。第一卷爲篇三。曰總敍。曰太古史。曰三代史。第二卷爲秦漢史。第三卷爲兩晉南北朝史。第四卷爲隋唐五代史。第五卷爲宋元史。第六卷爲明淸史。不過順時代敍下。無有特別結搆。但頗能提要鉤元。且稍注意於民間文明之進步。亦中國舊著中所無也。若我國學校據爲教科書。則有所不可。蓋日人以此爲外國史之一科。則其簡略似此已足。本國人於本國歷史。則所以養國民精神。發揚其愛國心者。皆於是乎在。不能以此等隔河觀火之言充數也。

支那通史　那珂通世著　已出五冊　定價二元五角

此書全用漢文。前在上海已有重刻本。但僅至宋代而止。其近世史尚闕如也。此書與

市村氏之著。體裁略同。而完善尙不逮之。蓋前書頗近新體。此書全仍舊體也。此外著者雖多。更等諸自鄶矣。

清史擥要　六冊

敘述二百年來事。頗有爲中國史家所諱者。亦可以供參考也。

支那開化小史　田口卯吉著　一冊　定價六角五

此書實史論體。其所重者在論斷而不在事實。故其所記載。惟擇其有關於議論者而錄之。至其論則目光如炬。善能以歐美之大勢。抉中國之病源。誠非吾邦詹詹小儒所能夢也。漢以前。尤爲精絕。又眉端有評騭者數家。皆用漢文。其議論頗足與原書相補云。此書上海廣智書局已有譯本而譯筆頗劣

支那文明史　白河次郎 國府種德 同著　一冊　定價三角五

中國爲地球上文明五祖國之一。且其文明接續數千年未嘗間斷。此誠可以自豪者也。惟其文明進步變遷之跡。從未有敘述成史者。蓋由中國人之腦質。知有朝廷。不知有社會。知有權力。而不知有文明也。此書乃草創之作。雖非完善。然大輅椎輪。厥意亦良

善矣。內分十一章。第一章、世界文明之源泉及支那民族。第二章、原始時代之神話及古代史之展開。第三章、支那民族自西亞細亞來之說。第四章、學術宗教之變遷概說。第五章、政治思想及君主政體之發展。第六章、歷數地理之發達及變遷。第七章、建築土木之發達及變遷。第八章、文字書法繪畫之發達及變遷。第九章、支那人用歐洲印刷術之源流。第十章、音樂之發達變遷。第十一章、金屬之使用及舟車。其第三、第五章、最有獨到之論。此外門外漢語亦不少。別有

支那文明史論　中西牛郎著　一冊　定價三角五

亦足供參考。上海普通學書室有譯本。

此外言中國近世事者甚多。分屬史論及傳記兩門論之。其學術史亦別從其類。

第五節　日本史

國民教育之精神。莫急於本國歷史。日本人之以日本歷史爲第一重要學科。自無待言。但以華人而讀東籍。則此科甚爲閑著。因其與數千年來世界之大勢。毫無關係也。故我輩讀日本史。第一義。欲求知其近今之進步。則明治史爲最要。第二義。欲求知其

所以得此進步之由則幕末史亦在所當讀若前乎此者則雖闕之可也今著錄其最有名者數種。

帝國史略 有賀長雄著 一冊 定價一元五角

著者爲當世名士。最留意於制度文物之變遷。議論常有特識。其區分時代處。尤能見國民發達之次第。東人稱爲名著。

二千五百年史 竹越與三郎著 一冊 定價一元五角

此書在日本史中。卷帙最稱浩博。著者以能文名。其史筆明暢飛動。學界最贊之。

日本開化小史 田口卯吉著 六冊 定價七角半

與支那開化小史同出一人之手。其議論常多獨到處。雖我邦人讀之。亦不至生厭。若欲略知日本數千年進化之跡。毋寧此書爲良。

開國始末 島田三郎著 一冊 定價一元五角

開國起原 勝安房著 三冊 定價三元

懷往事談 福地源一郎著 一冊 定價二角

三書皆敘述德川幕府末葉之事實。蓋日本之過渡時代也。日本所以能成爲今日之日本者。皆彼時代諸豪傑之賜也。讀之最可以發揚精神。於我學界尤爲要品矣。

讀日本史莫急於明治歷史。而明治歷史竟無佳本。吾人所不解也。惟有

明治歷史　坪谷善四郎著　一冊　定價六角

用此名著述者。惟此一本耳。然非其佳者。無已則惟「太陽」臨時增刊有與都三十年一書。其中有一種題爲

明治三十年史

者。內分學術思想史、政治史、軍政史、外交史、財政史、司法史、宗教史、教育史、文學史、交通史、產業史、風俗史、等十二編。由一時名士分門纂輯。實近史中之最適於我學界者也。上海廣智書局有譯本。改題日本維新三十年史。

（未完）

本報各代派處

如有欲閱本報者請向下開各處所定購或逕寄函本社購取亦得但必須將報費郵資先行付下本社自然按客無悮

上海總代發行所廣智書局
又四馬路同文派報館
又四馬路惠福里選報館
又四馬路惠福里采風報館
又四馬路廣與會邱禮濤先生
又四馬路望平街中外日報館
又五馬路寶善街普通學報館
又棋盤街三茅閣橋商務日報館
又大東門內育材書塾王培孫先生
又樊王渡約翰書院晉尙先生
東京譯書彙編社
又神田東京堂
長崎新地宏昌號
朝鮮仁川怡泰號
天津日日新聞社
又大公報館
烟台順泰號
北京琉璃廠日日新聞分社
又琉璃廠西門內有正書局
又燈市口廣學會
南京花牌樓中西書局
又夫子廟前明達書莊
又三牌樓西明達別墅
又鐵湯池益智書局
安慶拐角頭皖省藏書樓

蘇州蕭家巷姚公館方縣安先生
又同里鎮任閣學第陳佩忍先生
吳中圖書會社
無錫北門內道長巷梁溪務實學堂
常州城內青雲里楊第
又打索巷許芝年先生
杭州浙西書林
又東文學社
又梅花碑方言學社
又白話報館韓靜涵先生
揚州新勝街東文學社
又政法學會
紹興東湖通藝學堂孫翼中先生
南昌百花洲廣智書莊
又馬王廟背賦梅山房
又馬王廟背陶君節先生
如皋東門朱獻侯先生
漢口黃陂街江左漢記
溫州正和信局
福州南臺閩報館
汕頭今學書局
又育善街嶺東日報館
又振邦街上海莊黃敬堂先生
香港上環海傍和昌隆
又荷李活道聚文閣

又中環水車館後街錦福書坊
廣東省城雙門底開明書局
又聖教書樓
又黃文裕公祠內萃廬
又大馬站口林裕和堂
又十八甫華洋書局
海防同昇昌陳堯羹先生
石叻大葛街謙和號
巴城大港唇聯興號
庇能檳城新報館
吉隆王澤民先生
暹羅陳斗南先生
檀香山新中國報館
域多利埠廣萬豐號
域多利二埠英泰號
溫哥華埠永生號
砵侖李美近先生
舊金山文興報館
又中西報館
又翰香報館
濱郎羅藻雲先生
雪梨方澤生先生
美利畔黃世彥先生
紐西侖呂傑先生

廣智書局出書廣告

日本維新三十年史

全六冊　定價一元六角

第一編　學術思想史
第二編　政治史
第三編　軍政史
第四編　外交史
第五編　財政史
第六編　司法史
第七編　宗教史
第八編　教育史
第九編　文學史
第十編　交通史
第十一編　產業史
第十二編　風俗史

第三種郵便物認可
新民叢報第十一號　明治三十五年七月五日發行

P.O. Box 255
YOKOHAMA
JAPAN

新民叢報

第拾貳號

光緒二十八年六月十五日
明治三十五年七月十九日

●本號要目
希臘三大哲造像
論自尊（新民說十二）
民約論鉅子盧梭之學說
析疆增吏篇
斯巴達小志
論中國學術思想變遷之大勢
飲冰室師友論學牋
尺素五千紙
海外奇譚
新羅馬傳奇
十五小豪傑
飲冰室詩話

每月二回朔望發行

新會梁任父先生著

飲冰室文集

香山何天柱編

飲冰室主人爲我國文界革命軍之健將其文章之價值世間既有定評無待喋喋此編乃由其高足弟子何君所編凡**著者數年來之文字搜集無遺**編年分纂凡爲八集曰丙申集丁酉集戊戌集己亥集庚子集辛丑集壬寅集而以**韻文集**附於末焉其中文字爲**各報所未載者**亦復不少煌煌數百萬言無一字非有用之文雖謂中國集部空前之作殆無不可卷首復冠以著者所作**三十自述**一篇及**照像三幅**一爲時務報時代造像二爲清議報時代造像三爲新民叢報時代造像海內外君子有表同情於飲冰室主人者乎得此亦足代嚶鳴求友之樂也**現已付印**不日出書

發行所 上海英界南京路同樂里 **廣智書局**

新民叢報第十二號目錄

光緒二十八年六月十五日

售報價目表　二

全年廿四冊	半年十二冊	每冊
五元	二元六毫	二毫五仙

美洲澳洲南洋海參威各埠全年六元半年三元二毫零售每冊三毫正

郵稅每冊壹仙外埠六仙

編輯兼發行者　馮紫珊

印刷者　西脇末吉

橫濱山下町百五十二番館

發行所　新民叢報社

橫濱山下町百五十二番館　信箱二百五十五番

印刷所　新民叢報社活版部

東京神田區表神保町三番地

東京發賣所　東京堂

太平洋客著

新廣東

一名(廣東人之廣東)

全一冊 定價二角五分 外埠郵費在内

其名曰新廣東則雖未開卷而其卷中之大略宗旨可以想見矣著者前在上海時務報橫濱清議報主筆今在美國某報主筆文名夙著之人也不欲顯言撰人名氏讀者亦不必深求撰人名氏但讀之而覺其咄咄逼人若有電氣焉刺其腦而起一種異想者則此書之性質也卷首冠以廣東圖一幅精美鮮彩尤足爲全書生色

發行所 横濱市山下町百五十二番 新民叢報社

上海廣智書局

日本維新三十年史	全六冊	定價一元六角
政治學上卷國家編	洋裝全一冊	定價四角
政治學中卷憲法編	全一冊	定價三角五分
十九世紀末世界之政治	全一冊	定價四角五分
再版現今世界大勢論	洋裝全一冊	定價二角五分
法學通論	全一冊	定價三角
歐洲財政史	全一冊	定價三角
增補族制進化論	全一冊	定價三角
再版憲法精理	全一冊	定價五角五分
再版萬國憲法志	全一冊	減價五角
政治原論	洋裝全一冊	定價七角五分
支那史要	全四冊	定價八角
飲氷室自由書	全一冊	定價五角
中國魂	全一冊	定價四角
國家學綱領	全一冊	定價一角二分
胎內教育	全一冊	定價三角
國際公法志	全一冊	定價五角
實驗小學校管理法	全一冊	定價 角五分
中國商務志	全一冊	定價四角
東亞將來大勢論	全一冊	定價二角
中國文明小史	全一冊	定價四角
中國財政紀略	全一冊	定價二角五分
修學篇	全一冊	定價二角五分
再版楊子江流域現勢論	全一冊	減價二角
新撰日本歷史問答	全二冊	定價三角五分
再版埃及近世史	全一冊	減價二角五分

出版圖書廣告

東亞各港志	全一冊 定價三角
明治政黨小史	全一冊 定價一角
外國地理問答	全一冊 定價二角
國憲汎論	近刊
英國憲法史	近刊
英國憲法論	近刊
羣學	近刊
萬國官制志	近刊
萬國選擧志	近刊
萬國商務志	近刊
歷史哲學	近刊
新編中學教科書第一種倫理教科書	近刊
新編中學教科書第二種泰西史教科書	近刊

暗射世界大地圖	定價五圓
中國暗射地圖	定價五圓
中國十八省地圖	定價一圓二角
中外方輿全圖	定價四圓
實測精密東亞新地圖	定價一圓
戰地必攜極東地圖	定價一圓六角
教科適用東亞三國地圖	定價一圓五角
最新滿洲圖 附圖說一本	定價一圓
學校要品徑尺地球儀	定價八元五角
五彩坤輿全圖	定價二元二角五
新譯英和辭典	定價二圓

希臘三大哲遺像

（其一）

梭格拉底

Sokrates 470—393 B.C.

希臘三大哲遺像

(其二)

柏拉圖

Plato 429—348 B.C.

希臘三大哲遺像

(其三)

亞里士多德

Aristotle 384—322 B.C.

論說

新民說十二

中國之新民

第十二節　論自尊

日本大教育家福澤諭吉之訓學者也。標提『獨立自尊』一語以爲德育最大綱領。夫自尊何以謂之德。自也者國民之一分子也。自尊所以尊國民故。自也者人道之一阿屯也。自尊所以尊人道故。

西哲有言『人各立於自所欲立之地』吉田松陰曰。『士生今日欲爲蒲柳斯蒲柳矣。欲爲松柏斯松柏矣』吾以爲欲爲松柏者果能爲松柏與否吾不敢言。若夫欲爲蒲柳者而能進於松柏吾未之聞也。孟子曰。有是四端而自謂不能者自賊者也。又曰。自暴者不可與有言也。自棄者不可以有爲也。夫自賊自暴自棄之反面則自尊是也。是以君子貴自尊。

悲哉吾中國人無自尊性質也。簪纓何物。以一鉤金塞其帽頂。則腳靴手版磕頭請安戢戢然矣阿堵何物以一貫銅晃其腰纏則色肆指動圍繞奔走喁喁然矣夫沐冠而喜者戲猴之態也投骨而囓者畜犬之情也人之所以爲人者其資格安在耶顧乃自儕於猴犬而恬不爲怪也故夫自尊與不自尊實天民奴隸之絕大關頭也

且吾見夫今世所謂識時俊傑者矣天下之危急彼非無所聞也國民之義務彼非無所知也顧口中有萬言之沸騰肩上無半銖之負荷叩其故則曰天下大矣賢智多矣某自顧何人其敢語於此推彼輩之意以爲一國四百兆人其三百九十九兆九億九萬九千九百九十九人中其德慧術知無一不優於我其聰明才力無一不强於我我之一人豈足輕重云耳率斯道也以徃其必四百兆人人皆除出自已而以國事諉諸其餘之三百九十九兆九億九萬九千九百九十九人統計而互消之則是四百兆人卒至實無一人也夫一二人之自賊自暴自棄而不自尊宜若於天下大局無與焉矣然窮其弊乃至若此

不寧惟是爲國民者而不自尊其一人之資格則斷未有能自尊其一國之資格焉者也一國不自尊而國未有能立焉者也吾聞英國人自尊之言曰太陽曾無不照我英

揚國旗之時。（英人屬地徧於五大洲此地日方沒彼地日已出故曰太陽常照英國旗也）曰無論何地。凡我英人有一人足跡踏於其土者。則其土必爲吾英之勢力範圍也。吾聞俄國人自尊之言曰。俄羅斯者。東羅馬之相續人也。（相續者繼襲之義）曰我俄人必成先帝彼得之志。爲東方之主人翁也。吾聞法國人自尊之言曰。法蘭西者。歐洲文明之中心點也。全世界進步之原動力也。吾聞德國人自尊之言曰。自由主義者。日耳曼森林中之產物也。日耳曼人者。條頓民族之宗子。歐洲中原之主帥也。吾聞美國人自尊之言曰。舊世界者。腐敗陳積之世界也。其有清新和淑之氣者。惟我新世界。（舊世界指東半球新世界指西半球）今日之天下。由政治界之爭競而移於生計界之爭競。他日戰勝於生計界者。舍我美人莫屬也。吾聞日本人自尊之言曰。日本者東方之英國也。萬世一系。天下無雙也。亞洲之先進國也。東西兩文明之總匯流也。自餘各國。苟其能保一國之名譽於世界上者。則皆莫不各有其所以自尊之具。苟不爾者。則其國必萎縮而無以自存也。其遠焉者吾不能徧舉。請徵諸其近者。吾嘗見印度人。輒曰英國之政治高美完滿。盛德巍巍。勝於吾印往昔遠甚。乃至英人之一顰一笑。一飲一啄。皆視爲加己數十等也。吾嘗見朝鮮人。輒曰吾韓今日更無可望。惟望日本及世界文明各大國扶而掖之也淺見者徒見夫英俄德法美日之强盛也如彼而以爲其所以敢於自尊者有由徒見夫印度朝鮮之積弱也如此而以爲其所以自貶者出於不得已此誤果爲因誤因爲果之言也而烏知夫自尊者即彼六國致强之原而自貶者乃此二國取滅之道也嗚呼吾觀於此而不能不重爲中國恫矣疇昔尙有一二侈然自大之客氣乃挫敗不數度至今日而消磨盡矣聞吾人之議瓜分我也則噭然以啼聞吾人之議保全我也則囅然以笑君相官吏伺外國人之顏色先意承志如孝子之事父母士農工商仰外國人之鼻息趨承奔走如游妓之媚情人政府之意曰中國不足恃矣吾但求結納一大邦之奧援爲附庸下邑之陪臣以保富貴終餘年焉民間之意曰中國無可爲矣吾但求託庇一强國之宇下爲食毛踐土之蟻民以逃喪亂長子孫焉即號稱有志之士者亦曰今日之中國非可以自力自救庶幾有仁義和親之國恤我憐我扶助我乎嗟乎恫哉我國家今日之資格其如斯而已乎我國家將來之前途竟如斯而已乎嗟乎恫哉疇昔侈然自大之客氣自居上國而藐人爲夷狄者先覺之士竊竊然憂之以爲排外之謬想不徒傷外交而更阻文明輸入之途云耳夫

孰知夫數十年來得延一線之殘喘者尚賴有此若明若昧無規則無意識之排外自尊思想以維持之幷此而斲喪焉而立國之具乃眞絕矣夫孰知夫以眞守舊誤國而國尚有可爲以僞維新誤國而國乃無可救也孟子曰未聞以千里畏人者也誰謂爲之而至於此

夫國家本非有體也。藉人民以成體。故欲求國之自尊。必先自國民人人自尊始伊尹曰。余天民之先覺者也。予將以斯道覺斯民也非予覺之而誰也。顏淵曰。舜何人也。予何人也。有爲者亦若是。孟子曰。夫天未欲平治天下也。如欲平治天下當今之世舍我其誰也。若此者。就尋常庸子視之不以爲狂。必以爲泰矣而聖賢之所以爲聖賢者乃在於此。英將烏爾夫之將征加拿大也於前一夜拔劍擊案濶步室內自誇其大業之必成。宰相鼈特見之語人曰。余深慶此行爲國家得人。奧相加富匿掌奧國政權者五十年。嘗喟然長歎曰。「天爲國家生非常之才。雖然其孕育之也百年其休息之也又百年。吾每念及我百歲之後不禁爲奧帝國之前途危慄也。」鼈特當一千七百五十七年。語侯爵某曰。「君侯君侯予確信惟予能救此國而舍予之外無一人能當其任也』加里波的曰『余誓復我意大利還我古羅馬』加富爾失意躬耕之時其友貽書弔之乃戲答曰『事未可知天若假公以年佇看他日加富爾爲全意大利宰相之時矣』彼數子者其所以高自位置與夫世俗之多大言少成事者皮相焉殆無以異而不知其後此之建豐功揚偉烈能留最高之名譽於歷史上皆此不肯自賊自暴自棄之一念驅遣而成就之也嗟夫國於天地必有與立歷覽古今中外之歷史其所以能維繫國家於不敝之地者何一非由人民之自尊而來何一非由人民中之尤秀拔者以自尊之大義倡率一世而來哉

吾欲明自尊之義請先言自尊之道

凡自尊者必自愛『在山泉水淸出山泉水濁侍婢賣珠回牽蘿補茅屋摘花不插鬢采柏動盈掬天寒翠袖薄日暮倚修竹』此杜老絕代佳人之詩也不如此而謬託於絕代佳人未有能稱者也孔明之表後主也一則曰臣本布衣躬耕南陽苟全性命於亂世不求聞達於諸侯再則曰臣於成都有桑八百株沒後子孫無憂飢寒夫孔明非必如硜硜自守之匹夫故爲狷介以鳴高也彼其所以自處者固別有所以特拔於

流俗而以淡泊爲明志之媒介以常靜爲致遠之表記也故夫浮華輕薄之士謬託曠達而以不矜細行爲通才犧牲名譽而以枉尺直尋爲手段者其去豪傑遠矣何也先自非薄而所謂自尊者更持何道也故眞能自尊者有皚皚氷雪之志節然後能顯其落落雲鶴之精神有諤諤松風之德操然後能載其嶽嶽千仞之氣概自尊者實使人進其品格之法門也。（未完）

本報論說例以一期完載一節文氣不中斷此次作者間於他事而印刷期迫全部各稿皆已印成僅留空紙八葉不能盡登全文故截出一小半下期登之讀者諒焉

慶應義塾講師演釋福澤先生獨立自尊之義十四條

獨立自尊之人善與人交雖常敬愛人而不肯枉己之所信

獨立自尊之人常能自治能自勝者也

獨立自尊之人常重信義不欺人不欺己

獨立自尊之人常欲助人使全其獨立自尊

僅能自勞自活修身齊家而對于社會未盡其義務者不可謂之爲獨立自尊之人也

獨立自尊之人凡應守之紀律不待勸而能守之

獨立自尊之人不徒對于一身一家一國盡其責任而已對於人類全體及下等動物皆盡其應盡之責任

爲情慾之奴隸而不能自治者非獨立自尊之人也

不爲天然力所左右而能利用之以增人生之文明幸福者人類之所以獨立自尊也

暗於道理爲迷信所左右者非獨立自尊之人

爲境遇之幸不幸所牽縛而失其恒心者非獨立自尊之人

知積財之道而不知散之之道者非獨立自尊之人

傲慢者最卑劣之根性也自尊之人所不爲也

自重者人常重之自輕者人常侮之

學說

民約論鉅子盧梭之學說

（續第十一號） 中國之新民

盧梭又以爲民約之爲物不獨有益乎人人之自由權而已且爲平等主義之根本也何以言之天之生人也有强弱之別有智愚之差一旦民約既成法律之所視更無强弱更無智愚惟視其正不正何如耳故曰民約者易事勢之不平等而爲道德之平等者也事勢之不平等何天然之智愚强弱是也道德之平等者何由法律條款所生之義理是也

人人既相約爲羣以建設所謂政府者則其最上之主權當何屬乎盧梭以爲民約未立以前人人皆自有主權而此權與自由權全爲一體及約之既成則主權不在於一人之手而在此衆人之意即所謂公意者是也

盧梭以爲凡邦國皆藉衆人之自由權而建設者也故其權惟當屬之衆人而不能屬之一人若數人質而言之則主權者邦國之所有邦國者衆人之所有主權之形所發

於外者則衆人共同制定之法律是也

盧梭又以爲所謂公意者非徒指多數人之所欲而已必全國人之所欲而後可故其言曰凡議事之時相約以三占從二決可否固屬不得不然之事然爲此約之前必須得全員之許諾而後可是每決一事皆不啻全員之同意也不寧惟是所謂公意者非徒指現時國人之所欲而已又并後人之所欲而言之何也現時全國人之所欲在於現時洵可謂公矣及其與後代全國人之所欲不相合時則已不得謂之公意是故今日以全國人之議而決定者明日亦可以全國人之議而改之不然則豫以今日之所欲而束縛他日之所欲豈理也哉

由是觀之則盧梭所謂公意極活潑自由自發起之自改正之自變革之日征月邁有進無已夫乃謂之公意且公意既如此其廣博矣則必惟屬於各人所自有而不可屬于他人故盧梭又言曰國民之主權不可讓與者也今有人於此而曰某甲今日之所欲吾亦欲之斯可也若曰某甲明日之所欲吾亦欲之斯大不可何也意欲者非可自束縛者也故凡涉於將來之事皆不得豫定反此者是謂我侵我之自由權

盧梭又曰一邦之民若相約擁立君主而始終順其所欲則此約即所以喪失其爲國民之資格而不復能爲國也蓋苟有君主則主權立即消亡盧氏據此眞理以攻擊世襲君主之制及一切貴族特權之政治如以千鈞之弩潰癰矣

盧梭又曰主權者合於一而不可分者也一國之制度雖有立法行法之別各司其職然主權當常在於國民中而無分離雖分若干省部設若干人員皆不過受國民之付託就職於一時耳國民因其所欲可以隨時變更法度而不得有所制限然則立法行法司法三權所以分別部居不許雜厠者正所以保護三權所從出之主權使常在全國人之掌握也是故主權之用可分而主權之體不可分是民約論之旨趣也

學者見盧梭之主張公意如此其甚也以爲所謂公意者必與確乎不易之道理爲一體矣雖然又當細辨盧梭之所貴乎公意者指其體而言非指其用而言故其言曰公意者誠常正而以規圖公益爲主者也雖然其所議決非必常完善者何也旨趣與決議或往往背馳民固常願望公益而或常不能見眞公益之所存故也故盧梭又曰衆之所欲與公意自有別公意者必常以公益爲目的若夫衆之所欲則以各人一時之

私意聚合而成或往往以私利爲目的者有之矣。若是乎凡一國所布之令必以眞出於公意者然後可謂之法律若夫發于一人或數人之意者不能成法律此理論之正當者也雖然以今日之國家其實際必不能常如是故但以衆人所公認者即名之曰法律而公認之方法則以國人會議三占從二以決之而已。

盧梭乃言曰法律者以廣博之意欲與廣博之目的相合而成者也苟以一人或數人所決定者無論其人屬於何等人而決不足以成法律又雖經國民全員之議決苟其事僅關于一人或數人之利害而不及於衆者亦決不足以成法律

案此論可謂一針見血簡而嚴精而透矣試一觀我中國之法律何一非由一人或數人所決定者何一非僅關係一人或數人之利害者以此勘之則謂吾中國數千年來未嘗有法律非過言也

盧梭又曰法律者國民相聚而成邦之規條也又曰法律者全國民所必當遵守以故全國民不可不議定之又曰國也者國民之會聚場也法律也者會所之規約也定會

所之規約凡與於此會聚之人所公有之責任也。

又曰。若欲得意欲之公不可先定某某事以表衆人之同意。必衆人皆自發議而後可。

又曰。若欲眞得意欲之公則各人必須由自己所見而發不可仰承他人之風旨苟有所受斯亦不得爲公矣。

雖然、盧梭之意以爲公意體也。法律用也。公意無形也。法律有形也。公意不可見而國人公認以爲公意之所存者。夫是之謂法律。惟然故公意雖常良善而法律必不能常良善。故盧梭又曰。凡事之善良而悉合於道理者。非吾人所能爲皆天之所命也。使吾人若能一一聽命於天不踰其矩則無取乎有政府無取乎有法律。惟其不能則法律所以不得不起也。

又曰。世固有事物自然之公理稱當不易之大義。然欲以行之於斯世而不能人人盡從者有從有不從是義終不得行也。於是乎不得不由契約而定之由法律而行之。然後權理乃生責任乃出而理義始得伸。故盧梭謂孟德斯鳩之所謂法律不過事物自然之法律。而未足稱爲邦國之法律。謂其施行之方法未明也。

是故盧梭之意。以爲法律者衆人相共議定。從於事物自然之理。以發表其現時之意欲云爾。要之法律者自其旨趣言之雖常公正然其議而定之也常不能盡然故不可不常修改而變更之此一說實盧梭之識卓越千古者也。

凡當議定法律之時。必求合於正理。固不待言。但有時錯謬而與理背馳。故無論何種法律皆可隨時釐正變更。而此釐正之權當常在於國民之手。故盧梭謂彼握權之人一日議定法律而始終不許變易者。實政治之罪人也

又曰凡法律無論若何重大無有不可以國人之所欲而更之者。若不爾則主權不復在國民之手而政治之基壞矣。

盧梭又曰。凡法律之目的在於爲公衆謀最大利益。而所謂公衆最大利益者非他。在自由與平等二者之中而已。何也。一國之中有一人喪自由權之時則其國減一人之力。此自由所以爲最大利益也。然無平等則不能得自由此平等所以爲最大利益也。

又曰吾所謂平等者。非謂欲使一國之人其勢力財產。皆全相均而無一差異也。若是者蓋決不可行之事也。但使其有勢力者。不至涉于暴虐。以背法律之旨趣。越官職之

權限。則於平等之義斯足焉矣。至財產一事。但使富者不至藉金錢之力以凌壓他人。貧窶者不至自鬻爲奴。則於平等之義斯足焉矣。

又曰。欲使邦基永奠。則當令貧富之差。不至太相遠。苟富者太富。貧者太貧。則於國之治安。俱有大害。何也。富者藉財力以籠絡貧者。而潛奪其政權。貧者甘諂諛富者而供其使役。質而言之。則富者以金錢收買貧者之自由權。而主人奴隸之勢斯成矣。雖然。富者愈富。貧者愈貧。其差異以漸次而日甚。此又自然之勢。無可如何者也。故必當藉法律之力以防制此勢。節中而得其平。則平等自由。可以不墜於地。

盧梭以前。諸學者往往以國民之主權與政府之主權混淆爲一。及盧梭出始別白之。以爲主權者。惟國民獨掌之。若政府則不過承國民之命。以行其意欲之委員耳。其言曰。政府者何。卽居於掌握主權者（卽國民全體）與服從主權者（卽各人）之中間。而贊助其交際凡施行法律以防護公衆之自由權者也。更質言之。則國民者主人也。而官吏者其所傭之工人。而執其役者也。

夫政府之爲物。既不過受民之委託。以施行其公意之一機關。則其所當循守之責任可知矣。故凡可以傷國民自由權之全部若一部之事。皆當避之。故無論何種政體。苟使國民不能自行其現時與將來之意欲者皆謂之不正何也。苟國民常不能掌握主權則背于立國之大本也。盧梭乃斷言曰。凡政體之合於眞理者惟民主之制爲然耳。是故盧梭以爲政體種類之差別。不過因施法權之分配如何而强爲之名耳。非謂立法權之分配可以相異也。蓋立法權者必常在全國人之手。而萬無可以分配之理者。不爾則一人或數人握之。已反于民約之本義。而尙何政體之足云。所謂施法權之分配者。或以全國人而施行全國人之所欲。或以一人而施行全國人之所欲。或以若干人而施行全國人之所欲。即世俗所謂君主政體少數政體民主政體之分也。若夫發表意欲（即立法權）必屬於全國人之責任。無可移者。且彼之任施法權者。無論爲一人爲若干人。皆不過一時偶受委託。苟有過舉。則國人皆得賞罰之黜陟之。

至委託施法權之事。三者之中當以何爲善乎。盧梭曰。全國人自行施法之權。苟非小國。必不能實行之。且有種種弊端。比諸君主政體貴族政體。其害或有更甚者。故分諸種之官職。而嚴畫其權限。最爲善矣。

盧梭於是取現時英國所循之政體。即所謂代議政體者而評論之。以爲其分別施法之權。洵善也。雖然其代議政尚不免與自由之眞義稍有所戾。何則。代議政體者以若干人員而代國人任主權者也故國人得發表其意欲者僅在投票選舉議員之一日而已此一日以外不過拱手以觀代人之所爲故如此政體國人雖非永遠捐棄其自由權而不免一時捐棄之矣故曰未得爲眞善美之政體也。

盧梭以爲國人票選若干人員而委之以議政之權。固無不可惟必當明其責任有負責者則可隨時黜之何也彼若干人者不過爲一時受託之人非謂使其人代己握主權而以己權全付之也蓋權本不得讓與他人故亦不得使人代我握之主權常存於公衆意欲之中而意欲必非他人可以代表者也。

又言法律者衆意之形於外者也。我有我之意代人有代人之意故立法權決不可使人代我若夫施法權則可以代矣何也施法權者不過實行我所定之法律而已。

又言英國人自以爲我實有自由權。可謂愚謬蓋彼等惟選舉議員之日有自由權耳。選舉事畢便爲奴隸矣。

如盧梭之言則議定法律之事。凡爲國民者不可不躬自任之。斯固善矣。然有一難事焉。在于大國之國民。果能一一躬握此權。而不託諸代人乎。盧梭曰。是固不能。是故欲行眞民主之政非衆小邦相聯結不可難者曰衆小邦並立則或有一大邦狡焉思啓以侵犯之其奈之何盧梭曰衆小邦相聯爲一則其勢力外足以禦暴侮內足以護國人之自由故聯邦民主之制復乎尙矣

盧氏又以爲聯邦民主之制其各邦相交之際有最緊要者一事惜哉其所謂緊要之一事未及論叙而盧氏遂卒使後人有葭蒼露白之感焉但度其所謂聯邦民主之制殆取法於瑞士而更研究其利弊也

盧氏以爲瑞士聯邦誠太弱小或不免爲鄰邦所侵轢雖然使有一大邦效瑞士之例自分爲數小邦據聯邦之制以實行民主之政則其國勢之强盛人民之自由必有可以震古鑠今而永爲後世萬國法者盧氏之旨其在斯乎其在斯乎

案盧氏此論可謂精義入神盛水不漏今雖未有行之者然將來必徧於大地無可疑也我中國數千年生息於專制政體之下雖然民間自治之風最盛焉誠能博採文明各國地方之制省省府府州州縣縣鄉鄉市市各爲團體因其地宜以立法律從其民欲以施政令則成就一盧梭心目中所想望之國家其路爲最近而其事爲最易焉果爾則吾中國之政體行將爲萬國師矣過屠門而大嚼雖不得肉固且快意姑妄言之願天下讀者勿妄聽之也

（完）

政治

析疆增吏篇（續第十一號）

明夷

今以一縣之大。數十萬人口。官僅得流外雜職之數人。士人則諸生數十人。或數十年無舉於鄉者。其他僻府或三歲得一二舉人若進士。則或一二府而不得一人者有之。翰林則一省數千萬人三歲三數人而已。以八股之愚民。而翰林進士舉人諸生之空疏不學。固已至矣。其間以文學知名者。自江浙外。有一省數千萬人而百數十年間不得幾人者。既無政事交涉之資諳練。又無掌故文學之增才明。故展轉相尋而束縛數萬萬人入于至愚。乃以廣西一省之大。求一大淸通禮大淸律例而不可得。當王者已不貴。政何能行。民何能才。而有司之區劃。縣官太卑。體制之所定。佐雜太賤。幾于不齒。縣下惟有雜職。士人耻之。令長無所資佐理以爲治。于是有司所走集。惟有省會。今以囂官之故。品流混雜。然一省之大。等于泰西一國。亦僅佐雜數百。候補同通州縣班亦僅數百。以無分職。反爲冗員。然其人才可用者。實亦寥寥無幾。求其通中外者。固以心耳目未經而不可得。即求通古今能文章者。僻省有司殆無幾人。如廣西雲南貴州甘肅等省。撰一記文。篆一題額。題一詩工者。尚不可多得。無論治事矣。人才之鮮少若此。則以同通州縣固猶是賤微奔走。無所比數故朝士高才。亦多耻爲之。而藩臬上壓于督撫。不敢展布道府。下碍于州縣。等同贅旒。故雖有人才。亦無所施。且亦多耄老循資而至。或奔競鑽營而得實。亦乏才。且此等高官。除江南外。各省不過二三十人耳。然則雖有賢督撫。從何資以爲治。況督撫又以昏耄年勞擁大位。或挾權貴貨賄致高官。尸居餘氣。歆臥衎衎。夫以千餘里之地。數千萬之人。道路未闢。川谷崎嶇深阻。旅行經月不得到。風俗生產不盡悉。利害如山。疾苦如海。此皆歐洲一大國之資格。而歐人設十餘萬之官。以艱難整頓之。立國會州縣鄉會之議員。以講求措置之。電線鐵道收縮以通運之。猶惴惴患不逮。而以此非常之艱鉅。投之耄老督撫一二人。上無參事會無議例會之員。下無民會鄉官之本。中無各府各縣分職之參佐。惟與此愚陋奔走求利達之候補道府州縣數十人共之。耳目如何而能周。思慮如何而能到。政事如何而能下逮。不必問其人之才智忠勇如何。而知荒蕪不舉矣。即有遠志長才。亦不過在會城開一

二 一五〇四

二學堂藝院。練數千兵。已號爲一國之選。即如此。而以彼千餘里之大。僅擧其都會十數里之一二端。則彼之荒蕪棄地已居千數百矣。且德之呂伯雷六萬之人。十八里之地。而設十六部官。高等學生五百。小學生六千七百。工學商學女高等學各一。報館三。警察費十六萬。歲入千萬。試問今之大省才智能比之否乎。故曰劃地太大。設官極少賤而微。故無以爲治。等于棄地也。

今大地所師者拿破侖治地三區之法也。以鄉爲一區。縣爲一區。州爲一區。而隷于國矣。三區之法誠美。而實我中國漢制也。漢以鄉爲一區。鄉官有三老掌教化。嗇夫聽訟獄。遊徼捕盜賊。民政擧矣。縣爲一區。令丞及諸曹監諸鄉官而行政。故鄉官爲民政之上通。縣官爲國政之下逮。漢大縣令位千石。如今三品矣。其縣廷得自擧諸曹。大縣多至千人。幾若古者小國焉。政體亦不疎矣。郡爲一區。太守有丞尉佐之。得自辟諸曹。下督諸縣。而上遞于國。雖無公民議會之制。而地治之體略擧矣。漢爲百郡。其治地之大小。若今之一道。當河陝靑齊繁盛之區。若汝南穎川等郡。僅今一二府耳。所隷縣大者二三十縣。小者不過數縣。其權位職制。略如今巡撫順天府尹。而能自辟屬僚。徵用名士。遷自議郎縣令。入爲三公九卿。故其權力能修內治而禦外侮。即六朝之節使都督。唐之節度使。亦不過今二三府地。然以吳元濟據申蔡之區區。至傾國力累世乃能取之。如六朝刺史太守治地尤小。太守乃僅二三縣。縣尤極小。然皆能上奏自達于朝。故能行其志。唐宋之盛。爲州三四百。治地僅如今半府。雖以親王宰相出外。亦不過領州而已。侍從大臣。更迭典州。其別駕及宋世通判。位秩極崇。多以從官爲之。而唐之別駕皆四品。即其分曹錄事參軍。亦多自京朝清秩出領。又治地既小。長官尊顯。僚屬多才。故足資爲治。所不如歐美者。無公民議員耳。故六朝雖有行臺州軍。唐世雖有節度觀察。宋世雖有轉運提監刑獄及諸宣撫安撫制置統制諸使。然權位尊崇。故能自達。猶足爲治。但自隋蘇綽去鄉官之制後。遂無鄉之下區。移而爲州軍行臺之上區。漢人三區之制。于是壞矣。蒙古入中原得地愈大。不識政體。乃立各路行中書省。明世因之。遂成今制。牆高無基。屋上架屋。此則蒙古之謬規。自古所未有。而治體之彝失者也。明初用人不次。人人能上奏章。故政體雖壞。知府權少。得爲治。且其知縣可行取爲御史。長官畏之。故亦得少行其志。今則一行作吏。官爲初級。然皆若永隳落。無復高志。未有盡失古者之政體。而盡收其弊。如今日者也。大官若藩臬。不能出奏。何況守令。故督撫位極尊。非累遷不能至。十九皆耄庸昏憒。一人臥治于上。則百吏木偶于下。千里荒蕪。億兆閉鎖。以治兵則不足禦侮。以理財則不能下逮。更何有於民。國未嘗資其少益也。而害若邱山。故政體未有大謬若是者也。夫致此大弊者何哉。則以主權收之太過。而耳目精神少短。不能多閱奏章。惟督撫廿餘人。至少至簡。易以接之。而督撫有一省之權力。亦足以坐鎮內盜。于閉關之世。僅求不亂。而未嘗求治者。執簡以馭繁。指臂可供。乃較之古者爲最美之法矣。但施之今日強力競爭之時。民智地利當闢之日。則其制最相反。而其爲害最大耳。今以大地各國徧考之。英地球第一強國也。其英倫五萬八千二百三十方里。不及四川三分之一。而分六十省。省率地數百方里。有小至一百四十八方里者。其過千方里者僅廿三省耳。其人口二萬者凡二十。五六萬者九。不過粵之一大鄉耳。此其省僅如吾一縣。而設總督爲直達之官。故其事能舉。其佐參事官。及分曹諸官僚屬百數。此深合于古者畫百數十里爲國主君之制也。宜其周悉靡遺。民治勃興哉。若蘇格蘭分省之小。乃有四十九方里。六千人者。意國十一萬四千四百方里。略如吾雲南直隸一省。而分六十九省。不過比吾大縣耳。省率皆千數百方里。人民略十數萬或數萬。而設總督爲直達。及羣官諸曹司馬。其比利時分九省。荷蘭分十一省。略皆如吾一縣。而設總督。瑞士分廿三省。皆一二百方里。小者乃至十四方里。不過如吾大鄉。皆設總督直達。而諸曹司並設焉。法國二十萬方里。略如吾兩省餘地。而分八十六省。每省地略皆二三千方里。人口略皆三四十萬。其大者三千三百方里。最小者二百三十五方里。其人口過五六十萬者不過二十省。小者乃僅八萬三千人。則不過如吾一大縣。大者不過如吾直隸州耳。而每省設總督。直達于國。僚屬千數。故其治至詳。西班牙十九萬七千六百七十方里。亦如吾兩省餘。分四十九省。率以方二三四千里爲一省。小者則七百方里。人口略皆二三四十萬。則亦如吾之大縣及直隸州。瑞典十七萬九百七十九方里。分廿四省。率二三千方里。人口率十餘萬或數萬。則略如吾川滇粤之大縣耳。葡萄牙三萬四千三十九方里。略比吾半省。分十七省。略皆方一二千里。人民一二十萬。亦皆如吾邊縣耳。日本十八萬方里。而分四十八縣。亦如吾兩縣地耳。而參事官視學官警察官書記官皆爲高等官。屬僚數百。其知事則皆一二等官焉。歐洲惟普奧分省最大。普奧兩國皆十一萬方里。當吾直隸雲南一省地。分十四省。略皆數千方里。人口數十萬。有五省過百萬者。普之省大者近萬方里。人民百餘萬。或數百萬。略如吾中國一府。爲分地至大者矣。即土耳其共分卅二省。俄羅斯亦分六十八省。不過當中國一道。故其政治至不修。然舉地球各國無有分地直達之官。若中國之廣大且疎者。故最不治莫若中國矣。夫以歐洲英法德意與諸强國土地之小。又有鐵道電線之激繞。皆頃刻而相通。半日而能達。然分地之少。設省之多猶如此。吾無鐵路電線。府縣相去動至經月。而分地之大。設省之少如彼。何其通塞相反也。彼筋節活動。行持轉便。氣電交通。我以龐然大物。而痲木偏枯。不能舉動。宜强弱之相反也。考之地球各國之治地如彼。三代漢唐宋之治地設官如此。然則今當競爭世而欲求治地。不可不先改圖也。

吾中國地既廣大。迥非歐洲各國之比。不獨英意不能師。即法奧德西瑞日本亦不能仿也。普奧之分地若一府。與唐宋之制略同。吾可用之。即以一府爲獨立直隸之分區可也。然今人才寡寥。從何得數百獨立分治督撫之才乎。故今者遠規拿破侖三區之法。近復漢人郡縣鄉之制。爲最宜矣。今之道實爲監司。其屬率二三十縣。全國共七十餘道。路與漢郡相近。今者改制。請以道爲第一大區。立一督辦民政大臣以治之。權同巡撫。上達于國。以縣爲第二中區。設民政長官以治之。升位同今知府。下逮于民。以鄉爲第三小區。則爲民政地方自治矣。其省與府留爲虛名之區。如古方伯之州。僅資監臨可也。

（未完）

歷史

斯巴達小志

中國之新民

發端

歐西惟古代近代有歷史而中世無歷史非無歷史也其歷史黑闇而不足道也故讀歐西中世之歷史與讀中國數千年之歷史無以異若其古代近代則爛然放大光明矣古代歷史國別雖多要其中心點不外希臘羅馬希臘歷史建國不尠要其中心點不外斯巴達雅典

論者曰雅典爲文化之祖國斯巴達爲尙武之祖國斯固然也又曰雅典爲自由政體之祖國斯巴達爲專制政體之祖國似也然未得其眞也斯巴達之專制與東方所謂專制者大異彼蓋民權之專制非君權之專制也斯巴達置兩王置五執政官置元老議會國民議會置兩王者使互相牽倚不能獨行其專制也一國主權全在五執政官之手而此執政官每年更任由元老國民兩議會選舉之其民權之昌明何如也近世

立憲君主國。皆以「君主無責任」之文載諸憲法。且言君主不能為惡。夫君主何以無責任。何以不能為惡。其責任皆大臣代負之也。普魯士憲法第四十四條云。各大臣代國王負責任。凡關於政務之公文。必使責任大臣一名連署。方爲有效。其餘各國憲法。亦大略類是。故憲法立而革命之慘劇可以永絕。所革者責任大臣。而於君主無與也。此誠過渡時代絕妙之法門也。而其精神其體例。實自斯巴達啓之。斯巴達實今日全世界十數强國文明國之祖師也。

墨子非攻。春秋無義戰。雖然、此自宗教家救時之言。大同太平以後之義。而決非可以施諸今日。且按諸天演物競之公例。其勢抑有不能至者也。故尚武精神。為立國第一基礎。識者所同認矣。而自今以往。二十世紀之世界。更將以此義磅礴充塞之。非取軍國民主義者。則其國必不足以立於天地。然則今後有國民之責任者。徒法雅典而不足以自善。其不能不兼法斯巴達。昭昭然也。故雅典為十九世紀之模範。斯巴達為二十世紀之模範。十九世紀。民族主義時代也。其所爭者在國內君與民之間。故當法雅典。二十世紀。民族帝國主義時代也。其所爭者在本國與他國本族與他族之間。故當法斯巴達。安在乎斯巴達之可以歧視也。

凡世界之文明國。未有不為「法治國」Reehtsstat 者也。但其民智開民德盛者。則其民不假他力而能自範於法之中故監督之責可以稍殺其民智稚民德弱者則其民未能以自力以與法相浹故監督之權不得不嚴但使其法爲衆人而立經衆人所認而與衆人共守之則以專制之手段行法乃正所以進其民而成就其可享自由之人格而已中國以專制聞於天下然專制尙非所患所患者彼非有法之專制而無法之專制也故四萬萬人若散沙然暴君汙吏得以左右其手强鄰外敵得以伉剝其膚然則救今日之中國莫急於納一國國民於法之中夫古今中外之「法治國」其整齊嚴肅秩然不可亂凜然不可犯者孰有過於斯巴達乎斯巴達實今日中國之第一良藥也作斯巴達小志。

第一節　斯巴達立國起源

希臘人凡分四族曰德利安族 Dorian 曰遲奇安族 Achaean 曰埃阿尼安族 Ionian 曰伊阿里安族 Aeolian 而斯巴達實德利安族之代表也皮羅般尼梭 Peloponnesus 之南岸本希臘全國發祥古地而遲奇安族所居也至紀元前一千一百年頃德利安族侵而代之歷史上名爲希臘人種大遷徙之時代德利安人旣宅斯土於其間有三

國起焉。曰亞哥士。Argos 曰米士尼亞。Messenia 曰斯巴達。而亞哥士襲前王正統之名。得地最廣。乃數傳以後。亞哥士以占形勝而轉弱。斯巴達以處多難而獲强。則亦有故焉。斯巴達國雖小。而在天羅達河之下游。宅於平地。加以四面環山。常保持德利安人强武之舊習。又其地土人勢甚猖獗。全州皆爲渥奇安舊裔所分布。斯巴達人如以軍隊屯營於敵國中。刻苦稍弛。則滅亡相隨。其所以不能不實行專制政治者以此。其所以能養成尙武之習。以霸全希者。亦以此。

第二節 來喀瓦士之立法

紀元前八百八十年。斯巴達有大立法家來喀瓦士 Lycurgas 者起。時去斯巴達建國百餘年矣。來喀者。斯巴達之王族也。斯巴達本爲兩王合治政體。蓋德利安人之侵入斯土也。與土著雜居。凡爲六族。無所統一。後乃於六族中選其二爲王。來喀即其中一王之子也。少時被讒去國。歷覽外邦。先往格來特島。此島者。「德利安」族原居之地也。政治最美。或謂後此來喀所定憲法。多取則於是云。其後復往埃阿尼亞。又往埃及。（或言曾往印度）在外十餘年。乃歸國。人民歡迎之。使佐王改革國政。來喀乃託於天神所命以制定法案雖反對者不少卒排萬難以行之如是者有年猶欲舍其身以成就此制使垂久遠乃告國民曰吾受神命當復游外國但非待吾歸來勿改斯法則國家之福永無彊矣遂去不知所之竟不歸也或言實自沈以死云而斯巴達人遵其敎不敢紊易者五百年遂使斯巴達爲世界空前絕後第一完備之軍國常執全希臘之牛耳噫嘻哲人之功在社稷不亦偉乎

案凡所謂國家者必立法行法司法三機關具備若缺一者不得爲眞國家也中國數千年來無立法之事惟姬公之周禮頗近之然亦僅有行政法之一部不足爲國法之全體也歐西則當數千年前即有來喀瓦士梭倫兩人傑專任立法其政治之日漸發達不亦宜乎

又案凡人終身不出國門一步者則只有本羣之智識而無他羣之智識且既無他羣之智識即本羣之智識亦不完備矣來喀所以能爲斯巴達創此大業者皆由放逐居外十數年之賜也

第三節　斯巴達之政體

斯巴達之政權機關有五。一曰王。二曰元老議會。三曰國民議會。四曰執政官。而王有二人。執政官有五人。爲皆來喀瓦士之憲法所明定者也。

(一)王　斯巴達之王其主權悉如荷馬時代。荷馬者希臘古代之詩人也古代事跡不可考荷馬詩所載者史家稱爲荷馬時代　王也者。國民之祭司長也。每月必代人民祈禱於「焦士」見本章第一節之壇。全國中到處有其采地。且常受人民之貢獻。其死也。布告全國。數千人相會。以十日間行大葬禮。雖然其名則高。其權實微。一國政權。實在五執政官之手。要而論之。王者祭司長也。裁判長也。外征時之元帥也。於元老議會則爲議長也。於國民議會則有發言權也。至其所以必置兩王者何也。蓋利其互相軋轢。以王制王。希臘諸邦欲坊專制而廢君主政體。斯巴達則增益利用之。至其所以爲坊一也。二王之制。恰與羅馬之廢君而置兩「孔蘇」Consuls執政官之意也　者相同。又斯巴達之王不許與外國結婚。亦不許兩王室互相爲婚。蓋一則防其與他王族相結託。藉聲援以增其權也。一則使兩王族永不歸於混一。長保其對峙之形也。然則斯巴達政體。名爲君主制而實則貴族共和制也。

案斯巴達政體。爲天下古今最奇之政體。無一不與尋常異。而二王亦其一端也。中國古訓曰。天無二日。民無二王。豈不以二之則國不能立乎。而斯巴達行之數百年。爲上古第一强國。則又何也。國爲王之國。則一而不能二矣。國爲民之國。則一之亦可。多之亦可。有之亦可。無之亦可。故觀今日美利堅法蘭西政體。而知無主乃亂之言不足信。（書經所言。謂君主也。非謂主權也。若指主權言。則固無以難矣。）觀上古斯巴達羅馬（時代）指「孔蘇」政體。而知民無二王之說不足憑。此豈目論之儒所能解也。雖然。吾中國固未始無之矣。周人流厲王於彘。而周公召公執政。號稱共和者十四年。此正與羅馬之「孔蘇」若合符節者也。

又案斯巴達之王。實與今世英國之君主無異矣。雖謂民權發達之極點可也。

（二）元老議會　斯巴達之王。一如荷馬時代。有元老議會以爲之輔弼。所異者。彼則一切政專由王決定。而授意於元老。此則王不能專斷而已。凡審判重罪權。悉在於元老。王不過爲之議長耳。其資格與他元老無以異。元老議會之議員。併兩王而其數三十人。民統分三種族。每族復別十部。部各出一人爲代表。二王實代表其中之二部也。其任議員終其身。由國民議會選舉之。非六十以上免功役者。不得與選。此議會之職掌兼立法行政司法三權每一法案由元老會議提出非已表決者不得提之於國民議會其所最要者則審判重罪關於斯巴達人之生命者也又有監督人民品行之權利義務云

(三)國民議會　斯巴達王每月最少必須以一次集會全國民凡自由民得以其時露集於天羅達河濱之大地共議決國家大事凡與外國宣戰媾和締約及元老議員高等官吏之選擧憲法之應否修改其權皆屬於國民議會就其外觀之似全握一國之主權雖然實非也蓋此議會無權以提出各種法案惟於元老議會所已決之案或贊成或反對而已既無修正之權復無討議之權也非得政府之許可無論何人不得演說其取決也不以投票依軍隊之例擧手以示可否故國民議會實則爲元老議會所操縱也年在三十以上者未經犯罪剝奪公權者皆得與選

(四)執政官　執政官號「曰埃科亞士」Ephors 譯言監督也凡五員任一年爲期每歲由人民公擧之此官自昔已有後經來喀新法職掌大變權力益加主擁護國法監督國家一切公私權以維持公共之秩序檢察羣吏有賞罰之全權審判民事斷重

大之訴案乃至人民日用飲食之事一切得干預之可以隨時召集元老國民兩議會提出種種法案凡國家財政外交一切最高權均歸其掌握國王每月必向「埃科亞士」以守憲法行特權自誓「埃科亞士」則代表國民而奉答曰王若不背此誓我等決不侵犯王權如是者以爲常又每九年則以王之有無過舉徵諸神祇若有災異則「埃科亞士」提議使元老議會糾察于懸國中一私人皆有權訟王於「埃科亞士」「埃科亞士」有權聽其訟且得據法律停王權若干月若干年其重者或逮王而寘諸理王之見「埃科亞士」例須起立當「埃科亞士」任內其權蓋無限也然所以限之者則其任期不得過一年也非五人悉畫諾不能辦理各事也要其立法之主腦在張民權而已。

案古今言專制政體者必數斯巴達就此觀之可見斯巴達果非君主之專制而人民之專制也（但其所謂人民者國民中一小部分耳）質而言之則斯巴達民權之盛殆有非今日歐美諸國所能及者也夫立憲君主者過渡時代之政體也而此之過渡直亘數千年遠溯斯巴達近消英倫彼之所以戴此共主者其精神一也夫所謂「埃科亞士」者與英

國首相以巴力門 Parliamet 多數黨之領袖爲之者何以異也而英皇以神聖不可侵犯之條著諸憲法斯巴達則王可以被逮焉非英國君權强盛之徵而實其馴服之徵也

又案漢制天子爲丞相起天子爲丞相下輿亦頗與斯巴達相類

第四節　斯巴達民族之階級

凡區國民爲三階級第一級曰「斯巴忒亞泰」Spartiatai 第二級曰「巴里阿以概」Perioikoi 第三級曰「黑埒士」Helots

(一)斯巴忒亞泰　即所謂斯巴達人「德利安」族之子孫有完全之公民權者也一國官吏惟彼等得任之彼等居於斯巴達而得名田於附近黎哥尼亞之諸地使「黑埒士」耕作之而歲徵其貢租但須守一律乃得享其公權以傳諸子孫一律者(一)服從來喀瓦士之訓練法(二)負擔公共食場之費用是也(食場制度詳下)彼等有權以名最良之田但不得增加(謂兼吞他人者以歸己)不得賣售不得贈與人借與人子孫世襲其產絕嗣則以歸諸國家歸回國家後授之誰某則王之權也惟各人於所有土地區域例附屬以兵

役之義務「斯巴忒亞泰」人凡分三族族各三十部部各三十黨黨各三十戶其在本級之人本皆平等也其有不能守前二律者則降其權一等故有優等公民 Omoioi 劣等公民 Ypomeioes 之分焉然劣等公民亦可以復其權凡「斯巴忒亞泰」人例不自耕稼至商工業則尤其所禁也

案此制酷似周禮管子其族部黨戶即鄉里鄉鄙卒伍連正之類也凡名田者必荷兵役之義務即鄉出兵車若干乘甲士若干人之類也民名田而不得自私即井田貢徹之類也蓋封建制之完備者也

(二)巴里阿以概　住居邊徼之義也黎哥尼亞州之沃壤悉歸斯巴忒亞泰人所有而「巴里阿以概」居其周圍山地專從事開礦及工商故得此名此種人無參與斯巴達國政之權利亦無服從來喀訓練之義務有時爲重鎧兵以從軍役故兵事上之訓練亦受一二焉彼等皆自由民得任意名田而貢稅於國王雖然不得有完全之公民權不得與「斯巴忒亞泰」人通婚

(三)黑埒士　「黑埒士」者農奴也隸屬於土地而爲「斯巴忒亞泰」人服勞作者也

雖然與尋常奴隸稍異。不能隨意買賣。惟隨土地。土地之主權易人。則此種人亦因而易主。蓋「黑埒士」者非斯巴達人私有之奴隸。實斯巴達國家之奴隸。而分布之於各人之土地者耳。故雖在豐年。地主不得逾額以徵其貢稅。凡「黑埒士」皆冠皮冠。服毳衣。以示別他公民。戰時則携輕兵器以從斯巴達人之後。此種人本前此之土著也。初時抵抗「德利安」族最力。雖力屈爲奴。其恨未嘗一日忘。斯巴達人爲防其謀叛。故行軍國主義以壓制之。來喀瓦士之制度。皆爲防制彼等而立耳。

以上三級。其位第一者有完全之公民權者也。位第二者雖不有之。然尙有幾分之公民資格者也。位第三者無權利之奴隸也。其人口多寡之比例。第一級最少。第二級三倍之。第三級二十倍之。其後「斯巴忒亞泰」人日漸減少。至阿里士多德時。僅餘千人。後竟以此致衰亡。

（未完）

學術

論中國學術思想變遷之大勢

中國之新民

第四章　儒學統一時代（續第九號）

第二節　其歷史

具彼六因。儒學所以視他學占優勝者。其故可知矣。雖然其發達亦非一朝一夕之故。請略敍之。

（一）萌芽時代　當孔子之在世。其學未見重於時君也。及魏文侯受經子夏。繼以段干木田子方。於是儒敎始大於西河。文侯初置博士官。實爲以國力推行孔學之始。儒敎第一功臣舍斯人無屬矣。其次者爲秦始皇。始皇焚坑之虐。後人以爲敵孔敎。實非然也。始皇所焚者不過民間之書百家之語。所坑者不過咸陽諸生侯生盧生等四十餘人。未嘗與儒敎全體爲仇也。豈惟不仇。且自私而自尊之。其焚書之令云。有欲學者。以吏爲師。非禁民之學也。禁其於國立學校之外有所私業而已。所謂吏者何則博士是也。秦承魏制。置博士官。伏生叔孫通張蒼史皆稱其故秦博士。蓋始皇一天下。用李斯之策。固已知辨上下定民志之道。莫善於儒教矣。然則學術統一。與政治統一。同在一時。秦皇亦儒教之第二功臣也。漢高蚤年最惡儒。有儒冠者輒溲溺之。其吐棄也至矣。而酈食其叔孫通陸賈等。深自貶抑包羞忍垢以從之。及天下既定。諸將爭奪喧譁。引爲深患。叔孫通乃緣附古制。爲草朝儀。導之使知皇帝之貴。然後信孔學之眞有利於人主。陸賈獻新語。益知馬上之不可以治天下。於是過魯以太牢祠孔子。喟然興學。以貽後昆。漢高實儒教之第三功臣也。

(二)交戰時代　雖然。天下事非一蹴可幾者。當漢之初。儒教以外。諸學派其餘未衰。墨也。老也。法也。皆當時與孔學爭衡者也。其在墨家。游俠一派獨盛。朱家郭解之流。爲一時士夫所崇拜。太史公曰。儒以文亂法。而俠以武犯禁。儒謂孔也。俠謂墨也。蓋孔墨兩派。在當時社會勢力殆相埒焉。（秦漢時人常以仲尼墨翟並稱。或以儒墨儒俠並稱。南海先生所著孔子改制考嘗彙鈔之。得百餘條。）其在道家則漢初之時。殆奪孔席。蓋公之教曹參。（史稱曹參爲齊悼惠王相。召諸儒百數。問安集百姓之道。言人人殊。莫知所從。聞膠西有蓋公者。善黃老言。請見之。蓋公爲言治道清靜。而民自定。曹參大悅。師之。後相漢。日飲醇酒。與民休息。皆得力於道家言也。）黃生之事竇后。（漢書外戚傳云。太后好黃帝老子言。景帝及諸竇不得不讀老子。尊其術。按竇后爲文帝后。文帝即位之年即冊立。而崩於武帝建元六年。此四十五年間。勢傾外廷。天子寧相莫敢逆。登高而呼。故道家言披靡朝野。史稱老徒黃生與儒徒轅固生嘗辨難于帝前。竇后怒使轅固入圈刺豕。欲殺之。其束縛言論自由。可見一斑矣此倡之自上者也。淮南王之著鴻烈解。高誘注淮南子云。天下方術之士多歸淮南。於是蘇飛李尙左吳田由雷被毛被伍被等八人。及諸儒大山小山之徒。講論道德。總統仁義。以著此書。其旨近於老子。淡泊無爲。蹈虛守靜云云。司馬談之論六家要指。史記太史公自序。列其父談所論六家要指。謂儒墨陰陽名法道各有所長。而歸本於道家。班固譏史公先黃老而後六經。實則此乃談之言。非遷之言也。此演之自下者也。故當時儒學雖磅礴鬱積於下而有壓之於上者。故未能得志焉。其在法家則景帝時代。鼂錯用事。史稱錯與雒陽宋孟劉帶同學申商刑名之學於軹縣張恢。然則張恢殆當時法家大師也。權傾九卿。法令多所更定。而武帝雖重儒術。實好察察之明。任用桑宏羊輩。欲行李悝商鞅之術以治天下。故儒法並立而相水火於朝廷。鹽鐵論一書。實數千年爭辨學術之第一大公案也。鹽鐵論。漢桓寬撰。乃敘述始元六年丞相御史與所舉賢良文學論辨鹽鐵均輸之利害者也。兩黨各持一見。互相詰難。洋洋十數萬言。以視英國議院爭愛爾蘭自治案改正選舉法案者。其論辨之激烈。持理之堅確。殆有過之無不及。實爲中國學界政界放一大異彩也。由此觀之當儒學將定未定之際與之爭統者凡三家就中隨分爲三小時期第一期爲儒墨之爭。蓋承戰國「武士道」之餘習四公子。孟嘗平原信陵春申之遺風猶赫赫印人耳目故重然諾鋤强扶弱之美德猶爲一世所稱羨尙氣之士每不惜觸禁網以赴之而詆儒爲柔巽者有焉矣雖然其道最不利於霸者朝廷豪族日芟而月鋤之文景以降殆萎絕。

矣第二期爲儒道之爭道家有君如竇太后文帝景帝等相如曹參汲黯等以爲之後援故其勢滋盛而經數百年戰爭喪亂之後與民休息其道術固有適宜於當時之天擇者故氣燄驟揚而詆儒爲虛僞繁縟者有焉矣雖然帝者之好尚變而其統之盛衰亦與俱變第三期爲儒法之爭儒法兩有利於世主而法家之利顯而近儒家之利隱而長景武之時急於功名法語斯起而詆儒爲迂腐不切者有焉矣然當時儒法勝負之數頗不在世主而在兩造之自力蓋法家之有力者不能善用其術緣操切以致挫敗而儒家養百年來之潛勢力人才濟濟頗能不畏強禦以伸其主義故朝野兩途皆占全勝也自茲以往而儒學之基礎始定

(三)確立時代　自魏文侯以後最有功於儒學者不得不推漢武帝然武帝當竇后未歿以前不能實行所志彼其第一次崇儒政策以武帝之雄才大略主持於上竇嬰以太后之親爲丞相田蚡以帝舅爲太尉趙綰爲御史大夫王臧爲郎中令皆推崇儒術將迎申公於魯設明堂制禮作樂文致太平然太后一怒綰臧下吏嬰蚡罷斥遂以蹉跌卒至后崩蚡復爲相董仲舒對策賢良請表章六藝罷黜百家凡非在六藝之科者

絕。勿進。自茲以往。儒學之尊嚴。迥絕百流。遂乃興學校。置博士。設明經射策之科。公孫弘徒以緣飾經術。起家布衣。封侯策相。二千年來國教之局乃始定矣。

(四)變相時代　一尊既定。尊經逾篤。每行一事。必求合於六藝之文。哀平之間。新都得政。因緣外戚。遂覬非常。然必附會經文。始足以箝盈廷之口。求諸古人。惟有周公可以附合。爰使劉歆制作僞經。隨文竄入。力有不足。假借古書。古人削竹爲篇。漆書其上。今之一卷。古可專本。其爲工也多。故傳書甚少。其轉徙也艱。故受燬甚易。其爲費也不資。故白屋之士不能得書者甚衆。以此三者。故圖書悉萃祕府。歆既親典中書。任意抑揚。縱懷改竄。謂此石渠祕籍。非民間有也。人孰不從而信之。即不見信。又孰從而難之。況有君權。潛爲驅督。於是鴻都太學。承用其書。奉爲太師。視爲家法。莒人滅鄫。呂種易嬴。自茲以往。而儒之爲儒。又非孔子之舊矣。

(五)極盛時代　雖然。新歆之學。固未能遽以盡易天下也。而東漢百餘年間。孔學之全盛。實達於極點。今請列西漢與東漢之比較。(一)西漢有異派之爭。而東漢無有也。

西漢前半紀三小期之交戰時代。不待言矣。即武帝刑黜白定一尊以後。亦尙有如汲黯之治黃老。桑弘羊張湯之治刑法者。東漢則眞絕矣。（二）東漢帝者皆受經講學而西漢無有也明帝親臨辟雍。養三老五更。自章帝以下。史皆稱其受經淵源。（三）西漢傳經之業專在學官而東漢則散諸民間也凡學權壟斷於一處者。學必衰。散布諸民間者。學必盛。泰西古學復興時代。教權由教會移於平民。遂開近代之治。其明證也。西漢非諸博士不得受業。雖有私授。而其傳不廣。東漢則講學之風。盛於一時。史所載如劉昆弟子常五百餘人。洼丹徒衆數百人。楊倫講授大澤中。弟子千餘人。薛漢教授常數百人。杜撫弟子千餘人。曹曾魏應宋登丁恭皆弟子數千人。樓望九千餘人。牟長門下著錄萬餘人。蔡玄萬六千人。諸如此者。不可枚舉。（四）西漢傳經僅憑口說而東漢則著書極盛也西漢說經之書。惟有春秋繁露韓詩外傳一二種。其餘皆口授而已。東漢則除賈馬許鄭服何諸大家。著述傳世人人共見者。不計外。其儒林傳所載。如周防著四十萬言。伏恭著二十萬言。景鸞著五十萬言。其餘數萬言者。尙稽不勝屈。故謂東京儒術之盛。上軼往軌。下絕來塵。非過言也。

第三節 其派別

競爭之例。與天演相終始。外競既絕。內競斯起。於羣治有然。於學術亦有然。韓非子顯學篇謂孔子卒後。儒分爲八。顧漢代儒學雖極盛。而所謂八儒者則渺不可覩。其條葉跗萼。千差萬別。又迥非初開宗時之情狀矣。今欲言漢儒之派別。請先言漢以前之派別。

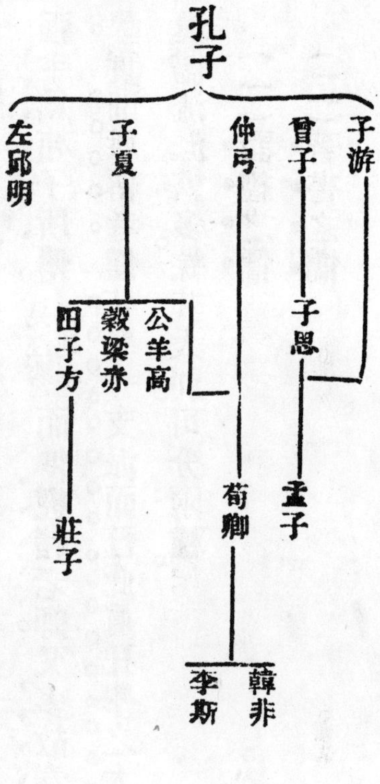

表例說明

一其流派不光大者不列。一列子游於孟子派者。孟子言大同。而大同之說。本於禮運禮運爲子游所傳。荀子非十二子篇攻思孟條下又云。以爲仲尼子游。爲茲厚于後世。故知孟子之學。出于子游也。

一列仲弓於荀卿派者。非十二子篇以仲尼子弓並稱。論語言。雍也可使南面。正荀子君權之學說所自出也

孔子之學本有微言大義兩派微言亦謂之大同大義亦謂之小康大同亦謂之太平。小康亦謂之撥亂。謂之升平。撥亂升平太平春秋謂之三世。三世之中復各含三世。如太平之撥亂太平之升平太平之太平等是也大義之學荀卿傳之微言之學孟子傳之至微言中最上乘所謂太平之太平者或顏氏之子其庶幾乎而惜其遺緒之湮沒。

而不見也。莊生本南派鉅子而復北學於中國含英咀華所得獨深殆紹顏氏不傳之統者哉。然其嗣續固不可以專屬於孔氏然則孔學在戰國則固已僅餘孟荀兩家最爲光大而二派者孔子之時便已參商迨及末流截然相反。孟子治春秋荀子治禮。（春秋孔子所自作。明改制致太平之意者也。禮孔子所雅言。爲尋常人說法者也）孟子道性善荀子言性惡（兩義皆孔子所有。言大同者必言性善。太平世當人人平等也。言小康者必言性惡。撥亂世當以賢治不肖也。故言性善者必言擴充。近于自由主義。言性惡者必言克治。近於督制主義。）孟子稱堯舜荀子法後王。（堯舜者大同之代表也、禮運所謂大道之行也天下爲公選賢與能等是也。後王者禹湯文武成王周公。小康之代表也。禮運所謂三代之英。所謂六君子也。所謂天下爲家各親其親各子其子貨力爲己大人世及以爲禮禮義以爲紀等是也。）此其大端也。若其小節更僕難終。孟子既沒。公孫丑萬章之徒。不克負荷其道無傳荀子身雖不見用。而其弟子韓非李斯等大顯於秦。秦人之政。壹宗非斯。漢世六經家法。强半爲荀子所傳。（見汪容甫述學）而傳經諸老師又多。故秦博士故自漢以後名雖爲昌明孔學。實則所傳者僅荀學一支派而已。此眞孔學之大不幸也。（漢代學術在荀派以外者。惟公羊春秋耳。）

漢儒流派繁多。綜其大別。可分兩種。

（一）說經之儒

（二）著書之儒

（一）說經之儒 在昔書籍之流布不易。故欲學者皆憑口說。非師師相傳。其學無由。故家法最重焉。今請將各經傳授本師列表如下。

（六藝）孔子

易
- 商瞿—橋庇—馯臂—周醜—孫虞—田何
  - 丁寬—田王孫
    - 施讐
    - 孟喜
    - 梁邱賀
  - 王同—楊何—京房

書
- （今文）伏勝
  - 歐陽生
  - 張生—夏侯都尉—夏侯始昌—夏侯勝—夏侯建
  - 孔安國
- （古文）孔安國

詩
- （魯詩）子夏—曾申—李克—孟仲子—根牟子—荀卿—浮邱伯
  - 申公
    - 瑕邱江公
    - 趙綰
    - 王臧
    - 孔安國
  - 楚元王
- （毛詩）毛亨—毛萇
- （齊詩）轅固生—翼奉
- （韓詩）韓嬰

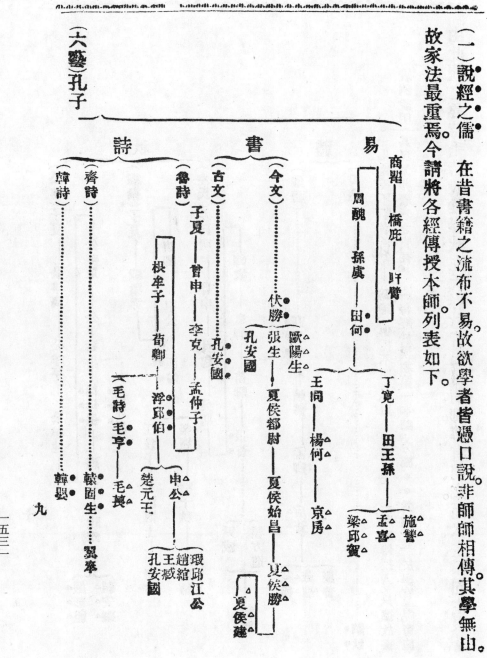

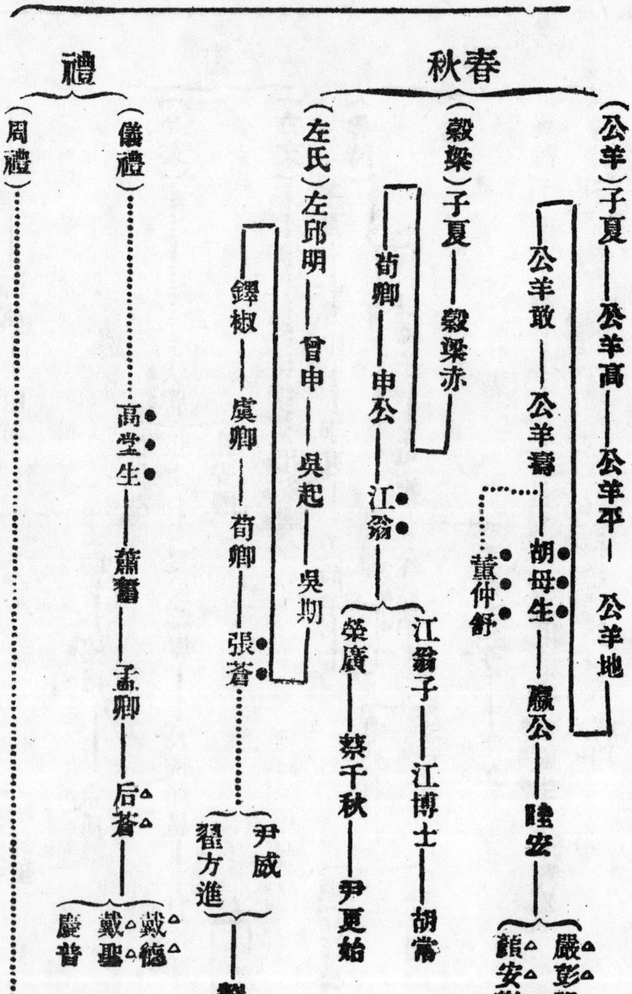

表例說明

一凡傳授不斷者。以——爲識。傳授不明者。以……爲識。

一所表傳授人。只據故書。其眞僞非著者之責任。

一每經於漢初第一本師。旁施●●爲識。立於學官者。旁施△△爲識。

由此觀之。魯詩、毛詩、穀梁春秋、左氏春秋。皆出自荀卿。傳有明文。而伏生、轅固生、張蒼。

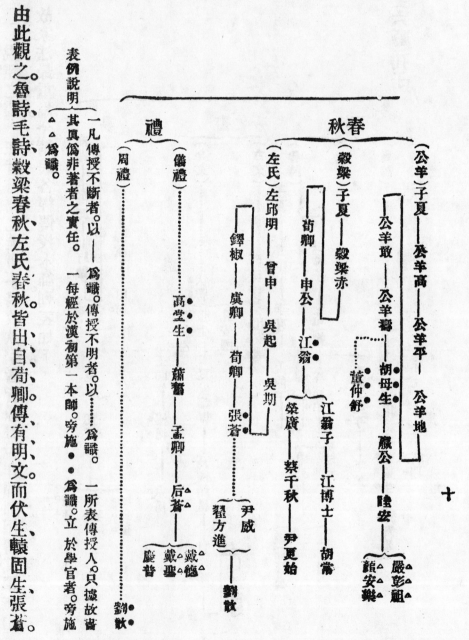

皆故秦博士禮經傳授高堂生之前雖不可考然荀卿一書皆崇禮由禮之言兩戴記又多採荀卿文字則其必傳自荀門可以推見若是乎兩漢經術其爲荀學者十而七八昭昭然也

論兩漢經學學派最當注意者今古文之爭是也今文傳自西漢之初所謂十四博士列於學官者是也古文興於西漢之末新莽篡國劉歆校書時所晚出者也今文雖不足以盡孔學然猶不失爲孔學一支流古文則經亂賊僞師之改竄附託其與孔子之意背而馳者往往然矣古文雖不盛於漢代然漢末魏晉間馬融鄭玄王肅之徒大揚其波逾六朝以及初唐勅定五經正義皆爲古文學獨占時代蓋自是而儒者所傳習不惟非孔學之舊抑又非荀學之舊矣今將漢代所立於學官者列其今古文之派爲一表

易	楊(何)	武帝時立	易皆今文無古文
	施(讎)	宣帝時立	
	孟(喜)	同上	
	梁邱(賀)	同上	
	京(房)	元帝時立	

漢代羣經立於學官者之宗派

- 書
  - （今文）
    - 武帝時立
    - 大夏侯（勝） 宣帝時立
    - 小夏侯（建） 同上
  - （古文）
    - 孔（安國） 平帝時立
- 詩
  - （今文）
    - 魯（申公） 武帝時立
    - 齊（轅固） 同
    - 韓（嬰） 同
  - （古文）
    - 毛（萇） 平帝時立
- 禮
  - （今文）
    - 后（蒼） 武帝時立
    - 大戴（德） 宣帝時立
    - 小戴（聖） 同
  - （古文）
    - 逸禮 平帝時立
    - 周官 未嘗立
- 春秋
  - （今文）
    - 公羊 武帝時立
    - 穀梁 元帝時立
    - 嚴（彭祖） 東漢初立
    - 顏（安樂） 同
    - （二家皆公羊支子出於胡母生者也）
  - （古文）
    - 左氏 平帝時立

綜而論之。兩漢經師可分四種。(其一)口說家。專務抱殘守缺。傳與其人。家法謹嚴。發明頗少。如田何、丁寬、伏生、歐陽生、申公、轅固生、胡毋生、江翁、高堂生等其人也。(其二)經世家。衍經術以言政治。所謂以禹貢行水。以洪範察變。以春秋折獄。以三百五篇當諫書。如賈誼、董仲舒、龔勝、蕭望之、匡衡、劉向等其人也。(其三)災異家。災異之說何自起乎。孔子小康之義。勢不得不以一國之權。託諸君主。而又恐君主之權無限而暴君益乘以爲虐也。於是乎思所以制之。乃於春秋特著以元統天以天統君之義。而羣經亦往往三致意焉。其即位也。誓天而治。其崩薨也。稱天而謚。是蓋孔子所殫思焦慮計無復之而不得已出於此途者也。不然。以孔子之聖智。寧不知日蝕彗見地震星孛鷁退石隕等地文之現象動物之恒情。於人事上政治上毫無關係也。而斷斷然視之若甚鄭重焉者。毋亦以民權既未能興。則政府之舉動措置。既莫或監督之而匡糾之。使非於無形中有所以相慴。則民賊更何忌憚也。孔子蓋深察夫據亂時代之人類。其宗敎迷信之念甚强也。故利用之而申警之。若曰。「某某者天神震怒之象也。某某者地祗恐惕之徵也其必由人主之失德使然也是不可不恐懼是不可不修省一夫人主者無論何人無論何時夫安能無失德則雖災變日起而無不可以附會但使稍自愛者能恐懼一二修省一二則生民之禍其亦可以稍弭此孔子言災異之微意也雖其術虛渺迂遠斷不足以收匡正之實效然用心蓋良苦矣江都最知此義故其對天人策三致意焉漢初大儒之言災異大率宗此恉也及於末流寖乖本誼牽合附會自惑惑人如書則有洪範五行禮則有明堂陰陽易則京房之象數災異詩則翼奉之五際六情齊詩派至於春秋又益甚焉劇至讖緯之學支離誕妄不可窮詰駸駸競起以奪孔席則兩漢學者之罪也（其四）訓詁家漢初大師之傳經也循其大體玩經文見漢書藝文志不爲章句訓故舉大義而已見漢書儒林傳故讀一經通一經之義明一義得一義之用自莽歆以後提倡校勘詁釋之學逮東都之末則賈馬許鄭益覃心於箋注以破碎繁難相夸尙於是學風又一變近啓有唐陸德明孔穎達之淵源遠導近今段玉裁王引之之嚆矢買櫝還珠去聖愈遠蓋兩漢經學雖稱極盛而一亂於災異再亂於訓詁災異亂其義訓詁亂

其言至是益非孔學之舊而斯道亦稍陵夷衰微矣。

(二)著書之儒　今所傳漢代著述除經注詞賦外其稍成一家言者有若陸賈之新語。賈誼之新書董仲舒之春秋繁露。司馬遷之史記。淮南王安之淮南子。桓寬之鹽鐵論。劉向之說苑、新序。揚雄之法言、太玄。王充之論衡。王符之潛夫論。仲長統之昌言。許愼之說文解字等。四百年中。寥寥數子而已。而說文不過字書。於學術思想全無關係。鹽鐵論專紀一議案。亦非可以列於作者之林。新語眞贋未定。新書割裂所成。未足以概作者之學識。要之漢家一代著述。除淮南子外。皆儒家言也。而其有一論之價值者。惟董仲舒、司馬遷、劉向、揚雄、王充、王符、仲長統七人而已。江都繁露。雖以說經爲主。然其究天人相與之故。衍微言大義之傳。實可爲西漢學統之代表。史記千古之絕作也。不徒爲我國開歷史之先聲而已。其寄意深遠。其託義皆有所獨見。而不徇於流俗。本紀之託始堯舜(五帝)也。世家之託始泰伯也。列傳之託始伯夷也。皆貴其讓國讓天下。以誅夫民賊之視國土爲一姓產業者也。陳涉而列諸世家也。項羽而列諸本紀也。

尊革命之首功不以成敗論人也孔子而列諸世家也仲尼弟子而爲列傳也尊教統也孟荀列傳而包含餘子也著兩大師以明羣學末流之離合也老子韓非同傳明道法二家之關係也游俠有傳刺客有傳厲尙武之精神也龜筴有傳日者有傳破宗教之迷信也貨殖有傳明生計學之切於人道也故太史公誠漢代獨一無二之大儒矣。彼其家學淵源既已深邃太史公自序。稱其父談學天官於唐都、受易於楊何、習道論於黃子生於天下之中央而足跡徧海內自序云、遷生龍門、耕牧河山之陽。二十而南游江淮、上會稽。探禹穴、闚九疑、浮於沅湘、北涉汶泗、講業齊魯之都、戹困鄱薛彭城、過梁楚以歸、於是仕爲郎中。奉使西征巴蜀以南、南略邛笮昆明、還報命。蓋今日版圖、除兩廣貴州福建甘肅五省外、史公足跡皆徧矣。其於孔子之學獨得力於春秋自序稱吾聞諸董生曰云云。蓋史公於董子。必有淵源矣。公羊傳屢引子司馬子曰云云。吾友仁和夏曾佑、以爲必史公也。而南派北東派北西派之精華皆能咀嚼而融化之又世在史官承胚胎時代種種舊思想磅礴鬱積以入於一百三十篇之中雖謂史公爲上古學術思想之集大成可也劉中壘粹然醇儒然爲當時陰陽五行說所困不能自拔說苑陳義至淺殆無足云揚子雲新莽大夫曲學阿世著太玄以擬易著法言以擬論語。是足以代表當時學者之創作力而惟存模擬性也王仲任頗思爲窮理察變之學然學識不足以副之。摭其小而遺其大。吾友餘杭章炳麟。以比希臘之頗瑣哲學。斯爲近矣。節信（王符）公理（仲長統）雖文辭斐然。然止於政論。指摘當時末流之弊而已。於數千年學術思想界中。不足以占一席。若是乎兩漢之以著述鳴者。惟江都龍門二子。獨有心得。爲學界放一綫光明而已。嗟乎。斯道之衰。一何至是。君子觀於此。而益歎言論自由思想自由之不可以已。如是其甚也。

其於說經著書之外。足以覘當時文明之迹者。則詞賦爲最優。而枚乘司馬相如揚雄班固等其代表人也。而唐都洛下閎之曆數。張仲景之醫方（著傷寒論）張衡之技巧（製地動儀）亦有足多者焉。

（此章未完第四節續刊）

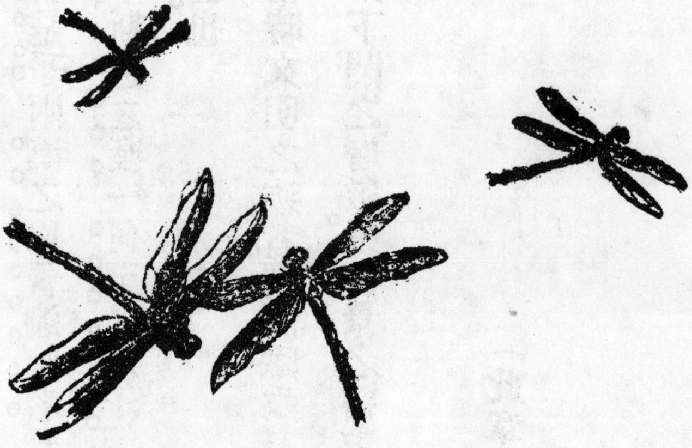

名家談叢

飲冰室師友論學牋

莊生有言。居空谷者。聞足音跫然而喜矣。又曰去國三年。見似人者而喜矣。豈不以人性樂羣。物情懷土。固有感於天然而不能自制者耶。矧乃磊磊之盟。相厲於歲寒。嚶嚶之聲。不已於風雨。有麗澤講習之益。無金人多言之累。東鱗西爪。賜我良多。吉羽桂枝。寗容自閟。是用搜集。公諸江湖。其不關學術者。蓋闕如也。　飲冰子識

東海公來簡　壬寅四月

（前略）公所撰南海傳所謂教育家思想家。先時之人物。均至當不易之論。吾所心佩者。在孔教復原耶之路德。釋之龍樹。鼎足而三矣。儒教不滅。此說終大明於世。斷可知也。吾意增二條。曰博大主義。非高尚主義。變動主義。非執一主義。又欲易去儒字。曰非柔巽主義。向讀此條。深爲敬服。意謂孔子沒後二千餘年。所謂得不傳之學於遺經者。惟此足以當之。但所恨引證尙少。其重魂主義一條。尤鮮依據。能張皇其說否。　吾年十六七始從事於學。謂宋人之義理。漢人之攷據。均非孔門之學。詩集中開宗明義第一章。所謂均之筐篋物。操此何施設者也。而其時於孔子之

道實室而未之見。茫乎未有知也。及聞陋宋學斥歆學鄙荀學之論。則大服。然其中亦略有異同。其尊孔子爲教主。謂以元統天。兼轄將來地球及無數星球。則未敢附和也。往在□□。嘗舉以語公。謂南海見二百年前天主教之盛。以爲泰西富强。由於行教。遂欲尊我孔子以敵之。不知崇教之說。久成糟粕。近日歐洲。如德如意如法。法之國必遂抑教最力於教徒侵政之權。皆力加裁抑。居今日而襲人之唾餘。以張吾教。此實誤矣。公言嚴又陵亦以此相規。然爾時公於此見。固依違未定也。□人素主排外。戊戌三四月間。保教之說盛行。吾又慮其因此而攻西教。因於□□□演說。意謂世界各教。宗旨雖不同。而敬天愛人之說。則無不同。然耶之言曰。吾實天子。回之言曰。吾爲大使。佛之言曰。天上地下惟我獨尊。惟孔子獨曰可與天地參。可以贊天地之化育。我不過參贊云爾。實則參贊之說。兼三才而一之。眞乃立人道之極。非各教之託空言者可比也。孔子之天。異於佛而近於耶。佛之天多。故以己爲尊。而以天爲從。耶之天獨。故尊天爲父。而以己從之。今尊孔子而勦用佛說。曰以元統天。於理殊未安也。人類不滅。吾教永存。他教斷不得攙而奪之。且泰西諸國。政與教分。彼政之善。由於學之盛。我國則政與教合。分則可藉教以補政之所不及。合則舍政以外無所謂教。今日但當采西人之政。西人之學。以彌縫我國政學之敝不必復張吾教與人爭是非校短長也年來復演此意成一論。言孔子爲人極爲師表而非教主凡世界教主無論大小必囂囂然樹一幟以告之人曰從我則吉否則凶。釋迦令人出家而從之入極樂國。耶穌教人去其父母妻子兄弟姊妹之樂而從之生於天國。余謂此乃半出家。其後教徒變爲僧尼。不娶妻。不嫁人。亦本于此也。摩訶末操一經一劍以責人曰從我則升天堂不從則入地獄。此皆教主之言而孔子第因人施教未嘗强人以必從也。耶穌出而變摩西之說。釋迦興而變婆羅門之說。摩訶末興而變摩尼之說。皆從舊說中創新學。自立爲教而孔則於伏羲文周之卦。堯舜之典。禹湯之謨誥。未嘗廢之也。此與改制之說不甚符。雖然公羊改制之說吾信之。謂六經皆孔子自作。堯舜之聖。爲孔子託辭。吾不敢信也。各教均言天堂地獄。獨孔子於事鬼神曰未能事人焉能事鬼。於明器曰之生而致死爲不仁。之死而致生爲不智。而其教人則朝聞道夕死可矣。曰死而後已。不亦遠乎。天之生人自古及今未有異也。謂將來秉賦勝於前人竟能確知天堂地獄之確有可憑此亦未必然。均之不可知。古之人愚。非天堂不足以勸。非地獄不足以誡。故彼教以孔子爲不知天道而陋之爲小。後之人智知天堂之不可求。於耶穌冉冉升天之說。今既不之信。西人以距離之遠近求天。謂耶穌即如礮彈之速率。至今猶不及其半也。何況於後來。後來格致日精。教化日進。人人知吾爲人身當盡人道於一息尚存之時。猶未敢存君子止息之念。上不必問天堂。下不必畏地獄。人人而自盡人道。眞足以參贊天地。（聖門中。如子路之結纓。曾子之易簀。及啓手啓足鳥死鳴哀二章。其了然去來。比禪門之坐化者。有過之無不及也。）世界至此。人理大行。勢必舍一切虛無元妙之談。專言日用飲食之事。而孔子之說勝矣。（佛言佛法有盡。嘗爲之反覆推求。惟此時爲佛法滅時也。）古之儒者言衛道。今之儒者言保教。夫必有仇敵之攻我而後乃從而保衛耶。蘇設一切偶像之禁。佛斥九十六外道之說。回回於異道如希臘如波斯拒之尤力。故他教皆有魔鬼。大哉孔子。包綜萬流。有黨無仇。無所謂保衛也。且所謂保衛者。又必有科儀禮節。獨異於他教。乃從而保之衛之。俾不墜於地。讚美和華。千人唱和。耶之禮儀也。寶象莊嚴。香花繞拜。釋之禮儀也。牛婁禮拜。豚犬不食。回之禮儀也。大哉孔子。修道謂教。無所成名。又何從而保衛之。既無教敵。又不設教規。保之衛之。於何下手。孔子所言之理。其在千秋萬世。人人之心。人類不滅。吾道必昌。何藉於保衛。今憂教之滅而唱保教。猶之憂天之墮。地之陷。而欲維持之。亦賢知之過矣。其大略如左。以之示弟姪輩。彼習聞演孔保教之說。未遽信也。近見叢報第二篇。乃驚喜相告。謂西海東海。心同理同。有如此者。僕自顧何人。妄敢言學。然讀公之論。於己有翻案進步之疑。於人有持矛挑戰之說。故出其一二以相證。僕之於公。亦猶耶之保羅。釋之迦葉。回之士丹而已。

吾讀易至泰否同人大有四卦而謂聖人於今日世變由君權而政黨由政黨而民主聖人不啻先知也。以乾下坤上爲泰。言可大可久之理也。以坤下乾上爲否則指未爲未變時之事矣。由否而同人。爲離下乾上。由同人而大有。爲乾下離上。序卦之意可見也。而謂聖人之貴民重文明重大同。聖人不啻明示也。大有一卦。當與比對看。坤下坎上爲比。[illegible]剛得尊位。五陰從之。君權極盛時也。而其卦不過曰比。大象明之曰。先王以建萬國親諸侯。乾下離上爲大有。[illegible]柔得尊位。而上下應之。自天祐之 之繫辭曰。履信思順尙賢。非民主而何。此民權極盛時。其卦乃爲大有。於大象贊之曰。君子以過欲揚善。順天休命。且比之上六曰。比之無首。由坎之險陷來。大有之上六曰。自天祐之。吉無不利。由離之文明來。聖人之情見乎辭矣。所尤奇者。孔子繫辭曰。方以類聚。物以羣分。吉凶生矣。此非生存競爭優勝劣敗之說乎。在天成象。在地成形。變化見矣。此非猴爲人祖之說乎。試思此辭在天地開闢之後。成男成女之前。有何吉凶變化之可言。而其辭如此。若謂品物既生。有類有群。此類此群。自生吉凶。由吉凶而生變化。而形象乃以成。達爾文悟此理於萬物已成之後。孔子乃探此理於萬物未成之前。不亦奇乎。徃嚴又陵以乾之專直。神之翕闢。佐天演家質力相推之理。吾今更以此辭爲天演之祖公聞之。不當驚喜絕倒乎。二十年前吾甚之崇輿□□□言及孔子乘桴浮海欲居九夷之奇。□□謂孔子雖大聖。然今之地圓。大聖亦容有不知。余曰固然。然大戴禮已有四角不揜之語矣。且孔子即不知地圓。而考之羣經。實未嘗一言地方也。□□大笑。今并舉以博一粲。若謂以西學緣附中學。煽思想之奴性而滋益之。則吾必以公爲山海經之山膏矣。（下略）

尊疑先生復簡　壬寅四月

（前略）來教謂佛經名義多用二文。甚有理解。以鄙意言之。則單字雙字。各有所宜。譬如 Economies 一宗。其見於行文者。或爲名物。或爲區別。自當隨地斟酌。不必株守計學二字也。此如化學有時可謂物質。幾何有時可繙形學。則計學有時自可稱財政。可言食貨。可言國計。但求名之可言。而人有以喻足矣。中國九流。有以一字稱家。有以二字稱家。未聞行文者遂以此窘也。EcvnOmic Laws 何不可稱計學公例。Econic Problem 何不可云食貨問題。即若 Econic Reolution 亦何不可言貨殖變革乎。故竊以謂非所患。在臨譯之剪裁已耳。至於群學固可間用民群。大抵取譯西學名義。最患其理想本爲中國所無。或有之而爲譯者所未經見。若旣已得之。則自有法想。在已能達。在人能喻。足矣。不能避不通之譏也。惟獨 Rights 一字。僕前三十年。始讀西國政理諸書時。即苦此字無譯。强譯權利二字。是以霸譯王。於理想爲害不細。後因偶披漢書。遇朱虛侯忿劉氏不得職一語。恍然知此職字。即 Rights 的譯。然苦其名義與 Duty 相混。難以通用。即亦置之。後又讀高郵經義述聞。見其解毛詩爰得我直一語。謂直當讀爲職。如上章爰得我所。其義正同。疊引管子孤寡老弱不失其職。漢書有寃失職。使者以聞。又管子法天地以覆載萬民。故莫不得其職。等語。乃信前譯之不誤。而以直字翻 Rights 尤爲鐵案不可動也。蓋翻艱大名義。常須沿流討源。取西字最古太初之義而思之。又當廣搜一切引伸之意。而後回觀中文。考其相類。則徃徃有得。且一合而不易離。譬如此 Rights 字。西文亦有直義。故幾何直線謂之 Rights Cms 直角謂 Rights Angle 可知中西申義正同。此以直而通職。彼以物象之正者。通民生之所應享。可謂天經地義。至正大中。豈若權利之近於力征經營。而本非其所固有者乎。且西文有Born Right 及 God ond my Right 諸名詞。謂與生俱來應得之民直。可謂與生俱來應享之權利。不可。何則。生人之初。固有直而無權無利故也。但其義湮晦日久。今吾乘欲表而用之。自然如久度之器。在在扞格。顧其理既實。則以術用之。使人意與之日習。固吾輩責也。至Obligation 之爲義務。（僕舊譯作民義與前民直相配）Duty 之爲責任。吾無間然也。（後略）

國聞短評

尺素五千紙

拜啓。北京政府最妙外交手段。莫如與人結密約。聞中俄又結西藏密約矣。其詳不可得而聞。其第一條則與光緒十年朝鮮之役與日本所結天津條約大相彷彿。即西藏有事之時。俄國欲派兵往。先照會中國。中國欲派兵往。亦先照會俄國也。讀者試思。我中國今日安得有派兵往西藏之事。西藏竟是俄人囊中物了。聞主其事者。榮中堂也。某白。 六月二日

讀者足下。今日（西曆七月十一日）英首相沙士勃雷侯辭職。國庫大臣巴科代之。沙侯可謂三島政治界中之張子房矣。侯自始入議院。至今四十九年。凡三度組織內閣。位首揆者十四年。今年七十二歲。其思退隱。已非一日。徒以波亞戰事未了。身任其難。今和議已成。遂翩然挂冠。立憲政體之祖國。其政治家之風度。殊加人一等。可勝欽慕。某再拜 六月七日

美國某華文報主筆。有自署太平洋客者。新著一書。名曰「新廣東」。登諸報中。凡三十

一讀乃絕。實可稱近日文界一奇作。鄙人自問胆量頗不小。讀之猶目瞪舌撟頭將乞。其版權。印數千紙散諸内地。無俾獨以嚇老夫一笑。某匆匆白 六月十一日

雜俎

海外奇譚

百合花

千八百七十九年。法國大統領麥馬韓。一朝辭職而去。當日各報傳聞。皆謂別有深意存乎其間。故敝屣萬乘。毫無顧惜。而不知有大謬不然者。乃誤於一枝百合花耳。麥馬韓。拿破侖三世之陸軍大將也。以功叙爵。其爲人性溫厚。愛國心最重。迨拿破侖三世被擒後。人民稱其忠義。舉爲大統領。以承爹亞之後。將軍生有愛花癖。常於居處之地。遍置名花。日賞玩其中以爲樂。一日朝食時。見膽瓶中插有百合花一束。香氣襲人。不同凡卉。且綴束巧緻。知爲閨閣中物。心異之。正欲問所從來。適事忙。亦未暇深究。迨明日。此花復在座。遂大異。乃遍傳諸婢僕問之。皆茫然不能答。惟常侍側一小僕若有知者。將軍急詰之曰。此花爲何人所贈。爾知之乎。僕答曰、僕每日於途中。値一少女。囑將此花獻呈將軍。且敎僕安置處。惟其人以宮紗覆面。未見顏色。然大約非凡世中人爾將軍聞之。暗忖曰。不知誰氏女。何鍾情如此。吾若親訪之。必能一遇耳。至翌日。見百合花較前更麗。而美人消息。竟魚沈雁杳。毫無踪跡。再詢之小僕。答仍如前。將軍心急甚。遂乘馬車至四境尋訪。又不遇而返。一日正無聊時。取此花反復把玩。忽見花瓣中藏一小帋條。拆視。見上書曰。妾愛君。乃以此花相贈。君若將此花揷於鈕扣中。是愛花即愛妾耳。將軍默會意。以爲麗人暗囑。必有佳境。乃將此花揷於十字勳章處。（現各國君主之服。其左襟上。必掛一十字大勳章。以爲表記耳。）日往來於波羅湖畔以爲常。一日至湖畔訪時。見車馬絡驛。游女如雲。細查其中。并無帶百合花者。忽而一馬車迎面來。中坐一麗者。身揷有百合花兩枝。將軍遂凝神視之。車中人亦轉目若送情。正徜徉間。馬馳如電。其去已遠。將軍由是喜如狂。明日花中又得一帋條。其上僅書有感謝深情四字而已。將軍遂將此帋密藏衣袋間。日夕覷視。柔腸欲斷。魂夢依稀。髣髴麗人在前。過數日。急不能耐。又取此花細觀再四。忽見其中有一物。形如白鴿。啣橄欖狀。折而視之。乃一書曰。

君被此花攝魂去。然不知君之深情欵欵者。究竟愛花耶。抑實愛妾耶。若果愛花而不忘情於妾。則明日十下鐘。祈君至英黎惹花園一小角門中。妾必在此待君。但勿使外人見之。汚妾顏面耳。

將軍閱畢大喜。至次日遂如約而往。家人俱無知者。至花園中時。鐘正敲十下。見角門半開。似有人狀。將軍急欲逗進。麗人已從花陰中迤邐而來。將軍急近前爲禮。見麗人宮紗半露。幾如碧蟾初吐。其嬌妍殆不可思議。然流麗之中。覺有一種莊嚴氣象。凜然如不可犯者。將軍心緒恍惚。魂已出舍。忽聞麗人問曰。今日此遇。良非偶然。廻首思之。可笑亦復可憐。但妾有一言相告。君必不以妾爲唐突也。將軍是時猶墮雲霧中。僅答以唯唯。半响始言曰。此事雖非偶然。然尋其情之所起。皆由卿以此相感。而僕又何能恝然。卿不知我爲一枝百合花。幾乎將魂牽去。今卿忽作此言。何不憐之甚也。麗人聞之嫣然一笑曰。將軍既如此深情。此後即名妾爲百合花女史可乎。但不知此花亦與政治上有關係否。將軍聞之陡然驚曰。呀呀百合花者。乃法蘭西王族之徽章。今麗人忽以此花贈我。蓄謀叵測。我乃法國共和政府大統領。今爲尋艷而帶此百合章出入於巴黎城中。若爲衆目所見。大事去矣。大事去矣。言念及此。不覺骨寒毛悚。怒形於色。麗人忽嬌滴滴言曰。一言冒昧。妾知過也。今夕相晤。非有他意。君若不諒。妾請從此辭。

言畢。遂將宮紗解去。掩面欲泣。然將軍本多情人。覩此不覺心動。遂破怒爲笑。再三撫慰之曰。卿勿懼。余因欲一見顏色。故冒夜而來。然多情如卿。勿論政治上有何關係。已皆置之度外。卽擢我肝腸去。亦意所樂爲。只求卿憐而恕之。則幸甚矣。麗人乃轉顰一笑曰。君旣如此。請覩妾何如。將軍斯時情不自禁曰。今日見卿。知卿非塵世中人。故不爽盟約來此候卿耳。麗人聞之。兩頰泛紅。羞癡癡言曰。設今夕君來。妾已未在。則君乘興而來。掃興而返。不知亦怨妾之誑君否也。將軍曰。卿勿作是言。豈有絕代佳人如卿者。亦有誑人之事乎。麗人遂乘機調之曰。承君厚愛。沒世不忘。但未知天上人間。何時始能如願耳。雖然。妾乃鬼蜮人。將不利於君。君亦懼否。將軍曰。卿勿駭我。卿乃上界中人。今日得覩仙姿。已爲凡夫萬福。悠悠此心。只求鑒之而已。麗人忽變容曰。夜已深。請速歸。妾來此久矣。將軍挽留再四。麗人一手將宮紗覆面。以一手止之曰。君何必强索乃爾。此處非久談地。如不忘前約。後會自有期耳。將軍問曰。卿所謂前約者爲何。曰。前約者。卽波羅湖畔之百合花是也。言畢。遂冉冉而去。將軍隨之。輕呼曰。與卿言數時。尙未知芳名。此後余乃名卿爲百合花姬可乎。麗人笑答曰。是在將軍。卽謂妾爲鬼狐經。

叛逆姬。亦無不可。言時已將角門掩閉。將軍歎立牆角。如有所失。旋聞馬車轆轆聲。始知麗人去杳。悵然而返。然今夕此一會。巴黎城中從此遂大起風波耳。

先是普法戰爭之結果。拿破侖三世被擒。後法國政治家因重組織一新政府。有王族蝦母波爾伯者。欲再扶王政。因與麥將軍爭一國旗。蝦母伯欲仍百合花舊制。（法蘭西原來以百合花為旗章）將軍則欲易以三色旗。蓋將軍先年戰勝遮拉時。常用此旗。故爾法人素重將軍。深以三色旗為然。於是蝦母伯之議遂寢。因深啣之。且將軍當日被選在議院時。與王黨情好亦最篤。迨就任後。亟亟於共和政事。往來漸疏。王黨乃大失望。恨之愈甚。迨此事起。王黨有隙可乘。極力攻擊共和政府。加以巴黎城中幾經革命。人心易搖。今聞大統領有百合花事。遂展轉傳說。謠聲四起。惜將軍入覓愈深。毫無聞見。神痴夢想。尙欲再起高唐爾。

一日又約至原處一會。居時麗人已先在。面籠宮紗。微帶羞情。意將軍視之。愈覺美人嫣笑。別有天賦妙情。少頃麗人言曰。君亦嫌妾之百合花否。將軍曰。此花出卿手。既不敢嫌。亦不忍棄。稍恨者。惟蝦母伯欲將此花易我三色旗耳。麗人復戲之曰。願將軍妾爲法蘭西王何如。答曰。卿欲爲王甚好。但未知卿爲王時。當加以何樣徽號乎。麗人笑曰。妾與將軍相見以此花。即名爲百合花王。不亦妙乎。將軍聞之心怏怏。半晌言曰。卿愛此虛封。何不實作一法蘭西王。更妙。況卿以絕世姿。若能高居九五。則大小臣工。必各盡股肱。即阿力五世。（即蝦母伯）亦當北面事卿也。麗人轉眸一笑曰。法蘭西王妾心不願作。亦不屑作。無論何事。妾皆不愛。所愛者惟帶我百合花之人耳。將軍聞此。不覺如痴如醉。緊握麗人手。不知所云。見麗人忽正色曰。君何忘情乃爾。妾何如人。豈可作是醜態乎。將軍被叱。立退曰。余感卿之情。故手足失措耳。麗人乃乘間言曰。世間男兒無眞有情者。君若實心愛妾。何不至妾家一談。將軍問曰。卿居何處。麗人笑曰。君尚未知妾家乎。妾寓非他。即台爾利士之旅館是也。將軍聞之又一驚。暗思此旅館。大半王黨窟穴。即蝦母伯每度來巴黎。亦必寓居此。今麗人忽作是言。莫非其中又有他計乎。將軍斯時。心中雖料到此處。忽又轉念曰。如此翩翩仙子。諒無他虞。蓋將軍已墮落色界中。即明知前有毒蛇猛虎。然亦不顧矣。遂與麗人相約而去。迨翌日午後。托他事私出宮邸。即乘馬車赴台爾利士館。至時。館主人已先知其謀。乃導入一樓中。將坐。忽聞隔嗁一聲曰。麥將軍今何幸而來此乎。言時麗人已入。將軍凝神視之。見麗人顏色。較先時所見尤佳。且面覆一鵝絨紗。秋水滴滴。宛然如畫。懇懃欵洽。更逾於疇昔。將軍乃言曰。卿勿籠此紗。令人如霧中看。甚阻滑興。爾麗人搖首曰。妾今日有大事在身。君夢未醒。豈眞以妾爲最可愛之百合花乎。將軍聞此。目定口呆。始知今日來適墮圈套。乃作色曰。卿忽出此言。余亦不能怨卿。況天下豈有如是之易事乎。余乃一公爵。若卿別有所圖。或可從命。如欲倒我共和政府。即取我命去。亦不甘心也。麗人乃大聲曰。前日約君來。出於妾之美意。今忽疑妾。是從前感情。竟付流水。答曰。卿言太虛。今日之事。卿先疑我。非我疑卿。麗人又曰。今日事若無關於政治。或謂君受疑。亦未可知。不然。又何疑慮之有。將軍曰。卿少安勿躁。待我一年後。萬事當惟卿是從也。麗人陡作怒容曰。罷了罷了。一年後君已不在大統領位。無權無勢。與妾同耳。言未畢。忽聞扣門聲甚急。將軍起視。見館主人勞面來。匆匆向將軍言曰。今有巡查數人來搜予家。刻已登樓矣。將軍大驚。轉面促麗人曰。卿急用宮紗覆上。免巡卒見之。大失體面。麗人點首言曰。君勿過慮。妾非他人。即阿力五世之愛姬也。將軍見如此。始大悔當初之悞。且撫麗人背言曰。卿誤我矣。麗人笑而不答。將軍正心急時。見巡查已入矣。

先是兩日前。總監密受內閣命。查探大統領動靜。今果在王黨旅館中。是謠傳已實。警查官遂言曰。大統領此來。果屬何故乎。警查官言時。又目麗人曰。此女子纖纖如不勝衣。亦未樣有政治深謀者。將軍聞此。心忐忑不自安。若言出私會事。又恐傷名譽。乃大聲曰。今日我與此女會。乃政治上關係事。勿多談也。警查官遂向大統領一揖曰。將軍今既與王黨有隱謀。請將此意布告國民。此下職之責任也。言畢。而出。將軍此時垂頭喪氣。追悔莫及。迴看麗人。已杳不知其所之。惟案間尚留有百合花一大束。其馨芳不減昔日耳。至次日。元老院中有麥將軍辭表。而大統領之職。已復舉孤特依爲後任云。

五月花 集錄選報

當十九世紀。美洲有名女子。以一枝纖弱之筆力。拔無數沈淪苦海之黑奴。使復返于人類。至今歐美人嘖嘖稱之爲女聖者。則批茶女士是也。女士生於一千八百十二年。其父爲博士。女士有姊。曾設學校一所。女士年十五。即肄業于其中。至年二十一。復肄業於有名之某學校。嘗研仁慈學。讀耶穌救世經。益發慈悲。慨然有普渡衆生之志。其時美洲黑奴問題。無人道及批茶。獨居深念。若有所觸。以爲此乃人間之至苦者。必思所以救之。既又思眇然一弱女子。豈能挽百餘年來大政治家。大哲學家。所未及經營之事而身任之。隱物色人材於風塵中。校中教師名嘉督伊恩者。女士平日聽其講耶穌救世之學者也。以爲斯人也。是余之同志也。即自以身許之。完婚之後。謂其夫曰。余憫黑奴之苦久矣。思著書以救之。惜學力不足。欲求汝爲助。是以適汝。其夫允之。乃益反覆痛陳其義俠之微衷。尋即變售家產。與其夫別。攜資斧。獨居深山中。著書一卷。發明世界公理。無富貴貧賤皆平等。斷無可儕人類於馬牛之理。其書出。美人始恍然於役使黑奴爲不合人理。猶撥數十重陰翳之雲霧。而復見天日焉。其書名之曰五月花。取其幼時在校中。得聞此事於某年之五月。而心花由此怒發之意焉。先是批茶女士未成書時。美京有雜誌論黑奴事。其文字詞未精透。不足動人聽聞。并不能發其一視同仁之念。批茶書出。諸大學家。羣稱爲千古不刊之作。譯成九國文字。遍布各處。未一年。銷流至百餘萬部。裝至二十一種之多。歐美大劇場。靡不奉此爲脚本而演之爲戲。黑奴卒以禁用。批茶之功爲何如也。此歐美人所以贊之爲女聖也。其後女士遊英倫。

英人歡迎備至。著漫遊記。復蒐集諸報之黑奴餘論。編爲續集。又著家庭教育學。女子社會學。家政學等書。皆其晚年之手筆也。若批茶者。誠女子中之人傑哉。

扶弱子曰。美洲一至慘酷至不仁之黑奴大問題。發其覆者。乃在一弱女子。苦心數載。成大著作。爲人類造平等之福。鬚眉男子。對之滋愧矣。今者我中國人。如黑奴之苦者何限。發大願力而拯救之。男子中尙鮮其人。況女子耶。豈如批茶者。獨見於美洲。不復再見於我中國耶。我願二萬萬女子。以批茶之事。爲五月之花。而發生其熱心也。

蔣智由曰。今世間之稱英雄豪傑。必曰丈夫。曰男兒。一若無與于女子事者。嗚呼。豈通論哉。英雄豪傑。祇發源於心力而已。無間男女一也。彼批茶者。亦自發其心力已耳。天下多女子。胡獨使批茶者。得專美於前也。

小說

新羅馬傳奇

飲冰室主人

第三齣 鬻獄（一千八百二十一年）

（外扮尼布士國宰相末扮撒的尼亞國宰相上）（外）還他笑罵總何妨（末）換我南柯夢一場（外）無甚頭顱無甚血（末）爲他人作嫁衣裳（同坐介）我等今日受梅特涅公相之命。會審燒炭黨逆徒。須則早到伺候。（淨扮梅特涅上）熱做齊天可炙手。殺人如草不聞聲。老夫梅特涅。自從維也納會議之後。與俄普奧締同盟。合力壓制民權。務以保其富貴。五年以來。內外安謐。叵耐意大利燒炭黨不安本分。攪動波瀾。去年竟在尼布士帕特門倫巴的撒的尼亞各地方同時造亂。意欲從我與人手中奪回權利。發布憲法。做個自由自主的人民。（冷笑介）非是老夫誇口。你們意大利人只算是生前注定命裏帶來的奴才身分。罷了。你們的祖宗做了我家奴才已幾百年。難道今日倒要不服勁嗎。況且你們那豪門貴胄做官讀書。

的上等人物箇箇都做了我家吮癰舐痔一呼百諾的孝順孫兒爾等螳臂當車豈非飛蛾送死（大笑介）你看老夫出小小手段早已叫他們自己殺起自已來一語指揮大局平定前後拿到逆黨一千餘名今日老夫要親自拷訊并檄調尼布士撒的尼亞兩國宰相齊來會審一來顯顯俺的威風二來假手意大利本族人叫他自已殺個干淨正是任伊從前瞎說人權眞要你今日眞知獄吏尊（外末迎見介）（淨中坐外末旁坐介）（外末）老公相到了就此開審警官那裡（雜）有（外末）將那犯人十箇一排挨次帶上（雜）曉得

（雜帶丑小旦等十人蓬頭跣足披枷帶鎖上）

（秋夜月）（丑）是男兒自有男兒性霹靂臨頭心魂靜由來成敗非由命將頭顱送定把精神留定

兄弟們我們得做意大利第一次流血的人物天公待我不薄須是轟轟烈烈不要垂頭縮尾墮喪了國民志氣者（小旦）正是我們今日的言語舉動都要替意大利人造下一箇大大紀念播下一箇大大種子來

(前調)(小旦)軒沈沈睡虎千年瞑，敎我羅袂生寒芳心警，一聲兒晨鐘吼得人深省，將奴、奴爲醒把國民喚醒

(同見淨外末直立怒視介)(淨拍驚堂介)爾等不服國法，同造逆謀，今日被我拿到，有何話說、(丑)說是有說的，你請定了你的耳神來聽者。

(混江龍)我是爲民請命將血兒洗出一國的大光明，便今日拚著箇萇宏血三年化盡，到將來總有那精衛寃東海塡平……只有你這老猾賊啊……倚仗著千百年將絕未絕的民賊餘燼，結下了億萬人欲殺未殺的怨毒，分明你那外交政策是要獻媚列強、演出一手遮天大本領，你那內治經綸、是要挫抑民氣、做到十層地獄老閻靈，你在匈加利、是一箇殺人不眨眼的劊子手，你在日耳曼、是箇兩頭兒搗鬼的妖魔星……就是在你與大利本國啊……你便假假地與些教育、也是束縛言論自由思想自由出版自由，教那青年子弟奄奄齪齪無生氣，你更狠狠地講求軍備、添出許多納稅義務當兵義務守法義務、卻把人民權利、樁樁件件剝光，精政談會是你三生九代的仇敵，新聞紙是你鯁喉礙眼的刺釘，黃白金是你棺材裏心兒肉兒的親眷，大小官是

你鋪子上高些低些的天秤逆著你來便玉石同爐順著你來又雞犬不甯你還把我意大利祖國當作乃翁傳下的遺產十一萬方里把我意大利同胞認做拿錢買下的奴才三千萬多名你目下自然是熱烘烘的尊榮安富你將來總有日黑魆魆的罪孽貫盈……到那時候啊……千刀王莽剸盡你的臭皮袋三冢蚩尤礫透你的惡魂靈你的頭便是千人共飲的智瑤器你的腹便是永夜長明的董卓燈則那全歐洲人民懸綵燃放花爆讙呼著民權萬歲便有耶和華大使捧雙翼下塵寰高呼道天下太平我是播散自由的五獄使我是點明獨立的北辰星今日真盡了我的責任驂鸞歸去他日啊飛下我的精神搏虎功成坦蕩蕩橫刀向天笑頭顱擲處勞人何用驚。

（淨）好毒罵好毒罵。我其實聽不得了。左右快與我拿下這廝砍了去罷。（雜扶丑下）（外末喚介）你們卻有甚麼辯訴來。（小旦）辯訴是不辯訴。話卻多著呢。

（前調）我是工愁善病算世間兒女第一多情我看不過那螳螂似的腐敗生涯故此蹙梅額顰蛾眉捧心無限啼紅怨我受不慣那牛馬似的壓制痛苦故此損腰圍懶茶飯疾首時聞嬌喘聲……可恨你們這些狗奴才啊。……將累代仇人認做重生的父。

母把一國同胞當作上供的犧牲任他踐你土食你毛還說是深仁厚澤你便舐他癰吮他痔圖博箇頂戴身榮（指梅特涅介）他本是箇異族兒也難怪舞爪張牙迫得我上國憤泉秋沸（指陪審兩相介）虧你是箇神明胄卻跟着燃萁煮豆煎得那同根瓦釜雷鳴他是蛇你便是豢蛇自噬的人妖他是虎你便是爲虎擇肉的倀鬼你的辣手段弄著那厚面皮天生惡來你的黑心肝映着那白鬍子異樣鮮明你只要護得那一頂烏紗怕甚麽呼牛應牛呼馬應馬你更使慣着那兩條火腿少不免賊多從賊兵多從兵待與你講廉恥叵耐你是慣倚門的楊花水性待與你講利害叵耐你是木鑿鍥的頑石無靈與你講天理人情叵耐你是動物學上涼血部類的老龜鼈與你說宗邦祖國叵耐你是巫來由種認人爲父的小螟蛉你的毒種好像疫蟲兒傳染徧地你的威風好像瘈狗兒恐嚇羣盲惹得一國上人心死盡便似冢中枯骨弄得千年來國威墜落變做井底銀瓶我氣不過那百千萬沒臉兒耶辱沒鬚眉受巾幗我便沖起那三千丈無明業火辜負香衾事血腥我是箇嬌滴滴的閨秀兒生來不解道夫壻封侯怨我貪着轟烈烈的從軍樂夢裏顧不得鄰孃喚女聲我要將紅粉兒砌成那國民基礎我

便把爆藥兒炸開那世界文明今日裏拚着箇頭顱兒濺汚桃花扇十年後少不免精魂兒再生牡丹亭坦蕩蕩橫刀向天笑顫巍巍萬人何用罵。

(淨)我還有些公事要先走一步了。(外末拱介)(淨下)(外向末介)罵是罵得狠。郤眞說着我們心坎的毛病我聽着由不得一陣陣間臉紅耳熱起來。(末)可不是嗎。郤是我們廿載螢窗十年手版好容易掙到今日這箇地位難道任着這些人胡鬧摔破了偺們飯椀不成。(外)少不免昧着良心將他們定個死罪回覆老公相罷了。(末)正是。(同吩咐介)左右將這廝們帶往死囚牢中候明日陸續審定一齊取決。(雜)是。(外末下)(小旦)兄弟們我們抖擻精神趕上首領哥哥的英魂同赴天國。則箇正是

白馬胥潮夜夜聲　人豪初死鬼雄生

君看今夕瑤臺上　風雨何曾敢月明。

(雜帶小旦等九人同下)

捫蝨談虎客批注

黨獄者。天下極哀慘之事也。讀此齣一過。毫不覺其哀慘。惟覺其壯快。才子之筆。能奪天工。信然

信條

金聖歎批西廂。謂讀拷豔一齣紅娘駡老夫人語。算是天下第一件快心事。吾於此文亦云然。每讀一句。輙欲浮一大白

水滸傳中阮家三雄駡何濤爲鯖語。算是古今第一毒駡。以較此文。尚未能彷彿其什一。吾獨怪作者錦心繡口。爾雅溫文。何苦造此口孽。不畏拔舌地獄。留卿一席耶。

指桑駡槐。絕似姊姒不睦的婦人相詬誶口吻。作者有幾多化身。現此奇態。

駡人之筆。已奇極矣。最奇者。文中連綿累牘。堆滿香奩語。「羅袂生寒。芳心自警。」「辜負香衾。」「封侯夫婿。」皆係癡情兒女嬌態語。豈可以入革命史。更豈可以入黨獄記。乃經作者舞文鍛鍊。竟自生氣勃勃起來。才子之筆。可愛煞人。才子之筆。可畏煞人。

梅特涅當一千八百四十八年奥大利革命軍起時。孑身狼狽。亡命英國。後卒受千人指駡以死。惜哉所謂磔蚩尤劓王莽智瑤器董卓燈者。未得見諸實事也。雖然。不料五十年後。更遇著飲冰子的筆鋒舌劍。比那路易第十六的斷頭臺。還利害多著哩。

梅特涅不足責。以意大利人而做梅特涅的奴才者。則無復人心矣。不知女豪傑一曲謁江龍。能駡醒幾箇奸奴。能喚醒幾箇國民。

昔嘗與作者讀龔定庵詩。有捲簾梳洗望黃河之句。作者云。捲簾梳洗下。豈容綴黃河二字。擇語可謂奇極。今此文於辜負香衾下。綴血腥二字。更復成何說話。作者爲文無他長。但胸中有一材料。無不捉之以入筆下耳。桃花扇牡丹亭與本文相去何啻萬里。亦竟被他捉去了。咄咄怪事。

新羅馬傳奇。已演了四齣。書中正腳色。尚未出現。讀者請抖擻精神。再等半箇月。好看那桃花扇上的侯公子登場了。

十五小豪傑

法國焦士威爾奴原著
少年中國之少年重譯

第八回

勇學童地闢豺狼窟
榮紀念名從父母邦

卻說符亨跑到坑口一望。略無懼色。便跳下去。武安杜番跟着也到坑口一望。立舉首望着衆人道。諸君來。當初各人怕有甚麼危險。退了幾步立着。至此始敢走近前來。乙菩道。豹？格羅士道豺狼麽。杜番道。不然。是一個兩足的動物。再往下瞧著道。駝鳥是的。……這是亞美利加駝鳥中之一種。頭酷肖鵝。全身灰色。味甚肥美。……沙毗道。我們生擒他。那巨鳥陷在坑裏。不能逃脫。地方又窄。雖有翼呀。無從高飛。沙毗話猶未了。身已在坑裏了。見那駝鳥並不奮嘴來啄。忙伸手扼住他咽喉。不多時氣力都衰了。企在上頭瞧着的忙把幾條手巾投下。就緊緊的縛他兩足。好容易牽了上來。格羅士道。我們怎樣處置他好。沙毗道。不用說了。拿他洞裏去養馴他。供我們一個騎坐就是了。說著便走。這個畜生將來果能爲他們效用與否。今且未說破。總是帶他回洞。原來無甚難事。俄敦遠遠的望見他們歡天喜地。牽了一個厖然大物回來。心中想著道。這樣增了一個入口。爲本洞生計界的情形打算。未知得失怎樣呢。方纔思疑了一會兒。忽然記起那個新來的客。豈不是喫些野草樹葉。就彀過活的麼。始安了心。任從他們擺布去。在洞外尋了幾天。還覓不着一個山岩可以收藏物件。他們就死了心。决議在這洞裏穿鑿穿鑿罷了。喜的這石壁不甚堅硬。從前巴士他曾經在那鐵竈上頭通了一個煙突。自此更把洞口開拓。將胥羅船所用的門板嵌上。又在那左右鑿了兩個通天的窓。雖然費了許多心力。卻幸都成了功。所以他們就想另鑿一副洞起來。這也斷非妄想的。選了五月二十七日。有舉帚的。有拿鏟的。個個爭强。人人奮勇。就動起工來。武安道。率一條直線從這裡鑿去。一定可到湖邊那石壁之下。若然遇着風吹得利害。不能打開正門的時候。我們就可從橫門出去。這豈不妙。……　自洞內到那湖邊。直徑約有四五丈長。是的。童子們先開了一條窄窄的隧道。然後把上下左右逐漸擴張。果然不出所料。這地力的石壁也是脆軟得很。有幾處還要用些木板撑住。纔能免他頹將下來。爲着這樣。他們的工程就容易做了。俄敦率着那幾個手空的童子。把從前解筏時所留下的材木。揀了幾條合作支柱用的。又伏進隧道。將土塊石屑。都運出洞外去。

日日大家爲著這件事情忙煞。至三十日下午。眼見的那隧道已穿了五六尺長。是日武安如常扒進裏頭。拚命開鑿。忽聽見那邊離着自已不遠。似有些古怪聲音。不禁喫了一驚。再爲側耳細聽。果然像有怪物在那裡呻吟。武安急著匍匐却行。見了俄敦巴士。他便把這般這般告訴了他們一番。俄敦道。莫不是君仍幻聽麼。武安道。君試往一聽。無何。俄敦自隧中出道。武安說的不錯。果然有甚麼東西在那裏低聲發哮。巴士他亦不信心。入去一息。便出來道是了。但不知是甚麼東西。三個急喚杜番韋格乙菩雅涅那幾位有年紀的。再入去聽聽。這時候聲已寂然。他們一無所聞。都說是他三個心虛聽錯的。左右爲這一疑似的事情。就把那工程罷手不成。武安只得再進去作工。到晚上九點鐘時候。噯喲。這會比不得從前。那聲音越發大了。恰好符亨進來。這個聲浪一敲他的耳膜。他便飛也似的走出隧來。面色有些作怪。不住的在洞內亂跑。是晚各人心上都掛著這件事。雖然睡了。頻頻驚醒。倒有幾回。次早起來。巴士他同那杜番兩個。先跑進隊中一聽。却不見有甚麼消息。符亨也如常走動。不似昨日那麼狂怒。兩人商量定了。就跑出洞外。尋了一條路。披荆斬棘。攀上那石壁。在法人洞的絕頂。張望四圓。好好覓了半天。仍不見有甚麼罅隙。罷了罷了。急走下來。報了各人知道。依舊動手作工。是日絕不聞有甚麼。唯是鋤壁之時。覺得有些反響。像是裏頭空虛的一樣……看官。若是裏頭果有一洞。與他們所鑿的隧道接近。便省他們許多工程了。但不知有這樣天幸不……。是日畢工。方欲開飯。從來那符亨一定是在主人們左右作伴食宰相的。今夕怎麼不見了。齊聲呼符亨符亨幾聲。絕無影響。俄敦快出洞外高聲呼了一遍。仍是寂然。自是杜番向那湖邊。韋格向那河岸。各人都分頭找去。像個秦始皇大索那張良一樣。幾乎把洞的前後左右都翻過了。依然不見。拿表一瞧。見那短針已指著九點。又不可冒險遠到那茂林沼澤之中。迫得各人無精無采。愀然歸洞。正在相對太息。並無一人發言的。忽而狂叫怒號。怪聲大作。武安道。聲正從這裏來。說著鑽身進隧道去。年長的一齊躍起。拿了護身東西。以備不虞。年幼的嚇得面如土色。急將被窩蓋著首。動也不敢動。無何。武安出來說。石壁那邊。一定別有洞天了。俄敦接口道。然則有幾個動物定在那裏。杜番道。我也這麼想著。且等明早兒我們細尋他的洞口罷。話猶未了。忽聞可怖的怒吼之聲。咆哮之聲。嗚嗚然。隆隆然。不斷不絕。險些兒把那石壁都震蹋了。韋格道莫是符亨同甚麼動物格鬥。武安再入隧道一聽。卻無影兒消息。是晚各人不敢交睫。眼光光守到天亮。杜番率了一隊。仔細在湖邊石壁一上一下。搜了好些時候。并不見有甚麼洞口。武安巴士他照常用功。鑿那石壁。鑿至正午。更深入了二尺許。喫中飯畢。再把鋤進去。漸覺得與那邊的空洞更過近了。急令年幼的跑出洞外。以避不測之事。杜番韋格乙喜等有年紀的各人手執武器。刻刻留神。以便與隧中諸童子緩急相應。自鳴鐘剛打了兩點。忽聞武安大喊起來。你道他是做甚麼呢。原來他舉鋤一下。不覺把石鑿掘穿。就望見裏面眞有一個大洞。退身出來。正欲告訴外邊各人。忽聽得撲地一聲。那隧道之中。跑了一隻東西出來。驚得衆人魂不附體。衆人定睛看了。纔知道就是那隻符亨。一直跑到盂邊。吸了幾口清水。方搖頭擺尾。徐徐行近俄敦立處。衆人見他形狀無異常時。知道無甚可畏的。武安在前。俄敦杜番韋格巴士他及莫科等跟着拿了燈籠。走進隧道裏。見那石壁穿了。開出一個大穴。便由此轉過。略瞭一瞭。仍是一個大洞。其高大寬廣。大約與法人洞差不多。一望似無路可與外邊相通。若果然。怪那符亨不知從那裏進去。韋格忽然跌了一交。大呼道。有東西。快舉燈籠一照。原是隻豺猴的死尸。武安道。這不是符亨咬死的麼。我們從前的疑團。至今方纔明白了。只是這個野獸從那裡進來的。童子們全想不出來。武安留衆人在洞內守著。獨自一個出了法人洞。跑到湖邊。循著那石壁。且行且呼。覺有一處。把各人荅應的聲音。傳漏出來。因細心查勘。見石壁之下。幾與地平那裡有一個低陷的穴口。不錯了。不錯了。符亨同那野獸。俱由這裡進去是的。再將他鑿寬些。童子們就可以有出來湖邊的門口了。各人見得了這個新洞。不勝歡喜。自此更爲出力。急把隧道擴張擴張。居然成了一條通路。這兩個洞。就聯絡上了。他們商量數次。纔定議將新洞作書房寢室。將舊洞作廚房食堂倉庫。忙把鋪蓋移往新洞。安排妥當。再把桌子椅子及胥羅船所用的大火爐。都將進來。這樣這樣。陳設得也覺整潔。於是將那穴口嵌上兩塊胥羅船所用的門板。又在那左右開了兩個透明天窓。這種工夫。不消說又是費巴士他的心力弄來的了。時北風漸緊。雖未至十分嚴寒。料著戶外作工。不久便有爲難了。爲此衆童子不肯怠慢。夜以繼日的剛剛忙了兩個禮拜。方纔把那洞內的事情整理完了。衆人念著我們流落這裡。不知幾時纔能彀脫離此苦。倘然日望日不做些事業。豈不白消了光陰。因着俄教發議。遂決計在戒寒的時候。立了一定課程。那年幼的就從那年長的學些未曾學過的工夫。自明天爲始。各人就按着課程勉力用功。至六月初十日晚飯已畢。各人正圍着火爐上下議論。忽有一人道本島的握要地方。我們替他起個名兒。日常稱呼。纔爲方便哩。衆人稱是。杜番道。我們上岸的地方。已經呼他作胥羅灣。我想着依舊用他格羅士道。這個自然。武安道。我們所住的洞。因爲紀念舊主。也經呼他作法人洞。這個名字。亦可以留傳的。韋格道。流注胥羅灣那洞外的河呢。巴士他道。我們思念故鄉。就呼他紐西崙河罷。雅涅道。那湖。杜番道。故鄉的紀念既有了。更爲親切一點。叫他家族湖。豈不好。其餘石壁則稱爲悪崙岡。岡北盡處武安所嘗登臨的則呼作幻海臺。尋出陷穽之林曰陷穽林。遠征委員歸途因逢沼澤折道之處。在紐西崙河畔。有一茂林。是稱沼澤林。紐西崙河以南的沼澤。便號南澤。遠征委員始覓見徒矼的小流。就喚他徒矼川。除此之外。且等他日到過方爲命名。唯是據坡陰的地圖。有幾處沙嘴。分明認得。因名他最北的曰北岬。最南的曰南岬。更那西岸有三個斗出海中。就因衆童子的出處。名爲法人岬。英人岬。美人岬。猶有一件緊要的。他們既占有這島。那麼可以不上他一個徽號呢。胡太道。我想得一個佳名了。杜番道。使君麼。沙毗道。他定是想改作孩兒島了。武安道。且勿說笑。聽他盡其思想言論的自由。纔好。胡太。你的妙想。應聲道。我們不是奢們學校的學生麼。我就想呼他作奢們島。衆人聽了。倶拍手喝采贊道。虧你想得好。這時胡太滿心歡喜。似比做了皇帝還得意咧。各人正欲散開。忽見武安恭立唱道。某更有說。眞是

莫笑童年無智識　依然議院小規模

欲知武安提議何事。且等下回再說。

文苑

飲冰室詩話

譚瀏陽之有得於佛學。知瀏陽者皆能言之。然瀏陽之學佛。實自金陵楊仁山居士。其遺詩有金陵聽說法一章。即居士所說也。詩云。而爲上首普觀察。承佛威神說偈言。一任法田賣人子。獨從性海救靈魂。綱倫慘以喀私德。法令盛於巴力門。大地山河今領取。菴摩羅果掌中論。此詩無刻本。見麥孺博箑端瀏陽手書也。

達縣吳季清先生德瀟。作令西安。庚子義和之變。爲亂民所戕。闔門及難。識與不識。莫不痛心天之報施善人。眞其誣哉。先生至德純孝。而學識魄力。迥絕流俗。尤邃佛理。自號雙遣居士。有子三人。長曰鐵樵。名樵。次曰仲弢。名以棨。季曰子發。名以東。皆有過人之才。余與譚瀏陽及鐵樵。約爲兄弟交。而父事季清先生。乙未秋冬間。同客京師。吾三人者。連輿接席。未嘗一日相離也。丙申五月。鐵樵以暴病卒於漢口。瀏陽時在滬。哭之慟。嘗爲作一傳。見時務報中。未幾季清先生之官山陰。瀏陽贈一詩云。此生當補他方佛何意徽壓補一官□□□□□□□延陵魂氣北邙寒（下忘）蓋弔之也。以東當乙未年僅十一。隨侍入都。風采英發。徧交一時名士。瀏陽戲號之曰舍利弗。以其早慧也。丙申受學於余者一年。日讀書盡十餘卷。屬文能二三千言。兼學英法文字。而仲瑕亦來居滬上。綜核善治事。瀏陽語余曰。三吳蜀之三龍也。吾國有此等人才。豈是亡國氣象。而不意鐵樵無端以死。而兩弟亦隨季清先生斃於毒刃也。庚子夏。余在夏威夷島得仲瑕一書。曰舍利弗每言及公。即涕泣不可止。余重感之。重悲之。乃書未及答而凶耗已聞。天之喪斯。夫復何言。在報中見黃公度有庚子三哀詩。其一即季清先生也。記其數聯云。以君精佛理。夙通一切法。明知入世事。如幻如泡沫。佛力倘有靈。何況身生滅。將頭臨刃時。定知不驚怛。讀此亦可以略窺先生之學矣。

譚瀏陽獄中絕筆詩。各報多登之。日本人至譜爲樂歌。海宇傳誦。不待述矣。但其詩中所指之人。或未能知之。今錄原文。略加案語。詩曰。望門投止思張儉。忍死須臾待杜根。我自橫刀向天笑。去留肝胆兩崑崙。所謂兩崑崙者。其一指南海。其一乃俠客大刀王五。瀏陽作吳鐵樵傳中所稱王正誼者是也。王五爲幽燕大俠。以保標爲業。其勢力範圖北及山海關。南及淸江浦。生平專以鋤强扶弱爲事。瀏陽少年嘗從之受劍術。以道義相期許。戊戌之變。瀏陽與謀奪門迎辟。事未就而瀏陽被逮。王五懷此志不衰。庚子八月。有所布置。忽爲義和團所戕。齎志以沒。嗚呼。王五眞男兒。不負瀏陽矣。

余識唐瀏陽最晚。乙未秋。與譚瀏陽定交。叩其友。則曰二十年刎頸交。紱丞一人而已。余心識之。丁酉冬。講學長沙。譚公乃爲余兩人介紹焉。譚公之成仁也。唐公慟哭辭家。欲如京師收葬。至上海。則譚公忠骸已南下。因不果往。而東渡謁南海。時有輓聯云。與我公別幾許時。忽警電飛來。忍不携二十年刎頸交。同赴泉臺。漫贏將去楚孤臣簫聲嗚咽。近至尊剛十餘日。被羣陰搆死。甘永拋四百兆爲奴種。長埋地獄。只留得扶桑三傑。劍氣摩空。至今讀之。猶字字精神活現。凄人心脾。蓋唐公所以繼譚公之志者。早定於二十年前矣。唐公流血後。同人復有誦其詩者。僅記二句云。賸好頭顱酬死友。無眞面目見羣魔。此詩余未之見也。在南洋時。□□□屬余寫之。余爲續成一絕句云。道高一尺魔一丈。天地無情獨奈何。

宗室壽伯福太史富。可謂滿洲中最賢者矣。其天性厚。其學博。其識拔。愛國之心。益辟於面。乙未秋冬間。余執役强學會。君與吳彥復翩然相過。始定交。彼此以大業相期許。其後君復有知恥學會之設。都人士咸以爲狂。莫或應也。庚子八月。君果以身殉國恥。噫嘻。可不謂朝陽鳴鳳耶。余丙申出都。君有贈詩。不能全記憶。今從北山樓集得其原本亟錄誌感。詩曰。飛絮亂晴烟。飛花撲綺筵。春風一回送。飄泊去南天。夫子青雲器。高吟白馬篇。空勞賈生哭。不薦禰衡賢。長楊辭京國。揚舲指蜀川。海雲愁望闕。嶺樹引歸船。寶劍終騰匣。明珠暫伏淵。江湖閑歲月。好自惜華年。

武陵何鐵笛烈士來保。余未獲識面。顧夙聞譚瀏陽稱其爲人。謂生平肝膽交。除紱丞外。君爲第一。因此相神交者數年矣。庚子君與唐瀏陽共事。而君實任衡湘一切布畫。漢變後死事最烈。頃趙曰生郵寄其絕命詞四章。亟錄如下。鋃鐺鐵鎖出圜墻。親友紛紛送道旁。三百健兒齊護衛。萬頭鑽孔看何郎。（鐵笛被捕於辰州以三百人護衛檻送長沙故云　曰生泣注）北宋黨人碑甫毀。東林名士獄旋興。千秋公論應猶在。兩廡孤豚愧未能。四萬八千蟲出入。五官五臟我原無。無人何苦爭恒幹。還我淸虛一丈夫。痛哭君親恩太厚。百千萬刼不能酬。忠臣孝子今生了。且向龍潭掉臂遊。

鐵笛復有滿江紅一闋。其自序云。庚子黨禍再作。亡命桃源。遂遊桃源洞。黑箐、鬼䆗、蒼榈、猩啼魂悽魄殭。非復人間世也。援筆賦此。其詞云。造化小兒簸弄我。望門投止。黑夜裏。攀藤附葛。雨來風起。燈火一星林際出。忽聞犬吠心頭喜。又山門閉了寂無人鐘聲死。撫身世淚盈背。悲家國血盈臆。叶上聲問蒼天何苦磨人至此。靖節先生知否處避秦有甚桃源裏。聽天邊啞啞有慈鴉歸來只。

武陵蔡樹珊烈士鍾浩。血性過人。治事機警。余承乏湖南時務學堂時。君始來共學。其後復游學東京。亦以漢難遇害。曰生復錄其獄中作四章見寄。詩云。蟻磨盤舒又一年。元黃爭戰幾推遷。寒沙白日淹鸞地。短褐雕弓射虎天。終見蝸螗同水火。那堪環玦在風煙。鷄鳴午夜頻搔首。看劍挑燈意惘然。䑸稜夢裡寒金雀。諫草堂前起暮鴉。誤國千年仇介甫。通藩幾道問充華。蜉蝣竟夕成毛羽。螳臂當車挫爪牙。西狩無麟天閏爽。通逃入海豢龍蛇。又聞麻達葛山奇。輕重當年類舉棋。貂珥雙簪矜別邸。蘭椒三熱拜西闈。酬天祀典憐鷄寶。排日笙歌駕鳳螭。嘗得兜裘身欲老。克家猶護綠幢兒。蕭牆旋起八王戈。麐寇其如召寇何。碧海膏流成赤鹵。紅蓮豔結舞妖魔。九朝典冊新鈴散。千騎宮裝老淚多辜負香衾驚破夢不因封事動鳴珂。

邱公恪名宗華。當代青年中一有望之人物也。去冬游學日本。入成城學校。習陸軍。以病退校。歸養滬上。余親送登舟。乃歸未及一月。竟溘然長逝。年僅逾弱冠耳。懷八斗之才。飲萬斛之恨。一事未就。賫志九原。吳氏兄弟以後。又弱一个矣。君夫人吳孟班先君數月卒。一時有心人既已痛之。蔣觀雲曾有詩云女權撒手心猶熱一樣銷魂是國殤。吾於孟班未得見。若公恪者。固夙以爲國流血自視。吾亦冀其爲鐵血派中一偉人也。豈意天地無情。蘭摧玉折。公恪孟班。吾知爾不瞑於泉臺矣。公恪卒後。葉浩吾有輓聯云。中國少年死知己一人亡。而成城學校校友會亦有祭文云。洸洸支那。大病長癈。哀哀衆生。噩夢正酣。魑魅攫人。白晝涎饞。嗟我同志。日削月劘。咄咄公恪。海邦雄男。俛仰國事。痛茹酸銜。漆室哀鳴。無裨國阽。矧以憂殉。曷其能堪。嗚呼哀哉。苟生足愧。苟死奚甘。觥觥女權。一例優曇。志未一酬。墓草毿毿。海國龍伯。扶餘虬髯。振劍三彈。淚盈青衫。讀君遺書。憂心如惔。竟君之志。後死者擔。魂兮來歆。目斷江南。嗚呼哀哉。尚饗。

太平翼王石達開。其用兵之才。盡人知之。而不知其嫻於文學也。近友人傳誦其詩五章。蓋曾文正曾招降彼。而彼賦此以答也。詩云。曾擷芹香入泮宮。更採桂蕊趁秋風。少年落拓雲中鶴。隙迹飄零雪裏鴻。聲價敢云空冀北。文章今已遍江東。儒林異代應知我。祇合名山一卷終。不第天人在廟堂。生慙名位掩文章。清時將相無傳例。未造乾坤有主張。況復仕途多幻境。幾多苦海少歡場。何如著作千秋業。宇宙長留一瓣香。揚鞭慷慨蒞中原。不爲仇讎不爲恩。祇覺蒼天方憒憒。莫憑赤手挽元元。三年攬轡悲羸馬。萬衆梯山似病猿。我志未酬人亦苦。東南到處有啼痕。若個將才同衛霍。幾人佐命等蕭曹。男兒欲畫麒麟閣。早夜當嫺虎豹韜。滿眼河山增歷數。到頭功業屬英豪。每看一代風雲會。濟濟從龍畢竟高。大帝勳華多頌美。皇王家世盡鴻濛。賈人居貨移神鼎。亭長還鄉唱大風。起自匹夫方見異。遇非天子不爲隆。醴泉芝草無根脈。劉裕當年田舍翁。此詩自敘履歷。兼述志氣。所云名山一卷。著作千秋。蓋亦有所自負矣。前後四章。皆不免下里巴人之誚。獨第三章則即以詩論。亦不媿作者之林。且仁人之言藹如矣。至其懷抱帝王思想。不知民權大義。則固不足以責數十年前之人物也。又聞石有所作檄文。全篇駢儷。中四語云「忍令上國衣冠淪於夷狄。相率中原豪傑還我河山。」雖王琳駱寶玉。亦無此佳語。豈得徒以武夫目之耶。

輿論一斑

賠欵還金駁議

上海中外日報

賠欵事體大。還銀還金。出入懸殊。新約載明關平四百五十兆兩。分三十九年還清。本息滾計。已需九百八十餘兆兩。按立約時關平銀一兩合英三先令。目下僅合二先令五本士。信如還金之說。歲撥銀數買磅不敷。約須四百萬。且舊借洋債。必須還金。歲虧又逾數十萬。金價操之銀行。每屆結期。愈擡愈高。直於賠欵以外。增一賠欵。卽令此後潢池無警。旱潦無災。日朘月吸。敵已戰勝於無形矣。大抵主是說者有三。其一謂借欵必以磅計也。按四百五十兆本係賠欵。中國不能及訂約時一氣償清。而以三十九年分償。則償欵實成借欵。顧如此緊要節目。約中大應切實聲叙。乃第六欵曾無一字及借。光緒二十七年四月。我全權大臣照會各使。一則曰償欵原本。再則曰償欵利息。卽各使復稱。亦曰償欵。而不曰借欵。則以賠爲借。強主還金之說。非矣。其二謂和約載明易金也。查第六欵。此四百五十兆。係照海關銀兩市價易爲金欵。此市價按諸各國金磅之價易金云云。循其文不察其意。還金良有辭矣。然歸磅計規平。不計關平。觀約內分列各國磅數。是明明由金合成應還之銀數。還時不過儘此銀數易金。否則約內宜明載應還各國某百某十兆磅。豈不直截了當。而必斷斷於關平於兩數。其爲還銀顯然明白。則誤會約文强主還金之說非矣。其三謂保票分列磅價也。按如由德三馬克零五二、英三先令等語。金價日有漲落。約乃載定呆數。特以明合成銀數耳。如竟據爲還金之劵。則無論何期。亦無論各國金價如何漲落。但照約載磅價易金。仍還四百五十兆之原數。中國既如約辦理。則牽扯保票强主還金之說非矣。尤有一說焉。第六款附注有或照還時市價易金付給之語。夫或者不必然之詞。正約既載定由磅合銀之呆數。而復參此活筆。各國亦諒中國財力不繼。或磅價日漸低抑。中國亦可照還時市價。易金付給。不謂訂約時竟留餘步之文。轉爲還欵時意外吹索之柄。各國亦太愚人自愚矣。約載易金而不載還金。中國斷不肯自被巨累。就使各國恃其兵力。甘違公理。必迫中國以還金。約既分列各國磅價。尤宜分列各國應收磅數。中國方有適從。各國應收若干。各國尚未自知。畢竟令中國易金若干。始足滿各國應收之數。以此問各國。其亦何詞以解乎。中國所宜如約易金者。儘約載四百五十兆兩之銀數而止。若各國恃約無應收磅數明文。便於任意增索。想各國斷斷不若是其重利而棄義也。又何如上年不約之爲愈也。

上海新聞報

君權之界說

(前略)故吾不患中國無君權。而患無大公調和之君權。欲得大公調和之君權。當明君權之界限。試詳證之。其一對於官權之界限。官者奉行君權之人也。然官自有特別之官權。雖君主亦不能侵奪者。如英國權利法典第一條云。不經國會許可而停止成法者。以違法論。第二條云。國王自謂有停止成法之權者。以違法論。普魯士聯邦憲法第五條云。帝國立法權。由聯邦議會及帝國議會行之。帝國法律必經兩議會之議決贊成。此官所特有之立法權也。普國憲法第六十二條云。關於財政之法案。及歲計豫算案。應先在衆議院提出之。日本憲法第六十四條云。國家歲入歲出。每年以豫算經帝國議會之協贊。此官所特有之監財權也。以上官權運用之方針。及組織之異體。初不受君主之拘束。然英德日本能造成完全之國家。實行帝國之主義。則以君權與官權均秉大公。互相調和。而不爭官權以自私。剝官權以自恣也。其一對于民權之界限。論者謂君權民權。不能並立。此謬見也。如英德日本諸國。人人享自由。人人講平等。而愛戴君主。出於至誠。如英國曩歲行女皇即位五十年之慶典。通國歡騰。皆祝王萬年。他若德國聯邦之豪傑。日本尊王之黨員。時時以擁護君權爲心。即時時以扶植民權為心。如法之昔日皇家能知斯義。則不逞毒燄於巴士的獄。而革命可以不起。意皇飛蝶南能知斯義。則不播淫威於民黨。而內亂可以不成。蓋善用君權者。當以保護人民身家性命為目的。不當以囹圄人民手足耳目為得計也。故吾之所謂君權。非嬴政楊廣叔孫通劉歆所謂君權。亦非悟魯寫弗克兒霍布士斯布洛栗所謂君權。蓋為有界限之君權也。夫君權之界限既明。有何君權之不可言。又有何君權之國之不可自立哉。

尊權篇上　上海新聞報

（前略）故世之有國家思想者。其國勢雖極弱。其國權雖極微。他國之權雖極盛。而必不甘他國之侵我國權。果其國權為他國所侵。雖捨身流血以爭之。弗辭也。如非洲之古魯家。匈邦之噶蘇士。皆力爭國權之偉人也。世之有個人思想者。其處位雖甚卑。其執業雖甚賤。而必不讓他人奪我一己之權。苟我一己之權為他人所奪。雖傾家蕩產以爭之。弗悔也。如法學家之伯倫知理。宗教家之馬丁路得。民政家之克林威爾。皆力爭人權之偉人也。試問中國種族之繁。民庶之衆。其抱此國家與個人之思想者有幾乎。論者謂中國君權素尊。而人民無權。此為不能振拔之由。不知中國人民無權。君亦無權。其執持國家之大權者。不在君不在民。乃在宮廷之閹宦。與部署之胥吏耳。果使君有全權。何至有戊戌之事。庚子之事。何至使闒冗之吏盈於朝。恇怯之卒充於伍。凡百務之不振。皆君權之不振也。玆欲强中國。莫如尊君權。君權尊。則國權自尊。然非以抑塞小民虛憍自大而爲君權也。必對於國外而處同等之位。對於國內而具自治之力。蓋一國必有主權。君者卽奉行主權之人。斷不使落於强鄰大敵及宵小奸人之手。又時時激厲民氣。扶助個人之權。凡君主人民各盡其保護國家之責任。以組織國家之完美。如是則國有全權。人有全權。可以自由獨立於國際人羣矣。然空言權不能也。爭國權者當修明政治。於法律上經濟上外交上無一缺點。劃定勢力之範圍。雖國勢未能健全。亦在文明公保之列。推之箸作家得言論之自由。商業家得貿易之自由。宗敎家得信仰之自由。國權與人權互相調和。互相擁護。而外人猶以半主待吾國。以奴隸待吾民。我知其勢有所不能也。

尊權篇下　　上海新聞報

（前略）自十八九世紀以來。歐西諸國國權之充溢。與人權之發達。莫非被政界學界之影響。有偉士麥格蘭斯頓之政治手段。而後德意志聯邦之政成。英蘭之立憲政體日益鞏固。有杜爾路索斯賓塞彌勒約翰之理想學說。而後有廢奴隸釋傭農勞動自由信教自由之新律令新權利。其主義浸印全歐之心腦。其風潮馳捲域外之領土。尤以人權發明之功爲鉅。觀夫希臘拒土而獨立。比利時抗荷蘭而分離。匈牙利邀特別之憲法于奧。愛爾蘭得自治之案于英。近之如杜蘭斯哇兒之血戰。非獵賓島之倔強。雖一時未能支拒。而其氣不衰。其心未死。終有伸眉快志之結果。凡國權之保護完全。人權之運動活潑。均政治家學術家熱心俠力所團結組成也。故吾今欲得完全之國權。先欲得完全之人權。欲得完全之人權。先欲得完全之學術。學術者實爲組織政治操縱人權國權之要素也。人第知歐西諸國其國家得享帝國之名譽。其人民獲享公民之福利。不知其國中藏書之樓數百萬卷。新出之書歲萬餘種。魁儒碩學踵趾交錯。日以喚醒國魂激厲民氣爲心。雖下至傭夫走卒婦女幼童。莫不知國權人權有身家性命之關係。其由民族主義躍而爲民族帝國主義者非偶然也。且今中國果禁遏人權乎。抑禁遏人之學問乎。貿遷有無。聽人自爲。未嘗禁其流通。工作製造。聽人自爲。未嘗禁其精巧。樹藝畜牧。聽人自爲。未嘗禁其蕃茂。推之哲學法學生理學博物學經濟政治諸學。亦且設學堂以敎之。聘洋師以課之。然終不能造就完全之國體。養成公民之資格。則非吾政府之過。而吾人之過也。且人權非由自爭而得者。其權必不能自保。故吾望政府之加意提倡。尤望吾四萬萬同胞力爭經營也。

有逆君逆官而無逆民說　　檀香山新中國報

今之欲以專制手段魚肉其民者。民不之從。則謂之曰逆民。其民所行之事。則曰逆事。所聯之黨。則曰逆黨。所立之會。則曰逆會。嗟乎、此下愚之人之論。欲以其下愚之愚人者也。夫天之生人也。既賦以本來之具體。即賦以自由之人權。以自由之權。而立君立官以爲一國人之代表。故夫君若官者。分而言之。則國民之一也。質而言之。其所以有代表之權者。則國民之奴隸也。民之失德。則失其一人私德而已。于國無與也。君之失職。官之失任。則將爲一大團體之累。而直爲一國之害。夫此爲國害之君之官。非所謂大逆不道乎哉。此非過爲激言也。無民不可以立國。民者國之主人也。君者官者國之奴隸也。天下有奴隸逆其主人者。未有主人逆其奴隸者。有奴隸不得其主人之歡心而主人逐之者。未有主人不順其奴隸之逆性而奴隸逐之者。夫主人之重若此。而奴隸之輕若彼。主人之尊貴若此。而奴隸之卑賤若彼。其所立之原位不同。斯其所稱之名詞自明。孰順孰逆。一彼一此。必有能辨之者。夫君民之名義旣定。斯其所行之事。與所立之會黨。從可知矣。惟政府逆吾國民。故吾民群起而爭之。以與政府爲難。其所行所爲之事。皆爲一國計也。不從我者斯逆矣。其所立之黨之會。皆爲一國之人民計也。不順我者斯逆矣。以不順從我之君之官。而並欲强我以從彼順彼一人一家之私言私義私心私益。且貿貿焉以主人爲逆黨逆會。若此君此官者。則叉逆之叉逆者也。中國貧弱。至今日而已極。其訣之者。則數百年之暴君汚吏也。其附和而魚肉我國民者。則國民之罪人也。其敢公然而昌于大衆。發于盈廷者。則國民之大逆奴隸也。正告國民。其毋失職。大發願力。以除此民賊。去此逆奴。則我國民之國。自爲環球上之大帝國。抗衡于英美德俄矣。

中國近事

◎奏參鄂督　聞湖廣總督張之洞。近爲某言官奏參。已有旨交江督劉坤一幷鄂撫端芳查辦。聞摺中牽涉張督少君君立。並統領護軍之張彪。及轅下文巡捕慕昌韓。情節甚重云。

◎請廢科學　前粵督陶模奏覆大學堂事宜。摺內曾附論及科舉不廢。學堂必不能大興。請逕廢科舉。俾學者出于一途。如不能。則裁減中額。及各邑學額。又不能。則先裁汰府學。將學宮齋舍學田等。一概並歸中學堂經理云。

◎軍政述聞　直督袁世凱。創設軍政司。其規模至爲宏大。定制分兵備、教練、參謀、三大股。其兵制係仿德人。萬九千人爲一軍。其教練之教師。則用某外國人。而副以由日本留學調回之武備學生。聞章程早已訂定。惟尙未刊行耳。

◎奏覆礦務　聞外務部前日覆奏之礦務章程。摺中大意如下、一、各國因課稅過重。多所異議。宜減少其數。一、英國商約大臣馬凱。因章程內有無論中外人均可入股開採一節。遂引爲允許外人雜居內地之證。然此事實與商約無關。一、劉張兩督倡議謂外人附股採礦宜設法制其股額。然章程第五條巳明定限制。似無庸再事饒舌。一、將來修改章程時。宜預先奏明情由。聞巳由政府批准。著照所議試辦矣。

◎全國人數　戶部前咨各省督撫清查省內丁口。茲已据先後造冊報部。其數如下。

直隸省	二千零九十三萬七千人	山東省	三千八百二十四萬七千九百人
山西省	一千二百二十萬零四百五十六人	河南省	二千五百三十一萬六千八百二十人
江蘇省	一千三百九十八萬零二百三十五人	安徽省	二千三百六十七萬二千三百十四人
江西省	二千六百五十三萬二千一百二十五人	浙江省	一千一百五十八萬零六百九十二人
福建省	二千二百八十七萬六千五百四十八人	湖北省	三千五百二十八萬零六百八十五人
湖南省	二千二百十六萬九千六百七十三人	陝西省	八百四十五萬零一百八十二人
甘肅省	一千零三十八萬六千三百七十六人	四川省	六千八百七十二萬四千八百九十人
廣東省	三千一百八十六萬五千二百五十一人	廣西省	五百一十四萬二千三百三十人
貴州省	七百六十五萬零二百八十二人	雲南省	一千二百七十二萬一千五百七十四人
蒙古	二百五十八萬人	西藏	六百四十三萬二千人
新疆	一百二十萬人		

共計四萬一千七百九十四萬七千三百二十五人

此外東三省丁口約有八百五十萬人。故全國總共出四萬二千五百萬之上云。

◎還津定議　本月朔日。皇太后面諭加派新舊桂撫王之春會議交還天津一事。王旋與各國公使會議二次。議定刪除各武官前所議條欵。已于初八日一體議結。于定議後一日起限四禮拜內即將天津交還。不另立約。彼此照會外部定案。

◎執約要求　英人所訂津榆鐵路條約有不許他國再造別路之説。比公使忽函達外部云。貴國李爵相在日曾許我比國由天津至保定建造鐵路一條。舊約猶在。且比約訂在英約之前。不許他國則可。不許比國則不可。外部茫無以對。慶邸遂以上聞。適召見新簡東撫周馥。上曰、汝隨李鴻章辦交涉多年。試往調停之。周不獲辭。執中國礦路章程往詰比使。謂凡訂約無論礦路。一年內不能開辦者。概作廢紙。況所訂之約已隔多年耶。比使曰。我非承修中國鐵路之商人。我所言和約也。欵幾時齊。幾時辦。本無年限。不得以和約比。周無詞。因轉求英使曰前訂該約。未念及此。度貴國必不使中國負比也。未知英使首肯否。

◎俄營滿洲　日前盛京將軍增祺曾致密電于外部大臣王文韶云。近日俄國舉動。頗爲可異。刻下俄兵亟亟修築城壘。大有久駐之概。計畫彌深。交涉愈險。倘不及早嚴爭。恐俄兵無撤退之日也云。

◎蒙古密約　俄人因滿洲條約不饜其望。故擬專占蒙古利益。茲悉當俄使與王文韶議滿洲約時。我政府各大臣頗有門戶之見。劉張袁三督極以蒙古密約爲不然。而慶邸諸人。則謂寧棄蒙古。不可與以滿洲。日前蒙古諸旗心懷反側者。職是故也。迨裕德往蒙古查辦時。見俄人一切設施。乃匆匆歸京。將所聞所見情形。面告諸王大臣。于是京內外皆大驚懼。然仍多以棄滿洲不如棄蒙古爲辭者。觀此則王文韶之口約。其即指蒙古無疑。不然、何俄人居之不疑。而我政府受之若素也。

◎西藏密約　據初十日「日本」報載北京特報言駐北京俄使雷薩爾。屢以西藏一帶地方歸中俄兩國施行協同統治政體。與軍機大臣榮祿等密議。日前俄親王來遊北京時。經已數次交涉。促此問題之速成。俄使又于上月廿九日訪問榮祿。將密約條項提出。迫其決答。榮祿以事屬重大。不能獨斷。當請命太后。乃決可否爲詞。此事爲袁世凱所探知。目下極力斡旋。冀能挽救。且有駐北京某某兩國公使立于袁之背後。以爲聲援云。茲譯錄該密約條項如下。第一欵西藏介于中國中部與俄國西伯利亞之間。實爲關鍵之地。故中俄兩國當互相稍依救援。俾該地歸于安寧。若不幸該地忽生擾亂之時。中國欲保該地之安全。俄國亦欲保國境之無事。當互相知照。派兵協勦。第二。

欵。西藏若起變亂。如有別國干涉。中俄兩國當互相聯合以抑壓之。第三欵。西藏布教之事。不能任其自由。除喇嘛教及希臘教以外。其餘宗教。當禁止其信從。俾土民勿生迷疑。致生種種事故。兩國當注意此事。最爲要緊。至喇嘛教貫主于北京之俄國正教會。當互相講親和之道。俾兩教得以併行發達。第四欵。西藏之能進于自治政體。中俄兩國所希望。但欲其能到此地位。係我兩國之責任。今俄國專以訓練軍隊爲任。懇切信賞。教育西藏士民以文明之兵事。中國則專圖經濟上之發達。俾西藏通商貿易。得以進步。

又上海報亦載有此事。與上所載。互有異同。茲幷錄之。第一條。中國政府見中國危弱。願將全藏利益讓與俄國。爲保存中國太平起見。第二條。俄國既得西藏利益。允保中國政府永有用人行政之權。第三條。中國內地如有亂事。若中國政府不能平定。俄國允代平定。第四條。俄國在西藏設立政府。代中國管理西藏事務。第五條。中國亦可在西藏設立領事官。第六條。中國人在西藏通商。俄國允爲保護。第七條。中國有逃犯入藏。俄官允代擒捕。送回中國。第八條。中國運入西藏貨物。俄國不得征收重稅。第九條。俄國地方官不得苛待土人。第十條。俄國不得以威力强西藏人信從西教。第十一條。

西藏礦務鐵路全歸俄國代理。亦准中國人附股。第十二條。俄國在西藏建築砲壘鐵路。不得毀拆西藏廟宇。

◎新訂礦約　署理黑龍江將軍薩留守。前因額爾古納河及黑龍江右岸一帶礦務事宜。與駐黑龍江俄官哥羅特哥夫訂立一約。其已允俄人開採之處。分爲五區。第一區自呼倫湖額爾古納河交匯處。直至貝子河。其間所有礦山。概歸俄人開採。第二區自貝子河至烏瑪河下流額爾爾河（又名阿勒巴昔哈河）之西南岸。凡大小河流發源之地。均不得令俄人任便開採。餘地概可商辦。第三區自庫瑪爾河至愛琿之間。所有大小河流發源之地。均不得由俄人開採。餘地概可商辦。第四區自愛琿城至觀音山之西源。暫歸俄人開採。第五區自觀音山河東岸至托羅山之間。凡大小河流發源之處。均不得由俄人開採。而托羅山以下松花江都魯河一帶。暫歸俄人承辦。俄官訂此約時。尙思要求漠河一帶金礦。薩留守以黑龍江呼倫貝爾兩城礦産歸北洋大臣管轄。未便擅允。俄官乃謂黑龍江右岸常有匪徒萬人。私採礦金。如此礦歸俄人承辦。不特可驅散匪徒。且每得金百兩。可納租稅十五兩于中國政府。留守惑其言。頷之。俄人現已設公司五家。極力經營。而薩留守于近數日內始將詳情密奏政府云。

海外彙報

半月大事記西歷七月上半月

▲七月一日路透電。康諾公爵與其夫人昨日招宴日本小松宮親王。

同日電。英屬暨印度諸貴冑。近往斯披亭地方游覽戰船。

同日電。美國所派之非律賓委員。近已將該島現在不必用金一節議定。并議及議政院與定例院。俟將來戶口冊告竣後。始行設立。

同日電。比利時王于與斯登地方邀請振貝子飲宴。

同日電。德意與三國重訂新盟。英國及各國報紙。皆以此舉爲可保歐洲太平。

同日柏林電。和蘭樞密院刻已允德和電報公司安放海底綫。以通東亞細亞之和蘭屬地。

▲二日路透電。今晨十点鐘。官報稱英皇昨夜已能安睡。御體進步甚速。傷口痛楚亦減。不日即可就痊也。

同日電。英兵之在南非洲者。于戰事完畢時。許有二十萬零二千。以不久即將派兵七萬人還國。故已賃定運船三十九艘。先運四萬人遣返。餘者則由來往南非洲之商船。于每禮拜運二千五百人歸國。

同日柏林電。俄儲梅克近日突至德境哀喀爾地方。探望德皇。適值該處舉行皇家賽艇會。聞俄儲異日即將由英京返俄。此次至德。不過示與友邦和好之意。並無他故也。

同日電。意王將于本月初旬前往俄京。并擬於八月間往德探訪德皇。後往奧國。某報紙以意王此次前往各國。甚關緊要。所望德俄兩皇將來亦至意國回望。以敦友誼。蓋德俄兩皇果能如此。則意人自必欣喜以迎也。

△三日路透電。據官報英皇聖躬進步如常。傷處痛楚已痊。人亦甚見舒快。

同日電。奧國奧斯地利大臣與匈牙利大臣因意見不合。勢如參商。昨經奧皇諭令和衷共濟。並切論將舊政改良。稅則事宜。亦須刪改。

同日電。日本賀使小松宮親王。及各隨員已覲見英皇后。辭行回國。此次親王在英。英人莫不禮貌有加。

同日伯林電。意王定于十三日起程前往俄京。意外部大臣亦相陪同往。

▲四日路透電。英外務大臣近在下議院與第而克大臣曾言及英日同盟。及英國對中國政策。謂吾英與日本修好。無非爲彼此同心保全利益起見。至謂吾英在中國開闢門戶。往往落人之後一節。吾意甚不謂然。惟吾人在中國不能盡力經營。不無可議。又云交還天津都統衙門之約。固須更改。然中國賠欵。吾英仍可宜守用金之說。特覩中國情形。不免代爲憫惻耳。

同日電。英外務大臣又宣言吾英政府欲裁撤中國厘卡一事。已屬無望。但願中國將此弊政漸次改良。庶少慰商民之望也。

同日倫敦電。據非律賓總督報稱非島刻已情願遵奉美國命令。故地方已一律太平。

同日電。美總統大赦非律賓土人之示諭。刻已頒布。惟須該土人立誓。以明此後必忠于美國。其抗拒不順者。則不在赦宥之列。

▲五日路透電。英皇昨在倫敦賜宴貧戶。凡五十萬人。英皇飭府尹傳諭衆民歡飲。是日太子及元妃公主康諾及比亞脫里等公爵夫人均預觀飲。

同日電。南非洲羅倫首地方。英軍積有軍糧。計値五十萬金磅。不戒于火。均付一炬。

同日柏林電。法總統已定于十月間與俄皇同至意國羅馬。

同日巴黎電。法國外務大臣在議院言德意與重修盟約一節。與法國並無關礙。因法意亦常敦睦誼也。

同日電。法議院近日新頒一例。凡屬法國人民。皆須當兵二年以上。

▲七日路透電。英國于杜蘭斯哇及阿蓮治屬地已經佈置停妥。掛名界內者實繁有徒。各處街道亦已略爲修築。辦理清道事宜。亦經開議矣。

同日柏林電。意王將在維也納城外會見奧王。

▲八日路透電。英皇加冕之禮。將在八月十一號至十五號之間舉行。

同日電。英理藩院大臣張伯倫君于昨晚在威呼衛地方。出馬車中墮地。傷及頭顱。幸尙可無虞。業往醫院醫治矣。

同日電。高麗派赴英國慶賀英皇加冕某親王。已啓程返國矣。

▲十日路透電。英爵提督梅士恩君。已由南非洲返國。按梅提督前被杜人拘禁。嗣後釋放。今乃返國。

▲十一日路透電。昨晚英太子及其元妃在聖占士宮接見各屬藩臣到者九百人云。

同日電。昨晚馬丁尼地方火山又有一處炸裂。歷時四點鐘之久。所傷人數尚未查悉。該處人民甚爲震動。

同日電。英皇加冕之禮。將在八月八號至十二號之間舉行。此係據官場傳說。並聞加冕時將不再禮請各國云。

▲十三日路透電。日本小松宮親王行抵西班牙斯巴臣地方。曾代日本天皇贈送西王菊花寶星一座。

同日電。計杜人投降者。現在已有二萬人之數。

同日電。英爵基將軍等近由南非洲乘輪返國。已於昨晨行抵首因姆吞地方。除遊擊哥登君因出痘在船外。基將軍及隨員等皆已登岸。士人歡呼以迎。法蘭治哈姆未屯各帥基元帥行抵拔登吞地方時。蒙英太子慰勞有加。并同駕車至聖占姆士宮。太子特在聖占姆士宮設宴爲基元帥等洗塵。席間基帥坐在太子右邊。根姆必力治公爵洛伯治帥沙里士伯里帥連士富帥波洛特君等均在座。宴畢基元帥遂朝見英皇及皇后。

▲十四日路透電。英首相沙侯辭職。繼爲內閣總理大臣者係巴科君。

同日電。基帥由內務府大臣帶領朝見英皇。時英皇坐在睡椅相見甚蒙優渥。並慰勞其在南非洲勳勞。賜以新樣功勳寶星一座。基帥遂于禮拜日前往黑非而脫地方拜會沙侯。

同日電。俄皇近派某親王巡行各地方。查察亂事并探民隱。

▲十五日路透電。英戶部大臣黑斯必治君亦擬辭職。

同日電。據紐約電稱。英政府近將孫克斯島賞給統領路士希而君。路君當即帶隊前往。行抵舊金山時。據運船船主回稱行抵該島。有日本兵出爲攔阻。并將日政府占島文書出示。各隊因之停往。刻外務大臣海君已將此事電詢駐日美使矣。

本報各代派處

如有欲閱本報者請向下開各處所定購或逕寄函本社購取亦得但必須將報費郵資先行付下本社自然按寄無悞

上海總代發行所廣智書局
又四馬路同文滬報館
又四馬路惠福里選報館
又四馬路廣學會邱禮濤先生
又四馬路望平街中外日報館
又五馬路寶善街普通學報館
又棋盤街二茅閣橋商務日報館
又大東門內育材書塾王培孫先生
又樊王渡約翰書院晋尙先生
東京譯書彙編社
又神田東京堂
長崎新地宏昌號
朝鮮仁川怡泰號
天津日日新聞社
又大公報館
烟台順泰號
北京琉璃廠日日新聞分社
又琉璃廠西門內有正書局
又燈市口廣學會
南京花牌樓中西書局
又夫子廟前明達書莊
又三牌樓西明達別墅
又鐵湯池益智書局
安慶拐角頭皖省藏書樓

蘇州蕭家巷姚公館方康安先生
又同里鎮任閣學第陳佩忍先生
吳中圖書會社
無錫北門內道長巷梁溪務實學堂
常州城內青雲里楊第
又打索巷許芝年先生
杭州浙西書林
又東文學社
又梅花碑方言學社
又白話報館韓靜涵先生
揚州新勝街東文學社
又政法學會
紹興東湖通藝學堂孫翼中先生
南昌百花洲廣智書莊
又馬王廟背賦梅山房
又馬王廟背陶君節先生
如皋東門朱獻侯先生
漢口黃陂街江左漢記
溫州正和信局
福州南臺閩報館
汕頭今學書局
又育善街嶺東日報館
又振邦街上海非黃敬堂先生
香港上環海傍和昌隆
又荷李活道聚文閣

又中環水車館後街錦福書坊
廣東省城雙門底開明書局
又聖教書樓
又黃文裕公祠內萃濃
又大馬站口林裕和堂
又十八甫華洋書局
海防同昇昌陳堯羹先生
石叻大葛街謙和號
巴城大港唇聯興號
庇能檳城新報館
吉隆王澤民先生
暹羅陳斗南先生
檀香山新中國報館
域多利埠廣萬豐號
域多利二埠英泰號
溫哥華埠永生號
砵崙李美近先生
舊金山文興報館
又中西報館
又翰香報館
個郎羅藻雲先生
雪梨方澤生先生
美利畔黃世彥先生
紐西崙呂傑先生

第三種郵便物認可

新民叢報第十二號　明治三十五年七月十九日發行